# Anlegerleitbild und Anlegerschutz im Kapitalmarktrecht

Frankfurter wirtschaftsrechtliche Studien

Herausgegeben von
Theodor Baums, Andreas Cahn, Brigitte Haar, Katja Langenbucher,
Tobias Tröger, Manfred Wandt, Peter von Wilmowsky

Band 109

Ivo Frohmüller

# Anlegerleitbild und Anlegerschutz im Kapitalmarktrecht

PETER LANG

Lausanne - Berlin - Bruxelles - Chennai - New York - Oxford

**Bibliografische Information der Deutschen Nationalbibliothek**
Die Deutsche Nationalbibliothek verzeichnet diese Publikation in der Deutschen Nationalbibliografie; detaillierte bibliografische Daten sind im Internet über http://dnb.d-nb.de abrufbar.

Zugl.: Frankfurt (Main), Univ., Diss., 2022

D 30
ISSN 0723-0427
ISBN 978-3-631-89467-5 (Print)
E-ISBN 978-3-631-90361-2 (E-PDF)
E-ISBN 978-3-631-90362-9 (EPUB)
DOI 10.3726/b20921



Internationaler Verlag der Wissenschaften

Verlegt durch:

Peter Lang GmbH, Berlin, Deutschland

info@peterlang.com http://www.peterlang.com/

# Danksagung und Widmung

Die vorliegende Arbeit wurde im Wintersemester 2021/22 vom Fachbereich Rechtswissenschaft der Goethe-Universität Frankfurt am Main als Dissertation angenommen. Für die Druckfassung wurden Literatur und Rechtsprechung bis April 2022 berücksichtigt.

An erster Stelle gilt mein Dank meinem Doktorvater, Herrn Prof. Dr. Dres. h.c. Theodor Baums, der mir stets als Ansprechpartner für fachliche Fragen sowie bei den Weichenstellungen der Arbeit mit viel Geduld und großer Hilfsbereitschaft zur Seite stand. Ferner möchte ich mich bei meiner Zweitgutachterin, Frau Prof. Dr. Katja Langenbucher, für die schnelle Erstellung des Zweitvotums und die angeregte Diskussion bei der Verteidigung der Arbeit bedanken.

Besonderer Dank gilt weiterhin Herrn Prof. Dr. Dr. h.c. Gerhard Dannecker und Herrn Rechtsanwalt Christoph Dannecker für die Möglichkeit, promotionsbegleitend bei und mit ihnen arbeiten zu dürfen sowie für ihre große Unterstützung und ihre sehr hilfreichen Anmerkungen.

Mein weiterer herzlicher Dank gebührt Herrn Dr. Nikolaus Bunting, Herrn Dr. Raphael Papke, Herrn Markus Eckert sowie Frau Ilka Baumann und Frau Mariam Taranyan, die mich als kluge Ratgeber begleitet und freundschaftlich motiviert haben.

Meine größte Dankbarkeit gilt meiner Familie: Ohne die nachhaltige und große Unterstützung meiner Mutter sowie meiner Geschwister Christiane und Stefan wäre diese Arbeit nicht möglich gewesen.

Meinem Vater, Prof. Dr. Hubert Frohmüller, der mich immer geduldig und verständnisvoll, unerschütterlich und bedingungslos unterstützt und gefördert hat, sei diese Arbeit gewidmet.

# Inhaltsverzeichnis

# Abkürzungsverzeichnis

| | |
|---|---|
| a.A. | andere(r) Ansicht |
| ABl. | Amtsblatt |
| Abs. | Absatz |
| AcP | Archiv für die civilistische Praxis |
| AEUV | Vertrag über die Arbeitsweise der Europäischen Union (ABl. EG 2008 C 115, 47) |
| a.F. | alte Fassung |
| AG | Die Aktiengesellschaft (Jahr und Seite) |
| AIF | Alternativer Investmentfonds/Alternative Investment Fund |
| AIFM | Alternative Investment Fund Manager (Verwalter alternativer Investmentfonds) |
| AIFM-RL | Richtlinie 2011/61/EU des Europäischen Parlaments und des Rates vom 08.06.2011 über die Verwalter alternativer Investmentfonds und zur Änderung der Richtlinien 2003/41/EG und 2009/65/EG und der Verordnungen (EG) Nr. 1060/2009 und (EU) Nr. 1095/2010, ABl. EU 2011 L 174, 1 |
| AktG | Aktiengesetz (BGBl. 1965 I S. 1089) |
| Alt. | Alternative |
| Anm. | Anmerkung |
| AnsFuG | Gesetz zur Stärkung des Anlegerschutzes und Verbesserung der Funktionsfähigkeit des Kapitalmarkts (Anlegerschutz- und Funktionsverbesserungsgesetz; BGBl. 2011 I S. 538) |
| Art. | Artikel |
| Aufl. | Auflage |
| BaFin | Bundesanstalt für Finanzdienstleistungsaufsicht |
| BB | Betriebs-Berater (Jahr und Seite) |
| Bd. | Band |
| BGBl. | Bundesgesetzblatt |
| BGH | Bundesgerichtshof |
| BGHSt | .Entscheidungen des BGH in Strafsachen (Band und Seite) |
| BGHZ | Entscheidungen des BGH in Zivilsachen (Band und Seite) |
| BKR | Zeitschrift für Bank- und Kapitalmarktrecht (Jahr und Seite) |

| | |
|---|---|
| BMF | Bundesministerium der Finanzen |
| BörsG | Börsengesetz (BGBl. 2007 I S. 1330, 1351) |
| BR-Drs. | Bundesrats-Drucksache |
| BT-Drs. | Bundestags-Drucksache |
| BVerfG | Bundesverfassungsgericht |
| BVerfGE | Entscheidungen des Bundesverfassungsgerichts |
| CCZ | Corporate Compliance Zeitschrift |
| c.i.c. | culpa in contrahendo |
| DB | Der Betrieb (Jahr und Seite) |
| ders. | derselbe |
| dies. | dieselbe(n) |
| DJT | Deutscher Juristentag |
| DStR | Deutsches Steuerrecht (Jahr und Seite) |
| ECMH | Efficient Capital Markets Hypothesis |
| ESA | European Supervisory Authorities |
| ESMA | European Securities and Markets Authority (Europäische Wertpapier- und Marktaufsichtsbehörde) |
| EU | Europäische Union |
| EuGH | Gerichtshof der Europäischen Gemeinschaften/Union |
| EWG | Europäische Wirtschaftsgemeinschaft |
| EWiR | Entscheidungen zum Wirtschaftsrecht (Jahr und Seite) |
| f., ff. | folgende |
| F.A.Z. | Frankfurter Allgemeine Zeitung |
| FiMaNoG II | Zweites Gesetz zur Novellierung von Finanzmarktvorschriften aufgrund europäischer Rechtsakte (Finanzmarktnovellierungsgesetz; BGBl. 2017 I S. 1693) |
| FinDAG | Gesetz über die Bundesanstalt für Finanzdienstleistungsaufsicht (Finanzdienstleistungsaufsichtsgesetz; BGBl. 2002 I S. 1310) |
| FMFG | Gesetz über den Wertpapierhandel und zur Änderung börsenrechtlicher und wertpapierrechtlicher Vorschriften (Zweites Finanzmarktförderungsgesetz; BGBl. 1994 I S. 1749) |
| Fn. | Fußnote |

| | |
|---|---|
| FRUG | Gesetz zur Umsetzung der Richtlinie über Märkte für Finanzinstrumente und der Durchführungsrichtlinie der Kommission (Finanzmarktrichtlinie-Umsetzungsgesetz; BGBl. 2007 I S. 1330) |
| FS | Festschrift |
| GG | Grundgesetz |
| GWR | Zeitschrift für Gesellschafts- und Wirtschaftsrecht (Jahr und Seite) |
| HGB | Handelsgesetzbuch |
| h.M. | herrschende Meinung |
| Hrsg. | Herausgeber |
| Hs. | Halbsatz |
| i.d.F. | in der Fassung |
| i.S.d. | im Sinne des |
| InvG | Investmentgesetz (BGBl. 2003 I S. 2676) |
| i.V.m. | in Verbindung mit |
| J.Corp.L.St. | Journal of Corporate Law Studies |
| JZ | Juristenzeitung (Jahr und Seite) |
| KAGB | Kapitalanlagegesetzbuch (BGBl. 2013 I S. 1981) |
| KapMuG | Gesetz über Musterverfahren in kapitalmarktrechtlichen Streitigkeiten (Kapitalanleger-Musterverfahrensgesetz; BGBl. 2012 I 2182) |
| KVG | Kapitalverwaltungsgesellschaft |
| KWG | Gesetz über das Kreditwesen (Kreditwesengesetz; BGBl. 1998 I S. 2776) |
| LG | Landgericht |
| lit. | litera |
| m. Anm. | mit Anmerkung |
| MAR | Market Abuse Regulation; Verordnung (EU) Nr. 596/2014 des Europäischen Parlaments und des Rates vom 16.04.2014 über Marktmissbrauch (Marktmissbrauchsverordnung) und zur Aufhebung der Richtlinie 2003/6/EG des Europäischen Parlaments und des Rates und der Richtlinien 2003/124/EG, 2003/125/EG und 2004/72/EG der Kommission, ABl. EU 2016 L 175, 1 |

| | |
|---|---|
| MiFID I | Markets in Financial Instruments Directive; Richtlinie 2004/39/EG des Europäischen Parlaments und des Rates vom 21.04.2004 über Märkte für Finanzinstrumente, zur Änderung der Richtlinien 85/611/EWG und 93/6/EWG des Rates und der Richtlinie 2000/12/EG des Europäischen Parlaments und des Rates und zur Aufhebung der Richtlinie 93/22/EWG des Rates, ABl. EU 2010 L 331, 120 (Erste Finanzmarktrichtlinie) |
| MiFID II | Richtlinie 2014/65/EU des Europäischen Parlaments und des Rates vom 15.05.2014 über Märkte für Finanzinstrumente sowie zur Änderung der Richtlinien 2002/92/EG und 2011/61/EU, ABl. EU 2014 L 175, 8 (Zweite Finanzmarktrichtlinie) |
| MiFIR | Markets in Financial Instruments Regulation; Verordnung (EU) Nr. 600/2014 des Europäischen Parlaments und des Rates vom 15.05.2014 über Märkte für Finanzinstrumente und zur Änderung der Verordnung (EU) Nr. 648/2012, ABl. EU 2016 L 175, 1 (Finanzmarktverordnung) |
| MüKo AktG | Münchener Kommentar zum Aktiengesetz |
| MüKo BGB | Münchener Kommentar zum Bürgerlichen Gesetzbuch |
| MüKo HGB | Münchener Kommentar zum Handelsgesetzbuch |
| m.w.N. | mit weiteren Nachweisen |
| n.F. | neue Fassung |
| NJW | Neue Juristische Wochenschrift (Jahr und Seite) |
| NJW-RR | NJW-Rechtsprechungs-Report (Jahr und Seite) |
| NZG | Neue Zeitschrift für Gesellschaftsrecht (Jahr und Seite) |
| OGAW | Organismen für gemeinsame Anlagen in Wertpapieren |
| OLG | Oberlandesgericht |
| OWiG | Gesetz über Ordnungswidrigkeiten (BGBl. 1987 I S. 602) |
| PRIIP-VO | Verordnung (EU) Nr. 1286/2014 des Europäischen Parlaments und des Rates vom 26.11.2014 über Basisinformationsblätter für verpackte Anlageprodukte für Kleinanleger und Versicherungsanlageprodukte, ABl. EU 2014 L 352, 1 |

| | |
|---|---|
| Prospektrichtlinie | Richtlinie 2003/71/EG des Europäischen Parlaments und des Rates vom 04.11.2003 betreffend den Prospekt, der beim öffentlichen Angebot von Wertpapieren oder bei deren Zulassung zum Handel zu veröffentlichen ist, und zur Änderung der Richtlinie 2001/34/EG, ABl. EU 2014 L 153, 1 |
| Prospektverordnung | Verordnung (EU) 2017/1129 des Europäischen Parlaments und des Rates vom 14.06.2017 über den Prospekt, der beim öffentlichen Angebot von Wertpapieren oder bei deren Zulassung zum Handel an einem geregelten Markt zu veröffentlichen ist, und zur Aufhebung der Richtlinie 2003/71/EG, ABl. EU 2016 L 58, 13 |
| Rn. | Randnummer(n) |
| Rspr. | Rechtsprechung |
| S. | Seite |
| s.a. | siehe auch |
| s.o. | siehe oben |
| SoFFin | Sonderfonds Finanzmarktstabilisierung |
| StGB | Strafgesetzbuch (BGBl. 1998 I S. 3322) |
| s.u. | siehe unten |
| Transparenz-VO | Verordnung (EU) 2015/2365 des Europäischen Parlaments und des Rates vom 25.11.2015 über die Transparenz von Wertpapierfinanzierungsgeschäften und der Weiterverwendung sowie zur Änderung der Verordnung (EU) Nr. 648/2012, ABl. EU 2015 L 337, 1 |
| u.a. | unter anderem |
| Unterabs. | Unterabsatz |
| VerkProspG | Wertpapier-Verkaufsprospektgesetz (BGBl. 1998 I S. 2701) |
| VermAnlG | Gesetz über Vermögensanlagen (Vermögensanlagengesetz; BGBl. 2011 I S. 2481) |
| VersR | Versicherungsrecht (Jahr und Seite) |
| vgl. | vergleiche |
| VO | Verordnung |
| WM | Wertpapier-Mitteilungen (Jahr und Seite) |

| | |
|---|---|
| WpAV | Verordnung zur Konkretisierung von Anzeige-, Mitteilungs- und Veröffentlichungspflichten nach dem Wertpapierhandelsgesetz (Wertpapierhandelsanzeigeverordnung; BGBl. 2004 I S. 3376) |
| WpHG | Gesetz über den Wertpapierhandel (Wertpapierhandelsgesetz; BGBl. 1998 I S. 2708) |
| WpPG | Gesetz über die Erstellung, Billigung und Veröffentlichung des Prospekts, der beim öffentlichen Angebot von Wertpapieren oder bei der Zulassung von Wertpapieren zum Handel an einem organisierten Markt zu veröffentlichen ist (Wertpapierprospektgesetz; BGBl. 2005 I S. 1698) |
| WpÜG | Wertpapiererwerbs- und Übernahmegesetz (BGBl. 2001 I S. 3822) |
| Yale J. Int'l L. | Yale Journal of International Law |
| z.B. | zum Beispiel |
| ZBB | Zeitschrift für Bankrecht und Bankwirtschaft (Jahr und Seite) |
| ZGR | Zeitschrift für Unternehmens- und Gesellschaftsrecht (Jahr und Seite) |
| ZHR | Zeitschrift für das gesamte Handelsrecht und Wirtschaftsrecht (Jahr und Seite) |
| Ziff. | Ziffer |
| ZIP | Zeitschrift für Wirtschaftsrecht (Jahr und Seite) |

# Erster Teil: Einleitung

# A. Problemdarstellung und Fragestellung

Das Kapitalmarktrecht und hier insbesondere das Anlegerschutzrecht hat sich in den letzten Jahren in Deutschland und der Europäischen Union durch den Erlass zahlreicher nationaler und europäischer Normen und durch eine umfangreiche Rechtsprechung mit großer Dynamik zu einem eigenständigen und großen Rechtsgebiet entwickelt.[1] Vor allem die Finanz- und Wirtschaftskrise ab dem Jahr 2007 hat der Entwicklung des Anlegerschutzrechts durch eilig vorangetriebene Regulierung nochmals einen Schub verliehen.

Ebenfalls mit großer Dynamik entwickelte sich in den letzten Jahren die verhaltenswissenschaftliche Finanzmarktforschung oder *Behavioral Finance* zu einer eigenständigen Forschungsrichtung in den Wirtschaftswissenschaften. Sie erforscht mit psychologischen Methoden, wie menschliche Verhaltensweisen das Geschehen an den Finanzmärkten prägen. Insbesondere untersucht sie hierbei, wie emotional und kognitiv bestimmte Verhaltensweisen die Entscheidungsfindung von Marktteilnehmern, vornehmlich Investitionsentscheidungen von Privatanlegern, beeinflussen. Hierzu wird vor allem mit kognitionspsychologischen Experimenten das tatsächliche menschliche Entscheidungsverhalten untersucht und überprüft, inwiefern es vom idealtypischen Bild des Marktteilnehmers in der neoklassischen Ökonomie, dem *homo oeconomicus*, abweicht. Von besonderem Interesse sind hierbei systematische – und somit prognostizierbare – Abweichungen von rationalen Anlageentscheidungen, sogenannte Entscheidungsanomalien.

Während die Finanzkrise das Vertrauen in die Effizienz und Selbstregulierung der Märkte sowie in die Sinnhaftigkeit stetiger Deregulierung der Kapitalmärkte erschüttert hat, haben die wissenschaftlichen Erkenntnisse der *Behavioral Finance*-Forschung das Vertrauen in die Vorstellung des *homo oeconomicus* erschüttert.

Ferner drohen aufgrund der schnellen Entwicklung der verschiedenen Bereiche des Kapitalmarkt- und Anlegerschutzrechts, wie etwa des Prospektrechts, des Wertpapierhandelsrechts, des Kapitalanlagerechts und des

---

1 Vgl. *Hopt*, WM 2009, 1873, der die Meilensteine der „50 Jahre Anlegerschutz und Kapitalmarktrecht" zusammenfasst; grundlegend zum Anlegerschutzrecht: *Hopt*, Kapitalanlegerschutz im Recht der Banken, 1975; *ders.*, ZHR 140 (1976), 201; *ders.*, ZHR 141 (1977), 389; *ders.*, Gutachten G zum 51. DJT Stuttgart, 1976; *Schwark*, Anlegerschutz durch Wirtschaftsrecht, 1976.

Marktmissbrauchsrechts, eine Fragmentierung und der Verlust einheitlicher Maßstäbe und Zielsetzungen. Insbesondere droht der Verlust eines einheitlichen Leitbildes vom Anleger, an dem sich die Rechtsetzung bei der Schaffung und die Rechtsanwendung bei der Konkretisierung von anlegerschützenden Normen orientieren können.

Zugleich legen die Erkenntnisse der *Behavioral Finance*-Forschung eine Modernisierung des Anlegerleitbildes nahe. Das Leitbild des Anlegerschutzrechts muss dabei den tatsächlichen Anleger möglichst realitätsnah wiedergeben, um seinen Schutzzweck erfüllen zu können. Denn ein Schutzrecht, das sich an abstrakt-theoretischen Annahmen über Anleger orientiert, die empirisch modifiziert oder widerlegt sind, kann seinen Zweck in der Wirklichkeit nicht erreichen. Vielmehr muss sich das Anlegerschutzrecht an einem empirisch fundierten und überprüfbaren Bild des realen Anlegers orientieren, wenn es ihn wirksam und angemessen schützen will.

Ein effektiver und angemessener Anlegerschutz ist dabei nicht nur von akademischem Interesse. Denn während Kapitalanlagen früher insbesondere vermögenden Privatpersonen mit hohem Bildungsstand vorbehalten waren, investieren heute aufgrund veränderter gesellschaftlicher Rahmenbedingungen immer mehr Privatanleger mit verschiedenen Einkommens-, Vermögens- und Bildungshintergründen in eine immer größer werdende Vielzahl von Anlageprodukten. Sie tun dies etwa zum Aufbau einer privaten Altersvorsorge als notwendige Ergänzung der staatlichen und ggf. betrieblichen Altersvorsorge oder zur Finanzierung der Ausbildung ihrer Kinder.[2] Somit geraten immer weitere Bevölkerungskreise in den Anwendungsbereich des Anlegerschutzrechts, deren Verhalten und Eigenschaften sowie Fähigkeiten und Kenntnisse entsprechend Eingang in das Leitbild des zu schützenden realen Anlegers finden sollten.

Vor dem Hintergrund dieser Entwicklungen stellen sich einige Fragen: Liegt der kapitalmarkt- und kapitalanlagerechtlichen Gesetzgebung der Europäischen Union und der Bundesrepublik Deutschland sowie der einschlägigen Rechtsprechung derzeit ein einheitliches Anlegerleitbild zugrunde? Welche Anlegerleitbilder werden in der juristischen Literatur diskutiert und vertreten? Wie sollte ein zeitgemäßes Anlegerleitbild beschaffen sein und wie können hierbei Erkenntnisse berücksichtigt werden, die aus der wissenschaftlichen Erforschung des Investitionsverhaltens realer Anleger gewonnen wurden und in Zukunft noch gewonnen werden? Welche Strategien des Anlegerschutzes

---

2 Vgl. *Buck-Heeb*, ZHR 176 (2012), 66, 67.

resultieren aus einem derart reformierten Anlegerleitbild? Finden Elemente eines solchen Bildes bereits Berücksichtigung in den bestehenden Schutzstrategien und adressieren diese schon die Eigenschaften und das Entscheidungsverhalten von Privatanlegern auf wirksame und angemessene Weise? An welchen Stellen besteht hier Reformbedarf?

Zur Beantwortung dieser Fragen möchte die vorliegende Arbeit einen Beitrag leisten.

## B. Gang der Untersuchung

Die wesentlichen Arbeitsschritte der vorliegenden Abhandlung, die dabei jeweils verwendeten Methoden sowie die jeweiligen Ergebnisse werden im Folgenden einleitend kurz skizziert.

Zunächst ist zu fragen, wie der Begriff des Anlegerschutzes zu verstehen ist und was den Gegenstand des Anlegerschutzrechts darstellt. Insbesondere sind hierbei die Funktionen des Anlegerschutzrechts zu untersuchen, zum einen der unmittelbare Schutz der Funktionsfähigkeit der Kapitalmärkte und zum anderen der Schutz des individuellen Anlegers. Der Schutz des individuellen Anlegers lässt sich wiederum unterteilen in den Schutz des einzelnen Anlegers als Mittel zum Zweck des Effizienz- und Funktionalitätsschutzes der Kapitalmärkte einerseits und den Schutz des Anlegers als strukturell unterlegenen Marktteilnehmers um seiner selbst willen andererseits. Der rechtliche Schutz der Anleger bedarf als staatlicher Eingriff einer Begründung. Hierbei ist der funktionale Schutz durch die große Bedeutung funktionierender Kapitalmärkte für die Finanzierung der Gesamtwirtschaft und somit auch als Grundlage für die Erhaltung und Schaffung von Arbeitsplätzen legitimiert. Die Legitimation des individuellen Anlegerschutzes um der Anleger selbst willen durch das verfassungsrechtliche Sozialstaatsprinzip oder allgemeine Gerechtigkeitserwägungen stellt sich hingegen als komplexer und weniger eindeutig dar.

Im nächsten Arbeitsschritt wird durch rechtsdogmatische Analyse bestehender Kapitalmarkt- und Kapitalanlagegesetze der Europäischen Union und der Bundesrepublik Deutschland im Prospekt-, Wertpapierhandels-, Kapitalanlage- und Marktmissbrauchsrecht exemplarisch untersucht, ob den konkreten, legaldefinierten Anlegerkategorien sowie dem auslegungsbedürftigen Rechtsbegriff des „verständigen Anlegers" ein gemeinsames Anlegerleitbild zugrunde liegt. Die Untersuchung kommt zu dem Ergebnis, dass der Gesetzgeber weder von einem einheitlichen Anlegerleitbild ausgeht noch eine einheitliche Gesetzgebungstechnik für die Schaffung der einzelnen Anlegerbegriffe verwendet. Der Gesetzgeber hat mithin kein klar umrissenes Anlegerleitbild bestimmt.

Weiter werden im Wege der Rechtsprechungsanalyse grundlegende Gerichtsentscheidungen zum Prospektrecht, zur Anlageberatung und zum Marktmissbrauchsrecht im Hinblick darauf untersucht, ob ihnen ein gemeinsames Anlegerleitbild zugrunde liegt. Im Ergebnis findet sich in der Rechtsprechung keine einheitliche oder eindeutige Definition eines übergeordneten Anlegerleitbildes. Vielmehr verwendet der Bundesgerichtshof in seinen Entscheidungen eher einzelfall- oder fallgruppenbezogene, verschiedene Anlegerbegriffe, an die er unterschiedlich hohe Anforderungen stellt.

In einem weiteren Schritt werden wesentliche Aspekte der Literaturdebatte über das Anlegerleitbild dargestellt und diskutiert. Zunächst werden grundlegende Überlegungen zum Zusammenhang von theoretischen Modellannahmen über die Rationalität der Anleger und die Effizienz der Märkte mit gesetzgeberischen Zielen und gesetzlichen Instrumenten beleuchtet. Im Anschluss werden Überlegungen zur Bestimmung des Anlegerbildes unter Rückgriff auf den Zweck einer gesetzlichen Regelung und die daraus resultierende Uneinheitlichkeit des Anlegerleitbildes aufgezeigt und bewertet.

Im Folgenden wird ein rechtspolitischer Vorschlag für ein Anlegerleitbild *de lege ferenda* entwickelt, um die Effektivität und Angemessenheit des Anlegerschutzrechts zu gewährleisten. Hierfür werden zwei Anknüpfungspunkte für das Verständnis des Anlegers und somit für ein künftiges Anlegerleitbild thematisiert: der Anleger als Verbraucher und empirisch nachgewiesene Rationalitätsbeschränkungen des Anlegers. Die Frage, ob das Anlegerschutzrecht Anleihen im Verbraucherschutzrecht nehmen sollte und ob das Verbraucherleitbild als Vorlage für ein Anlegerleitbild dienen könnte, wird im Ergebnis verneint. Im Anschluss wird die neoklassische Kapitalmarkttheorie skizziert und ihre Kritik aufgrund der Erkenntnisse kognitionspsychologischer Studien des Forschungszweiges *Behavioral Finance* über das Investitionsverhalten von Privatanlegern dargestellt. Weiter wird eine Auswahl empirischer Untersuchungen zu Heuristiken und kognitiven Verzerrungen sowie die *Prospect Theory* betrachtet und diskutiert, ob das Anlegerleitbild unter Berücksichtigung dieser Ergebnisse angepasst und modernisiert werden sollte. Hierbei wird auch auf die Diskussion eingegangen, inwiefern Konzepte der Ökonomie in das Recht übernommen und als sogenannte *economic transplants* für die Rechtsanalyse, Gesetzgebung und Rechtsprechung fruchtbar gemacht werden können.

Die Untersuchung kommt hier zu dem Ergebnis, dass der bisherigen Anlegerschutzgesetzgebung in der Europäischen Union und der Bundesrepublik Deutschland ein weitgehend von der traditionellen ökonomischen Theorie der *rational choice* geprägtes Weltbild und die Annahme des *homo oeconomicus* als perfekt rationalen Marktteilnehmers sowie die Hypothese effizienter Finanzmärkte zugrunde lagen. Es wird dafür plädiert, dass der Gesetzgeber die Vorstellung des perfekt rationalen *homo oeconomicus classicus* der neoklassischen ökonomischen Modelle als Grundlage seines Anlegerleitbildes hinter sich lassen und *de lege ferenda* ein anlegerschutzrechtliches Leitbild des beschränkt rationalen Akteurs, des *homo oeconomicus limitatus*, formulieren sollte.

Im letzten Schritt der vorliegenden Studie stellt sich aus Sicht des *Behavioral Law and Economics*-Ansatzes die Frage nach den gebotenen gesetzgeberischen Strategien zum Schutz des als *homo oeconomicus limitatus* beschriebenen Privatanlegers. Zur Beantwortung dieser Frage wird zunächst erörtert, inwiefern Maßnahmen der finanziellen Bildung als ergänzende und langfristige Strategie zum Schutz der Privatanleger eingesetzt werden sollten. Weiter wird untersucht, welche Strategien des Anlegerschutzes Gesetzgebung und Rechtsprechung bisher verfolgen. Dabei werden die von diesen Schutzstrategien aufgeworfenen Anwendungsprobleme und Rechtsfragen diskutiert und es wird jeweils rechtsdogmatisch Stellung hierzu genommen. Es wird zudem untersucht, inwiefern die jeweilige Strategie des Anlegerschutzes durch finanzielle Bildung, durch Information, durch Haftungsansprüche sowie durch Aufsichtsrecht eng am Leitbild des *homo oconomicus classicus* orientiert ist oder bereits Elemente des hier vorgeschlagenen Anlegerleitbildes des *homo oeconomicus limitatus* berücksichtigt. Innerhalb der Strategien werden sodann jeweils punktuell Vorschläge für Reformen *de lege ferenda* unterbreitet.

# Zweiter Teil: Hauptteil

Der folgende Hauptteil der Arbeit gliedert sich in vier Abschnitte.

Abschnitt A. skizziert zunächst kurz den Begriff des Anlegerschutzes und den Gegenstand des Anlegerschutzrechts. Hieran anschließend werden die verschiedenen Funktionen des Anlegerschutzrechts und ihre jeweilige Legitimation erörtert.

Im nächsten Schritt behandelt Abschnitt B. die Frage, ob in der derzeitigen Gesetzgebung und Rechtsprechung ein einheitliches Anlegerleitbild zu erkennen ist. Hierzu wird zunächst anhand ausgesuchter Beispiele untersucht, ob den gesetzlichen Anlegerkategorien im Kapitalmarkt- und Kapitalanlagerecht der Europäischen Union und der Bundesrepublik Deutschland sowie den Anlegerbildern der Rechtsprechung zum Prospektrecht, zur Anlageberatung und zum Marktmissbrauchsrecht ein einheitliches Anlegerleitbild zugrunde liegt.

Im Folgenden stellt Abschnitt C. zunächst zwei wesentliche Aspekte der Literaturdebatte über das Anlegerleitbild *de lege lata* dar. Im Anschluss wird unter Berücksichtigung der Erkenntnisse der *Behavioral Finance*-Forschung der beschränkt rationale Anleger oder *homo oeconomicus limitatus* als Anlegerleitbild *de lege ferenda* entwickelt.

Abschnitt D. untersucht schließlich die Strategien des Anlegerschutzes durch finanzielle Bildung, durch Information, durch Haftung und durch Aufsicht. Dabei wird herausgearbeitet, inwiefern im Rahmen dieser Strategien in Rechtsetzung und Rechtsanwendung bereits Aspekte des Anlegerleitbildes des *homo oeconomicus limitatus* Berücksichtigung finden. Die hier auftretenden Rechtsfragen werden diskutiert und punktuell Vorschläge für Reformen unterbreitet, die einer konsequenten Orientierung am beschränkt rationalen Anleger als Leitbild dienen.

# A. Anlegerschutz und Funktionen des Anlegerschutzrechts

Der Begriff des Anlegerschutzes gilt bis heute als nicht abschließend wissenschaftlich definiert.[3] Einerseits wird das Prinzip des Anlegerschutzes als kapitalmarktrechtliches Regelungsprinzip angesehen, das dem Funktionsschutz des Marktes dient.[4] Andererseits wird es als ordnungstheoretisch abgeleitetes Rechtsprinzip verstanden, das der Konkretisierung des Schutzes des sozial Schwächeren dient.[5]

Beide Ansichten basieren auf der Annahme einer strukturellen Unterlegenheit des (potentiellen) Anlegers gegenüber den Anbietern von Kapitalanlagemöglichkeiten aufgrund einer Informationsasymmetrie zu Lasten des Anlageinteressenten.[6] Insbesondere die Behandlung dieses Informationsungleichgewichts, aber auch das Erreichen ergänzender Schutzziele ist der Gegenstand des Anlegerschutzrechts, das hierfür verschiedene Strategien verwendet. Den anlegerschutzrechtlichen Strategien liegt dabei eine Vorstellung von den Eigenschaften, Fähigkeiten und Kenntnissen des zu schützenden Anlegers zugrunde – das Anlegerleitbild.

Das Anlegerschutzrecht – so weit besteht Einigkeit[7] – erfüllt zwei Funktionen: Einerseits dient es dem Funktionsschutz des Kapitalmarktes, andererseits dem Individualschutz der Anleger.[8] Häufig wird zur Beschreibung dieser doppelten Funktion das Bild der *„zwei Seiten derselben Medaille“* verwendet.[9] Der

---

3 *Buck-Heeb*, ZHR 176 (2012), 66, 69 m.w.N.

4 Vgl. *Assmann*, ZBB 1989, 49, 61; *Assmann/Buck-Heeb*, in: Assmann/Schütze/Buck-Heeb, Handbuch KapitalanlageR, 5. Aufl. 2020, § 1 Rn. 3a.

5 *Hopt*, Kapitalanlegerschutz im Recht der Banken, 1975, S. 246 f., 288 ff., 343.

6 Vgl. *Buck-Heeb*, ZHR 176 (2012), 66, 70.

7 Siehe z.B. *Clouth*, ZHR 177 (2013), 212.

8 *Clouth*, ZHR 177 (2013), 212 m.w.N.; *Hopt*, WM 2013, 101, 102; *Mülbert*, ZHR 177 (2013), 160, 171 ff.

9 Siehe nur *Clouth*, ZHR 177 (2013), 212; *Hopt*, WM 2013, 101, 102; kritisch und differenzierend *Mülbert*, ZHR 177 (2013), 160, 177, der zu dem Ergebnis kommt, dass Individualschutz Funktionsschutz leisten kann, ohne hierfür notwendig zu sein, und umgekehrt Anlegerschutzrecht auch Individualschutz leisten kann, um eigene Gerechtigkeitsvorstellungen zu verwirklichen, ohne dass dies für den Funktionenschutz nötig ist oder sogar dann, wenn es den Interessen des funktionalen Schutzes zuwiderläuft.

Individualschutz lässt sich wiederum unterteilen in den Schutz des einzelnen Anlegers, der mittelbar dem funktionalen Schutz der Kapitalmärkte dient (dienender Individualschutz), und den Schutz des Anlegers um seiner selbst willen (Individualschutz im engeren Sinne).

Im Folgenden werden diese Funktionen des Anlegerschutzrechts im Einzelnen dargestellt. Weiterhin wird das Verhältnis des Individualschutzes zum funktionalen Schutz erörtert und die Begründung des jeweiligen Schutzzwecks, insbesondere des individuellen Schutzes im engeren Sinne untersucht.

## I. Funktionaler Schutz – Schutz der Kapitalmärkte

Es ist unbestritten, dass der Funktionsschutz der Kapitalmärkte ein wesentliches Ziel ihrer gesetzlichen Regulierung ist und Anlegerschutz im weiteren Sinne darstellt.[10] Der gesetzliche Funktionsschutz hat dabei das Ziel, die Funktionsfähigkeit der Kapitalmärkte zu gewährleisten. Hintergrund ist die überragende Bedeutung funktionierender Kapitalmärkte für die Finanzierung der Real- und Gesamtwirtschaft und somit für das Wirtschaftswachstum und die Entstehung von Arbeitsplätzen, da Unternehmen in marktwirtschaftlichen Volkswirtschaften für den Zugang zu Eigen- und Fremdkapital in hohem Maße von funktionierenden Kapitalmärkten abhängig sind.[11]

Bedingung und Maßstab der Funktionalität von Kapitalmärkten ist ihre Effizienz, wobei verschiedene Arten der Effizienz unterschieden werden: die allokative, die operationelle und die institutionelle Effizienz.[12] Unter allokativer Effizienz versteht man die optimale Verteilung knapper Ressourcen (an den Kapitalmärkten: des Geldkapitals) durch die Interaktion der Wirtschaftssubjekte auf einem Markt. Operationelle Effizienz bedeutet, dass die Transaktionskosten (an den Kapitalmärkten etwa die Kosten der Anlagevermittlung und Kapitalbeschaffung) auf einem Markt möglichst niedrig sind, um die Rendite in einem möglichst geringen Ausmaß zu reduzieren. Insofern ist die operationelle Effizienz zugleich Voraussetzung der allokativen Effizienz. Die institutionelle Effizienz betrifft die Gewährleistung eines funktionierenden Marktmechanismus

---

10 Vgl. etwa *Assmann*, ZBB 1989, 49, 61; *Baums*, ZHR 167 (2003), 139, 144; *Clouth*, ZHR 177 (2013), 212; *Hopt*, WM 2009, 1873, 1874, 1881; *ders.*, WM 2013, 101,102; *Möllers*, AcP 208 (2008), 1, 7; *Mülbert*, ZHR 177 (2013), 160, 171; *Früh*, in: Kümpel/Mülbert-Früh/Seyfried, Bankrecht und Kapitalmarktrecht, Rn. 1.95.

11 Ähnlich *Kumpan*, Die Regulierung außerbörslicher Wertpapierhandelssysteme, S. 45.

12 Vgl. etwa *Oulds*, in: Kümpel/Mülbert/Früh/Seyfrid, Bankrecht und Kapitalmarktrecht, Rn. 11.57.

durch Stärkung des nachhaltigen Vertrauens der Investoren in die Integrität, Sicherheit und Stabilität eines Marktes.[13] Bisweilen wird noch ein viertes Kriterium genannt:[14] die informationelle Effizienz, die die bestmögliche Erlangung des Austauschs, der Verarbeitung und der Auswertung von Informationen am Kapitalmarkt beschreibt.[15] Die informationelle Effizienz kann allerdings auch als Bestandteil der allokativen Effizienz angesehen werden, da die effiziente Verteilung und Verwertung von Informationen wesentlicher Bestandteil im Prozess der optimalen Verteilung des Geldkapitals ist.

Im engeren Sinne dient die Funktionsfähigkeit der Kapitalmärkte der effizienten Finanzierung von Unternehmen und somit auch der Maximierung des gesellschaftlichen Nutzens von Kapitalanlagen. Im weiteren Sinne hängt hiervon mittelbar auch die Funktionsfähigkeit wirtschaftlicher und sozialer Institutionen ab, die funktionsfähiger Kapitalmärkte bedürfen, wie etwa die private Altersvorsorge[16], betriebliche Altersvorsorge, Versorgungswerke der freien Berufe oder Lebensversicherungen. Das Anlegerschutzrecht hat somit zunächst die Funktion, funktionsfähige Kapitalmärkte zu gewährleisten.

## II. Individueller Schutz – Schutz des einzelnen Anlegers

Der Schutz der individuellen Anleger ist als das zweite Ziel des kapitalmarktrechtlichen Anlegerschutzes ebenfalls unbestritten.[17] Über seine Bedeutung und sein Verhältnis zum funktionalen Schutz wird allerdings diskutiert.[18] In Betracht kommen insoweit zwei Dimensionen des Individualschutzes: als Instrument des Funktionsschutzes (dienender Individualschutz) und als Individualschutz jenseits des Funktionsschutzes, um des Schutzes der Anleger selbst willen (Individualschutz im engeren Sinne).

---

13 *Kumpan*, Die Regulierung außerbörslicher Wertpapierhandelssysteme, S. 48 f.

14 *Grossman/Stiglitz*, 70 The American Economic Review (1980), 393, 394 ff.; *Mülbert*, ZHR 177 (2013), 160, 171.

15 Vgl. *Szczutkowski*, in: Gabler Wirtschaftslexikon, Stichwort: informationale Effizienz; abrufbar unter: https://wirtschaftslexikon.gabler.de/definition/informationale-effizienz-37936/version-261365; zuletzt abgerufen am 20.08.2021.

16 *Mülbert*, ZHR 177 (2013), 160, 171.

17 Siehe etwa *Clouth*, ZHR 177 (2013), 212; *Hopt*, WM 2013, 101,102; *ders.*, WM 2009, 1873, 1881; *Mülbert*, ZHR 177 (2013), 160, 171.

18 Vgl. *Mülbert*, ZHR 177 (2013), 160, 171 ff.

## 1. Dienender Individualschutz

Wird der Individualschutz als Instrument zum Schutz der Funktionsfähigkeit der Kapitalmärkte begriffen, ergeben sich hieraus wichtige Konsequenzen für die Legitimation staatlichen Eingreifens und somit insbesondere für die Richtung und Reichweite der gesetzgeberischen Maßnahmen. Das Ziel der gesetzlichen Anlegerschutzinstrumente muss es dann sein, den Rückzug der Anleger und somit den Abzug von Liquidität von den Kapitalmärkten zu verhindern, um die Kapitalmarkteffizienz zu schützen. Hierzu wird vorgeschlagen, die gesetzlichen Regeln darauf zu konzentrieren, die Vermögensinteressen der Anleger zu sichern und systembedingte oder systemrelevante, marktgefährdende Defizite zu beheben.[19]

So wird vorgetragen, dass es beim dienenden Individualschutz ausreiche, die finanziellen Interessen der Anleger durch Schadensersatzansprüche, etwa bei Verletzung von Informationspflichten, zu schützen. Damit könne verhindert werden, dass sich rationale Anleger nach dem Erleiden von Verlusten aus dem Kapitalmarkt zurückziehen und somit dem Markt Liquidität entziehen. Der Schutz der freien Willensbildung der Anleger hingegen, etwa durch Sicherstellung zutreffender Informationen und angemessener Beratung, sei für den dienenden Anlegerschutz nicht unbedingt erforderlich: Solange der rationale Anleger den finanziellen Schaden aus suboptimalen Anlageentscheidungen aufgrund von fehlerhafter Information oder Beratung kompensiert bekomme, sei für ihn der Schutz seiner Willensbildungsfreiheit nachrangig.[20]

Diese Auffassung vernachlässigt allerdings die Transaktionskosten, die bei der Durchsetzung der Schadensersatzansprüche anfallen: Für die Rechtsverfolgung wird der Anleger zunächst Zeit, Geld und Mühe investieren und möglicherweise mehrjährige Gerichtsverfahren über mehrere Instanzen mit letztlich ungewissem Ausgang durchstehen müssen. Auch wenn Schadensersatzansprüche unstreitig eine gewisse Präventionswirkung entfalten und einen Anreiz für potentielle Anspruchsgegner zu pflichtgemäßem Verhalten darstellen, wird es doch zumindest eine gewisse Zeit dauern, bis sich eine gefestigte Rechtsprechung zu den betreffenden Schadensersatzansprüchen herausgebildet hat, die Präventionswirkung sich infolgedessen voll entfalten kann und die Transaktionskosten der geschädigten Anleger sinken. Jedenfalls für diesen Übergangszeitraum ist es zur Vermeidung der Transaktionskosten für rationale Anleger also durchaus

19 *Mülbert*, ZHR 177 (2013), 160, 171 ff.

20 *Assmann*, ZBB 1989, 49, 61; *Mülbert*, ZHR 177 (2013), 160, 172.

sinnvoll, nicht am Kapitalmarkt zu investieren und somit Liquidität zumindest vorzuenthalten. Dies bedeutet allerdings nicht, dass die Schaffung gesetzlicher Schadensersatzansprüche (etwa als Kodifikation der von der Rechtsprechung geschaffenen Ansprüche) und der Schutz der Vermögensinteressen der Anleger für einen „dienenden" Individualschutz nicht zielführend wären. Es bedeutet lediglich, dass durch das Ziel des Kapitalmarktschutzes eine Beschränkung auf Vermögensschutz oder Schadensersatzansprüche nicht geboten ist. Gerade auch die gesetzliche Regulierung der Informations- und Beratungspflichten, die dem Schutz der freien Willensbildung und -entscheidung dienen, ist zumindest mittelbar geeignet, das Vertrauen in Kapitalmarktinvestitionen zu stärken und ausreichende Liquidität zu sichern.

Weiterhin muss sich nach der oben genannten Auffassung die Gesetzgebung darauf konzentrieren, systematische – nicht lediglich individuelle – Defizite zu korrigieren, die Marktgefährdungen verursachen können.

Dies gilt zunächst für systembedingte Informationsasymmetrien zwischen Emittenten und Investoren am Primärmarkt und zwischen Anlegern am Sekundärmarkt: Hier muss das Anlegerschutzrecht die Informationsungleichgewichte beheben, um ein informationsbedingtes Marktversagen zu verhindern.[21] Dem ist – im Rahmen der Zielsetzung des dienenden Individualschutzes – uneingeschränkt zuzustimmen.

Besäßen auch die Irrationalitäten der Anlegerentscheidungen systematische Qualität, hätten sie also systembedingte Ursachen und insbesondere systemrelevante Auswirkungen, dann müsste die Gesetzgebung beim instrumentellen Individualschutz darauf abzielen, auch sie zu beheben, um negative Auswirkungen auf die Kapitalmarkteffizienz durch aggregiertes irrationales Anlegerverhalten zu vermeiden. Fraglich ist daher, ob irrationales Anlegerverhalten durch das System der Anlageentscheidungen an Kapitalmärkten bedingt ist oder lediglich ein individuelles Verhalten darstellt.

Nach Auffassung der neoklassischen Kapitalmarkttheorie[22] handelt es sich bei irrationalen Anlageentscheidungen um ein individuelles Phänomen, das zufällig auftritt und daher durch gegenläufiges irrationales Verhalten anderer einzelner Anleger und durch Arbitragegeschäfte[23] ausgeglichen wird. Da es also durch den

---

21 *Assmann*, ZBB 1989, 49, 59 ff.; *Mülbert*, ZHR 177 (2013), 160, 173.

22 Vgl. etwa *Posner*, 50 Stanford Law Review (1998), 1551 ff., der sich kritisch mit den Erkenntnissen der *Behavioral Economics* auseinandersetzt und sich mit dem Lager der *Rational Choice Economics* identifiziert.

23 Arbitragegeschäfte sind Börsengeschäfte, die Wert-Preis-Differenzen zwischen dem (wahren) Fundamentalwert und dem Börsenpreis eines Finanzinstruments nutzen,

Marktprozess neutralisiert wird, bilden sich trotz vorhandener Irrationalitäten weiterhin effiziente Marktpreise, so dass staatliche Maßnahmen des der Marktfunktionalität dienenden Individualschutzes nicht angezeigt sind.

Die Vertreter der verhaltenswissenschaftlichen Finanzmarktforschung *Behavioral Finance*[24] sowie des *Behavioral Law and Economics*-[25]Ansatzes hingegen sind der Ansicht, dass die Grundannahme eines durchweg rationalen *homo oeconomicus* des neoklassischen ökonomischen Standardmodells sich aufgrund empirischer Studien als falsch erwiesen hat, irrationales Anlegerverhalten systematisch und somit systemrelevant ist. Diese Irrationalitäten müssten daher zum Schutz der Marktfunktionsfähigkeit durch Maßnahmen des gesetzlichen Anlegerschutzes adressiert werden.

Eine Bewertung dieser beiden Ansichten ginge allerdings weit über den Rahmen der an dieser Stelle angestellten Betrachtung lediglich der Funktionen des Anlegerschutzrechts hinaus. Inwieweit sich die Erkenntnisse des neoklassischen und des verhaltenswissenschaftlichen Ansatzes der Wirtschaftswissenschaften in Anlegerleitbildern und entsprechenden gesetzlichen Regelungen und Gerichtsentscheidungen niedergeschlagen haben, wird an späterer Stelle zu diskutieren sein.

Insgesamt wird zur Begründung des „dienenden" Individualschutzes angeführt, dass durch gesetzliche Schutzregeln, die darauf abzielen, den einzelnen Anleger zu schützen, das Vertrauen der Anleger insgesamt in die Kapitalmärkte gestärkt wird. Die Investitionsbereitschaft aller Anleger und die für die Funktionsfähigkeit nötige Liquidität der Märkte bleiben somit erhalten oder werden erhöht.[26] Diente der Individualschutz also ausschließlich dem funktionalen Schutz der Kapitalmärkte, so müsste man wohl für die oben genannte Beschränkung der Reichweite des gesetzlichen Anlegerschutzes auf die Beseitigung systematischer Defizite plädieren. Fraglich ist allerdings, ob es auch Gründe für einen Individualschutz über den Zweck des Funktionsschutzes hinaus gibt.

---

um Gewinne zu erzielen, und somit eine einheitliche Preisbildung bewirken; grundlegend zur Informationsarbitrage *Grossman/Stiglitz*, 70 The American Economic Review (1980), 393; *Klöhn*, ZHR 177 (2013), 349, 354; *Klöhn*, Kapitalmarkt, Spekulation und Behavioral Finance, 2006, S. 26 ff.

24 Für einen Überblick und eine Einführung in das Forschungsgebiet der *Behavioral Finance* siehe z.B.: *Daxhammer/Facsar*, Behavioral Finance, Kap. 3.1, S. 79 ff.; *Shefrin*, Beyond Greed and Fear, S. 3 ff.; *Shleifer*, Inefficient Markets, S. 1 ff.

25 Siehe nur *Jolls/Sunstein/Thaler*, 50 Stanford Law Review (1998), 1471 ff.

26 *Mülbert*, ZHR 177 (2013), 160, 173 m.w.N.

## 2. Individualschutz im engeren Sinne

Der Individualschutz im engeren Sinne zeichnet sich dadurch aus, dass er Defizite von Anlageentscheidungen adressiert, auch wenn sie ausschließlich die Interessen individueller Anleger betreffen, also unabhängig davon, ob sie für die Funktionsfähigkeit der Kapitalmärkte relevant sind. Auch „überschießende“ Maßnahmen und ihre Rechtsfolgen, die zwar möglicherweise an systembedingte oder -relevante Anlageentscheidungsdefizite anknüpfen, aber über das für den funktionalen Schutz notwendige Maß hinausgehen, gehören zum Individualschutz um der Anleger willen.[27]

Da hier der Schutz der Funktionsfähigkeit der Kapitalmärkte als Legitimation für den gesetzlichen oder von der Rechtsprechung entwickelten Anlegerschutz entfällt, stellt sich die Frage, welche eigenständigen Ziele des Sozialschutzes oder welche Gerechtigkeitserwägungen als Begründung entsprechender anlegerschützender Regeln dienen können.

Grundsätzlich kommen hier zwei Erwägungen in Frage:[28] ein durch das Verfassungsrecht gebotener Anlegerschutz im engeren Sinne und ein Schutz der Anleger vor Entscheidungen, die ihren Eigeninteressen zuwiderlaufen.

Fraglich ist zunächst, ob das Verfassungsrecht einen über ein Mindestmaß hinausgehenden Anlegerschutz jenseits des Funktionsschutzes gebietet. Beispiele für einen solchen Individualschutz im engeren Sinne sind die gesetzlichen Schadensersatzansprüche in §§ 97 und 98 WpHG n.F. bei Transaktionen im Zusammenhang mit einer verspäteten Veröffentlichung von Insiderinformationen bzw. einer Veröffentlichung unwahrer Insiderinformationen. Zwar dienen Schadensersatzansprüche (wie oben gezeigt) auch dem Schutz der Kapitalmärkte vor einem Abzug von Liquidität durch Anleger, die Verluste erleiden, und können daher auch dem Spektrum des dienenden Individualschutzes zugeordnet werden. Darüber hinaus schützen sie jedoch Anleger unabhängig vom Funktionsschutz der Kapitalmärkte um ihres Schutzes willen und können daher auch

---

27 *Mülbert*, ZHR 177 (2013), 160, 174.

28 Vgl. *Mülbert*, ZHR 177 (2013), 160, 174 ff., der als dritte Erwägung noch einen Schutz aus Beratungspflicht des Kreditinstituts diskutiert. Die Beratungspflicht ihrerseits resultiere entweder aus einem konkludent geschlossenen Beratungsvertrag (Bond-Rechtsprechung des BGH) oder aus gesetzlichen Schutzpflichten. Letztlich lehnt *Mülbert* diese Erwägung aber zu Recht ab, da hier die Ebene der Legitimation, also der Letztbegründung der Schutzbedürftigkeit des Anlegers, mit der Ebene des rechtstechnischen Entstehens der Pflicht vermischt wird und somit die Frage nach dem höheren Grund für die Annahme einer solchen Beratungspflicht offenbleibt.

dem Individualschutz im engeren Sinne zugeordnet werden. Weitere Beispiele für den Individualschutz im engeren Sinne sind die von der Rechtsprechung im Bond-Urteil entwickelte regelmäßige Annahme eines konkludenten Beratungsvertragsabschlusses bei Beginn eines Beratungsgesprächs (etwa mit einem Bankmitarbeiter),[29] die Vermutung aufklärungsrichtigen Verhaltens[30] und die Pflicht zur Offenlegung von Rückvergütungen von Emittenten an Banken[31] oder von verdeckten Innenprovisionen, unabhängig von deren Höhe.[32]

Unmittelbar aus der Staatszielbestimmung des Sozialstaatsprinzips in Art. 20 Abs. 1 GG lassen sich grundsätzlich keine individuellen Ansprüche ableiten – somit auch keine (ausschließlich oder vorrangig) dem Schutz des individuellen Anlegers dienenden Ansprüche. Allerdings könnte das Sozialstaatsprinzip eine Regelung gebieten, deren nähere Ausgestaltung dem Gesetzgeber überlassen ist.[33] Erst diese gesetzliche Regelung könnte konkrete Ausgleichsansprüche der einzelnen Anleger begründen, wie etwa in §§ 97 und 98 WpHG n.F. Für ein solches Verfassungsgebot des „sozialen Schutzes" der Kapitalanleger bedarf es allerdings des Hinzutretens für den Anleger ungünstiger Umstände.[34]

Als solch verschärfende Umstände kommen etwa Kriterien wie eine „emotionale Zwangslage" und „Handeln ohne eigenes wirtschaftliches Interesse" wie in der Bürgschaftsentscheidung des Bundesverfassungsgerichts (BVerfG)[35] in Betracht oder etwa eine „faktische Dauerbindung" und „Bedeutung für die Existenzsicherung" wie in der BVerfG-Entscheidung zur Übertragung von Kapitallebensversicherungen.[36] Bei Anlageentscheidungen hingegen fehlt es typischerweise an diesen für den Anleger nachteiligen Umständen.

Allerdings ist zu beachten, dass die Bedeutung privater Geldanlage für die zusätzliche, über die gesetzliche Rentenversicherung und die ggf. vorhandene betriebliche Altersversorgung hinausgehende private Altersvorsorge steigt und dass das Bundesministerium für Arbeit und Soziales immer eindringlicher

---

29 BGH, Urt. v. 06.07.1993, Az.: XI ZR 12/93 = BGHZ 123, 126 = NJW 1993, 2433.

30 St. Rspr. BGH, Urt. v. 16.11.1993, Az.: XI ZR 214/92 = BGHZ 124, 151 = NJW 1994, 112; BGH, Urt. v. 08.05.2012, Az.: XI ZR 262/10 = BGHZ 193, 153 = NJW 2012, 2427.

31 BGH, Urt. v. 19.12.2006, Az.: XI ZR 56/05 = BGHZ 170, 226 = NJW 2007, 1876.

32 BGH, Urt. v. 03.06.2014, Az.: XI ZR 147/12 = BGHZ 201, 310 = NJW 2014, 2947.

33 BVerfG, Beschl. v. 03.12.1969, Az.: 1 BvR 624/56 = BVerfGE 27, 253 = NJW 1970, 799.

34 *Mülbert*, ZHR 177 (2013), 160, 176.

35 BVerfG, Beschl. v. 19.10.1993, Az.: 1 BvR 567/89 = BVerfGE 89, 214 = NJW 1994, 36 (Bürgschaften einkommens- und vermögensloser Familienangehöriger).

36 BVerfG, Urt. v. 26.07.2005, Az.: 1 BvR 782/94 u. 1 BvR 957/96 = NJW 2005, 2363 (Übertragung des Bestands von Lebensversicherungsverträgen auf andere Unternehmen).

zur privaten Altersvorsorge rät, um Altersarmut zu verhindern.[37] Die staatlich geförderte Zusatzvorsorge, die sogenannte „Riester-Rente“, ist hierfür nur eine Möglichkeit. Auch Investitionen in einzelne Aktientitel, offene Wertpapierfonds (OGAW) und andere offene und geschlossene Fonds (AIF) kommen für die Existenzsicherung im Alter in Frage.

Weiterhin werden unter den derzeitigen zentralbankpolitischen Rahmenbedingungen der Förderung der Inflation durch Niedrigzins- und Nullzinspolitik[38] der Europäischen Zentralbank (EZB) sowie durch die EZB-Anleiheaufkaufprogramme[39] die Sparguthaben von Kleinanlegern durch mangelnde Zinsen und den Kaufkraftverlust aufgezehrt. Durch diese Entwicklung sehen sich viele Kleinanleger veranlasst, zur Erhaltung und Sicherung ihres Ersparten in alternative Geldanlagemöglichkeiten am Kapitalmarkt zu investieren.

In diesen beiden Fallgruppen der privaten Altersvorsorge und der Sicherung von privaten Sparguthaben spielt der Gedanke der Existenzsicherung die entscheidende Rolle, nicht etwa die Rendite- oder Vermögensmaximierung *per se*. Hierin liegt eine Parallele zu den oben genannten Fällen der Rechtsprechung des Bundesverfassungsgerichts zur „Bedeutung für die Existenzsicherung“ von Kapitallebensversicherungen. Man kann daher in den hier dargelegten Fallgruppen ebenfalls Umstände bejahen, die für den Anleger nachteilig sind und seine soziale Schutzbedürftigkeit begründen. Dies spricht im Umkehrschluss für ein Verfassungsgebot des „sozialen Schutzes“ von Kleinanlegern in bestimmten Fällen. Der eigenständige individuelle Anlegerschutz durch einfachgesetzliche Regelung und Rechtsprechung ist somit in den genannten Beispielen verfassungsrechtlich geboten.

---

37 So etwa im Zusammenhang mit dem Alterssicherungsbericht 2020: https://www.bmas.de/SharedDocs/Downloads/DE/Rente/alterssicherungsbericht-2020.pdf;jsessionid=5E7A94DFA4C994A775F43441F6B8EB49.delivery1-replication?__blob=publicationFile&v=1;
vgl. http://www.sueddeutsche.de/geld/alterssicherung-die-rente-allein-wird-oft-nicht-mehr-reichen-1.3221386; http://www.handelsblatt.com/politik/deutschland/rentenbericht-regierung-raet-zur-privaten-vorsorge/14740286.html; zuletzt abgerufen am 20.08.2020.

38 Seit März 2016 beträgt der Zinssatz der EZB für Hauptrefinanzierungsgeschäfte („Leitzins“) 0,00 %, https://www.bundesbank.de/de/statistiken/geld-und-kapitalmaerkte/zinssaetze-und-renditen/ezb-zinssaetze-607806; zuletzt abgerufen am 20.08.2020.

39 Die sogenannten „Asset Purchase Programmes“ der EZB seit 2014, https://www.ecb.europa.eu/mopo/implement/omt/html/index.en.html, zuletzt abgerufen am 20.08.2020.

Im Gegensatz hierzu genügt eine „einfache“ wirtschaftliche und intellektuelle Unterlegenheit des Anlegers gegenüber der Gegenseite als Legitimation für einen Anlegerschutz im engeren Sinne nicht. In diesem Zusammenhang stellte auch der BGH klar, dass *„ein Vertrag* [...] *nicht bei jeder Störung des Verhandlungsgleichgewichts nachträglich in Frage gestellt oder korrigiert“*[40] werden könne.

Daher ist durch das Verfassungsrecht ein allgemeiner Anlegerindividualschutz über den Funktionsschutz hinaus grundsätzlich nicht geboten.[41]

Als weitere Begründung eines selbständigen Individualschutzes kommt ein Schutzbedürfnis des einzelnen Anlegers vor suboptimalen, selbstschädigenden Anlageentscheidungen in Betracht. Dieser Begründung liegt allerdings die Vorstellung zugrunde, dass es die Aufgabe des Gesetzgebers sei, den Anleger gleichsam vor sich selbst zu schützen und nicht nur eine informierte, sondern stets die optimale Anlageentscheidung sicherzustellen. Dieser Vorstellung entspringt das paternalistische Anlegermodell,[42] das auf der Annahme basiert, dass Anleger eine beschränkte Rationalität besitzen[43] und systematisch fehlerhafte Anlageentscheidungen treffen[44]. Innerhalb dieser Denkschule wird unterschieden zwischen einem „harten Paternalismus“[45], der Verbote von Anlageprodukten gegenüber gesetzlichen Informationspflichten als Instrument des Anlegerschutzes bevorzugt, und der Gegenposition des „libertären“[46], „asymmetrischen“[47] oder „liberalen“[48] Paternalismus, den Anleger ohne Zwang, aber durch staatliche Einflussnahme[49] zu einem (Anlage-)Verhalten im wohlverstandenen

40 BGH, Urt. v. 29.6.2010, Az.: XI ZR 104/08 = BGHZ 186, 96 = NJW-RR 2011, 270, 271.

41 So auch *Mülbert*, ZHR 177 (2013), 160, 177.

42 Für einen Überblick über paternalistische (und andere) Modelle: *Langenbucher*, ZHR 177 (2013), 679, 685 f.

43 *Jolls/Sunstein/Thaler*, 50 Stanford Law Review (1998), 1471, 1477.

44 *Klöhn*, EBOR 10 (2009), 437, 440.

45 Vgl. die Wortwahl bei *Mülbert*, ZHR 177 (2013), 160, 174.

46 *Thaler/Sunstein*, 92 The American Economic Review (2003), 175 ff.; *dies.*, 70 The University of Chicago Law Review (2002), 1159 ff.; *dies.*, Nudge: Improving Decisions About Health, Wealth, and Happiness, 2008.

47 *Camerer/Issacharoff/Loewenstein/O'Donoghue/Rabin*, University of Pennsylvania Law Review (151) 2003, 1211 ff.

48 *Eidenmüller*, JZ 2011, 814, 814 ff.

49 In Betracht kommen hierfür etwa *Default-* oder *Opt-Out-*Regelungen, siehe *Langenbucher*, ZHR 177 (2013), 679, 686; *Thaler/Sunstein*, 70 The University of Chicago Law Review (2002), 1159 ff.

Eigeninteresse zu bewegen. Dies soll auch dann gelten, wenn Drittinteressen – hier der Funktionsschutz – dies nicht erfordern.

Die jeglichem Paternalismus entgegengesetzte Vorstellung ist hingegen, dass jeder Anleger das *„unveräußerliche Recht, sich selbst zum Narren zu machen"*[50] habe, solange sich dies auf einzelne Entscheidungen beschränke, die die Funktionsfähigkeit des Kapitalmarktes nicht tangieren.[51]

Die paternalistische Begründung eines selbständigen Individualschutzes mit der grundsätzlichen Schutzbedürftigkeit des Anlegers hängt somit vom Anlegerleitbild ab, auf das an späterer Stelle genauer einzugehen sein wird. Zwingend ist dieser Ansatz jedenfalls nicht,[52] da er zum einen voraussetzt, dass ein funktionierender und legitimer Maßstab für die Unterscheidung guter und weniger guter (Anleger-)Entscheidungen existiert.[53] Zum anderen wird kritisiert, dass dieser Ansatz praktisch nicht umsetzbar sei, da der Gesetzgeber hierfür die wahren Präferenzen des Schutzadressaten, seine kognitiven Verzerrungen und den jeweiligen Entscheidungskontext kennen müsste[54] – was faktisch unmöglich ist.

## III. Zwischenergebnis: Funktionaler und individueller Schutz als eigenständige, aber verbundene Ziele des Anlegerschutzrechts

Es ist unbestritten, dass der Schutz der Funktionsfähigkeit der Kapitalmärkte ein legitimes und wichtiges Ziel des Anlegerschutzrechts ist (funktionaler Schutz). Ebenso legitim ist das Ziel, die Kapitalanleger individuell zu schützen. Mit dem individuellen Schutz ist sowohl der Schutz der Individualanleger als Mittel zum Zweck des Funktionsschutzes der Kapitalmärkte (dienender Individualschutz) gemeint als auch der eigenständige Schutz der Individualanleger um ihrer selbst willen (Individualschutz im engeren Sinne).

Der funktionale Schutz und der dienende Individualschutz finden ihre Legitimation in der Bedeutung funktionierender, effizienter Märkte für den Zugang

---

50 *Loss*, ZHR 129 (1967), 192, 208.

51 *Damrau*, Selbstregulierung im Kapitalmarktrecht, 2003, 39 f.

52 Kritisch auch: *Eidenmüller*, JZ 2011, 814, 819 ff.

53 *Mülbert*, ZHR 177 (2013), 160, 174; *Rachlinski*, 73 The University of Chicago Law Review (2006), 207 ff.

54 *Rizzo/Whitman*, 2009 Brigham Young University Law Review, 905, 921 ff. unter Bezug auf das von Friedrich v. Hayek identifizierte „Wissensproblem", mit dem er Kritik an der sozialistischen zentralen Planwirtschaft übte: *Hayek*, The American Economic Review 35 (1945), 519, 521 ff.; *Schmolke*, Grenzen der Selbstbindung im Privatrecht, S. 237 ff.

von Unternehmen zu Kapital in marktwirtschaftlichen Volkswirtschaften und somit für Wirtschaftswachstum und die Schaffung von Arbeitsplätzen.

Den eigenständigen Individualschutz als selbständiges Ziel des Anlegerschutzrechts zu begründen, ist ungleich schwerer. Die Untersuchung hat gezeigt, dass ein „sozialer Schutz“ der Anleger durch das Sozialstaatsprinzip aus Art. 20 Abs. 1 GG in bestimmten Fallgruppen der Kapitalanlage zum Zweck der Existenzsicherung durchaus geboten ist. Hingegen scheinen Gerechtigkeits- und Schutzerwägungen, die aus einem paternalistischen Anlegerleitbild abgeleitet werden, nicht geeignet als zwingende Begründung eines Individualschutzes im engeren Sinne. Vielmehr scheinen diesbezüglich verschiedene Anlegerleitbilder in der Literatur, im Gesetzesrecht und in der Rechtsprechung miteinander zu konkurrieren.

Für die Frage nach der Legitimation des Individualschutzes im engeren Sinne, aber auch für die Festlegung der richtigen Anlegerschutzstrategien und zur Bestimmung einzelner Anlegerschutzinstrumente ist daher zunächst zu untersuchen, ob Gesetzgebung und Rechtsprechung ein einheitliches Anlegerleitbild zugrunde liegt. Weiter sind hierzu die in der Literatur diskutierten Anlegerleitbilder genauer zu betrachten. Ggf. ist ein geeignetes Anlegerleitbild zu identifizieren oder zu entwickeln.

# B. Anlegerleitbild in Gesetzgebung und Rechtsprechung

Das Anlegerleitbild ist die entweder ausdrücklich definierte oder implizit vorausgesetzte Vorstellung von den Eigenschaften, Fähigkeiten, Kenntnissen und Erfahrungen, den Stärken und Schwächen sowie vom Entscheidungsverhalten eines typischen Anlegers, die der Gesetzgebung und Rechtsprechung im Kapitalmarkt- und Kapitalanlagerecht zugrunde liegt. Letztlich ist dieses Bild ausschlaggebend dafür, ob und inwieweit der Gesetzgeber bei der Rechtsetzung Anleger als schutzbedürftig ansieht und welche Strategien und Instrumente er wählt, um sie zu Anlageentscheidungen zu befähigen, sie vor Fehlentscheidungen zu schützen und ihnen Kompensationsansprüche zu gewähren. In der Rechtsanwendung durch Gerichte, Behörden und die Anwaltschaft dient das Anlegerleitbild als Auslegungshilfe bei der Konkretisierung der abstrakt-generellen Anlegerschutznormen. Zudem dient das Anlegerleitbild auch als „Maßstab für die wertungskonsistente Fortbildung geltenden Anlegerschutzrechts“[55].

Insgesamt hängt die Angemessenheit und Effektivität – und somit die Qualität – des Anlegerschutzrechts wesentlich vom Anlegerleitbild ab. Je besser das Anlegerleitbild den tatsächlichen Anleger wiedergibt, je näher das Leitbild der Realität kommt, desto effektiver, zielgerichteter und angemessener kann das Anlegerschutzrecht den tatsächlichen Anleger schützen.

Zunächst ist daher zu fragen, ob ein einheitliches, allgemein anerkanntes Anlegerleitbild bereits existiert. Dies wird im Schrifttum verneint.[56] Vielmehr sollen in Gesetzgebung und Rechtsprechung unterschiedliche Definitionen und Vorstellungen vom Verhalten und von der Charakteristik typischer Anleger bestehen. Das Anlegerleitbild sei somit in mehrere konkretisierte, verschieden definierte Anlegerkategorien und -bilder aufgeteilt und zudem Gegenstand ständiger Diskussion. Diese These gilt es im Folgenden zu überprüfen.

---

55 *Mülbert*, ZHR 177 (2013), 160, 178.

56 So auch *Buck-Heeb*, ZHR 176 (2012), 66, 84 ff.; *dies.*, ZHR 177 (2013), 310, 333, 335 ff.; *Mülbert*, ZHR 177 (2013), 160, 177 ff.

## I. Gesetzgeberische Anlegerkategorien im Recht der Europäischen Union und der Bundesrepublik Deutschland

Die Gesetzgebung versucht, durch die Schaffung verschiedener Anlegerkategorien einen nach Schutzbedürftigkeit differenzierten Anlegerschutz zu gestalten. Aus diesen Legaldefinitionen kann auf die verschiedenen Anlegerbilder und aus diesen letztlich mittelbar auf das zugrundeliegende Anlegerleitbild der Gesetzgebung geschlossen werden.

### 1. Einleitung

Im Folgenden werden hierfür zunächst Beispiele von Legaldefinitionen der Anlegerkategorien auf EU- und deutscher Gesetzgebungsebene aus drei verschiedenen Bereichen des Kapitalmarktrechts genannt: aus dem Prospektrecht, dem Wertpapierhandelsrecht und dem Investmentrecht. Im Anschluss wird der nicht legaldefinierte „verständige Anleger" des Marktmissbrauchsrechts betrachtet.

Zunächst sei hier im Prospektrecht die Prospektrichtlinie 2003/71/EG[57] genannt. Ihre Definition des qualifizierten Anlegers war durch das Prospektrichtlinie-Umsetzungsgesetz[58] in § 2 Abs. 6 WpPG a.F. in deutsches Recht transponiert worden. Die Richtlinie stammt aus dem Jahr 2003, wurde durch die Änderungsrichtlinie 2010/73/EU[59] abgeändert und ist durch die Prospektverordnung (EU) 2017/1129[60], die am 20.07.2017 in Kraft getreten ist, aber zum größten Teil erst seit dem 21.07.2019 gilt, ersetzt worden. Die

57 Richtlinie 2003/71/EG des Europäischen Parlaments und des Rates vom 04.11.2003 betreffend den Prospekt, der beim öffentlichen Angebot von Wertpapieren oder bei deren Zulassung zum Handel zu veröffentlichen ist, und zur Änderung der Richtlinie 2001/34/EG.

58 Prospektrichtlinie-Umsetzungsgesetz vom 22.06.2005, BGBl. 2005, Teil I, S. 1698.

59 Richtlinie 2010/73/EU des Europäischen Parlaments und des Rates vom 24.11.2010 zur Änderung der Richtlinie 2003/71/EG betreffend den Prospekt, der beim öffentlichen Angebot von Wertpapieren oder bei deren Zulassung zum Handel zu veröffentlichen ist, und der Richtlinie 2004/109/EG zur Harmonisierung der Transparenzanforderungen in Bezug auf Informationen über Emittenten, deren Wertpapiere zum Handel auf einem geregelten Markt zugelassen sind.

60 Verordnung (EU) 2017/1129 des Europäischen Parlaments und des Rates vom 14.06.2017 über den Prospekt, der beim öffentlichen Angebot von Wertpapieren oder bei deren Zulassung zum Handel an einem geregelten Markt zu veröffentlichen ist, und zur Aufhebung der Richtlinie 2003/71/EG.

Prospektverordnung dient der von der EU geplanten Kapitalmarktunion und verfolgt unter anderem das Ziel, einen einheitlichen, gleichwertigen Anlegerschutz auf Unionsebene zu schaffen und auf Grundlage des gestiegenen Anlegervertrauens die Kapitalmärkte weiterzuentwickeln.[61]

Im Wertpapierhandelsrecht unterscheiden die beiden Finanzmarktrichtlinien MiFID I[62] und MiFID II[63] zwischen Kleinanlegern (Art. 4 Abs. 1 Nr. 11), professionellen Kunden (Art. 4 Abs. 1 Nr. 10 i.V.m. Anhang II) und geeigneten Gegenparteien (vgl. Art. 24 MiFID I, der weitgehend Art. 30 MiFID II entspricht). Diese Kundenkategorisierung wurde durch Art. 1 des Finanzmarktrichtlinie-Umsetzungsgesetzes[64] in § 31a WpHG a.F. umgesetzt, der nun in § 67 WpHG n.F. geregelt ist. § 67 WpHG n.F. differenziert zwischen Privatkunden (Abs. 3), professionellen Kunden (Abs. 2) und geeigneten Gegenparteien (Abs. 4).

Im Investmentrecht sind in Art. 4 Abs. 1 aj) der AIFM-Richtlinie[65] der Kleinanleger und der professionelle Anleger in Art. 4 Abs. 1 ag) AIFM definiert.[66] Die Legaldefinition des professionellen Anlegers verweist für den „geborenen" professionellen Anleger auf die Anlage II der ersten Finanzmarktrichtlinie (MiFID I) und definiert den „gekorenen" Anleger als einen solchen, der auf Antrag als professioneller Anleger behandelt werden kann. Die AIFM-Richtlinie wurde

61 Siehe den Aktionsplan zur Schaffung einer Kapitalmarktunion der Europäischen Kommission, COM (2015) 468 final vom 30.09.2015, S. 13 ff.

62 Richtlinie 2004/39/EG des Europäischen Parlaments und des Rates vom 21.04.2004 über Märkte für Finanzinstrumente, zur Änderung der Richtlinien 85/611/EWG und 93/6/EWG des Rates und der Richtlinie 2000/12/EG des Europäischen Parlaments und des Rates und zur Aufhebung der Richtlinie 93/22/EWG des Rates; in englischer Sprache lautet der Titel der Richtlinie „*Markets in Financial Instruments Directive*", sodass in dieser Arbeit im Folgenden die entsprechende, übliche Abkürzung „MiFID" verwendet wird.

63 Richtlinie 2014/65/EU des Europäischen Parlaments und des Rates vom 15.05.2014 über Märkte für Finanzinstrumente sowie zur Änderung der Richtlinien 2002/92/EG und 2011/61/EU.

64 Finanzmarktrichtlinie-Umsetzungsgesetz v. 16.07.2007, BGBl. 2007, Teil I, 1331.

65 Richtlinie 2011/61/EU des Europäischen Parlaments und des Rates vom 08.06.2011 über die Verwalter alternativer Investmentfonds und zur Änderung der Richtlinien 2003/41/EG und 2009/65/EG und der Verordnungen (EG) Nr. 1060/2009 und (EU) Nr. 1095/2010.

66 „‚Kleinanleger' ist ein Anleger, bei dem es sich nicht um einen professionellen Anleger handelt."

durch das AIFM-Umsetzungsgesetz[67], insbesondere durch dessen Art. 1 (Kapitalanlagegesetzbuch – KAGB), in deutsches Recht transponiert. In § 1 Abs. 31 KAGB sind Privatanleger als solche bestimmt, die weder professionelle noch semiprofessionelle sind. In § 1 Abs. 32 KAGB verweist die Definition des professionellen Anlegers ebenfalls auf Anhang II der MiFID I für den „geborenen" sowie auf die Möglichkeit der Antragstellung für den „gekorenen" professionellen Anleger. Neu ist die Kategorie des semiprofessionellen Anlegers, dessen Voraussetzungen in § 1 Abs. 33 KAGB geregelt sind. Er steht zwischen dem Privatanleger und dem professionellen Anleger, wobei die genauen Kriterien in § 1 Abs. 33 a) bis d) KAGB geregelt sind.

Zuletzt sei im Marktmissbrauchsrecht auf die Marktmissbrauchsverordnung (MAR)[68] hingewiesen, die in ihrem Erwägungsgrund (14) den verständigen Investor nennt und in Art. 7 Abs. 4 MAR den verständigen Anleger zum Zwecke der Definition der „Insiderinformation" verwendet.

### *a) Die Legaldefinitionen der Anlegerkategorien im Einzelnen*

Eine einheitliche Legaldefinition des Anlegers besteht nicht.[69] Die verschiedenen Legaldefinitionen der einzelnen Anlegerkategorien in Richtlinien und Gesetzen unterscheiden sich voneinander und lauten wie folgt:

#### *aa) Prospektrichtlinie 2003/71/EG*

Die Prospektrichtlinie bietet den europarechtlichen Rahmen für den Inhalt, die Gestaltung und die Veröffentlichung von Wertpapierprospekten bei öffentlichen Angeboten von Wertpapieren und bei deren Zulassung zum Handel an einem organisierten Markt (etwa bei Börsengängen und Kapitalerhöhungen).

In den Begriffsbestimmungen, Art. 2 der Richtlinie a.F., fanden sich die Kriterien des sogenannten „qualifizierten Anlegers" in Abs. 1 Buchstabe e, die in der

---

67 Gesetz zur Umsetzung der Richtlinie 2011/61/EU über die Verwalter alternativer Investmentfonds (AIFM-Umsetzungsgesetz – AIFM-UmsG) vom 04.07.2013, BGBl. 2013, Teil I, S. 1981.

68 Verordnung (EU) Nr. 596/2014 des Europäischen Parlaments und des Rates vom 16.04.2014 über Marktmissbrauch (Marktmissbrauchsverordnung) und zur Aufhebung der Richtlinie 2003/6/EG des Europäischen Parlaments und des Rates und der Richtlinien 2003/124/EG, 2003/125/EG und 2004/72/EG der Kommission; die Abkürzung „MAR" für Market Abuse Regulation hat sich auch im deutschen Schrifttum eingebürgert.

69 *Seiler/Geier*, in: Schimansky/Bunte/Lwowski, Bankrechts-Handbuch, Vor § 104 Rn. 78.

ursprünglichen Fassung der Prospektrichtlinie vom 4. November 2003 folgendermaßen lauteten:

„Art. 2 Begriffsbestimmungen
(1) Im Sinne dieser Richtlinie bezeichnet der Ausdruck:
[…]
e) ‚qualifizierte Anleger'

i) juristische Personen, die in Bezug auf ihre Tätigkeit auf den Finanzmärkten zugelassen sind bzw. beaufsichtigt werden. Dazu zählen: Kreditinstitute, Wertpapierfirmen, sonstige zugelassene oder beaufsichtigte Finanzinstitute, Versicherungsgesellschaften, Organismen für gemeinsame Anlagen und ihre Verwaltungsgesellschaften, Pensionsfonds und ihre Verwaltungsgesellschaften, Warenhändler sowie Einrichtungen, die weder zugelassen sind noch beaufsichtigt werden und deren einziger Geschäftszweck in der Wertpapieranlage besteht;

ii) nationale und regionale Regierungen, Zentralbanken, internationale und supranationale Institutionen wie der Internationale Währungsfonds, die Europäische Zentralbank, die Europäische Investitionsbank und andere vergleichbare internationale Organisationen;

iii) andere juristische Personen, die zwei der drei Kriterien nach Buchstabe f nicht erfüllen;

iv) bestimmte natürliche Personen: vorbehaltlich der gegenseitigen Anerkennung kann ein Mitgliedstaat natürliche Personen zulassen, die in dem Mitgliedstaat wohnhaft sind und ausdrücklich als qualifizierte Anleger angesehen werden möchten, sofern sie zumindest zwei der in Absatz 2 genannten Kriterien erfüllen;

v) bestimmte KMU: vorbehaltlich der gegenseitigen Anerkennung kann ein Mitgliedstaat KMU zulassen, die ihren Sitz in diesem Mitgliedstaat haben und ausdrücklich als qualifizierte Anleger angesehen werden möchten;

f) ‚kleine und mittlere Unternehmen': Gesellschaften, die laut ihrem letzten Jahresabschluss bzw. konsolidierten Abschluss zumindest zwei der nachfolgenden drei Kriterien erfüllen: eine durchschnittliche Beschäftigtenzahl im letzten Geschäftsjahr von weniger als 250, eine Gesamtbilanzsumme von höchstens 43 000 000 EUR und ein Jahresnettoumsatz von höchstens 50 000 000 EUR;

[…]
(2) Für die Zwecke von Absatz 1 Buchstabe e) Ziffer iv) gelten die folgenden Kriterien:

a) Der Anleger hat an Wertpapiermärkten Geschäfte in großem Umfang getätigt und in den letzten vier Quartalen durchschnittlich mindestens zehn Transaktionen pro Quartal abgeschlossen;

b) der Wert des Wertpapierportfolios des Anlegers übersteigt 0,5 Mio. EUR;

c) der Anleger ist oder war mindestens ein Jahr lang im Finanzsektor in einer beruflichen Position tätig, die Kenntnisse auf dem Gebiet der Wertpapieranlage voraussetzt."

*bb) Änderungsrichtlinie 2010/73/EU*

Der Wortlaut der Prospektrichtlinie wurde durch die Richtlinie 2010/73/EU vom 24.11.2010 geändert, wobei die eigenständige detaillierte Definition aufgegeben wurde und der qualifizierte Anleger nun durch eine Verweisung auf Anhang II der Finanzmarktrichtlinie MiFID I (siehe unten) den geborenen und gekorenen professionellen Anlegern sowie den geeigneten Gegenparteien gleichgestellt wird. Der Wortlaut der Änderungsrichtlinie lautet:

„Art. 2 wird wie folgt geändert:
a) In Absatz 1
i) erhält Buchstabe e folgende Fassung:

e) ‚qualifizierte Anleger' die in Anhang II Abschnitt I Nummern 1 bis 4 der Richtlinie 2004/39/EG des Europäischen Parlaments und des Rates vom 21. April 2004 über Märkte für Finanzinstrumente beschriebenen Personen oder Einrichtungen sowie Personen oder Einrichtungen, die gemäß Anhang II der Richtlinie 2004/39/EG auf Antrag als professionelle Kunden behandelt werden oder gemäß Artikel 24 der Richtlinie 2004/39/EG als geeignete Gegenparteien anerkannt sind, sofern sie nicht eine Behandlung als nichtprofessionelle Kunden beantragt haben. Die Wertpapierfirmen und Kreditinstitute teilen ihre Einstufung unbeschadet der einschlägigen Vorschriften über den Datenschutz auf Antrag dem Emittenten mit. Wertpapierfirmen, die bestehende professionelle Kunden gemäß Artikel 71 Absatz 6 der Richtlinie 2004/39/EG auch weiterhin als solche behandeln können, können diese Kunden als qualifizierte Anleger im Sinne dieser Richtlinie behandeln."

*cc) Wertpapierprospektgesetz (WpPG)*

Das WpPG a.F. setzte das Kernstück der Prospektrichtlinie in deutsches Recht um und regelte somit den rechtlichen Rahmen für Erstellung, Billigung und Veröffentlichung von Prospekten, die beim öffentlichen Angebot von Wertpapieren und bei der Zulassung von Wertpapieren zum Handel an einem organisierten Markt in der Bundesrepublik zu veröffentlichen sind.

In § 2 WpPG a.F. („Begriffsbestimmungen") war die deutsche Legaldefinition des qualifizierten Anlegers mit folgendem Wortlaut enthalten:

„Im Sinne dieses Gesetzes ist oder sind […]
6. qualifizierte Anleger:

a) Kunden und Unternehmen, die vorbehaltlich einer Einstufung als Privatkunde professionelle Kunden oder geeignete Gegenparteien im Sinne des § 31a Absatz 2 oder 4 des Wertpapierhandelsgesetzes sind, oder die gemäß § 31a Absatz 5 Satz 1 oder Absatz 7 des Wertpapierhandelsgesetzes auf Antrag als solche eingestuft worden sind oder gemäß § 31a Absatz 6 Satz 5 des Wertpapierhandelsgesetzes weiterhin als professionelle Kunden behandelt werden,

b) natürliche oder juristische Personen, die nach in anderen Staaten des Europäischen Wirtschaftsraums erlassenen Vorschriften zur Umsetzung der Bestimmungen des Anhangs II Abschnitt I Nummer 1 bis 4 der Richtlinie 2004/39/EG des Europäischen Parlaments und des Rates vom 21. April 2004 über Märkte für Finanzinstrumente, zur Änderung der Richtlinien 85/611/EWG und 93/6/EWG des Rates und der Richtlinie 2000/12/EG des Europäischen Parlaments und des Rates und zur Aufhebung der Richtlinie 93/22/EWG des Rates (ABl. L 145 vom 30.4.2004, S. 1) in der jeweils geltenden Fassung als professionelle Kunden angesehen werden und nicht eine Behandlung als nichtprofessionelle Kunden beantragt haben,

c) natürliche oder juristische Personen, die nach in anderen Staaten des Europäischen Wirtschaftsraums erlassenen Vorschriften zur Umsetzung der Bestimmungen des Anhangs II der Richtlinie 2004/39/EG auf Antrag als professioneller Kunde behandelt werden,

d) natürliche oder juristische Personen, die nach in anderen Staaten des Europäischen Wirtschaftsraums erlassenen Vorschriften zur Umsetzung des Artikels 24 der Richtlinie 2004/39/EG als geeignete Gegenpartei anerkannt sind und nicht eine Behandlung als nichtprofessioneller Kunde beantragt haben, und

e) natürliche oder juristische Personen, die durch Wertpapierfirmen nach in anderen Staaten des Europäischen Wirtschaftsraums erlassenen Vorschriften zur Umsetzung des Artikels 71 Absatz 6 der Richtlinie 2004/39/EG als vor dem Inkrafttreten der Richtlinie bestehende professionelle Kunden weiterhin als solche behandelt werden."

Seit Inkrafttreten der EU-Prospektverordnung enthält das WpPG n.F. keine eigene Legaldefinition des qualifizierten Anlegers mehr, sondern in § 2 Nr. 3 WpPG n.F. einen Verweis auf die Definition des qualifizierten Anlegers in Art. 2

Buchstabe e) der Prospektverordnung (EU) 2017/1129 (siehe hierzu den folgenden Abschnitt dd)).

### *dd) Prospektverordnung (EU) 2017/1129*[70]

Die EU-Prospektverordnung regelt seit ihrem vollständigen Inkrafttreten im Juli 2019 die Erstellung, Billigung und Veröffentlichung von Angebots- und Zulassungsprospekten verbindlich und unmittelbar in allen Mitgliedstaaten.

Sie stellt einen wichtigen Schritt auf dem Weg zur Vollendung der Kapitalmarktunion dar, deren Ziel es ist, Investitionen anzuregen und somit großen, aber auch kleinen und mittleren Unternehmen („KMU") einen erleichterten Zugang zu einer größeren Vielfalt an Finanzierungsquellen in der gesamten EU zu verschaffen. Ferner soll ein effizienteres Funktionieren der Märkte ermöglicht werden und sollen Anlegern sowie Sparern zusätzliche Ertragsmöglichkeiten geboten werden, um so das Wachstum und die Schaffung von Arbeitsplätzen zu fördern.[71]

Die Definition des qualifizierten Anlegers in Art. 2 Buchstabe e) der Verordnung enthält einen Verweis auf Anhang II der MiFID:

„Art. 2
Begriffsbestimmungen
Im Sinne dieser Verordnung bezeichnet der Ausdruck […]

e) ‚qualifizierte Anleger' Personen oder Einrichtungen, die in Anhang II Abschnitt I Nummern 1 bis 4 der Richtlinie 2014/65/EU genannt sind, sowie Personen oder Einrichtungen, die gemäß Abschnitt II jenes Anhangs auf Antrag als professionelle Kunden behandelt werden oder die gemäß Artikel 30 der Richtlinie 2014/65/EU als geeignete Gegenparteien anerkannt werden, und nicht gemäß Abschnitt 1 Absatz 4 jenes Anhangs eine schriftliche Übereinkunft getroffen haben, als nichtprofessionelle Kunden behandelt zu werden. Für die Zwecke der Anwendung des ersten Satzes dieses Buchstabens teilen Wertpapierfirmen und Kreditinstitute dem Emittenten auf dessen Antrag die Einstufung ihrer Kunden unter Einhaltung des einschlägigen Datenschutzrechts mit."

---

70 Verordnung (EU) 2017/1129 des Europäischen Parlaments und des Rates vom 14.06.2017 über den Prospekt, der beim öffentlichen Angebot von Wertpapieren oder bei deren Zulassung zum Handel an einem geregelten Markt zu veröffentlichen ist, und zur Aufhebung der Richtlinie 2003/71/EG.

71 Vgl. Aktionsplan zur Schaffung einer Kapitalmarktunion der Europäischen Kommission, COM (2015) 468 final vom 30.09.2015.

### *ee) MiFID – Finanzmarktrichtlinien 2004/39/EG und 2014/65/EU*[72]

Die MiFID[73] regelt den europarechtlichen Rahmen der Märkte für Finanzinstrumente, etwa die Organisations- und Wohlverhaltenspflichten der Wertpapierdienstleister bei Erbringung ihrer Dienstleistungen oder die Regulierung der Handelsplätze.

In den Begriffsbestimmungen des Art. 4 Abs. 1 MiFID n.F. finden sich die Legaldefinitionen des professionellen Kunden und des Kleinanlegers:

„Für die Zwecke dieser Richtlinie bezeichnet der Ausdruck: […]
10. ‚professioneller Kunde' einen Kunden, der die in Anhang II genannten Kriterien erfüllt;
11. ‚Kleinanleger' einen Kunden, der kein professioneller Kunde ist."

In Anhang II der MiFID sind sodann die Kriterien für den „geborenen" (I.) sowie den „gekorenen" (II.) professionellen Kunden enthalten:

„ANHANG II
PROFESSIONELLE KUNDEN IM SINNE DIESER RICHTLINIE
Ein professioneller Kunde ist ein Kunde, der über ausreichende Erfahrungen, Kenntnisse und Sachverstand verfügt, um seine Anlageentscheidungen selbst treffen und die damit verbundenen Risiken angemessen beurteilen zu können. Um als professioneller Kunde angesehen zu werden, muss ein Kunde den folgenden Kriterien genügen:
I. KATEGORIEN VON KUNDEN, DIE ALS PROFESSIONELLE KUNDEN ANGESEHEN WERDEN
Folgende Rechtssubjekte werden in Bezug auf alle Wertpapierdienstleistungen und Finanzinstrumente als professionelle Kunden im Sinne der Richtlinie angesehen:

1) Rechtssubjekte, die zugelassen sein oder unter Aufsicht stehen müssen, um an den Finanzmärkten tätig werden zu können. Die nachstehende Liste ist so zu verstehen, dass sie alle zugelassenen Rechtssubjekte umfasst, die Tätigkeiten erbringen, die für die genannten Rechtssubjekte kennzeichnend sind: Rechtssubjekte, die von einem Mitgliedstaat im Rahmen einer

---

72 Die erste Finanzmarktrichtlinie („MiFID I") wurde mit Wirkung zum 03.01.2018 durch die zweite Finanzmarktrichtlinie („MiFID II") ersetzt.

73 Richtlinie 2014/65/EU des Europäischen Parlaments und des Rates vom 15.05.2014 über Märkte für Finanzinstrumente sowie zur Änderung der Richtlinien 2002/92/EG und 2011/61/EU (= MiFID II).

Richtlinie zugelassen werden, Rechtssubjekte, die von einem Mitgliedstaat ohne Bezugnahme auf eine Richtlinie zugelassen oder beaufsichtigt werden, Rechtssubjekte, die von einem Drittland zugelassen oder beaufsichtigt werden:
   a) Kreditinstitute;
   b) Wertpapierfirmen;
   c) sonstige zugelassene oder beaufsichtigte Finanzinstitute;
   d) Versicherungsgesellschaften;
   e) Organismen für gemeinsame Anlagen und ihre Verwaltungsgesellschaften;
   f) Pensionsfonds und ihre Verwaltungsgesellschaften;
   g) Warenhändler und Warenderivate-Händler;
   h) örtliche Anleger;
   i) sonstige institutionelle Anleger.
2) Große Unternehmen, die auf Unternehmensebene zwei der nachfolgenden Anforderung erfüllen:
   - Bilanzsumme: 20 000 000 EUR
   - Nettoumsatz: 40 000 000 EUR
   - Eigenmittel: 2 000 000 EUR
3) Nationale und regionale Regierungen, einschließlich Stellen der staatlichen Schuldenverwaltung auf nationaler oder regionaler Ebene, Zentralbanken, internationale und supranationale Einrichtungen wie die Weltbank, der IWF, die EZB, die EIB und andere vergleichbare internationale Organisationen.
4) Andere institutionelle Anleger, deren Haupttätigkeit in der Anlage in Finanzinstrumenten besteht, einschließlich Einrichtungen, die die wertpapiermäßige Verbriefung von Verbindlichkeiten und andere Finanzierungsgeschäfte betreiben.

Die oben genannten Rechtspersönlichkeiten werden als professionelle Kunden angesehen. Es muss ihnen allerdings möglich sein, eine Behandlung als nichtprofessioneller Kunde zu beantragen, bei der Wertpapierfirmen bereit sind, ein höheres Schutzniveau zu gewähren. Handelt es sich bei dem Kunden einer Wertpapierfirma um eines der obengenannten Unternehmen, muss die Wertpapierfirma ihn vor Erbringung jeglicher Dienstleistungen darauf hinweisen, dass er aufgrund der ihr vorliegenden Informationen als professioneller Kunde eingestuft und behandelt wird, es sei denn, die Wertpapierfirma und der Kunde vereinbaren etwas anderes. Die Wertpapierfirma muss den Kunden auch darüber informieren, dass er eine Änderung der vereinbarten Bedingungen beantragen kann, um sich ein höheres Schutzniveau zu verschaffen.

Es obliegt dem als professioneller Kunde eingestuften Kunden, das höhere Schutzniveau zu beantragen, wenn er glaubt, die mit der Anlage verbundenen Risiken nicht korrekt beurteilen oder steuern zu können.

Das höhere Schutzniveau wird dann gewährt, wenn ein als professioneller Kunde eingestufter Kunde eine schriftliche Übereinkunft mit der Wertpapierfirma dahingehend trifft, ihn im Sinne der geltenden Wohlverhaltensregeln nicht als professionellen Kunden zu behandeln. In dieser Übereinkunft wird festgelegt, ob dies für eine oder mehrere Dienstleistung(en) oder Geschäfte oder für eine oder mehrere Art(en) von Produkten oder Geschäften gilt.

II. KUNDEN, DIE AUF ANTRAG ALS PROFESSIONELLE KUNDEN BEHANDELT WERDEN KÖNNEN

II.1. Einstufungskriterien

Anderen Kunden als den in Abschnitt I genannten, einschließlich öffentlich-rechtlicher Körperschaften, kommunaler Behörden und Gebietskörperschaften und individueller privater Anleger, kann es ebenfalls gestattet werden, auf das Schutzniveau zu verzichten, das von den Wohlverhaltensregeln geboten wird.

Wertpapierfirmen wird folglich gestattet, diese Kunden als professionelle Kunden zu behandeln, sofern die nachstehend genannten einschlägigen Kriterien und Verfahren eingehalten werden. Bei diesen Kunden wird allerdings nicht davon ausgegangen, dass sie über Marktkenntnisse und -erfahrungen verfügen, die denen der Kunden nach Abschnitt I vergleichbar sind.

Eine Senkung des normalerweise von den Wohlverhaltensregeln gebotenen Schutzniveaus ist nur dann zulässig, wenn die Wertpapierfirma sich durch eine angemessene Beurteilung des Sachverstands, der Erfahrungen und der Kenntnisse des Kunden davon vergewissert hat, dass dieser in Anbetracht der Art der geplanten Geschäfte oder Dienstleistungen nach vernünftigem Ermessen in der Lage ist, Anlageentscheidungen zu treffen und die damit einhergehenden Risiken versteht.

Der Eignungstest, der auf Manager und Führungskräfte von Unternehmen angewandt wird, die aufgrund von Finanzrichtlinien zugelassen sind, könnte als ein Beispiel für die Beurteilung des Sachverstands und der Kenntnisse angesehen werden. Im Falle kleiner Unternehmen wird die Person, die befugt ist, Geschäfte im Namen des Unternehmens zu tätigen, der [sic!] dieser Beurteilung unterzogen.

Diese Beurteilung muss ergeben, dass mindestens zwei der folgenden Kriterien erfüllt werden:

— Der Kunde hat an dem relevanten Markt während der vier vorhergehenden Quartale durchschnittlich pro Quartal 10 Geschäfte von erheblichem Umfang abgeschlossen.
— Das Finanzinstrument-Portfolio des Kunden, das definitionsgemäß Bardepots und Finanzinstrumente umfasst, übersteigt 500 000 EUR.
— Der Kunde ist oder war mindestens ein Jahr lang in einer beruflichen Position im Finanzsektor tätig, die Kenntnisse über die geplanten Geschäfte oder Dienstleistungen voraussetzt.

Die Mitgliedstaaten können spezifische Kriterien für die Beurteilung des Sachverstands und der Kenntnisse von Gebietskörperschaften und kommunalen Behörden festlegen, die eine Einstufung als professionelle Kunden beantragen. Diese Kriterien können alternativ oder zusätzlich zu den in Absatz 5 aufgeführten Kriterien herangezogen werden.

II.2. Verfahren

Diese Kunden können nur dann auf den Schutz durch die Wohlverhaltensregeln verzichten, wenn folgendes Verfahren eingehalten wird:

— Sie müssen der Wertpapierfirma schriftlich mitteilen, dass sie generell oder in Bezug auf eine bestimmte Wertpapierdienstleistung oder ein bestimmtes Wertpapiergeschäft oder in Bezug auf eine bestimmte Art von Geschäft oder Produkt als professioneller Kunde behandelt werden möchten.
— Die Wertpapierfirma muss sie schriftlich klar darauf hinweisen, welches Schutzniveau und welche Anlegerentschädigungsrechte sie gegebenenfalls verlieren.
— Die Kunden müssen schriftlich in einem vom jeweiligen Vertrag getrennten Dokument bestätigen, dass sie sich der Folgen des Verlustes dieses Schutzniveaus bewusst sind.

Wertpapierfirmen müssen verpflichtet sein, durch angemessene Vorkehrungen sicherzustellen, dass ein Kunde, der als professioneller Kunde behandelt werden möchte, die einschlägigen Kriterien gemäß Abschnitt II.1 erfüllt, bevor sie einem Antrag auf Verzicht auf den Schutz stattgeben.

Wurden Kunden hingegen aufgrund von Parametern und Verfahren, die den oben genannten vergleichbar sind, bereits als professionelle Kunden eingestuft, ändert sich ihr Verhältnis zu den Wertpapierfirmen durch neue, aufgrund dieses Anhangs angenommene Regeln nicht.

Die Firmen müssen zweckmäßige schriftliche interne Strategien und Verfahren einführen, anhand deren die Kunden eingestuft werden können. Die professionellen Kunden sind dafür verantwortlich, die Wertpapierfirma über alle Änderungen zu informieren, die ihre Einstufung beeinflussen könnten. Gelangt die Wertpapierfirma zu der Erkenntnis, dass der Kunde die Bedingungen nicht mehr erfüllt, die ihn anfänglich für eine Behandlung als professioneller Kunde in Frage kommen ließen, so muss sie entsprechende Schritte in die Wege leiten."

Die sogenannte geeignete Gegenpartei ist hingegen nicht in der MiFID legaldefiniert. Allerdings hält die Richtlinie in Art. 30 MiFID n.F. Regelungen bereit, welche Akteure von den Mitgliedstaaten als geeignete Gegenparteien anerkannt werden müssen oder können:

„Artikel 30

Geschäfte mit geeigneten Gegenparteien

(1) Die Mitgliedstaaten stellen sicher, dass Wertpapierfirmen, die zur Ausführung von Aufträgen im Namen von Kunden und/oder zum Handel für eigene Rechnung und/oder zur Entgegennahme und Weiterleitung von Aufträgen berechtigt sind, Geschäfte mit geeigneten Gegenparteien anbahnen oder abschließen können, ohne in Bezug auf diese Geschäfte oder auf Nebendienstleistungen in direktem Zusammenhang mit diesen Geschäften den Auflagen des Artikels 24 mit Ausnahme der Absätze 4 und 5, des Artikels 25 mit Ausnahme von Absatz 6, des Artikels 27 und des Artikels 28 Absatz 1 genügen zu müssen.

Die Mitgliedstaaten stellen sicher, dass Wertpapierfirmen in ihrer Beziehung mit den geeigneten Gegenparteien ehrlich, redlich und professionell handeln sowie auf redliche, eindeutige und nicht irreführende Weise mit ihnen kommunizieren, und dabei der Form der geeigneten Gegenpartei und deren Geschäftstätigkeit Rechnung tragen.

(2) Die Mitgliedstaaten erkennen für die Zwecke dieses Artikels Wertpapierfirmen, Kreditinstitute, Versicherungsgesellschaften, OGAW und ihre Verwaltungsgesellschaften, Pensionsfonds und ihre Verwaltungsgesellschaften, sonstige zugelassene oder nach dem Unionsrecht oder den Rechtsvorschriften eines Mitgliedstaats einer Aufsicht unterliegende Finanzinstitute, nationale Regierungen und deren Einrichtungen, einschließlich öffentlicher Stellen der staatlichen Schuldenverwaltung auf nationaler Ebene, Zentralbanken und supranationale Organisationen als geeignete Gegenparteien an.

Die Einstufung als geeignete Gegenpartei gemäß Unterabsatz 1 berührt nicht das Recht solcher Rechtspersönlichkeiten, entweder generell oder für jedes einzelne Geschäft eine Behandlung als Kunde zu beantragen, für dessen Geschäfte mit der Wertpapierfirma die Artikel 24, 25, 27 und 28 gelten.

(3) Die Mitgliedstaaten können auch andere Unternehmen als geeignete Gegenparteien anerkennen, die im Voraus festgelegte proportionale Anforderungen einschließlich quantitativer Schwellenwerte erfüllen. Im Falle eines Geschäfts mit potenziellen Gegenparteien, die verschiedenen Rechtsordnungen angehören, trägt die Wertpapierfirma dem Status des anderen Unternehmens Rechnung, der sich nach den Rechtsvorschriften oder Maßnahmen des Mitgliedstaats bestimmt, in dem das Unternehmen ansässig ist.

Die Mitgliedstaaten stellen sicher, dass die Wertpapierfirma, die Geschäfte gemäß Absatz 1 mit solchen Unternehmen abschließt, die ausdrückliche Zustimmung der potenziellen Gegenpartei einholt, als geeignete Gegenpartei behandelt zu werden. Die Mitgliedstaaten gestatten der Wertpapierfirma, diese Zustimmung entweder in Form einer allgemeinen Vereinbarung oder für jedes einzelne Geschäft einzuholen.

(4) Die Mitgliedstaaten können Rechtspersönlichkeiten von Drittländern, die den in Absatz 2 genannten Kategorien von Rechtspersönlichkeiten gleichwertig sind, als zulässige Gegenparteien anerkennen.

Die Mitgliedstaaten können auch Unternehmen von Drittländern, wie die nach Absatz 3, unter denselben Voraussetzungen und bei Erfüllung derselben Anforderungen wie denen des Absatzes 3 als zulässige Gegenparteien anerkennen.

(5) Der Kommission wird die Befugnis übertragen, delegierte Rechtsakte gemäß Artikel 89 zu erlassen, die Folgendes festlegen:

— die Verfahren zur Beantragung einer Behandlung als Kunde gemäß Absatz 2;
— die Verfahren zur Einholung der ausdrücklichen Zustimmung potenzieller Gegenparteien gemäß Absatz 3;
— die im Voraus festgelegten proportionalen Anforderungen einschließlich der quantitativen Schwellenwerte, nach denen ein Unternehmen als geeignete Gegenpartei gemäß Absatz 3 anerkannt werden kann.“

#### *ff) Wertpapierhandelsgesetz (WpHG)*

Das WpHG setzt den wesentlichen Teil der Finanzmarktrichtlinie um und ist anzuwenden auf die Erbringung von Wertpapierdienstleistungen, den börslichen und außerbörslichen Handel mit Finanzinstrumenten, den Abschluss von Finanztermingeschäften, auf Finanzanalysen sowie auf Veränderungen der Stimmrechtsanteile von Aktionären an börsennotierten Gesellschaften.

Durch das Finanzmarktrichtlinie-Umsetzungsgesetz (FRUG)[74] wurde § 31a in das WpHG a.F. eingefügt, der nun unter § 67 WpHG n.F. geregelt ist. In § 67 Abs. 2, 3 und 4 WpHG n.F. finden sich die Legaldefinitionen des professionellen Kunden, des Privatkunden und der geeigneten Gegenpartei:

„§ 67 Kunden; Verordnungsermächtigung […]

(2) Professionelle Kunden im Sinne dieses Gesetzes sind Kunden, die über ausreichende Erfahrungen, Kenntnisse und Sachverstand verfügen, um ihre Anlageentscheidungen zu treffen und die damit verbundenen Risiken angemessen beurteilen zu können. Professionelle Kunden im Sinne des Satzes 1 sind

1. Unternehmen, die als
   a) Wertpapierdienstleistungsunternehmen,
   b) sonstige zugelassene oder beaufsichtigte Finanzinstitute,
   c) Versicherungsunternehmen,
   d) Organismen für gemeinsame Anlagen und ihre Verwaltungsgesellschaften,
   e) Pensionsfonds und ihre Verwaltungsgesellschaften,
   f) Börsenhändler und Warenderivatehändler,
   g) sonstige institutionelle Anleger, deren Haupttätigkeit nicht von den Buchstaben a bis f erfasst wird, im Inland oder Ausland zulassungs- oder aufsichtspflichtig sind, um auf den Finanzmärkten tätig werden zu können;
2. nicht im Sinne der Nummer 1 zulassungs- oder aufsichtspflichtige Unternehmen, die mindestens zwei der drei nachfolgenden Merkmale überschreiten:
   a) 20.000.000 Euro Bilanzsumme,
   b) 40.000.000 Euro Umsatzerlöse,
   c) 2.000.000 Euro Eigenmittel;
3. nationale und regionale Regierungen sowie Stellen der öffentlichen Schuldenverwaltung auf nationaler oder regionaler Ebene;
4. Zentralbanken, internationale und überstaatliche Einrichtungen wie die Weltbank, der Internationale Währungsfonds, die Europäische Zentralbank, die Europäische Investmentbank und andere vergleichbare internationale Organisationen;

---

74 Gesetz zur Umsetzung der Richtlinie über Märkte für Finanzinstrumente und der Durchführungsrichtlinie der Kommission (Finanzmarktrichtlinie-Umsetzungsgesetz) vom 16.07.2007, BGBl. 2007, Teil I, S. 1330.

5. andere nicht im Sinne der Nummer 1 zulassungs- oder aufsichtspflichtige institutionelle Anleger, deren Haupttätigkeit in der Investition in Finanzinstrumente besteht, und Einrichtungen, die die Verbriefung von Vermögenswerten und andere Finanzierungsgeschäfte betreiben.

Sie werden in Bezug auf alle Finanzinstrumente, Wertpapierdienstleistungen und Wertpapiernebendienstleistungen als professionelle Kunden angesehen.

(3) Privatkunden im Sinne dieses Gesetzes sind Kunden, die keine professionellen Kunden sind.

(4) Geeignete Gegenparteien sind Unternehmen im Sinne des Absatzes 2 Satz 2 Nummer 1 Buchstabe a bis e sowie Einrichtungen nach Absatz 2 Nummer 3 und 4. Den geeigneten Gegenparteien stehen gleich

1. Unternehmen im Sinne des Absatzes 2 Nummer 2 mit Sitz im In- oder Ausland,
2. Unternehmen mit Sitz in einem anderen Mitgliedstaat der Europäischen Union oder einem anderen Vertragsstaat des Abkommens über den Europäischen Wirtschaftsraum, die nach dem Recht des Herkunftsmitgliedstaates als geeignete Gegenparteien im Sinne des Artikels 30 Absatz 3 Satz 1 der Richtlinie 2014/65/EU anzusehen sind,

wenn diese zugestimmt haben, für alle oder einzelne Geschäfte als geeignete Gegenpartei behandelt zu werden."

### *gg) AIFM-Richtlinie 2011/61/EU*

Die AIFM-Richtlinie[75] legt die Regulierung und Aufsicht über sowie die Anforderungen an die mit der Verwaltung alternativer Investmentfonds betrauten natürlichen und juristischen Personen (*Alternative Investment Fund Managers* – AIFM) fest. Alternative Investmentfonds sind alle Fonds, die nicht unter die OGAW-Richtlinie fallen, also all diejenigen, die keine Wertpapierfonds darstellen.

Die AIFM-Richtlinie enthält in Art. 4 Abs. 1 die Legaldefinitionen für:

75 Richtlinie 2011/61/EU des Europäischen Parlaments und des Rates vom 08.06.2011 über die Verwalter alternativer Investmentfonds und zur Änderung der Richtlinien 2003/41/EG und 2009/65/EG und der Verordnungen (EG) Nr. 1060/2009 und (EU) Nr. 1095/2010.

„ag) ‚Professioneller Anleger' ist jeder Anleger, der im Sinne von Anhang II der Richtlinie 2004/39/EG als ein professioneller Kunde angesehen wird oder auf Antrag als ein professioneller Kunde behandelt werden kann. […]

aj) ‚Kleinanleger' ist ein Anleger, bei dem es sich nicht um einen professionellen Anleger handelt."

Zu beachten ist hierbei, dass die AIFM-Richtlinie ausschließlich den Vertrieb von AIFs an professionelle Anleger regelt, nicht jedoch den Vertrieb an private Anleger. Die EU-Mitgliedstaaten können den Vertrieb von AIFs an Privatanleger jedoch in ihren Umsetzungsgesetzen gestatten und hierbei zusätzliche gesetzliche Schutzmaßnahmen treffen. Die Bundesrepublik Deutschland hat im AIFM-Umsetzungsgesetz von dieser Möglichkeit Gebrauch gemacht.

### *hh) Kapitalanlagegesetzbuch (KAGB)*

Das KAGB regelt die Anlegerdefinitionen in § 1 Abs. 19 Nr. 31 bis 33. Hierbei ist insbesondere die Anlegerkategorie des semiprofessionellen Anlegers in Nr. 33 zu beachten:

„§ 1 Begriffsbestimmungen

[…]

(19) Die folgenden Begriffe werden für die Zwecke dieses Gesetzes wie folgt bestimmt: […]

31. Privatanleger sind alle Anleger, die weder professionelle noch semiprofessionelle Anleger sind.

32. Professioneller Anleger ist jeder Anleger, der im Sinne von Anhang II der Richtlinie 2014/65/EU als professioneller Kunde angesehen wird oder auf Antrag als ein professioneller Kunde behandelt werden kann.

33. Semiprofessioneller Anleger ist

a) jeder Anleger,

aa) der sich verpflichtet, mindestens 200 000 Euro zu investieren,

bb) der schriftlich in einem vom Vertrag über die Investitionsverpflichtung getrennten Dokument angibt, dass er sich der Risiken im Zusammenhang mit der beabsichtigten Verpflichtung oder Investition bewusst ist,

cc) dessen Sachverstand, Erfahrungen und Kenntnisse die AIF-Verwaltungsgesellschaft oder die von ihr beauftragte Vertriebsgesellschaft bewertet, ohne von der Annahme auszugehen, dass der Anleger über die Marktkenntnisse und -erfahrungen der in Anhang II Abschnitt I der Richtlinie 2014/65/EU genannten Anleger verfügt,

dd) bei dem die AIF-Verwaltungsgesellschaft oder die von ihr beauftragte Vertriebsgesellschaft unter Berücksichtigung der Art der beabsichtigten Verpflichtung oder Investition hinreichend davon überzeugt ist, dass er in der Lage ist, seine Anlageentscheidungen selbst zu treffen und die damit einhergehenden Risiken versteht und dass eine solche Verpflichtung für den betreffenden Anleger angemessen ist, und
ee) dem die AIF-Verwaltungsgesellschaft oder die von ihr beauftragte Vertriebsgesellschaft schriftlich bestätigt, dass sie die unter Doppelbuchstabe cc genannte Bewertung vorgenommen hat und die unter Doppelbuchstabe dd genannten Voraussetzungen gegeben sind,
b) ein in § 37 Absatz 1 genannter Geschäftsleiter oder Mitarbeiter der AIF-Verwaltungsgesellschaft, sofern er in von der AIF-Verwaltungsgesellschaft verwaltete AIF investiert, oder ein Mitglied der Geschäftsführung oder des Vorstands einer extern verwalteten Investmentgesellschaft, sofern es in die extern verwaltete Investmentgesellschaft investiert,
c) jeder Anleger, der sich verpflichtet, mindestens 10 Millionen Euro in ein Investmentvermögen zu investieren,
d) jeder Anleger in der Rechtsform
aa) einer Anstalt des öffentlichen Rechts,
bb) einer Stiftung des öffentlichen Rechts oder
cc) einer Gesellschaft, an der der Bund oder ein Land mehrheitlich beteiligt ist,
wenn der Bund oder das Land zum Zeitpunkt der Investition der Anstalt, der Stiftung oder der Gesellschaft in den betreffenden Spezial-AIF investiert oder investiert ist."

### *b) Diskussion*

Die hier betrachteten Normen des Prospekt-, Wertpapierhandels- und Investmentrechts verfolgen einen auf EU-Richtlinien basierenden und in das deutsche Recht umgesetzten oder unmittelbar in der EU-Prospektverordnung geregelten typisierenden Lösungsansatz[76], der die Anleger nach ihrer Schutzbedürftigkeit kategorisiert. Maßstab für die Schutzbedürftigkeit ist die Professionalität der Anlagetätigkeit. Diese wird wiederum bestimmt durch das Ausmaß an Sachverstand, Erfahrungen und Kenntnissen des Anlegers und seine daraus resultierende Fähigkeit, Anlageentscheidungen treffen und die damit verbundenen

76 So auch *Clouth*, in: Ellenberger/Clouth, Praktikerhandbuch Wertpapier- und Derivategeschäft, 5. Aufl. 2018, Rn. 113.

Risiken angemessen beurteilen zu können.[77] Dies versucht der Gesetzgeber durch detaillierte Kriterienkataloge zu konkretisieren, in denen er unter anderem auf Unternehmensgegenstand, Unternehmensgröße, Rechtsform, die Eigenschaft als öffentlich-rechtliche Institution, die Höhe der Investitionssumme oder relevante Berufserfahrung des Anlegers abstellt.

Es handelt sich demnach um legaldefinierte Anlegerkategorien. Die Kategorien bestimmen sich anhand der oben genannten, detailliert geregelten Kriterien. Der Gesetzgeber unternimmt es, mit ihrer Hilfe die abstrakten Begriffe der „Schutzbedürftigkeit" und „Professionalität" rechtlich besser handhabbar zu machen.

### *aa) Differenzierung der Pflichten der Gegenseite*

Entsprechend den differenzierten Anlegerkategorien auf der einen Seite sind die Informations- und Verhaltenspflichten bei Anbahnung und Abwicklung von Geschäften auf der anderen Seite ebenfalls abgestuft. Während gegenüber der schutzbedürftigsten Kategorie der Privatkunden (WpHG) und Privatanleger (KAGB) alle Informationspflichten erfüllt werden müssen, bestehen gegenüber professionellen Kunden (WpHG) und professionellen Anlegern (KAGB) nur reduzierte und gegenüber geeigneten Gegenparteien (WpHG) keine Informationspflichten. Dasselbe gilt für Wohlverhaltenspflichten bei der Auftragsausführung[78] sowie für den abgestuften Zugang der Anleger zu regulierten Anlageprodukten und die Anwendbarkeit verschiedener Regelungsregime zu Produktgestaltung und -vertrieb[79]. Der qualitative und quantitative Umfang der Informations-, Beratungs-, Warn- und sonstigen Pflichten, die die Gegenseite beim Vertrieb, etwa durch Wertpapierdienstleistungsunternehmen, Verwaltungsgesellschaften von Investmentvermögen oder durch von ihnen beauftragte Dritte Anlegern gegenüber erfüllen muss, verhält sich dabei umgekehrt zur Schutzbedürftigkeit: Je professioneller und somit weniger schutzbedürftig ein Anleger ist, desto geringer sind die gesetzlichen Anforderungen an die Pflichten der Gegenseite – und umgekehrt. Dies ist auch ökonomisch sinnvoll, da auf diese Weise Transaktionskosten vermieden werden, die andernfalls einer wenig schutzbedürftigen Partei paternalistisch aufgedrängt würden.[80]

---

77 So die Formulierung in der Definition des professionellen Anlegers in Anhang II der MiFID und dementsprechend in § 67 Abs. 2 WpHG n.F.

78 Vgl. *Duve/Keller*, BB 2006, 2425, 2431.

79 *Verfürth/Emde*, in: Emde/Dornseifer/Dreibus, 2. Aufl. 2019, KAGB § 1 Rn. 365.

80 *Möllers*, FS Hopt, Bd. II, 2010, 2247, 2248 f.

#### *bb) Wechsel der Anleger- und Kundenkategorie – Opting-in und Opting-out*

Um dieses „relativ starre System der Anlegerkategorien“[81] durchlässiger zu gestalten, hat der Gesetzgeber die Möglichkeit zum Wechsel der Kunden- bzw. Anlegerkategorie geschaffen. Die Terminologie hierfür ist uneinheitlich: Teilweise wird das Begriffspaar „Opting-up“ für den Wechsel von einer weniger professionellen in eine professionellere Klasse (z.B. vom Privatanleger zum semiprofessionellen Anleger nach dem KAGB) und „Opting-down“ für den Wechsel in der entgegengesetzten Richtung (z.B. vom professionellen zum semiprofessionellen Anleger nach dem KAGB) verwendet.[82] Die Herauf- und Herabstufung auf Antrag des Anlegers wird meist jedoch als „Opting-in“ und „Opting-out“[83] bezeichnet. Je nachdem, ob dabei der Erfahrungshorizont und die Professionalität oder das Schutzniveau der Kategorien zugrunde gelegt werden, können diese Begriffe Gegenteiliges bedeuten: „Opting-in“ kann den Wechsel in eine Klasse mit einem höheren Anlegerschutzniveau bezeichnen, also in eine weniger professionelle Kategorie, nach dem KAGB z.B. vom professionellen zum semiprofessionellen oder vom semiprofessionellen zum Privatanleger. Oder es kann genau das Gegenteil, den Wechsel in eine Anlegerklasse mit höherer Professionalität und geringerem Schutzniveau, beschreiben, also etwa vom Privatanleger zum semiprofessionellen Anleger.

Da der Schwerpunkt dieser Betrachtung auf dem Anlegerschutz liegt, soll hier das Anlegerschutzniveau der Begrifflichkeit zugrunde gelegt werden: Als „Opting-in“ wird hier daher der Wechsel in eine Anlegerkategorie mit höherem Schutzniveau bezeichnet (etwa vom semiprofessionellen zum Privatanleger) und als „Opting-out“ der Wechsel aus einem höheren in ein niedrigeres Schutzniveau (z.B. vom semiprofessionellen zum professionellen Anleger).[84]

Die Voraussetzungen („Einstufungskriterien“) und das Verfahren des Kategorienwechsels sind in Anhang II der MiFID geregelt. Der Antragsteller muss

---

81 *Beck*, FS U.H. Schneider, 2011, 89, 97.

82 *Duve/Keller*, BB 2006, 2425, 2428.

83 Vgl. etwa *Schoop*, Kundensegmentierung, 2014, S. 42 ff.; *Schubert/Schuhmann*, BKR 2015, 45, 47.

84 Vgl. beispielsweise *Schoop*, Kundensegmentierung, 2014, S. 42 Fn. 186 f., der im Hinblick auf die MiFID „Opting-in“ als „Eintreten in ein höheres Schutzniveau“ und „Opting-out“ als „Austreten aus einem höheren Schutzniveau“ definiert; siehe auch *Schubert/Schuhmann*, BKR 2015, 45, 47, die die Terminologie „Opt-In“ und „Opt-Out“ verwenden.

mindestens zwei der drei unter II.1 des Anhangs II der MiFID genannten Kriterien erfüllen (gewisse Anlageerfahrung, gewisser Anlageumfang, gewisse berufliche Erfahrung am Kapitalmarkt). Ferner muss er nach dem in II.2 geregelten Verfahren gegenüber der Wertpapierfirma schriftlich erklären, dass er generell oder in Bezug auf bestimmte Dienstleistungen, Geschäfte oder Produkte als professioneller Anleger behandelt werden möchte.

Das KAGB verweist in § 1 Abs. 19 Nr. 32 explizit auf Anhang II der MiFID, ebenso das WpPG in § 2 Nr. 6. Das WpHG n.F. enthält in § 67 Abs. 5 und 6 entsprechende Regeln, sodass hier ein Gleichlauf der Regelungen besteht.

#### *cc) Die Zwischenkategorie des semiprofessionellen Anlegers im KAGB*

Besondere Beachtung verdient die Anlegerkategorie des „semiprofessionellen Anlegers“ in § 1 Abs. 1 Nr. 33 KAGB. Diese Zwischenkategorie zwischen dem professionellen und dem Privatanleger war weder in der AIFM-RL noch im Referentenentwurf des KAGB vorgesehen.[85]

Der deutsche Gesetzgeber orientierte sich bei ihrer Schaffung an zwei EU-Verordnungen, der EuVECA-Verordnung[86] über Europäische Risikokapitalfonds und der EuSEF-Verordnung[87] über Europäische Fonds für soziales Unternehmertum. Beide Verordnungen sehen den Typus des sogenannten „anderen Anlegers“[88] vor. Hiermit sind i.S.d. Verordnungen vermögende Privatpersonen gemeint, denen der Zugang zu diesen Fonds unter gewissen Voraussetzungen eröffnet werden soll. Zweck der Einführung dieser Zwischenkategorie in den beiden Verordnungen ist einerseits der Schutz einfacher Privatanleger, an die diese Fonds nicht vertrieben werden dürfen. Jedoch stehen diese „qualifizierten Fonds“ professionellen Anlegern i.S.d. Finanzmarktrichtlinie und „anderen Anlegern“ offen, die über ein angemessenes Profil für derartige Investitionen verfügen.[89] Hierzu zählen zum einen vermögende Privatpersonen, die sich verpflichten mindestens 100.000 Euro zu investieren und schriftlich in einem vom Investitionsvertrag getrennten Dokument erklären, dass sie sich der mit der Investition verbundenen Risiken bewusst sind, Art. 6 Abs. 1 EuSEF-VO und

---

85 Vgl. *Schubert/Schuhmann*, BKR 2015, 45, 47.

86 Verordnung (EU) Nr. 345/2013 des Europäischen Parlaments und des Rates vom 17.04.2013 über Europäische Risikokapitalfonds.

87 Verordnung (EU) Nr. 346/2013 des Europäischen Parlaments und des Rates vom 17.04.2013 über Europäische Fonds für soziales Unternehmertum (EuSEF-VO).

88 Erwägungsgrund (24) EuVECA-VO und Erwägungsgrund (25) EuSEF-VO.

89 *Ibd.*

Art. 6 Abs. 1 EuVECA-VO. Neben diesen „anderen Anlegern“ dürfen auch Vorstände, Geschäftsführer und Mitarbeiter der Verwaltung der genannten Fonds investieren, sofern sie in die von ihnen selbst verwalteten Fonds investieren, da dies eine ausreichende Sachkenntnis vermuten lässt, Erwägungsgrund (24) i.V.m. Art. 6 Abs. 2 EuVECA-VO und Erwägungsgrund (25) i.V.m. Art. 6 Abs. 2 EuSEF-VO. Andererseits dient nach den genannten Erwägungsgründen die neue Kategorie dem Bestreben, für derartige Fonds (*Venture Capital*[90] und *Social Entrepreneurship*) eine ausreichend breite Anlegerbasis zu schaffen.

Ähnlich dient die Einführung des „semiprofessionellen Anlegers“ im KAGB dazu, einem größeren Kreis von Anlegern die Investition in renditeorientierte und dementsprechend riskantere Fonds zu ermöglichen. Nach der Regierungsbegründung des KAGB werden die Regelungen der AIFM-RL über alternative Investmentfonds für professionelle Anleger im KAGB – soweit zugelassen – auch auf semiprofessionelle Anleger angewendet. Als Grund hierfür wird lediglich angegeben, aufgrund der Investitionsvolumina und Expertise der semiprofessionellen Anleger sei es „gerechtfertigt“, sie den professionellen Anlegern gleichzustellen.[91] Die Voraussetzungen hierfür sind im Einzelnen in § 1 Abs. 19 Nr. 33 Buchstabe a) bis d) KAGB geregelt und lassen sich in vier Gruppen einteilen: a) nachgewiesene Sachkunde des Anlegers und eine Mindestinvestitionssumme von 200.000 Euro; b) Mitarbeiter der AIF-Verwaltungsgesellschaft sowie des AIF bei Investition in den von ihnen verwalteten Fonds; c) Verpflichtung zur Mindestanlage von 10 Millionen Euro in ein Investmentvermögen; und d) Institutionen in öffentlich-rechtlichen Rechtsformen (Anstalt und Stiftung) oder Gesellschaften, an denen der Bund oder ein Land mehrheitlich beteiligt ist.

Es sollen also auch solche – vornehmlich institutionelle – Anleger Zugang zu grundsätzlich ausschließlich professionellen Anlegern vorbehaltenen Fonds erlangen, die die strengen Voraussetzungen des geborenen oder gekorenen professionellen Anlegers in Anhang II der MiFID zwar nicht erfüllen, aber dennoch im Hinblick auf Sachverstand, Erfahrungen und Kenntnisse näher am professionellen als am einfachen Privatanleger stehen. Hierzu dürften insbesondere Stiftungen, Verbände und Kirchen zählen. Durch die in § 1 Abs. 19 Nr. 33 KAGB geregelten Anforderungen an den semiprofessionellen Anleger wird zugleich die

---

90 Grundlegend zu Venture Capital: *Baums/Möllers*, Venture Capital: US-amerikanisches Modell und deutsches Aktienrecht, 1999.

91 Regierungsbegründung zum AIFM-Umsetzungsgesetz (AIFM-UmsG), BT-Drs. 17/12294, S. 188.

Gruppe der „einfachen" Privatanleger geschützt, an die die riskanteren Fonds weiterhin nicht vertrieben werden dürfen.

Ein weiterer Grund für die Schaffung der Zwischenkategorie des semiprofessionellen Anlegers ist die Ausgestaltung der variablen Vergütung für Mitarbeiter von AIF-Verwaltungsgesellschaften: Sie können nun ebenfalls als semiprofessionelle Anleger eingeordnet werden und als Bestandteil ihrer variablen Vergütung Beteiligungen an den von ihnen verwalteten Fonds erhalten.[92]

Die Schaffung der Kategorie des semiprofessionellen Anlegers im KAGB ist somit aus den genannten Gründen zu begrüßen: Erweiterung des Kreises zugelassener Anleger für bestimmte Fondstypen bei gleichzeitiger Beibehaltung des Schutzes für nicht qualifizierte Privatanleger sowie größere Gestaltungsfreiheit bei der variablen Vergütung von Mitarbeitern der AIF-Verwaltungsgesellschaften. Zugleich zeigt die Schaffung dieser Sonderkategorie im deutschen Recht, dass es möglich ist, innerhalb der durch das EU-Recht gesetzten Grenzen durch Gesetzgebung auf nationaler Ebene weitere Anlegerkategorien mit dem Ziel einer weiteren Ausdifferenzierung des Anlegerbegriffs zu schaffen.

### *c) Marktmissbrauchsverordnung (EU) Nr. 596/2014*

Die Marktmissbrauchsverordnung (MAR)[93] trat am 3. Juli 2016 in Kraft und vereinheitlicht große Bereiche des Kapitalmarktrechts in der Europäischen Union. Ihr Ziel ist gemäß ihrem ersten Erwägungsgrund *„ein echter Binnenmarkt für Finanzdienstleistungen"*, da dieser für Wirtschaftswachstum und die Schaffung von Arbeitsplätzen in der EU von entscheidender Bedeutung sei. Dies setze Marktintegrität voraus, das reibungslose Funktionieren der Wertpapiermärkte und das Vertrauen der Öffentlichkeit in die Märkte. Missbrauch verletze die Integrität der Finanzmärkte und untergrabe das Vertrauen der Öffentlichkeit in Wertpapiere und ihre Derivate.[94] Unter den Oberbegriff des Marktmissbrauchs fallen die Tatbestände Insidergeschäfte, unrechtmäßige Offenlegung

---

92 *Schubert/Schuhmann*, BKR 2015, 45, 47; lesenswert auch im Hinblick auf die Voraussetzungen, Rechtsfolgen und Diskussionspunkte zur Kategorie des semiprofessionellen Anlegers.

93 Verordnung (EU) Nr. 596/2014 des Europäischen Parlaments und des Rates vom 16.04.2014 über Marktmissbrauch (Marktmissbrauchsverordnung) und zur Aufhebung der Richtlinie 2003/6/EG des Europäischen Parlaments und des Rates und der Richtlinien 2003/124/EG, 2003/125/EG und 2004/72/EG der Kommission; im Folgenden wird die Abkürzung „MAR" für *Market Abuse Regulation* verwendet.

94 Vgl. Erwägungsgrund (2) MAR.

von Insiderinformationen sowie Marktmanipulation.[95] Der MAR gingen zwei Richtlinien mit gleicher Zielsetzung voraus, die Richtlinie zur Koordinierung der Vorschriften betreffend Insider-Geschäfte von 1989[96] sowie die Richtlinie über Insider-Geschäfte und Marktmanipulation (Marktmissbrauch) von 2003[97].

Der zentrale Begriff des Marktmissbrauchsrechts ist der der „Insiderinformation".[98] Zur Abgrenzung der Insiderinformation dient das Bild des „verständigen Anlegers".

Das europäische Insiderrecht knüpft dabei an die US-amerikanische kapitalmarktrechtliche Dogmatik des *reasonable investor* an.[99] Der *reasonable investor* dient dort als Maßstab zur Beurteilung der Frage, ob eine Information wesentlich ist (*materiality test*).[100] Nach der Rechtsprechung der US-amerikanischen *Courts of Appeals* ist der *reasonable investor* „ein profitmotivierter Informationshändler, der Finanzinstrumente rational anhand [ihrer] Fundamentalwerte evaluiert".[101]

Im europäischen Recht ist der verständige Anleger schon aus dem ersten Erwägungsgrund und Art. 1 Abs. 2 der Durchführungsrichtlinie 2003/124/EG bekannt.[102] Dort wurde der „verständige Anleger" bereits zur Auslegung der „Insiderinformation" und zur Beurteilung der Frage verwendet, ob eine Insiderinformation gegeben ist. Nach Art. 1 Abs. 2 der Durchführungsrichtlinie 2003/124/EG war demnach bei der Anwendung der Marktmissbrauchsrichtlinie unter einer „Insiderinformation" eine Information zu verstehen, „*die ein verständiger Anleger wahrscheinlich als Teil der Grundlage seiner Anlageentscheidungen nutzen würde*".

---

95 Vgl. Erwägungsgrund (7) MAR.

96 Richtlinie 89/592/EWG des Rates vom 13.11.1989.

97 Richtlinie 2003/6/EG des Europäischen Parlaments und des Rates vom 28.01.2003 über Insider-Geschäfte und Marktmanipulation (Marktmissbrauch).

98 *Langenbucher*, AG 2016, 417, 417.

99 Zum Begriff des *reasonable investor* und zur Entwicklung der diesbezüglichen Rechtsprechung im US-amerikanischen Kapitalmarktrecht vgl. *Klöhn*, ZHR 177 (2013), 349, 369 ff.

100 TSC Industries, Inc. v. Northway, Inc., 426 U.S. 438, 449 (1976): „*An omitted fact is material if there is a substantial likelihood that a reasonable shareholder would consider it important.*"

101 *Klöhn*, ZHR 177 (2013), 349, 370 m.w.N.

102 Richtlinie 2003/124/EG der Kommission vom 22.12.2003 zur Durchführung der Richtlinie 2003/6/EG des Europäischen Parlaments und des Rates betreffend die Begriffsbestimmung und die Veröffentlichung von Insider-Informationen und die Begriffsbestimmung der Marktmanipulation.

Auch dem deutschen Kapitalmarktrecht ist die Figur des „verständigen Anlegers" nicht fremd. Dieser war in § 13 Abs. 1 S. 2 WpHG a.F. normiert und diente dort ebenfalls der Abgrenzung des Begriffs der „Insiderinformation", indem aus seiner Sicht zu beurteilen war, ob eine nicht öffentlich bekannte Information Kursrelevanz hat: „*S. 1 Eine Insiderinformation ist eine konkrete Information über nicht öffentlich bekannte Umstände, die sich auf einen oder mehrere Emittenten von Insiderpapieren oder auf die Insiderpapiere selbst beziehen und die geeignet sind, im Falle ihres öffentlichen Bekanntwerdens den Börsen- oder Marktpreis der Insiderpapiere erheblich zu beeinflussen. S. 2 Eine solche Eignung ist gegeben, wenn ein verständiger Anleger die Information bei seiner Anlageentscheidung berücksichtigen würde.*"

Seit Inkrafttreten der MAR findet sich die Figur des „verständigen Anlegers" nicht mehr im WpHG, sondern zum einen in Erwägungsgrund (14) MAR und zum anderen in Art. 7 Abs. 4 MAR. In Erwägungsgrund (14) wird er als „verständiger Investor" bezeichnet: „*Verständige Investoren stützen ihre Anlageentscheidungen auf Informationen, die ihnen vorab zur Verfügung stehen (Ex-ante-Informationen)*". In Art. 7 Abs. 4 MAR trägt die Figur die Bezeichnung „verständiger Anleger"[103] und dient wiederum der Auslegung des Begriffs der „Insiderinformation": Darunter sind bei Anwendung der MAR „*Informationen zu verstehen, die ein verständiger Anleger wahrscheinlich als Teil der Grundlage seiner Anlageentscheidungen nutzen würde*". Es wird also derselbe Wortlaut für dieselbe Funktion verwendet wie zuvor in der Durchführungsrichtlinie 2003/124/EG.

Im Gegensatz zu den oben untersuchten Anlegerbegriffen in den Vorschriften des deutschen und europäischen Prospekt-, Wertpapierhandels- und Kapitalanlagerechts handelt es sich beim „verständigen Anleger" des Marktmissbrauchsrechts nicht um eine detailliert legaldefinierte Anlegerkategorie, sondern um einen auslegungsbedürftigen Rechtsbegriff.[104] Bei seiner Auslegung werden insbesondere zwei Aspekte kontrovers diskutiert: Zum einen ist dies die Frage,

---

103 Dass die unterschiedliche Bezeichnung als „verständiger Investor" in Erwägungsgrund (14) und als „verständiger Anleger" in Art. 7 Abs. 4 MAR keine inhaltliche Differenzierung bedeutet, zeigt ein Blick in die englischsprachige Version der MAR, in der es sowohl in Erwägungsgrund (14) als auch in Art. 7 Abs. 4 MAR „*reasonable investor*" heißt, sowie in die französische Version, in der es an beiden Stellen „*investisseur raisonnable*" heißt.

104 So auch (nach alter Rechtslage zum „verständigen Anleger" in § 13 WpHG a.F.) *Klöhn*, ZHR 177 (2013), 349, 367; *Schwark/Kruse*, in: Schwark/Zimmer (Hrsg.), KMRK, 4. Aufl. 2010, § 13 WpHG Rn. 47.

welchen Grad an Professionalität und Erfahrung man dem verständigen Anleger unterstellen kann oder soll; zum anderen ist es die Frage, welches Maß an Rationalität einen „verständigen" Anleger ausmacht.[105]

Hinweise hierzu finden sich in den Erwägungsgründen (14) und (15) der MAR. Wie bereits erwähnt, enthält Erwägungsgrund (14) die Aussage, dass „[v]*erständige Investoren* [...] *ihre Anlageentscheidungen auf Informationen* [stützen], *die ihnen vorab zur Verfügung stehen (Ex-ante-Informationen)*". Der verständige Anleger ist also ein informierter Anleger, der die öffentlich bekannten Informationen kennt. Erwägungsgrund (15) besagt: „*Im Nachhinein vorliegende Informationen (Ex-post-Informationen) können zur Überprüfung der Annahme verwendet werden, dass die Ex-ante-Informationen kurserheblich waren, sollten allerdings nicht dazu verwendet werden, Maßnahmen gegen Personen zu ergreifen, die vernünftige Schlussfolgerungen aus den ihnen vorliegenden Ex-ante-Informationen gezogen hat* [sic!]." Mit den Personen, die vernünftige Schlussfolgerungen aus den ihnen bekannten *ex ante*-Informationen ziehen, dürften im Lichte des Erwägungsgrundes (14) wohl die verständigen Anleger gemeint sein. Somit handelt der verständige Anleger nach der Vorstellung des Verordnungsgebers auch rational.[106] Diese beiden Eigenschaften, die Kenntnis aller öffentlich bekannten Informationen sowie die Fähigkeit, rational zu handeln, sollen den „verständigen Anleger" zur Personifizierung eines effizienten Marktes im Sinne der halbstrengen Variante der Effizienzhypothese (*Efficient Capital Market Hypothesis* – ECMH) machen, da er nach denselben Gesetzen handelt wie ein effizienter Markt im Aggregat.[107]

## 2. Zwischenergebnis

In der Gesetzgebung finden zum einen detailliert legaldefinierte Anlegerkategorien sowie zum anderen der auslegungsbedürftige Rechtsbegriff des „verständigen Anlegers" Verwendung. Dies belegt die Fragmentierung des Anlegerbegriffs im europäischen und (weitgehend europarechtlich vorgegebenen) deutschen Kapitalmarktrecht. Der Gesetzgeber geht weder von einem einheitlichen Anlegerleitbild aus noch verwendet er eine einheitliche Gesetzgebungstechnik bei der Schaffung von Anlegerbegriffen. Der Gesetzgeber hat also kein klar umrissenes Anlegerleitbild bestimmt.[108]

---

105 *Klöhn*, ZHR 177 (2013), 349, 368.
106 Vgl. zur alten Rechtslage *Klöhn*, ZHR 177 (2013), 349, 371.
107 *Klöhn*, ZHR 177 (2013), 349, 371, 376.
108 So auch: *Buck-Heeb*, ZHR 176 (2012), 66, 84.

Hier wurden zunächst exemplarisch die Anlegerkategorien in drei wichtigen Bereichen der europäischen und deutschen Kapitalmarktgesetzgebung, im Prospektrecht, Wertpapierhandelsrecht und Kapitalanlagerecht, untersucht. Gemeinsam ist diesen Anlegerkategorien zum einen, dass sie auf EU-Recht basieren und zum anderen, dass es sich um typisierende, gesetzlich differenzierte Anlegerkategorien handelt. Bei dem Rechtsbegriff des „verständigen Anlegers" im Marktmissbrauchsrecht handelt es sich zum einen auch um einen Begriff, der auf EU-Recht basierte und heute unmittelbar im EU-Recht (MAR) normiert ist, und zum anderen ebenfalls um eine Typisierung. Diese Typisierung ist allerdings nicht anhand von detaillierten Katalogen qualitativer und quantitativer Kriterien im Gesetz ausdifferenziert und legaldefiniert, sondern sie bedient sich eines auslegungsbedürftigen Rechtsbegriffs.

Die Typisierung der Anlegerkategorien dient der Einteilung und Abstufung der Schutzbedürftigkeit unterschiedlicher Anlegergruppen und entsprechend der Abstufung der Pflichten der Gegenseite. Hierdurch wird ein effizientes System der angemessenen und zielgerichteten Anlegerinformation und Verhaltenspflichten geschaffen, überflüssige Transaktionskosten werden reduziert und eine paternalistische Bevormundung von Anlegern mit ausreichend Sachverstand, Erfahrung und Kenntnissen wird vermieden. Die Typisierung mithilfe des auslegungsbedürftigen Rechtsbegriffs „verständiger Anleger" dient einem anderen Zweck: Sie gibt den Aufsichtsbehörden und der Rechtsprechung einerseits einen Maßstab zur Beantwortung der Frage an die Hand, ob eine Insiderinformation vorliegt – mit allen daraus folgenden rechtlichen Konsequenzen des Insiderhandelsverbots und der Ad-hoc-Publizitätspflicht;[109] andererseits lässt sie einen gewissen Spielraum für die Auslegung des verwendeten Anlegerbegriffs und somit für die Bestimmung der Insiderinformation.

Um das System der Anlegerkategorisierung, die zum Teil anhand fixer quantitativer Kriterien vorgenommen wird, mit einer gewissen Flexibilität und Durchlässigkeit auszustatten, besteht auf Antrag des Anlegers die Möglichkeit zum Wechsel in eine andere Anlegerkategorie, sowohl in ein höheres als auch in ein niedrigeres Schutzniveau, das sogenannte Opting-in und Opting-out.

Zwischen dem WpPG, dem WpHG und dem KAGB besteht ein gewisser Gleichlauf bezüglich der Kategorien, da der Privatkunde oder -anleger stets negativ definiert wird als ein solcher, der nicht (semiprofessioneller oder) professioneller Anleger oder Kunde ist. Zudem beziehen sich die genannten Gesetze

109 Zur „Zweispurigkeit" von Insiderhandelsverbot und Publizität vgl. *Langenbucher*, AG 2016, 417, 419.

(WpPG und KAGB) im Hinblick auf die Definition des professionellen Anlegers auf den Anhang II der MiFID oder übernehmen dessen Definition (WpHG).

Das KAGB enthält darüber hinaus die Zwischenkategorie des semiprofessionellen Anlegers, der zwischen dem professionellen Anleger und dem Privatanleger steht und der weiteren Ausdifferenzierung der Anlegerkategorien und somit der genaueren Abstufung der Schutzbedürftigkeit der Anleger und Schutzpflichten der Gegenseite dient.

Die gesetzlichen Kriterien, die die Anlegerkategorien des semiprofessionellen und professionellen Anlegers definieren, dienen dazu, die abstrakten, qualitativen Begriffe „ausreichend Sachverstand, Erfahrung und Kenntnisse" zu konkretisieren und teilweise zu quantifizieren und somit überprüfbar zu machen. Sie stellen daher etwa auf die Eigenschaft als institutionelle Anleger ab, also insbesondere als zulassungs- und aufsichtspflichtige Unternehmen der Kredit-, Finanz- und Versicherungsbranche oder als große Unternehmen ab einer gewissen Kennziffer bei Bilanzsumme, Umsatzerlösen und Eigenmitteln.

Die Kategorie des Privatkunden (§ 67 Abs. 3 WpHG n.F.) und des Privatanlegers (§ 1 Abs. 19 Nr. 31 KAGB) dient hingegen als Auffangkategorie für alle Anleger, die die genannten Kriterien nicht erfüllen und bei denen daher die höchste Schutzbedürftigkeit vermutet wird. Diese Regelungssystematik ist im Sinne eines umfassenden, lückenlosen Anlegerschutzes auf hohem Niveau durchaus sinnvoll. Denn für die schutzbedürftigste Kategorie des Privatanlegers oder -kunden gelten alle gesetzlichen Informations- und Verhaltenspflichten der Gegenseite. Allerdings ist der Privatkunde/-anleger somit nicht positiv definiert: Weder die genannten EU-Vorschriften noch die genannten deutschen Kapitalmarktgesetze enthalten konkrete Aussagen über die vom Gesetzgeber angenommenen Fähigkeiten und Eigenschaften der Anleger in dieser Kategorie. Lediglich die Tatsache, dass es sich um eine Auffangkategorie handelt, sowie Inhalt und Umfang der Pflichten der Gegenseite lassen somit Rückschlüsse auf das den Regelungen zugrundeliegende Anlegerleitbild eines schutzbedürftigen Privatanlegers zu.

Die Kategorie des Privatkunden/-anlegers ist jedoch keineswegs homogen.[110] Gerade als Auffangkategorie umfasst sie so unterschiedliche Gruppen wie private Erstanleger mit geringem Vermögen und ohne jegliche einschlägige Erfahrung und Vorkenntnisse bis hin zu mittelständischen Unternehmen, die regelmäßig Kapitalanlagen in größerem Umfang tätigen, jedoch knapp unterhalb der Grenze zum semiprofessionellen Anleger liegen.

110 Vgl. *Faust*, in: Schimansky/Bunte/Lwowski, Bankrechts-Handbuch, § 109 Rn. 41a.

Zum einen ist daher *de lege ferenda* innerhalb dieser weiten und heterogenen Auffangkategorie eine weitere Differenzierung zwischen unterschiedlich schutzwürdigen Gruppen von Privatkunden/-anlegern wünschenswert,[111] um Wertungswidersprüche zu vermeiden und den Anlegerschutz angemessen und wirkungsvoll zu gestalten. Hier ist es die Aufgabe des deutschen Gesetzgebers, innerhalb der vom EU-Recht vorgegebenen Grenzen der Auffangkategorie der Privatkunden/-anleger, etwa bei weitergehendem Schutzbedarf der unerfahrenen Privat- und Kleinanleger mit geringem Vermögen, über das EU-Recht hinausgehende Schutzmaßnahmen wie zusätzliche Informations- und Verhaltenspflichten sowie entsprechende Schadensersatzansprüche bei deren Verletzung einzuführen. Umgekehrt ist ebenso die Einführung weiterer Kategorien von Privatanlegern mit höheren Qualifizierungen an Sachverstand, Erfahrungen und Kenntnissen mit einem entsprechend geringeren Maß an Schutzpflichten der Gegenseite wünschenswert. Die Einführung des semiprofessionellen Anlegers in § 1 Abs. 19 Nr. 33 KAGB hat gezeigt, dass es durchaus möglich und sinnvoll ist, auf Ebene der nationalen Gesetzgebung eine weitere Differenzierung des Anlegerbegriffs vorzunehmen. Ein Beispiel für eine zusätzliche Differenzierung innerhalb der Kategorie des Privatanlegers findet sich in § 262 Abs. 2 S. 1 Nr. 2 KAGB: Der sogenannte qualifizierte Privatanleger[112] muss die Kriterien eines semiprofessionellen Anlegers nach § 1 Abs. 19 Nr. 33 a) KAGB erfüllen mit der Ausnahme, dass er bereit sein muss, mindestens 20.000 Euro (statt 200.000 Euro wie beim semiprofessionellen Anleger, § 1 Abs. 19 Nr. 33 a) aa) KAGB) anzulegen. Nur derart qualifizierte Anleger dürfen in Ein-Objekt-Fonds nach § 262 Abs. 2 KAGB investieren. Die Einführung der Unterkategorie des qualifizierten Privatanlegers könnte als Vorbild für die hier geforderte weitere gesetzgeberische Ausdifferenzierung der Kategorie des Privatanlegers dienen: Ausgehend von der detaillierten Definition des semiprofessionellen Anlegers wird nur ein einzelnes Kriterium geändert, um die gewünschte Differenzierung zu einem bestimmten Zweck (hier: Zugang zur riskanten Produktgruppe der Ein-Objekt-Fonds) herbeizuführen.

Zum anderen wäre *de lege ferenda* die positive Formulierung eines grundlegenden, für das Kapitalmarktrecht einheitlichen Anlegerleitbildes des Privatanlegers wünschenswert. Dies wäre aufgrund des angestrebten EU-weiten Binnenmarktes für Finanzdienstleistungen eine Aufgabe für den EU-Gesetzgeber, die von der

111 Auch für eine Ausdifferenzierung der Kategorie „Privatkunde" *Buck-Heeb*, ZHR 177 (2013), 310, 338 ff.

112 *Vollhard/Jang*, in: Weitnauer/Boxberger/Anders, KAGB § 1 Rn. 118.

Bundesregierung angeregt werden sollte. Ob dieses zu formulierende Anlegerleitbild, um ein möglichst realitätsnahes Bild des zu schützenden Anlegers geben zu können und somit einen möglichst wirksamen gesetzlichen Anlegerschutz zu ermöglichen, die typischen, durch empirische Forschung verifizierten Schwächen und systematisch auftretenden irrationalen Verhaltensweisen des Privatanlegers benennen sollte, ist im weiteren Verlauf dieser Arbeit zu untersuchen.[113] Die Schwächen und Verhaltensweisen könnten in der Folge als Ansatzpunkte gesetzlicher Anlegerschutzstrategien dienen und die Anlegerschutzinstrumente könnten entsprechend auf sie ausgerichtet werden.

Ein weiteres Ergebnis der hier vorgenommenen Untersuchung der Anlegerbilder und -kategorien in einigen europäischen und deutschen Kapitalmarktgesetzen ist, dass sowohl den detaillierten Anlegerkategorien als auch dem „verständigen Anleger" ein gemeinsames Verständnis gewisser Basiseigenschaften des Anlegers zugrunde liegt. Zwar werden Anleger anhand der Kriterien „Sachverstand, Erfahrung und Kenntnisse" differenziert und in ihrer Schutzbedürftigkeit abgestuft. Aber sowohl diese Kriterien als auch die hieran anknüpfenden gesetzlichen Informations- und Verhaltenspflichten setzen voraus, dass Anleger unbegrenzt Informationen aufnehmen, verarbeiten und verstehen können und auf dieser Basis rationale Entscheidungen treffen, die den eigenen Nutzen maximieren. Dieses zugrundeliegende Leitbild basiert auf den Grundannahmen des *homo oeconomicus* der neoklassischen wirtschaftswissenschaftlichen Kapitalmarktmodelle.[114]

Mit dem gesetzgeberischen Ziel des Anlegerschutzes im engeren Sinne ist vor allem der Schutz der Privatanleger bezweckt. Im Folgenden werden daher insbesondere das Anlegerleitbild, die Anlegerbegriffe und die Anlegerschutzinstrumente in Bezug auf den Privatanleger untersucht.

## II. Anlegerbilder in der Rechtsprechung

Es ist Aufgabe vorwiegend der Rechtsprechung, den Begriff des Privatanlegers anzuwenden und auszulegen, sofern in einem Gerichtsverfahren die Notwendigkeit dafür besteht oder sich die Gelegenheit dazu ergibt. Nachfolgend werden

---

113 Vgl. *Klöhn*, AG 2012, 345, 349 f., der zwar grundsätzlich dafür plädiert, am Bild des rationalen Anlegers festzuhalten, einer Weiterentwicklung des Modells bei „*Verhaltensweisen* [die] *systematisch auftreten, psychologisch wohl erforscht und daher für den Emittenten vorhersehbar sind*" indes nicht völlig abgeneigt ist.

114 Vgl. oben A. II. 1.

grundlegende Entscheidungen zum Prospektrecht, zur Anlageberatung und zum Marktmissbrauchsrecht skizziert und im Hinblick auf das zugrundeliegende Anlegerbild analysiert. Höchstrichterliche Rechtsprechung zum Begriff des Privatanlegers im Investmentrecht i.S.d. § 1 Abs. 19 Nr. 31 KAGB liegt, soweit ersichtlich, noch nicht vor.

## 1. Rechtsprechung des BGH zum Prospektrecht

Die ersten diesbezüglich wegweisenden Urteile ergingen im Prospektrecht. Die Rechtsprechung hatte hier die Frage zu klären, wann ein Prospekt unrichtig oder unvollständig ist. Zur Beantwortung dieser Frage stellte sie auf den Empfängerhorizont des Prospektadressaten ab. Zur Bestimmung des Empfängerhorizontes stellte sie wiederum auf die Kenntnisse und Erfahrungen eines durchschnittlichen Anlegers ab.[115] Definitionsbedürftig war somit die Figur des „durchschnittlichen Anlegers". Im Folgenden werden daher zwei Urteile des Bundesgerichtshofs zum Prospektrecht in Bezug auf das Bild des durchschnittlichen Anlegers analysiert.

Immer wieder waren und sind Fälle der Anlageberatung durch Banken und durch nicht bankmäßig gebundene Anlageberater Gegenstand gerichtlicher Entscheidungen. In diesen Fällen musste die Rechtsprechung insbesondere Inhalt und Umfang der Pflichten aus dem Beratungsvertrag klären. Diese hängen wiederum davon ab, welche Anforderungen an einen typischen Anleger zu stellen sind, wie seine Schutzbedürftigkeit bestimmt wird und welche Kenntnisse von ihm erwartet werden dürfen. Daher wird hier zunächst das grundlegende „Bond"-Urteil des BGH zur „anlegergerechten" und „objektgerechten" Anlageberatung durch Banken im Hinblick auf das ihr zugrundeliegende Anlegerbild betrachtet. Im Anschluss werden weitere Entscheidungen des BGH analysiert, die den Umfang der Aufklärungspflichten von Anlageberatern gegenüber Anlegern betreffen: einmal zur Aufklärungspflicht einer beratenden und zugleich produktvermittelnden Bank über das Erlangen von Gewinnen bei der Vermittlung von eigenen und fremden Produkten und zum Zweiten zur Aufklärungspflicht des ungebundenen Anlageberaters über Rückvergütungen und Provisionen.

115 St. Rspr. des BGH, Urt. v. 12.07.1982, Az.: II ZR 175/81 = WM 1982, 862, 863; BGH, Urt. v. 14.06.2007, Az.: III ZR 125/06 = WM 2007, 1503 Rn. 10; Urt. v. 22.02.2005, Az.: XI ZR 359/03 = WM 2005, 782, 784; BGH, Beschl. v. 13.12.2011, Az.: II ZB 6/09 = WM 2012, 115 Rn. 25.

### a) „Beton- und Monierbau (BuM)"-Entscheidung

Wie bereits erwähnt, stellt der BGH zur Beurteilung der Richtigkeit und Vollständigkeit eines Prospekts in ständiger Rechtsprechung auf den Empfängerhorizont, also die Erfahrungen und Kenntnisse, eines durchschnittlichen Anlegers ab, der als Adressat des Prospekts in Betracht kommt.

In dem der „BuM"-Entscheidung[116] aus dem Jahr 1982 zugrundeliegenden Sachverhalt hatte der Kläger nach Veröffentlichung eines Emissionsprospekts Aktien eines Unternehmens erworben. Nur wenige Monate später wurde das (damals noch so heißende) Konkursverfahren über das Vermögen der Aktiengesellschaft eröffnet, woraufhin die erworbenen Aktien massiv an Wert verloren. Der Kläger nahm daraufhin eine Bank als Mitherausgeberin des Prospekts wegen unrichtiger Angaben und Verschweigens wesentlicher Tatsachen im Prospekt auf Schadensersatz in Anspruch. Der BGH gab dem Kläger Recht, seine Revision gegen die klageabweisenden Urteile der beiden Vorinstanzen führte zur Aufhebung und Zurückverweisung.

In der Entscheidung formulierte der II. Zivilsenat des BGH, welche konkreten Anforderungen er an einen durchschnittlichen Anleger stellt, der mit einem Emissionsprospekt konfrontiert ist. Der durchschnittliche Anleger als Adressat eines Börsenzulassungsprospekts sei ein solcher, *„der zwar eine Bilanz zu lesen versteht, aber nicht unbedingt mit der in eingeweihten Kreisen gebräuchlichen Schlüsselsprache vertraut zu sein braucht"*.[117] Daher sei nicht der exakte Wortlaut des Prospekts, also *„der Buchstabe"*[118], entscheidend, sondern sein Gesamteindruck auf einen durchschnittlichen Anleger.[119]

Der Prospekt ist für Anleger oftmals die einzige oder zumindest die wichtigste Informationsquelle und die maßgebliche Grundlage ihrer Anlageentscheidung.[120] Das Vertrauen des Anlegers in die Richtigkeit und Vollständigkeit eines

---

116 BGH, Urt. v. 12.07.1982, Az.: II ZR 175/81 = WM 1982, 862 = NJW 1982, 2823 („Beton- und Monierbau AG").

117 BGH, NJW 1982, 2823, 2824.

118 *Ibd.*

119 In einem Urteil, das 10 Jahre nach der hier vorgestellten Entscheidung ergangen war, betonte der BGH noch, dass der Anleger die gesamten Prospektunterlagen „sorgfältig und eingehend" zu lesen habe: BGH, Urt. v. 31.03.1992, Az.: XI ZR 70/91, NJW-RR 1992, 879, 881.

120 BGH, Urt. v. 26.09.1991 - VII ZR 376/89 = BGHZ 115, 213 = NJW 1992, 228; BGH, Urt. v. 07.09.2000 - VII ZR 443/99 = BGHZ 145, 121, 125 = NJW 2001, 436; BGH, Urt. v. 12.02.2004 - III ZR 359/02 = BGHZ 158, 110, 120 f. = NJW 2004, 1732.

Prospekts wird daher von Gesetzgebung und Rechtsprechung geschützt.[121] Nach dem hier vorgestellten Urteil in der Rechtssache BuM ist der durchschnittliche Privatanleger, der sich anhand von Börsenzulassungsprospekten über Anlagemöglichkeiten informiert, einerseits nicht völlig unerfahren oder ohne jegliche Vorkenntnisse und Sachkenntnis. Da er sich für börsengehandelte Produkte entscheidet, werden gewisse Börsenkenntnisse und ein gewisser Sachverstand von ihm erwartet, wie eben die Fähigkeit, eine Bilanz zu lesen und zu verstehen. Allerdings werden von ihm keine Spezialkenntnisse erwartet, etwa die Kenntnis von Fachausdrücken oder von in Finanz- und Wirtschaftskreisen üblichen Formulierungen, deren tatsächliche oder exakte Bedeutung sich insbesondere Fachleuten erschließt.

Ob die Einschätzung des II. Senats, dass ein durchschnittlicher Privatanleger Bilanzen lesen und verstehen kann, realitätsnah ist, ist allerdings fraglich. Ebenso ist zweifelhaft, ob der Rückschluss von der Entscheidung für ein an der Börse gehandeltes Produkt auf die Börsenkenntnisse des Erwerbers zwingend ist.

### *b) „WBG Leipzig-West"-Entscheidung*

Von diesem Bild des privaten Durchschnittsanlegers rückte der XI. Zivilsenat im Jahr 2012 – also 30 Jahre nach der soeben dargestellten BuM-Entscheidung des II. Zivilsenats über den Durchschnittsadressaten von Börsenzulassungsprospekten – für Wertpapierprospekte über Wertpapiere, die nicht an der Börse gehandelt werden sollen,[122] im Urteil „WBG Leipzig-West"[123] ab.

In diesem Fall hatte der Kläger nach Veröffentlichung eines Angebotsprospekts Inhaberschuldverschreibungen einer Aktiengesellschaft erworben. Als das Insolvenzverfahren über das Vermögen der Aktiengesellschaft eröffnet wurde

121 Vgl. hierzu auch: *Zech/Hanowski*, NJW 2013, 510, 511.

122 Zur Terminologie: Die früher allgemein so genannten „Verkaufsprospekte" und „Börsenzulassungsprospekte" werden für Wertpapiere seit der Umsetzung der Prospektrichtlinie 2003/71/EG in § 1 Abs. 1 WpPG geregelt sowie seit Inkrafttreten der Prospektverordnung auch in deren Art. 1 Abs. 1. Beide Vorschriften unterscheiden zwischen Prospekten, die „*beim öffentlichen Angebot von Wertpapieren oder bei deren Zulassung zum Handel an einem geregelten Markt zu veröffentlichen*" sind. Wertpapierprospekte i.S.d. WpPG und der EU-Prospektverordnung werden daher als „Angebotsprospekt" und „Zulassungsprospekt" bezeichnet. Angebotsprospekte für Anlageprodukte, die keine Wertpapiere sind, werden weiterhin als „Verkaufsprospekte" bezeichnet, vgl. §§ 6 ff. VermAnlG und §§ 165 und 318 KAGB.

123 BGH, Urt. v. 18.09.2012, Az.: XI ZR 344/11 BGHZ 195, 1 = WM 2012, 2147 = NZG 2012, 1262 („Wohnungsbaugesellschaft Leipzig-West AG").

und die Schuldverschreibungen nicht mehr bedient wurden, verklagte der Anleger den Mehrheitsaktionär, einen „eingetragenen Kaufmann", der mit der insolventen Gesellschaft einen Beherrschungs- und Gewinnabführungsvertrag abgeschlossen und zu seinen eigenen Gunsten Einzelanweisungen zum Nachteil der AG erteilt hatte. Der Kläger verlangte vom Beklagten Rückzahlung des Kaufpreises Zug um Zug gegen Rückgabe der Wertpapiere und Übertragung seiner Rechte im Insolvenzverfahren wegen unrichtiger oder unvollständiger für die Beurteilung der Wertpapiere wesentlicher Angaben im Angebotsprospekt, da der Erlass des Prospekts unter anderem vom Beklagten ausgegangen und er somit Prospektverantwortlicher war. Die Revision des Beklagten gegen das stattgebende Berufungsurteil des OLG Frankfurt a.M. hatte keinen Erfolg, die Klage des Klägers war somit erfolgreich.

Ein für die Entscheidung wesentlicher Gesichtspunkt war, dass es für die Richtigkeit und Vollständigkeit des Prospekts auf den Empfängerhorizont ankam – mithin auf das Bild des Anlegers und die legitimen Erwartungen an seine Fähigkeiten und Kenntnisse. Sofern sich ein Emittent mit seinem Wertpapierprospekt ausdrücklich auch an das unkundige und börsenunerfahrene Publikum wende, könne vom durchschnittlich angesprochenen (Klein-)Anleger nicht erwartet werden, dass er eine Bilanz lesen kann, so der BGH. Der Empfängerhorizont bestimme sich in diesen Fällen daher nach den Fähigkeiten und Erkenntnismöglichkeiten eines durchschnittlichen Kleinanlegers, der sich allein anhand der Prospektangaben über die Kapitalanlage informiere und über keinerlei Spezialkenntnisse verfüge.[124]

In dieser Entscheidung definiert der BGH den durchschnittlichen Kleinanleger, der Adressat eines anderen Prospekts als eines Börsenzulassungsprosekts ist, als einen solchen, der weder eine Bilanz lesen kann noch die Schlüsselsprache der eingeweihten Kreise beherrscht noch über sonstige juristische oder wirtschaftswissenschaftliche Spezialkenntnisse bezüglich Kapitalanlagen verfügt. Die einzige Informationsquelle, die dieser unkundige und unerfahrene Durchschnittsanleger verwendet, ist der ihm vorliegende Prospekt.

### c) *Stellungnahme zu den Entscheidungen*

Der BGH unterscheidet in den beiden besprochenen Urteilen für seine Definition des durchschnittlichen Anlegers im Prospektrecht zwischen Adressaten von Börsenzulassungsprospekten und Adressaten von Prospekten für Wertpapiere,

124 WM 2012, 2147, 2150 Rn. 25.

die nicht an der Börse gehandelt werden sollen. Hierbei stellte er im ersten Urteil (BuM) höhere Anforderungen an die Adressaten von Börsenzulassungsprospekten als im zweiten Urteil (WBG) an die Adressaten von Prospekten außerbörslich gehandelter Wertpapiere. Somit verwendet der BGH zwei Anlegerbilder im Prospektrecht, den kundigen durchschnittlichen Anleger und den unkundigen durchschnittlichen Anleger.

Hierbei scheint er davon auszugehen, dass unkundige Kleinanleger ohne einschlägige Börsenerfahrung nicht als durchschnittliche Adressaten von Börsenzulassungsprospekten in Frage kommen. Dass diese Einschätzung nicht zutrifft, haben beispielsweise der Börsengang und die Kapitalerhöhungen der Deutschen Telekom AG und die als „Volksaktie" beworbene „T-Aktie" gezeigt.[125] Das Marketing und auch der Zulassungsprospekt richteten sich hier eindeutig an unkundige Kleinanleger mit wenig oder ohne Erfahrung an der Börse als Adressaten.

Auch die Annahme, dass sich Zulassungsprospekte stets oder zumindest im Durchschnitt an börsenkundige und Angebotsprospekte stets oder im Durchschnitt an börsenunkundige Anleger richten, geht fehl. Denn Anlageprodukte, die in den Freiverkehrssegmenten der Börsen gehandelt werden, unterliegen ebenfalls Kursschwankungen und erfordern ebenfalls Börsenkenntnisse von den Anlegern. Diese Produkte benötigen jedoch grundsätzlich keine Zulassungsprospekte, da es sich beim Freiverkehr um nicht geregelte Märkte handelt, sondern die jeweilige Börse die Voraussetzungen für die Einbeziehung in den Handel aufstellen kann. So erfordert etwa die Einbeziehung in das „Scale"-Segment des Freiverkehrs der Frankfurter Wertpapierbörse gemäß § 17 der AGB der Deutschen Börse AG für den Freiverkehr unter anderem die Vorlage eines nach den Vorschriften der Prospektverordnung (EU) 2017/1129 gültigen und gebilligten Angebotsprospekts, aber eben keines Zulassungsprospekts.

Die Festlegung verschiedener Empfängerhorizonte – und somit verschiedener Anlegerdefinitionen und Anlegerbilder – allein anhand unterschiedlicher Prospekttypen erscheint daher problematisch.[126]

## 2. Rechtsprechung des BGH zum Recht der Anlageberatung

Weiterhin hat sich der BGH in mehreren Entscheidungen mit dem Schutz des Anlegers bei der Anlageberatung befasst.

---

125 Vgl. *Möllers/Steinberger*, NZG 2015, 329, 331; *Mülbert*, ZHR 177 (2013), 160, 179.

126 So auch *Zech/Hanowski*, NJW 2013, 510, 512, die die Anknüpfung unterschiedlicher Empfängerhorizonte und somit auch Haftungsmaßstäbe an die beiden Typen von Prospekten als „künstlich" bezeichnen.

### *a) Bond-Entscheidung*

In seinem für die Informationspflichten in der Anlageberatung grundlegenden Bond-Urteil[127] stellte der XI. Zivilsenat des Bundesgerichtshofs für den Inhalt und Umfang der Beratungspflichten des stillschweigend durch Aufnahme des Beratungsgesprächs geschlossenen Beratungsvertrages[128] einerseits auf die Person des Kunden („anlegergerecht") und andererseits auf das konkrete Anlageobjekt („anlagegerecht") ab. Für die konkrete Ausgestaltung der Pflichten soll es entscheidend auf die Umstände des Einzelfalls ankommen.

Den Klägern war von einem Anlageberater der beklagten Volksbank die Neuanlage eines freigewordenen Betrages in eine DM-Anleihe der australischen „Bond-Finance Ltd." empfohlen worden. Die Kläger hatten zu diesem Zeitpunkt seit über 20 Jahren ihre Ersparnisse bei der Beklagten in sichere Anlageformen, wie etwa Sparverträge, investiert. Die Beklagte hatte sich in Bezug auf die empfohlene Anleihe lediglich den Börsenzulassungsprospekt für die Zulassung zum amtlichen Handel an der Frankfurter Wertpapierbörse beschafft. Sie hatte jedoch keine Kenntnis von der Bewertung des Anlageprodukts durch die australische Ratingagentur „Australian Ratings Agency", die im Non-Investment-Grade-Bereich zwischen anfangs „BB" („spekulativ mit unterdurchschnittlicher Deckung") und zuletzt „CCC" (Gefahr einer Insolvenz des Emittenten) schwankte. Nachdem die Anleihe praktisch wertlos geworden war, verklagten die Anleger die Volksbank auf Schadensersatz wegen der Verletzung von Beratungspflichten. Der BGH wies die Revision der Beklagten gegen das klagestattgebende Urteil des Berufungsgerichts zurück, die Kläger hatten Erfolg.

Bezüglich des Anlageinteressenten seien insbesondere sein Wissensstand über Anlagegeschäfte der vorgesehenen Art, seine Risikobereitschaft und sein Anlageziel zu berücksichtigen. Entscheidend sei also vor allem, ob es sich bei dem Kunden um einen erfahrenen Anleger mit einschlägigem Fachwissen handele und welches Anlageziel er verfolge. Dies müsse die beratende Bank entweder aus langjährigen Geschäftsbeziehungen mit dem Kunden wissen oder, wenn sie keine entsprechende Kenntnis habe, den Informationsstand und das Anlageziel direkt vom Kunden erfragen. Die empfohlene Anlage müsse unter

---

127 BGH, Urt. v. 06.07.1993, Az.: XI ZR 12/93 = BGHZ 123, 126 = NJW 1993, 2433 = JZ 1994, 102 = ZIP 1993, 1148 („Bond Finance Ltd.-Anleihe").

128 BGH, Urt. v. 04.03.1987, Az.: IV a ZR 122/85 = BGHZ 100, 117 = NJW 1987, 1815 = LM § 676 BGB Nr. 32.

Berücksichtigung des Anlageziels auf die persönlichen Verhältnisse des Kunden zugeschnitten, also „anlegergerecht" sein.[129]

In dieser Entscheidung verwendet der BGH demnach kein Bild eines typischen oder durchschnittlichen Anlegers. Anstatt gewisse Anforderungen an die Kenntnisse und Fähigkeiten eines prototypischen Anlegers, der eine Anlageberatung durch eine Bank in Anspruch nimmt, zu formulieren, sieht der Bundesgerichtshof es als Pflicht der Bank aus dem Beratungsvertrag an, entsprechende Informationen über den Kenntnisstand des individuellen Kunden zu sammeln oder einzuholen. Der XI. Senat geht dabei davon aus, dass in der Aufnahme des Beratungsgesprächs der konkludente Abschluss eines Beratungsvertrages zu sehen ist, der die Pflicht der Bank zur anlegergerechten (und auch zur objektgerechten) Beratung begründet, die einzelfallorientiert ist und somit stets auf den individuellen Anleger abstellt.

Aus dieser einzelfallbezogenen – und die Einzelfallorientierung postulierenden – Entscheidung zur Anlageberatung durch Banken lässt sich daher gerade kein klares Anlegerleitbild der Rechtsprechung des BGH herauslesen oder ableiten.

### *b) Offenkundigkeit des Gewinnerzielungsinteresses der Bank*

Im Folgenden werden zwei spätere Entscheidungen des BGH zum Anlegerbild in der Anlageberatung dargestellt und besprochen.

#### *aa) Lehman-Zertifikate-Entscheidung*

Gegenstand des Lehman-Zertifikate-Verfahrens[130], das knapp 20 Jahre nach dem Bond-Urteil entschieden wurde, war unter anderem der Anspruch der Klägerin, einer ausgebildeten Bankkauffrau, die über viel Erfahrung mit Wertpapiergeschäften verfügte, gegen ihre Depotbank auf Schadensersatz wegen fehlerhafter Anlageberatung. Nach einem telefonischen Beratungsgespräch mit einem Mitarbeiter der Beklagten hatte die Klägerin Zertifikate einer Tochtergesellschaft der US-Investmentbank Lehman Brothers Holdings, Inc. erworben. Die beklagte Bank erhielt hierfür eine „Zuwendung" der Emittentin in Höhe von 3,5 % des Nennwerts der Zertifikate. Dies teilte sie der Klägerin nicht mit. Etwa anderthalb Jahre später wurde die Muttergesellschaft, die Lehman Brothers

129 BGH, NJW 1993, 2433, 2433.

130 BGH, Urt. v. 16.10.2012, Az.: XI ZR 367/11 = NJW-RR 2013, 244 = NZG 2013, 184 = BB 2012, 3036.

Holdings, Inc., die eine Garantie für die Rückzahlung der Anleihe übernommen hatte, insolvent, was zur Insolvenz auch der Anleiheemittentin, der Tochtergesellschaft Lehman Treasury Co. B.V., führte. Die Zertifikate wurden hierdurch weitgehend wertlos.

Ferner hatte die Klägerin wenige Monate später, nach einem weiteren telefonischen Beratungsgespräch mit einem Berater der beklagten Bank, Zertifikate erworben, die von der Beklagten selbst emittiert wurden.

Alle Instanzen wiesen den Schadensersatzanspruch bezüglich der Beratung über die bankeigenen Zertifikate ab. In Bezug auf die Beratung über die Lehman-Zertifikate hob der BGH das stattgebende Urteil der Berufungsinstanz auf und verwies die Sache zurück an das OLG Frankfurt a.M.

Der BGH entschied in diesem Urteil, dass eine beratende und zugleich als Verkäuferin von Anlageprodukten agierende Bank grundsätzlich nicht dazu verpflichtet ist, ihre Kunden darüber aufzuklären, dass sie mit von ihr selbst empfohlenen, eigenen Anlageprodukten Gewinne erzielt.[131] Das Gleiche gelte, wenn sie fremde Anlageprodukte an Anleger veräußere, gleichgültig, ob dies im Wege des Eigengeschäfts (§ 2 Abs. 3 S. 2 WpHG) oder des Eigenhandels (§ 2 Abs. 3 S. 1 Nr. 2 WpHG) geschehe.

In all diesen Fällen sei es nämlich für den Kunden bei der gebotenen normativ-objektiven Betrachtungsweise offensichtlich, dass die Bank eigene Gewinninteressen verfolge. Hierauf müsse nicht gesondert hingewiesen werden, da offenkundige Umstände die Schutzwürdigkeit des Anlegers innerhalb des Beratungsvertrages entfallen ließen.[132]

### *bb) „CMS Spread Ladder Swap"-Entscheidung*

In der viel diskutierten „CMS Spread Ladder Swap"-Entscheidung[133] hatte ein mittelständisches Unternehmen eine deutsche Großbank wegen der Verletzung von Beratungspflichten auf Schadensersatz verklagt. Die Klägerin hatte nach einem Beratungsgespräch, an dem auf Klägerseite außer dem Geschäftsführer auch die Prokuristin des Unternehmens, eine Diplom-Volkswirtin, teilgenommen hatte, einen Vertrag über einen außerbörslichen Zinsswap abgeschlossen. Nachdem nach Vertragsschluss der für den Swap relevante Spread gesunken war und die Klägerin hierdurch einen Verlust erlitten hatte, löste die Klägerin

---

131 So bereits BGH, Urt. v. 26.06.2012, Az.: XI ZR 316/11 = NJW 2012, 2873 = NZG 2012, 1185 = BKR 2012, 421.

132 NJW-RR 2013, 244, 245 Rn. 27 m.w.N.

133 BGH, Urt. v. 22.03.2011, Az.: XI ZR 33/10 = BGHZ 189, 13 = BKR 2011, 293.

den Vertrag gegen Zahlung des zu diesem Zeitpunkt bestehenden negativen Marktwertes auf und erhob Klage. Nachdem die Klage in erster und zweiter Instanz abgewiesen worden war, verurteilte der BGH die Beklagte zur Zahlung von Schadensersatz. Nach Auffassung des BGH hatte die beklagte Bank ihre Beratungspflichten verletzt, da sie die Klägerin nicht über den anfänglichen negativen Marktwert des Swaps aufgeklärt hatte, woraus ein schwerwiegender Interessenkonflikt der Bank folgte. Darüber hinaus legte der BGH in einem *Obiter Dictum* zahlreiche weitere Anforderungen an die Beratung beim Abschluss von Swaps fest.

So bestimmte der XI. Zivilsenat des BGH in dieser Entscheidung die Grenze der in der Lehman-Zertifikate-Entscheidung formulierten Offenkundigkeit des Gewinninteresses der Bank. Eine Hinweispflicht der beratenden Bank in Bezug auf das eigene Gewinnerzielungsinteresse und den insofern (grundsätzlich offenkundig) bestehenden Interessenkonflikt bestehe allerdings dann, wenn besondere Umstände hinzuträten. Derartige besondere Umstände lägen etwa bei einem Vertrag über einen „CMS Spread Ladder Swap" vor, da dessen Risikostruktur von der Bank bewusst zu Lasten des Anlegers gestaltet worden sei.[134]

Außerdem entschied der Senat, dass aus der beruflichen Qualifikation der Prokuristin des Anlegers als Diplom-Volkswirtin nicht geschlossen werden dürfe, dass sie Kenntnisse über die spezifischen Risiken eines derart speziellen und komplexen Anlageprodukts besitze. Zudem müsse die Risikobereitschaft des Anlegers eigens erfragt werden. Dies gelte auch aus dem Grund, dass selbst aus tatsächlich vorhandenen entsprechenden Kenntnissen nicht auf die konkrete Risikobereitschaft geschlossen werden dürfe.[135]

Ferner müsse bei einem so hochkomplexen Finanzprodukt die Aufklärung gewährleisten, dass der Anleger bezüglich des Risikos des Geschäfts *„im Wesentlichen den gleichen Kenntnis- und Wissensstand hat wie die ihn beratende Bank"*[136].

### *cc) Stellungnahme*

In der Lehman-Zertifikate-Entscheidung stellt der BGH nicht ausdrücklich auf den „durchschnittlichen Anleger" ab. Allerdings spricht er von einer *„gebotenen typisierenden Betrachtungsweise"*[137]. Er stellt somit gleichsam auf einen „typischen Anleger" ab.

134 BGH, BKR 2011. 293, 294.

135 BGH, BKR 2011, 293 Leitsatz Nr. 1 und 296 Rn. 21 ff.

136 BGH, BKR 2011, 293 Leitsatz Nr. 2 und 297 Rn. 29.

137 NJW-RR 2013, 244 nichtamtlicher Leitsatz Nr. 4 sowie 247 Rn. 46.

Die Lehman-Entscheidung geht also davon aus, dass dem typischen Anleger – in diesem Fall in der Rolle des Bankkunden, der eine Anlageberatung durch eine Bank in Anspruch nimmt – bewusst ist, dass die Bank ihm gegenüber in doppelter Funktion auftritt: als Beraterin sowie als Verkäuferin. Vom typischen Anleger wird somit erwartet, dass er erkennt, dass die Bank sowohl beim Verkauf ihrer eigenen Anlageprodukte – in Form einer Gewinnmarge – als auch beim Vertrieb fremder Anlageprodukte – in Form von Rabatten oder Provisionen der Emittentin – ihr eigenes Gewinnerzielungsinteresse verfolgt. Dies sei derart offenkundig, dass der Anleger diesbezüglich nicht schutzwürdig und die Bank nicht zur Aufklärung verpflichtet sei.

Gewisse Vorkenntnisse oder ein gewisses Grundverständnis für die Funktionsweise des Geschäfts der Anlageberatung und des Anlagevertriebs durch Banken werden vom typischen Anleger daher durchaus erwartet. Allerdings konkretisiert die Rechtsprechung auch in diesem Urteil das Anlegerbild, an dem sie sich orientiert, nicht weiter.[138]

In der Entscheidung „CMS Spread Ladder Swap“ formuliert der BGH, welche Erwartungen er an den Anleger bezüglich der Frage hat, ob der Interessenkonflikt einer anlageberatenden Bank offenkundig ist oder sein muss. Wenn besondere Umstände hinzutreten, etwa wenn Risikostrukturen eines Anlageprodukts von der Bank bewusst zu Lasten des Anlegers gestaltet werden, könne nicht vom Anleger erwartet werden, dies ohne Weiteres zu erkennen.

Der BGH erwartet demnach, dass ein Anleger zwar die Grundstrukturen des anlageberatenden und -vertreibenden Geschäfts der Banken versteht, Spezialkenntnisse über die Risikostrukturen hochkomplexer Finanzprodukte werden aber nicht verlangt. Derartige Kenntnisse werden auch dann nicht erwartet, wenn der Anleger oder ein Mitarbeiter des Anlegers die berufliche Qualifikation als Diplom-Volkswirt besitzt. Von der beruflichen Qualifikation dürfe nicht auf bestimmte Spezialkenntnisse und von Spezialkenntnissen nicht auf eine bestimmte Risikobereitschaft geschlossen werden.

Im Gegenteil, bei komplexen Anlageprodukten müsse die beratende Bank den Anleger auf den im Wesentlichen gleichen Kenntnis- und Wissensstand bringen, den sie selbst besitzt. Nur dann könne der Anleger eine eigenverantwortliche Entscheidung über die Teilnahme an einer Zinswette treffen.

Der BGH erkennt hier somit zum einen die strukturell unterlegene (Wissens-)Position des Anlegers an, insbesondere bei komplizierten Finanzanlagen. Zum anderen bejaht er die Fähigkeit des Anlegers, eigene und eigenverantwortliche

138 Kritisch hierzu *Buck-Heeb*, ZHR 177 (2013), 310, 337.

Entscheidungen zu treffen, sofern ihm das entsprechende Informationsniveau vermittelt wird.

Das diesen beiden Urteilen zugrundeliegende Anlegerbild ist das eines Anlegers mit gewissen Grundkenntnissen, der auf der Grundlage entsprechender Informationen eigenverantwortlich entscheidet und nicht über spezielle Kenntnisse zu hochkomplexen Anlagen verfügen muss. Somit geht der BGH offenbar nicht von einem paternalistischen Anlegerbild aus, sondern ist grundsätzlich vom Informationsmodell überzeugt:[139] Verfügt der Anleger über die entsprechenden Informationen, so ist er in der Lage selbständig zu entscheiden sowie die Verantwortung für die Entscheidung zu tragen und bedarf nicht eines staatlich-bevormundenden Schutzes.

Allerdings hat er die Anforderungen an die Aufklärungspflicht der beratenden Bank so streng gestaltet, dass man von einem „Paternalismus durch die Hintertür" sprechen könnte: Da es in der Regel faktisch unmöglich sein dürfte, einen durchschnittlichen oder typischen Anleger während der kurzen Dauer eines Beratungsgesprächs bezüglich der finanzmathematischen Risikokalkulation komplexer Anlageprodukte auf den wesentlich gleichen Wissens- und Kenntnisstand der Bank zu bringen, führen diese Anforderungen nach Ansicht großer Teile der Literatur zu einem faktischen Vertriebsverbot an Privatanleger, wenn die Bank sich nicht wegen Pflichtverletzung im Beratungsvertrag schadensersatzpflichtig machen will.[140]

Die Rechtsprechung hingegen begründet ihre Haltung nicht mit paternalistischen Erwägungen, sondern damit, dass *„die Höhe der Anforderungen an eine anleger- und objektgerechte Beratung mit der Höhe des Risikos des angebotenen Finanzprodukts korrespondieren* [müsse]: *Je höher die Risiken des Finanzproduktes, desto höher die Anforderungen an die Beratung"*.[141]

---

139 Kritisch zur Weiterentwicklung des informationsbasierten Anlegerschutzes durch diese Entscheidung: *Herresthal*, ZIP 2013, 1049.

140 *Buck-Heeb*, ZHR 176 (2012), 66, 93, die von einer *„Präventivwirkung"* spricht; *Grundmann*, WM 2012, 1745, 1747; *Herresthal*, ZIP 2013, 1049, 1051 *„das faktische Produktverbot"*; *Klöhn*, ZIP 2011, 762, 763 *„Anforderungen sind sehr hoch, fast prohibitiv"*; *Koch*, BKR 2012, 485, 490 „[das] *faktische Verbot"*; *Spindler*, NJW 2011, 1920, 1922 *„durch extrem hohe Aufklärungspflichten ein faktisches Vertriebsverbot"*; *Wiechers*, WM 2012, 477, 480.

141 *Wiechers*, WM 2012, 477, 480.

### c) *Keine Aufklärungspflicht für freie Anlageberater unterhalb der 15%-Schwelle*

Mehrere Entscheidungen verschiedener Zivilsenate des Bundesgerichtshofs beschäftigen sich mit der Frage, ob ein freier, nicht bankgebundener Anlageberater den Anleger ungefragt über Provisionen oder Rückvergütungen aufklären muss.[142] Dies hängt – ebenso wie die Aufklärungspflichten der Bankberater – davon ab, inwieweit der ratsuchende Anleger als aufklärungs- und schutzbedürftig angesehen wird. Die Rechtsprechung gibt daher in diesem Zusammenhang einen Einblick in ihr Bild eines typischen Anlegers, der einen freien Anlageberater konsultiert.

Nach dieser Rechtsprechung des BGH besteht keine Pflicht für nicht bankmäßig gebundene Anlageberater, einen Anleger ungefragt über eine erwartete Vergütung oder Provision für die empfohlene Anlage aufzuklären – zumindest in den Fällen, in denen der Anleger selbst keine Vergütung an den Berater zahlt[143] und offen ein Agio oder Kosten der Eigenkapitalbeschaffung ausgewiesen sind, aus denen wiederum die Vertriebsprovisionen gezahlt werden. Der BGH bleibt in seinen diesbezüglichen Entscheidungen bei seiner Unterscheidung zwischen der Anlageberatung durch freie Anlageberater und durch Banken.

Ferner hält der BGH in diesen Entscheidungen an der „*gebotenen typisierenden Betrachtungsweise*“ fest.[144] Dies gilt wohl sowohl in Bezug auf die Unterscheidung zwischen Bankberatern und bankmäßig ungebundenen Beratern als auch in Bezug auf die Anleger. Der BGH stellt also wiederum nicht auf den „durchschnittlichen“, sondern auf den „typisierten“ oder „typischen“ Anleger ab.

Der BGH geht in dieser Entscheidungsreihe in Bezug auf den typischen Anleger davon aus, dass diesem das generelle Provisionsinteresse des freien Beraters

---

142 BGH, Urt. v. 19.01.2012, Az.: III ZR 48/11 = BKR 2012, 165; BGH, Urt. v. 10.11.2011, Az.: III ZR 245/10 = NZG 2012, 79; BGH, Urt. v. 20.09.2011, Az.: II ZR 39/10 = GWR 2011, 548; BGH, Urt. v. 09.03.2011, Az.: XI ZR 191/10 = WM 2011, 925; BGH, Urt. v. 03.03.2011, Az.: III ZR 170/10 = WM 2011, 640; BGH, Urt. v. 15.04.2010, Az.: III ZR 196/09 = BGHZ 185, 187 Rn. 9 ff. = BKR 2010, 247.

143 Im Gegensatz zur Honoraranlageberatung; am 01.08.2014 trat das Gesetz zur Förderung und Regulierung einer Honorarberatung über Finanzinstrumente (Honoraranlageberatungsgesetz) vom 15.07.2013 in Kraft, BGBl. 2013, Teil I, S. 2390; hierdurch wurden § 64 Abs. 1 Nr. 1, Abs. 5, Abs. 6, § 80 Abs. 7, §§ 93, 94 WpHG n.F. und § 34h in die GewO eingeführt.

144 Siehe etwa BGH, Urt. v. 19.01.2012, Az.: III ZR 48/11, BKR 2012, 165 Rn. 10, 165 Rn. 11.

bekannt ist. Daher sei es – bei Abwägung der gegenüberstehenden Interessen beider Vertragsparteien – Sache des Anlegers, nach der genauen Höhe der dem Berater zufließenden Provision zu fragen. Allerdings besteht nach der ständigen Rechtsprechung des BGH eine Aufklärungspflicht des Anlageberaters, unaufgefordert im Rahmen der „objektgerechten" Beratung über Vertriebsprovisionen zu informieren, wenn diese ungewöhnlich hoch sind, nämlich 15 % der Anlagesumme des Anlegers überschreiten.[145]

Für den Anleger, so etwa der III. Zivilsenat, bestehe regelmäßig kein schützenswertes Vertrauen darauf, dass der nicht bankgebundene Anlageberater, der von ihm selbst nicht für seine Beratung bezahlt wird, vom Kapitalsuchenden keine Leistungen erhält. Es sei dem Anleger vielmehr bewusst, dass der Berater eine Provisionsvergütung durch den Kapitalsuchenden erhält und hierdurch möglicherweise ein Interessenkonflikt entsteht.[146]

Auch in diesen Urteilen geht der BGH daher vom Bild eines typischen Anlegers aus, der das System des Vertriebs von Anlageprodukten – in diesem Fall durch die nicht bankgebundenen, freien Anlageberater – und das Vergütungssystem der freien Berater versteht oder kennt. Erst ab einer gewissen Höhe der Provision, die vom Anlagebetrag des Anlegers abgezogen wird (15 %), wird nach der Rechtsprechung die Schwelle der Schutzbedürftigkeit überschritten, da der Anleger mit ungewöhnlich hohen Abzügen nicht zu rechnen braucht.

Diese Erwartung an den typischen Anleger, ein gewisses Grundverständnis für oder Grundkenntnisse über Vertrieb und Vertriebsvergütung aufzubringen, ist sicher nicht allzu hoch angesetzt und betrifft auch nicht das Verständnis der Finanzprodukte selbst, ihrer finanzmathematischen Konstruktion und Berechnung. Somit lassen die gestellten Anforderungen auf ein Bild der Rechtsprechung vom typischen Anleger schließen, das jedenfalls gänzlich unerfahrene Erstanleger nicht einschließt.

## 3. Rechtsprechung zum Marktmissbrauchsrecht

Im Marktmissbrauchsrecht war und ist zur Bestimmung, wann eine Insiderinformation vorliegt, das gesetzliche Tatbestandsmerkmal des „verständigen Anlegers" in Art. 7 Abs. 4 MAR (zuvor in Art. 1 Abs. 2 der Durchführungsrichtlinie 2003/124/EG und in § 13 Abs. 1 S. 2 WpHG a.F. normiert) von der

145 BGH, Urt. v. 19.01.2012, Az.: III ZR 48/11 = BKR 2012, 165 Rn. 10; BGH, Urt. v. 10.11.2011, Az.: III ZR 245/10 = NZG 2012, 79; BGH, Urt. v. 03.03.2011, Az.: III ZR 170/10 = WM 2011, 640, 641 Rn. 16 m.w.N., 642 Rn. 22.

146 BGH, Urt. v. 19.01.2012, Az.: III ZR 48/11 = BKR 2012, 165 Rn. 10.

Rechtsprechung auszulegen. Nachfolgend werden daher Entscheidungen im Insiderrecht zum Musterverfahren Geltl vs. Daimler AG sowie zur Haftungsklage gegen die IKB kurz dargestellt und im Hinblick auf das der Auslegung zugrundeliegende Anlegerleitbild analysiert.

### *a) Geltl-Entscheidung*

In dem Musterverfahren verlangte der Musterkläger Markus Geltl von der Musterbeklagten Daimler AG Schadensersatz gemäß § 37b WpHG a.F. wegen verspäteter Ad-hoc-Mitteilung über das vorzeitige Ausscheiden des Vorstandsvorsitzenden Jürgen Schrempp. Die wesentliche Frage hierbei war, ob bei einem zeitlich gestreckten Vorgang, wie etwa der Herbeiführung eines Aufsichtsratsbeschlusses über den Wechsel im Amt des Vorstandsvorsitzenden, ein Zwischenschritt bereits eine Insiderinformation i.S.d. § 13 Abs. 1 S. 1 WpHG a.F. sein kann.

Die Definition der Insiderinformation in § 13 Abs. 1 S. 1 WpHG a.F. stellte (ähnlich dem geltenden Art. 7 Abs. 1 a) und Abs. 4 MAR) maßgeblich auf die erhebliche Kursbeeinflussungseignung ab, die konkrete Informationen über nicht öffentlich bekannte Umstände besitzen, die sich auf einen oder mehrere Emittenten von Insiderpapieren oder auf die Insiderpapiere selbst beziehen. Nach § 13 Abs. 1 S. 2 WpHG a.F. war (ähnlich dem geltenden Art. 7 Abs. 4 MAR) eine solche Eignung gegeben, wenn ein verständiger Anleger die Information bei seiner Anlageentscheidung berücksichtigen würde.

Der Gerichtshof der Europäischen Union (EuGH), dem einige Fragen des Verfahrens vom BGH zur Vorabentscheidung vorgelegt wurden, äußerte sich nicht zur Kurserheblichkeit möglicher Insiderinformationen und daher auch nicht zur Auslegung des „verständigen Anlegers“.[147] Ebenso wenig legte der BGH das Tatbestandsmerkmal in seiner folgenden Entscheidung aus.[148]

Allerdings legte der Generalanwalt am EuGH in seinen Schlussanträgen den Begriff des „verständigen Anlegers“ in Art. 1 Abs. 2 der Durchführungsrichtlinie 2003/124/EG aus als einen Anleger, der die Informationen über den Eintritt künftiger Umstände oder Ereignisse *„nach einem objektiven Kriterium der Vernünftigkeit, nicht in Verfolgung rein spekulativer Ziele beurteilt“*.[149]

---

147 EuGH, Urt. v. 28.06.2012 – C-19/11, ECLI:EU:C:2012:397 – Geltl.

148 BGH, Beschl. v. 23.04.2013, Az.: II ZB 7/09 = NJW 2013, 2114 = ZBB 2013, 260.

149 Generalanwalt *Mengozzi*, Schlussanträge v. 21.03.2012 – C-19/11, ECLI:EU:C:2012:153, Rz. 71 – Geltl.

Ähnlich hatte zuvor das OLG Stuttgart in seinem zweiten DaimlerChrysler-Beschluss angenommen, dass der „verständige Anleger" „*rational* [...] *aufmerksam und kritisch*" handelt und „*im Unterschied zum spekulativen Anleger* [...] *seine Anlageentscheidung an der im Hinblick auf die ihm vorliegenden verlässlichen Informationen zu prognostizierenden künftigen Ertragskraft des Emittenten orientiert*"[150]. Weiter ging das OLG Stuttgart davon aus, dass der verständige Anleger börsenkundig ist und die verfügbaren Informationen kennt. Ob es sich dabei um einen Kleinanleger handele oder um einen professionellen, sei nicht wesentlich.[151]

Zusammenfassend lässt sich demnach sagen, dass der „verständige Anleger" des Insiderrechts hier in Abgrenzung zu spekulativen Anlegern und als vernünftig, kritisch und börsenkundig verstanden wird.

### b) IKB-Entscheidung

In dem Verfahren forderte der Kläger, der als Anleger in Aktien der IKB investiert hatte, von der beklagten IKB AG Schadensersatz unter anderem gemäß § 37b Abs. 1 WpHG a.F. wegen unterlassener Veröffentlichung einer Ad-hoc-Mitteilung. Die IKB finanzierte als Kreditinstitut traditionell insbesondere mittelständische Unternehmen, seit 2001 investierte sie aber auch in Finanzprodukte, die sich auf Forderungen aus dem US-Hypothekenmarkt (darunter auch sogenannte Subprime-Kredite) bezogen. In der Entscheidung war unter anderem von Bedeutung, ob eine Information über die Höhe des Subprime-Anteils der Investments der Beklagten geeignet war, den Kurs ihrer Aktien erheblich zu beeinflussen, ob also diesbezüglich eine Insiderinformation i.S.v. § 13 Abs. 1 S. 1 WpHG a.F. vorlag.

Der BGH legte in diesem Zusammenhang den „verständigen Anleger" in § 13 Abs. 1 S. 2 WpHG a.F. als einen Anleger aus, der mit den Marktgegebenheiten vertraut und börsenkundig ist.[152] Weiter geht der BGH in dieser Entscheidung davon aus, dass der verständige Anleger „*auch irrationale Reaktionen anderer Anleger zu berücksichtigen hat*"[153].

---

150 OLG Stuttgart, Beschl. v. 22.04.2009, Az.: 20 Kap 1/08 = NZG 2009, 624, 628 = ZIP 2009, 962, 965.

151 *Ibd.*

152 BGH, Urt. v. 13.12.2011, Az.: XI ZR 51/10 = BGHZ 192, 90 = NJW 2012, 1800, 1804 Rn. 41.

153 BGH, NJW 2012, 1800, 1805 Rn. 44; kritisch hierzu *Klöhn*, AG 2012, 345, 348 ff.; *ders.*, ZHR 177 (2013), 349, 368, 380; neutral: *Langenbucher*, AG 2016, 417, 421 m.w.N.

Der BGH sieht den „verständigen Anleger" des Marktmissbrauchsrechts, der heute in Art. 7 Abs. 4 MAR normiert ist, demnach als einen markt- und börsenkundigen sowie kritisch denkenden Anleger, der irrationales Verhalten anderer Anleger zu berücksichtigen hat.

### *c) Stellungnahme*

Im Insiderrecht wird das gesetzliche Tatbestandsmerkmal des „verständigen Anlegers" in Abgrenzung zu einem spekulativen Anleger ausgelegt und als Anleger verstanden, der rational und kritisch handelt, vernünftig und börsenkundig ist und die verfügbaren Informationen kennt. Ob dieser tatsächlich das irrationale Verhalten anderer Anleger zu berücksichtigen hat, kann an dieser Stelle offenbleiben.

## 4. Zwischenergebnis

Im Ergebnis findet sich in der Rechtsprechung keine einheitliche oder eindeutige Definition eines übergeordneten Anlegerleitbildes oder eines konkreten Anlegerbildes des Privatanlegers.[154] Vielmehr verwendet der BGH in seinen Entscheidungen eher einzelfall- oder fallgruppenbezogene, verschiedene Anlegerbegriffe, an die er unterschiedlich hohe Anforderungen stellt.

Im Prospektrecht stellen der II. und XI. Zivilsenat des BGH zunächst auf den Begriff des „durchschnittlichen" Anlegers ab. Doch auch dieser wird nicht einheitlich definiert: Als Adressat von Zulassungsprospekten wird von ihm die Fähigkeit erwartet, Bilanzen lesen zu können, er muss aber nicht die einschlägige Fachsprache beherrschen. 30 Jahre später entscheidet der XI. Zivilsenat, dass im Hinblick auf alle anderen Prospekte als Börsenzulassungsprospekte vom durchschnittlichen Kleinanleger keinerlei Spezialkenntnisse erwartet werden können – auch nicht die, dass er Bilanzen zu lesen vermag.

Bemerkenswert an diesen Entscheidungen ist, dass der BGH keine allgemeine Definition des Durchschnittsanlegers verwendet, sondern je nach

154 A.A. wohl *Buck-Heeb*, die zwar zunächst in ZHR 176 (2012), 66, 87 noch feststellt, dass „*ein konkret definiertes Anlegerleitbild weder* […] *noch die Gerichte bislang diese Begrifflichkeit hinreichend ausgestaltet haben*", später aber in ZHR 177 (2013), 310, 336, 339 davon ausgeht, dass die zivilrechtliche Rechtsprechung von einem einheitlichen Anlegerbegriff ausgeht und typisierend auf den Durchschnittsanleger abhebt und dem Kunden somit bestimmte Mindestkenntnisse unterstellt; dass die Rechtsprechung dies jedoch nicht einheitlich oder konsequent tut, sondern vielmehr verschiedene Anlegerbegriffe mit unterschiedlichen Anforderungen verwendet, wird hier gezeigt.

Zielgruppe, an die sich ein Prospekt wendet, unterschiedliche Anforderungen an den durchschnittlichen Anleger des jeweils angesprochenen Anlegerkreises stellt und somit Fallgruppen bildet – wenn auch mit sehr großem zeitlichem Abstand. Auch wenn nicht einsichtig ist, warum der BGH im ersten angesprochenen Urteil davon ausgeht, dass sich Börsenzulassungsprospekte nicht unmittelbar auch an unerfahrene Anleger wenden sollen, so scheint auf den ersten Blick die Fallgruppenbildung, je nach ausdrücklich adressiertem Publikum den *„angesprochenen (Klein-)Anleger“*[155] festzulegen, durchaus zweckmäßig für die Aufgabe der Rechtsprechung, in den ihr zur Entscheidung vorgelegten Rechtskonflikten jeweils eine angemessene rechtliche Lösung zu finden.

In der für die Anlageberatung grundlegenden „Bond“-Entscheidung vermeidet es der XI. Zivilsenat gänzlich, den Beratung in Anspruch nehmenden Privatanleger zu typisieren oder gar zu definieren. Hier stellt er für die anleger- und objektgerechte Beratung allein auf den konkreten Einzelfall ab. Von jedem einzelnen Anleger sind in der Beratung der individuelle Wissensstand in Bezug auf das anvisierte Anlagegeschäft sowie seine Risikobereitschaft, Erfahrung und sein Anlageziel zu erfragen.

In späteren Entscheidungen zur Anlageberatung legen nun mehrere Zivilsenate, namentlich der II., III. und XI. Senat, eine typisierende Betrachtungsweise zugrunde. Von dem in dieser Weise „typisierten“ oder „typischen“ Anleger erwartet die Rechtsprechung, dass er das System der bankmäßigen sowie der bankmäßig ungebundenen Anlageberatung und -vermittlung, also das Vertriebssystem für Anlageprodukte, und insbesondere das Vergütungssystem kennt und versteht.[156] Somit werden zwar keine Kenntnisse des Privatanlegers im Hinblick auf die Anlageprodukte selbst erwartet, jedoch im Hinblick auf die Vertriebsvergütung.

Im Marktmissbrauchsrecht weicht die Ausgangssituation insofern von den Entscheidungen im Prospektrecht und Recht der Anlageberatung ab, als hier der „verständige Anleger“ als gesetzliches Tatbestandsmerkmal von der Rechtsprechung auszulegen ist. Für die Bestimmung, wann eine Insiderinformation vorliegt, wird der verständige Anleger in Abgrenzung zum spekulativen Anleger als ein solcher verstanden, der vernünftig und börsenkundig ist, kritisch und

---

155 BGH, Urt. v. 18.09.2012, Az.: XI ZR 344/11 = WM 2012, 2147, 2150 Rn. 25.

156 Vgl. auch *Schwab*, BKR 2011, 450, 453: *„Es muss überraschen, mit welchem Eifer einerseits dem Anlagekunden in Rechtsprechung und Schrifttum abverlangt wird, die ökonomischen Grundlagen der provisionsbasierten Anlageberatung oder des Festpreisgeschäfts zu begreifen* […]“.

rational handelt sowie die verfügbaren Informationen kennt. Nach dem BGH muss er zudem irrationale Reaktionen anderer Marktteilnehmer berücksichtigen, was von einem Teil der Literatur allerdings kritisch gesehen wird und hier offenbleiben kann.

Vom „durchschnittlichen Kleinanleger" über den „konkreten Einzelfall" bis zum „typischen Anleger" und zur Auslegung des vom Gesetzgeber vorgegebenen „verständigen Anlegers" verwendet die Rechtsprechung also verschiedene Anlegerbegriffe, an die sie unterschiedliche Anforderungen hinsichtlich der vorausgesetzten Kenntnisse und Fähigkeiten stellt und somit auch unterschiedliche Niveaus der Schutzbedürftigkeit annimmt.

Einerseits kann man hieran kritisieren, dass in der zivilrechtlichen Rechtsprechung eine einheitliche Definition des Anlegerleitbildes oder des Privatanlegers mit einheitlichen Anforderungen an dessen Kenntnisse und Fähigkeiten fehlt.[157] In Bezug auf das Anlegerleitbild führt dies zu einem Mangel an Rechtsklarheit und Rechtssicherheit, sowohl auf Seiten der Anleger als auch auf Seiten der Berater und Vermittler sowie auf Seiten der Emittenten von Finanzprodukten.

Andererseits würde eine allgemeine, einheitliche Definition des Privatanlegers durch die Rechtsprechung möglicherweise zu kurz greifen. Denn die Gruppe der Privatanleger ist keineswegs homogen, wie bereits bei der Untersuchung des Anlegerbegriffs im Gesetzesrecht gezeigt wurde.[158] Eine Gruppe, die vom mittelständischen Unternehmen oder vermögenden Privatanleger mit soliden Kenntnissen und hinreichend Erfahrung mit Kapitalanlagen bis hin zum unerfahrenen Erstanleger ohne Vorkenntnisse reicht, ist schwerlich unter eine gemeinsame, allgemeine Definition zu fassen, die eine brauchbare Abgrenzung ermöglicht.

Wenn sich nämlich die Definition des Privatanlegers an den Schutzbedürftigsten orientierte, um keine Schutzlücken entstehen zu lassen, bestünde das Risiko überflüssiger Transaktionskosten bei den Erfahreneren und Kenntnisreicheren am „oberen Ende" des Spektrums der Privatanleger. Denn diese benötigen in der Regel ein geringeres Maß an Information, Aufklärung und Beratung, insgesamt also weniger Schutz.

---

157 So etwa in Bezug auf das Anlegerleitbild „[...] *ist von der Rechtsprechung auszugestalten*": *Buck-Heeb*, ZHR 176 (2012), 66, 84; in Bezug darauf, dass in der zivilrechtlichen Rechtsprechung keine Definition des Anlegerbegriffs existiert: *Buck-Heeb*, ZHR 177 (2013), 310, 335.

158 Siehe oben unter B. I.

Orientierte man sich für die Definition hingegen an den erfahreneren Privatanlegern, so blieben die weniger erfahrenen und mit geringeren Vorkenntnissen ausgestatteten Anleger unzureichend geschützt, da ein zu hohes Niveau an Erfahrung und Kenntnissen vorausgesetzt und die Schutzbedürftigkeit zu gering angesetzt würde. Somit würde gerade die Anlegergruppe, die rechtlichen Schutz am dringendsten benötigt, schutzlos gestellt, was sicherlich nicht im Sinne eines effektiven und angemessenen Anlegerschutzes ist. Der Hinweis, dass *„die entsprechende Schutzlosigkeit dieser Kundengruppe* [...] *vom Gesetz bewusst in Kauf genommen“*[159] wird, vermag demgegenüber nicht zu überzeugen.

Insbesondere wäre jedoch die Orientierung einer einheitlichen Definition am durchschnittlichen Anleger problematisch: Es entstünden unnötige Transaktionskosten bei den überdurchschnittlich qualifizierten Privatanlegern und zudem blieben die unterdurchschnittlich qualifizierten, also die schutzbedürftigsten Privatanleger ohne Schutz.

Daher wäre es begrüßenswert, wenn die Rechtsprechung innerhalb der Kategorie der Privatanleger Fallgruppen verschiedener Anlegertypen mit unterschiedlichen Schutzniveaus entwickelt und somit Orientierung für die in dieser Arbeit[160] *de lege ferenda* geforderte Ausdifferenzierung der Anlegerkategorie des Privatanlegers/-kunden durch den Gesetzgeber bietet.[161] Da der Privatanleger im Gesetzesrecht, wie gezeigt, durch einen Auffangtatbestand geschützt wird, fällt zunächst der Rechtsprechung die Aufgabe zu, im Wege der Konkretisierung innerhalb dieser heterogenen Kategorie die Anleger in Fallgruppen nach deren Schutzbedürftigkeit einzuteilen und hierfür Definitionen zu formulieren. Als Orientierungspunkte hierfür können Kenntnisse, Erfahrung und Vermögen des Privatanlegers sowie unterschiedliche Anlagesituationen, wie etwa Information durch Prospekte, Anlageberatung, Anlagevermittlung, Vermögensverwaltung und *execution only*-Geschäfte herangezogen werden, um entsprechende Fallgruppen herauszubilden. Diese von der Rechtsprechung herausgearbeiteten Fallgruppen kann wiederum der Gesetzgeber für die Normierung der ausdifferenzierten Unterkategorien des Privatanlegers/-kunden heranziehen.

Weiterhin sollte die höchstrichterliche Rechtsprechung, im Rahmen der gesetzlichen Vorgaben, Anforderungen nicht nur an die Quantität, sondern auch

---

159 *Rothenhöfer*, in: Schwark/Zimmer, KMRK, § 63 WpHG Rn. 163.

160 Siehe oben unter B. I. 2.

161 Auch für eine Ausgestaltung und Ausdifferenzierung durch die Rechtsprechung (und Gesetzgebung) plädierend: *Buck-Heeb*, ZHR 176 (2012), 66, 84 und *dies.*, ZHR 177 (2013), 310, 338.

an die Qualität, also die Art der an die jeweilige Untergruppe der Privatanleger zu vermittelnden Informationen stellen. Denn beispielsweise unerfahrene Privatanleger benötigen nicht unbedingt mehr, sondern vor allem andere Informationen, eine andere Art der Darstellung der Informationen und auch eine andere Beratung als erfahrene Privatanleger.

Der flexible Ansatz der Rechtsprechung, Fallgruppen zu bilden und den durchschnittlichen Anleger innerhalb der jeweiligen Zielgruppe eines Prospekts oder den typischen Anleger innerhalb der Gruppe der beratungssuchenden Anleger zu ermitteln, ist grundsätzlich begrüßenswert und sollte beibehalten werden. Durch diese Ausdifferenzierung der Kategorie der Privatanleger in Gruppen von Anlegern unterschiedlicher Qualifikation wird die Orientierung am Durchschnitt der jeweiligen Fallgruppe immer feinmaschiger und die Transaktionskosten werden geringer. In der Gruppe der am wenigsten qualifizierten Anleger sollte die Definition jedoch nicht vom durchschnittlichen Anleger ausgehen, sondern sich an den Schutzbedürftigsten orientieren, um diese nicht schutzlos zu lassen.

Ein einheitliches Anlegerbild der Rechtsprechung besteht nach den hier untersuchten Entscheidungen somit nicht.

# C. Literaturdebatte und Anlegerleitbild de lege ferenda

Nach dem Befund, dass den gesetzgeberischen Anlegerkategorien und den Anlegerbildern der Rechtsprechung im Kapitalmarkt- und Kapitalanlagerecht kein einheitliches Anlegerleitbild zu entnehmen ist, werden im Folgenden zunächst grundlegende Aspekte der Literaturdebatte über das Anlegerbild *de lege lata* dargestellt und wird hierzu Stellung genommen (nachfolgend I.).

Im nächsten Schritt (nachfolgend II.) werden zwei Ansatzpunkte für die Entwicklung eines Anlegerleitbildes *de lege ferenda* untersucht: das Verbraucherleitbild und die Erkenntnisse der *Behavioral Finance*-Forschung zum Entscheidungs- und Investitionsverhalten von Privatanlegern. Hier ist ferner zu erörtern, inwiefern Ergebnisse der verhaltenswissenschaftlichen Finanzmarktforschung in die Rechtswissenschaft, Rechtsetzung und Rechtsanwendung übertragen werden können.

Schließlich wird unter Berücksichtigung weiterentwickelter und modifizierter Annahmen zur Rationalität von Privatanlegern und zur Effizienz von Kapitalmärkten der *homo oeconomicus limitatus* als Anlegerleitbild *de lege ferenda* entwickelt (nachfolgend III.).

## I. Literaturdebatte über die Anlegerbilder *de lege lata*

Um einen möglichst wirksamen und angemessenen gesetzlichen Anlegerschutz konstruieren zu können, ist es zunächst nötig, ein möglichst präzises Bild des zu schützenden Anlegers zu erhalten. Denn nur wenn der Gesetzgeber ein möglichst weitgehendes Verständnis von den Fähigkeiten und Eigenschaften des zu schützenden Anlegers hat, kann er die passenden Schutzinstrumente auswählen und sie entsprechend anpassen und ausrichten. Nach der soeben erfolgten Bestandsaufnahme und Analyse der wichtigsten gesetzlichen Anlegerkategorien sowie der in der Rechtsprechung verwendeten Anlegerbilder sollen nun die in der Literatur vorgeschlagenen und diskutierten Anlegerbilder aufgezeigt und bewertet werden. Eine vollständige Wiedergabe aller diskutierten Anlegerbilder in der Literatur ist dabei allerdings weder möglich noch nötig.[162]

---

162 Vgl. hierzu *Langenbucher*, ZHR 177 (2013), 679, 680: *„Eine Bestandsaufnahme der Literatur wird dabei erschwert durch die nicht selten unübersichtliche Vermischung quasi-philosophischer Grundhaltungen zur Natur des Menschen,*

Jedoch gibt es insbesondere zwei Aspekte, die in der Literaturdebatte über das Anlegerleitbild eine wesentliche Rolle spielen und aus diesem Grund hier vorab untersucht werden.

Zunächst werden grundlegende Überlegungen zum Zusammenhang von theoretischen Modellannahmen über die Rationalität der Anleger und die Effizienz der Märkte mit gesetzgeberischen Zielen und gesetzlichen Instrumenten beleuchtet.

Im Anschluss werden Überlegungen zur Bestimmung des Anlegerbildes unter Rückgriff auf den Zweck einer gesetzlichen Regelung und die daraus resultierende Uneinheitlichkeit des Anlegerleitbildes dargestellt und bewertet.

## 1. Einfluss theoretischer Grundannahmen über Anlegerrationalität und Markteffizienz auf das Anlegerleitbild

Nach einem grundlegenden Diskussionsbeitrag von *Langenbucher*, der nachfolgend kurz zusammengefasst und eingeordnet wird, ist das Anlegerleitbild nicht isoliert zu sehen, sondern stets Ausdruck und Element einer ökonomisch-juristischen Denkschule, die gewisse Annahmen über die Rationalität des Anlegers, die Effizienz der Märkte und somit auch über die Notwendigkeit staatlicher Interventionen beinhaltet.[163] Die derzeit bestehenden Anlegerleitbilder – ebenso wie die Anlegerleitbilder für die zukünftige Rechtsentwicklung – lassen sich demnach grundsätzlich in drei Gruppen theoretischer Grundannahmen einteilen.

### a) *Vorbemerkung zu wirtschaftswissenschaftlichen Modellannahmen und juristischen Leitbildern – am Beispiel des* homo oeconomicus

Im Folgenden wird die akademische Diskussion des Anlegerleitbildes für die Gesetzgebung beleuchtet. Hierbei wird häufig auf das Bild des *homo oeconomicus* zurückgegriffen. Aus diesem Grund soll hier kurz betrachtet werden, woher dieses Bild stammt, welche Funktion es erfüllt und inwiefern es im juristischen Kontext Anwendung finden kann.[164]

---

*ökonomisch-modelltheoretischer Prämissen, empirischer Daten, Ergebnisse kognitionspsychologischer Laborexperimente sowie zuletzt normativer Leitbilder.*"

163 Der hier folgende Abschnitt bezieht sich im Wesentlichen auf *Langenbucher*, ZHR 177 (2013), 679-686 m.w.N. sowie *Langenbucher*, in: Lorenz, Karlsruher Forum 2014: Anlegerschutz durch Haftung, VersR-Schriften 55, S. 5, 9 ff.

164 Grundlegend und instruktiv zur Frage der Übertragbarkeit ökonomischer Konzepte in das Recht als „*Economic Transplants*" und inwiefern sie für die Rechtsanalyse,

Der *homo oeconomicus* ist nicht etwa ein empirisch belegter, realer Anlegertypus, vielmehr handelt es sich hierbei um ein Schema theoretischer Annahmen, das der Konstruktion ökonomischer Modelle dient. Er ist Grundlage der neoklassischen Kapitalmarkttheorie und Bestandteil des dort herrschenden Entscheidungsmodells *rational choice*.[165] In diesem einfachen Modell menschlich-wirtschaftlichen Verhaltens steht der *homo oeconomicus* für einen Akteur, dessen wirtschaftliche Entscheidungen stets auf drei Prinzipien beruhen: (i) dem absoluten Eigeninteresse, wobei die eigenen Ziele und Vorstellungen im Vordergrund des Handelns stehen, (ii) der Fähigkeit zu völlig rational begründeten Entscheidungen, die eine optimale Umsetzung der Vorstellungen erlauben, bei der nutzenmaximierendes Verhalten mit knappen Gütern angestrebt wird, sowie (iii) der Nutzung vollständiger Informationen, da weder Informationsasymmetrien noch Transaktionskosten existieren.[166]

Es ist hier hervorzuheben, dass der *homo oeconomicus* im engeren Sinne ein Bündel von Prämissen darstellt und als wirtschaftswissenschaftliches Konzept kein Leitbild einer gesetzlichen Regelung oder gar ein juristisches, subsumtionsfähiges Tatbestandsmerkmal ist.[167] In den Wirtschaftswissenschaften erfüllt er die Funktion mittels abstrakter Grundannahmen über menschliches Verhalten die Analyse und Prognose menschlicher Entscheidungen in mikroökonomischen Fragestellungen zu ermöglichen.[168]

Das Anlegerleitbild stellt in der Rechtswissenschaft ebenfalls ein Konzept von Grundannahmen über menschliches Verhalten, das für Anlageentscheidungen relevant ist, dar und ermöglicht somit Erklärungen und Vorhersagen. Allerdings

---

Gesetzgebung und Rechtsprechung fruchtbar gemacht werden können: *Langenbucher*, Economic Transplants, Cambridge 2017; siehe hierzu auch unten C. II. 3. a).

165 Vgl. *Becker*, The Economic Approach to Human Behavior, Chicago 1976; in diesem Werk wendet der Autor das „*rational choice*"-Modell an, um Entscheidungen aus verschiedensten Bereichen des menschlichen Lebens zu analysieren, wie etwa ethnische Diskriminierung, Verbrechen und Bestrafung oder Heirat und Familiengründung; siehe hierzu auch die Dankesrede *Beckers* bei der Verleihung des Alfred-Nobel-Gedächtnispreises für Wirtschaftswissenschaften 1992: *Becker*, The Journal of Political Economy 101 (1993), Nr. 3, 385; abrufbar unter: https://www.nobelprize.org/uploads/2018/06/becker-lecture.pdf; zuletzt abgerufen am 20.08.2021; eine gute Einführung in die Thematik findet sich in der Sammlung von *Beckers Business Week*-Kolumnen in: *Becker/Becker*, The Economics of Life, New York 1997.

166 *Daxhammer/Facsar*, Behavioral Finance, Kap. 1.2.1, S. 26 f.

167 Vgl. auch *Möllers/Poppele*, ZGR 2013, 437, 445 m.w.N.

168 Vgl. *Steinbeck/Lachenmaier*, NJW 2014, 2086, 2087.

dient das Anlegerleitbild im Recht insbesondere einem normativen Zweck – nicht lediglich einem analytischen Zweck wie in den Wirtschaftswissenschaften –, da es als Grundlage gesetzlicher Regelungsstrategien und als Anknüpfungspunkt gesetzlicher Regelungsinstrumente sowie der Rechtsprechung dient. Das juristische Anlegerleitbild kann sich somit zwar an den Annahmen der Wirtschaftswissenschaften zum *homo oeconomicus* orientieren. Unkritisch übernehmen darf es sie jedoch nicht, da sich die Aufgabenstellungen in den Wirtschafts- und Rechtswissenschaften unterscheiden sowie sich insbesondere die normative Zielsetzung in Gesetzgebung und Rechtsprechung von der rein wissenschaftlichen Analyse und Prognose unterscheidet.[169]

Das Anlegerleitbild dient der Rechtswissenschaft bei seiner Aufgabe, Gesetzgebung und Rechtsprechung kritisch zu begleiten, zu analysieren und zu beraten. Und Aufgabe der Gesetzgebung ist die Schaffung von rechtlichen Rahmenbedingungen und von Verhaltensanreizen für Akteure verschiedener Bereiche des wirtschaftlichen, öffentlichen und privaten Lebens. Letztlich handelt es sich bei den Akteuren, die Gegenstand der gesetzlichen Regelungen sind, jedoch um reale Menschen sowie reale Institutionen und nicht um Annahmen in theoretischen Modellen.

Insbesondere bei Gesetzen, die den Schutz bestimmter Gruppen von Personen bezwecken, wie etwa bei den Anlegerschutzgesetzen, sollte das Leitbild der zu schützenden Personengruppe möglichst nah am „echten Menschen" sein, um einen möglichst effektiven und angemessenen, also wirkungsvollen Schutz zu erreichen. Gleichwohl ist ein gewisses Maß an Abstrahierung und Generalisierung jedem Leitbild inhärent, das als Grundlage einer abstrakt-generellen gesetzlichen Regelung dienen soll.

Während also die Annahme des *homo oeconomicus* in den Wirtschaftswissenschaften wertvolle Dienste bei der Analyse mikroökonomischer Fragestellungen zu leisten vermag, bedarf es für das Leitbild einer gesetzlichen Regelung, die letztlich die konkreten Lebenssachverhalte realer Menschen und Institutionen betrifft, eines realitätsnäheren Bildes des zu schützenden Personenkreises.

Vor diesem Hintergrund erfolgt nun die Betrachtung der drei Denkschulen mit unterschiedlichen Anlegerleitbildern.

---

169 *Möllers/Poppele*, ZGR 2013, 437, 445.

### *b) Liberale Modelle*

Die erste Denkschule geht vom Leitbild des rationalen Anlegers aus, der auf der mikroökonomischen Modellannahme des *homo oeconomicus* basiert. Diese Vorstellung geht meist Hand in Hand mit der Annahme effizienter Märkte, die sich selbst regulieren und daher keiner staatlichen Intervention bedürfen. Den Grundannahmen dieser Denkschule[170] entsprechend ist der Anleger grundsätzlich intellektuell dazu in der Lage, auf der Grundlage ausreichender Informationen rationale Entscheidungen zu treffen. Zu diesem Zweck sucht er Informationen und verarbeitet diese korrekt. Die Präferenzen des rationalen Anlegers sind stabil und unabhängig von der Präsentation der entscheidungsrelevanten Fakten.

Dieses Bild des rationalen Anlegers ist insbesondere im Zuge der Finanzmarktkrise in die Kritik geraten, da diese die Effizienz der Märkte und die Rationalität der Anleger und ihrer Entscheidungen in Frage gestellt hat. Die Kritik wird gestützt durch empirische *Behavioral Finance*-Studien, die ein überwiegendes Auftreten rationaler Anleger nicht belegen konnten, hingegen Irrationalitäten von Anlegern bei Anlageentscheidungen aufdeckten.[171] Ferner besteht im Lager der Kritiker große Skepsis gegenüber dem Informationsmodell zum Schutz von Anlegern sowie im Hinblick auf die damit verbundenen Kosten.

Diese Kritik bedeutet allerdings nicht, dass die Modelle dieser Denkschule hinfällig oder widerlegt sind. Zum einen führen ihre Vertreter an, dass Verhaltensanomalien bei Anlageentscheidungen und irrationale Anleger nicht zu systemisch relevanten Marktverzerrungen führen. Da Irrationalitäten zufällig auftreten würden, werde das irrationale Anlageverhalten einiger Anleger durch zufälliges irrationales Verhalten anderer Anleger oder durch das rationale Verhalten gut informierter Arbitrageure ausgeglichen. Ferner würden in der Kritik Lerneffekte nicht ausreichend berücksichtigt. Außerdem seien belastbare Rechenmodelle unter Berücksichtigung der Ergebnisse der *Behavioral Finance*-Forschung noch nicht möglich.

Wieder andere Vertreter lehnen eine Korrektur von Anlegerirrationalitäten durch gesetzgeberische Maßnahmen grundsätzlich ab: Jeder Anleger habe das „*unveräußerliche Recht, sich selbst zum Narren zu machen*"[172]. Jedes normative

---

170 *Langenbucher* bezeichnet sie als „marktrational-optimistische Modelle", da sie von effizienten Märkten, rationalen Anlegern sowie der optimistischen Annahme ausgehen, die Märkte regulierten sich selbst, ZHR 177 (2013), 679, 680 ff.

171 Siehe hierzu unten bei „Das Anlegerleitbild de lege ferenda" unter C. II. 2. b).

172 *Loss*, ZHR 129 (1967), 197, 208.

Instrument, den Anleger vor sich selbst zu schützen, sei staatliche Bevormundung und als solche abzulehnen.

Die auf diesem Anlegerleitbild fußende Gesetzgebung zielt insbesondere darauf ab, dem rationalen Anleger informierte Investitionsentscheidungen zu ermöglichen, etwa durch Transparenzvorschriften und Informationspflichten.

### *c) Vermittelnde Modelle*

Die zweite Denkschule geht grundsätzlich ebenfalls von der Annahme effizienter Märkte und rationaler Anleger aus. Allerdings sind die Vertreter dieser Denkschule kritisch oder gar skeptisch in Bezug auf die Spiegelung theoretischer Annahmen in der Praxis.[173] Sie bemühen sich daher um eine Annäherung ihrer Modelle an die Realität durch Berücksichtigung empirischer Ergebnisse insbesondere verhaltenspsychologischer Studien. Der Anleger wird hierbei als grundsätzlich rational betrachtet, allerdings werden Abweichungen von der rationalen Anlageentscheidung in Abhängigkeit von Faktoren wie der Erfahrung und Persönlichkeit des Anlegers oder den situativen Rahmenbedingungen der Anlageentscheidung berücksichtigt.

In diesen Modellen nehmen daher die Anlageberater eine wichtige Rolle ein. Sie sollen den beschränkt rationalen Kleinanlegern behilflich sein, Irrationalitäten zu vermeiden und rationale Investitionsentscheidungen zu treffen. Dies spiegelt insofern die Anlagerealität wider, als für über 60 % der Investitionsentscheidungen eine vorangegangene Befragung eines Beraters empirisch belegt ist.

Diese Grundannahmen über den Anleger legen normative Maßnahmen nahe, die sich auf die Beratung und den Vertrieb von Anlageprodukten durch Finanzintermediäre konzentrieren und deren Informations- und Aufklärungspflichten sowie ihre Haftung regeln. Das WpHG und das KAGB enthalten zahlreiche Vorschriften, die als solche Maßnahmen zu betrachten sind.[174]

### *d) Paternalistische Modelle*

Die dritte Gruppe theoretischer Grundannahmen geht weder von der Effizienz der Kapitalmärkte noch von der Rationalität der Anleger aus. Vielmehr stützt sich diese Denkschule auf empirisch-psychologische Studien, die belegen, dass ein großer Teil der Gruppe der Kleinanleger seine eigenen Anlageentscheidungen

---

173 *Langenbucher* nennt diese Gruppe daher „marktrational-pessimistische Modelle", ZHR 177 (2013), 679, 684.

174 *Langenbucher*, ZHR 177 (2013), 679, 684.

nicht gänzlich versteht oder sich auch nicht umfassend hierfür interessiert.[175] Hieraus folgt das Leitbild eines Anlegers, der vor sich selbst geschützt werden muss, etwa durch ein Verbot hochriskanter Anlageprodukte oder zumindest durch ein Verbot des Vertriebs hochriskanter Anlageprodukte an bestimmte Anlegergruppen, durch das die Wahlfreiheit der Anleger eingeschränkt wird. Es handelt sich hier um die Denkschule paternalistischer Modelle.

Diese Denkschule wird dafür kritisiert, dass sie einen interventionistischen Staat legitimieren könnte, der in Gesellschaft und Wirtschaft eingreifen darf und der seinen Bürgern bestimmte Entscheidungen abnimmt und sie somit gleichsam bevormundet, anstatt die gesetzlichen Rahmenbedingungen dafür zu schaffen, dass Bürger selbst mündige Entscheidungen treffen können.

Auf diese Kritikpunkte gehen die abweichenden Spielarten des sogenannten „liberalen", „libertären" oder „asymmetrischen" Paternalismus ein. Sie versuchen zwar ebenfalls, den Bürger vor den negativen Folgen schlechter eigener Entscheidungen zu schützen, aber gleichzeitig soll seine Wahlfreiheit hierbei nicht beeinträchtigt werden. Zwang und weitreichende Eingriffe in individuelle Freiheiten des Bürgers, wie etwa Verbote und zwingendes Recht, sollen vermieden und sanktionsbewehrte gesetzliche Pflichten durch Entscheidungsanreize ersetzt werden. Der Politikansatz das libertären Paternalismus, Bürger in ihrem Entscheidungsverhalten in Richtung einer bestimmten, gewünschten Alternative zu beeinflussen und gleichzeitig ihre Wahlfreiheit aufrechtzuerhalten, wird *Nudging* genannt.[176] In Bezug auf die Beeinflussung von Anlegern bei ihren Entscheidungen über Anlageprodukte und Finanzdienstleistungen spricht man auch von *Financial Nudging*.[177]

### *e) Zwischenergebnis*

Die hier gewählte grundlegende Einteilung in drei Denkschulen, die auf unterschiedlichen Grundannahmen über Anlegerrationalität und Kapitalmarkteffizienz basieren, zeigt, dass es in der Literatur nicht nur ein einziges oder gar das einzig richtige Anlegerleitbild gibt. Vielmehr hängt das Anlegerleitbild immer auch vom jeweiligen politischen und weltanschaulichen Standpunkt des Betrachters ab. Das Meinungsspektrum reicht dabei von neoliberalen über

175 *Langenbucher*, ZHR 177 (2013), 679, 685.

176 Siehe hierzu das populärwissenschaftliche Werk von *Richard H. Thaler*, der 2017 mit dem Alfred-Nobel-Gedächtnispreis für Wirtschaftswissenschaften ausgezeichnet wurde: *Thaler/Sunstein*, Nudge, Wie man kluge Entscheidungen anstößt, 2020.

177 Vgl. *Daxhammer/Facsar*, Behavioral Finance, Kap. 12.2, S. 328 ff.

vermittelnde bis zu sozialstaatlich-paternalistischen Vorstellungen. Aus diesen unterschiedlichen Standpunkten und Annahmen resultieren auch unterschiedliche Ansatzpunkte des Anlegerschutzes, die von Transparenz- und Informationsvorschriften über Vertriebs- und Beratungsregeln bis hin zu Produkt- und Vertriebsverboten reichen.

Nach einer Phase neoliberaler Deregulierung in den 1980er und 1990er Jahren, in denen staatliche Regelungen abgebaut wurden, um Innovationen zu fördern und Entscheidungsfreiräume zu eröffnen, wird dieses Konzept in der Folge der Finanzmarktkrise seit 2007 vehement kritisiert und in Frage gestellt. Seitdem haben vermehrt vermittelnde und paternalistische Stimmen mehr staatliche Regulierung und Aufsicht als Reaktion auf die Finanzmarktkrise gefordert. Entsprechende normative Maßnahmen wurden seither auf nationaler, europäischer und internationaler Ebene ergriffen. Die AIFM- und die MiFID-II-Richtlinien sowie ihre Umsetzungen im KAGB und in der WpHG-Novelle sind als legislative Maßnahmen in diesem Zusammenhang zu sehen.

Es stellt sich hier die Frage, ob der Gesetzgeber bei seiner Analyse der Ursachen der Finanzmarktkrise eher einzelne Ansatzpunkte für legislative Korrekturen identifiziert hat oder ob die Analyse zu einer Änderung der Grundannahmen des Gesetzgebers über die Rationalität der Anleger und die Effizienz der Kapitalmärkte geführt hat. Allerdings sind, wie soeben dargelegt, gerade die Grundannahmen über Anlegerrationalität, Markteffizienz und letztlich auch über das Verhältnis von Staat und Markt sowie von Staat und Bürger eine Frage des politisch-weltanschaulichen Standpunktes. Die Finanzmarktkrise ab 2007 mag diese Grundannahmen der politischen Akteure in der Bundesrepublik vielleicht nicht vollständig geändert haben. Allerdings hat sie diese Annahmen offenbar stark genug erschüttert, um die schwarz-gelbe Regierungskoalition von CDU, CSU und FDP,[178] die traditionell dem optimistisch rational-effizienten Lager zuzurechnen ist, zu einer sehr weitreichenden Umsetzung der AIFM-Richtlinie im KAGB mit einer Reihe skeptischer bis hin zu paternalistisch anmutenden Instrumenten zu veranlassen. Es bleibt abzuwarten, ob und ggf. wann das politische Gesetzgebungspendel wieder in die Richtung der Deregulierung zurückschwingen wird.

---

178 Koalition unter dem Kabinett „Merkel II" vom 28.10.2009 bis 22.10.2013.

## 2. Einfluss des Regelungszwecks auf das Anlegerleitbild *de lege lata*

In einem weiteren wesentlichen Diskussionsbeitrag von *Möllers* und *Poppele* über das richtige Anlegerleitbild wird die These vertreten, dass das Leitbild immer auch abhängig vom Zweck der jeweiligen gesetzlichen Regelung ist. Der Beitrag untersucht hierfür vier verschiedene Bereiche des Kapitalmarkt- und Kapitalanlagerechts, ihre Regelungsziele und die korrespondierenden Anlegerleitbilder: die allgemeinen Kapitalmarktinformationen, die Anlegeraufklärung, die Anlegerberatung und die professionelle Vermögensverwaltung. Nachfolgend wird der Beitrag von *Möllers* und *Poppele* kurz dargestellt und die These der Regelungszweckabhängigkeit des Anlegerleitbildes überprüft.[179]

### *a) Anlegergleichbehandlung durch allgemeine Kapitalmarktinformationen*

Die Gesetzgebung im Bereich der allgemeinen kapitalmarktrechtlichen Informationen, zu denen etwa die Publizitätspflichten in Bezug auf Insiderinformationen (Art. 17 MAR), Eigengeschäfte von Führungskräften (*Managers' Transactions*, Art. 19 MAR) und Beteiligungsschwellen (§§ 40, 41 WpHG n.F.) gehören, verfolgt das Regelungsziel der Anlegergleichbehandlung. Alle Akteure an den Kapitalmärkten sollen möglichst zeitnah und zeitgleich über dieselben bewertungsrelevanten Informationen verfügen, damit Wettbewerbsverzerrungen durch Informationsvorsprünge verhindert werden. Hierdurch soll die Bildung des optimalen Produktpreises am Markt ermöglicht werden und sollen Marktineffizienzen sowie Marktversagen verhindert werden. Die Informationsvorschriften schützen somit die Integrität und Funktionsfähigkeit des Kapitalmarktes sowie das Vertrauen der Anleger; sie dienen also dem funktionalen wie dem individuellen Anlegerschutz. Diesem Ansatz der allgemeinen Informationspflichten liegt die Vorstellung zugrunde, dass der Anleger sämtliche verfügbaren Informationen aufnimmt, korrekt verarbeitet und auf dieser Grundlage eine vernünftige Entscheidung trifft.

Das Konzept der allgemeinen kapitalmarktbezogenen Informationspflichten lässt also den Rückschluss auf ein Leitbild zu, das von einem Anleger ausgeht, der einerseits seine Anlageentscheidung allein auf die allgemein verfügbaren Kapitalmarktinformationen stützt und daher nach der Vorstellung des Gesetzgebers

179 Der folgende Abschnitt setzt sich im Wesentlichen auseinander mit *Möllers/Poppele*, ZGR 2013, 437 m.w.N.

auch alle Informationen zur Kenntnis nehmen und zumindest grundsätzlich verstehen muss. Andererseits ist der Anleger hierfür auf einfach verständliche Informationen angewiesen. Diesen Rückschluss belegen etwa die Regelungen für die Gestaltung von Ad-hoc-Veröffentlichungen in § 4 Abs. 1 Wertpapierhandelsanzeigeverordnung (WpAV), die beispielsweise eine deutlich hervorgehobene Überschrift und ein als Betreff erkennbares Schlagwort vorschreiben, das den wesentlichen Inhalt der Veröffentlichung zusammenfasst, sowie die Vorgabe enthalten, dass die Mitteilung kurz zu fassen sei.

Nach der These des Beitrags bestimmt der Zweck der Regelung das Leitbild des Anlegers. Im konkreten Fall bestimmt also der Zweck der allgemeinen Kapitalmarktinformationen, alle Kapitalmarktakteure möglichst gleichzeitig über alle bewertungsrelevanten Tatsachen zu informieren, das Bild vom Anleger. Demnach ist der Anleger ein Kapitalmarktakteur, der sich für seine Investitionsentscheidung alle relevanten Informationen am Markt sucht, jedoch auf eine leichte Verständlichkeit der Informationen angewiesen ist. Der Beitrag nennt dieses gesetzgeberische Leitbild den „*homo oeconomicus light*".

### b) *Anlegeraufklärung durch Standardinformationen*

Die gesetzlichen Informationspflichten zur Anlegeraufklärung verfolgen das Ziel, den Anleger mit angemessenen Informationen zu versorgen, damit er Art und Risiken des Anlageobjektes verstehen und auf dieser Informationsbasis eine vernünftige und eigenverantwortliche Investitionsentscheidung treffen kann, vgl. etwa § 63 Abs. 7 S. 1 WpHG n.F. und § 166 Abs. 1 KAGB.

Zur Abgrenzung: Im Bereich der *Anlagevermittlung* ist der Finanzdienstleister verpflichtet, dem Anleger Informationen zukommen zu lassen, auf deren Grundlage dieser seine Anlageentscheidung selbst trifft. Im Falle *reiner Ausführungsgeschäfte* („*execution only*", § 63 Abs. 11 WpHG n.F.) wird die Aufklärung durch den Warnhinweis ergänzt, dass keine Prüfung der Angemessenheit des Anlageprodukts in Bezug auf den konkreten Anleger durchgeführt wird. Im Gegensatz zur Anlegeraufklärung erhält der Anleger bei der *Anlageberatung* nicht nur Informationen und Warnungen, sondern auch Bewertungen der Anlageoptionen und Handlungsempfehlungen, die auf seine individuelle Situation zurechtgeschnitten sind. Die Entscheidung trifft der Anleger bei der Anlageberatung selbst, der Berater hat keine Dispositionsbefugnis über das Vermögen seines Kunden. Bei der *Portfolioverwaltung* hingegen überlässt der Anleger den Anlagebetrag einem professionellen Vermögensverwalter, der im Rahmen zuvor mit dem Kunden festgelegter Richtlinien die konkreten Anlageentscheidungen ohne vorherige Rücksprache im Einzelfall trifft.[180]

Die Anlegeraufklärung dient einerseits dem Schutz des individuellen Anlegers, dem eine fundierte Anlageentscheidung ermöglicht werden soll. Andererseits dient die Vermittlung des am Markt verfügbaren Wissens durch die Finanzintermediäre an die Kunden – quasi als Fortführung der Anlegergleichbehandlung durch allgemeine Kapitalmarktinformationen – auch dem institutionellen Anlegerschutz durch die Herstellung eines informationsmäßigen „*level playing field*".[181]

Die gesetzlichen Informationsinstrumente, die der Anlegeraufklärung dienen, sind insbesondere standardisierte Informationen,[182] wie die Standardinformationen nach § 63 Abs. 7 WpHG n.F. über den Wertpapierdienstleister, die Arten von Finanzinstrumenten, Anlagestrategien, Ausführungsplätze und Kosten. Hinzu tritt die Warn- und Hinweispflicht, dass keine Überprüfung der Angemessenheit der Anlage, gemessen an den Kenntnissen und Erfahrungen des Anlegers, durchgeführt wird (§ 63 Abs. 11 Nr. 3 WpHG n.F.).

Aus dem Regelungsziel und den angesprochenen Informationsinstrumenten lässt sich schließen, dass der Gesetzgeber hier vom Bild eines Anlegers ausgeht, der zwar einer gewissen Informationsbasis bedarf, aber intellektuell durchaus in der Lage ist, die angebotenen, standardisierten Informationen aufzunehmen und zu verarbeiten, auf dieser Grundlage Risiken zu erkennen und einzuschätzen sowie selbständige, rationale Anlageentscheidungen zu treffen. Es handelt sich daher um das Leitbild eines rationalen Anlegers, der unter Verwendung vereinfachter Informationen selbständige Anlageentscheidungen treffen kann. Das recht hohe Niveau der Selbständigkeit, das dem Anleger im Rahmen der Aufklärungsregelungen zugetraut wird, zeigt sich auch daran, dass der Gesetzgeber allgemeine Informationen für ausreichend hält, um den Anleger angemessen zu informieren.

Im Vergleich zu dem zuvor betrachteten Bereich der allgemeinen Kapitalmarktinformationen liegt dem Bereich der Anlegeraufklärung eine etwas abgeschwächte, leicht schutzbedürftige Version des Leitbildes vom selbständigen, rationalen Anleger zugrunde: Hier besorgt der Anleger sich die entscheidungsrelevanten Informationen nicht selbst am Kapitalmarkt, sondern wird

---

180 *U. Schäfer*, in: Assmann/Schütze/Buck-Heeb, Handbuch KapitalanlageR, § 23 Rn. 3 und 6.

181 *Möllers/Poppele*, ZGR 2013, 437, 448.

182 Siehe *Möllers/Poppele*, ZGR 2013, 437, 449.

von einem Finanzdienstleister mit allgemeinen, standardisierten Informationen und Hinweisen versorgt, die er liest und versteht und auf deren Basis er Risiken erkennt und seine Anlageentscheidungen selbständig und rational trifft. Im Hinblick auf die Informationsbeschaffung wird er geschützt, im Hinblick auf die Entscheidungsfindung nicht.

Die Probleme des „*information overload*“ sowie der Begrenzung der Anlegerrationalität durch Quantität und Komplexität von Informationen sowie durch individuelle Aufnahme- und Verarbeitungskapazitäten („*bounded rationality theory*“) werden auf diesem Niveau der Anlegerinformation nicht ausreichend adressiert.[183] Dies verhält sich anders im Bereich der Anlegerberatung (dazu nachfolgend c)) sowie der Vermögensverwaltung (dazu nachfolgend d)).

### *c) Individuelle Anlegerberatung*

Bei der anlegerbezogenen Beratung besteht das Regelungsziel der normierten Beratungspflichten darin, einen ratsuchenden Anleger konkret und individuell mit Informationen zu Anlagemöglichkeiten zu versorgen und ihm darüber hinaus Bewertungen, Einschätzungen, Ratschläge und Empfehlungen bezüglich der Anlageoptionen zu geben. Die Anlageentscheidung muss jedoch der Anleger selbst treffen.

Die Anlageberatung ist im WpHG normiert und unterscheidet sich von der zuvor besprochenen Anlegeraufklärung dadurch, dass sie nicht ausschließlich mithilfe allgemeiner, standardisierter Informationen und Warnhinweise eine angemessene Informationsgrundlage für die Investitionsentscheidung des Anlegers schafft. Vielmehr sind Anlageberater gemäß § 64 Abs. 3 WpHG n.F. verpflichtet, von ihren Kunden alle Informationen über deren Kenntnisse und Erfahrungen, Anlageziele und finanziellen Verhältnisse einzuholen. Anhand dieser Daten hat der Berater gemäß § 64 Abs. 4 WpHG n.F. die Geeignetheit des konkret empfohlenen Geschäfts für den konkreten Anleger, seine Anlageziele, Risikoeinschätzungsfähigkeiten und finanzielle Risikotragfähigkeit zu beurteilen, eine entsprechende persönliche Empfehlung für ein geeignetes Produkt auszusprechen und vor Vertragsschluss auf einem dauerhaften Datenträger zur Verfügung zu stellen (Geeignetheitserklärung). Erlangt der Berater diese individuellen Anlegerinformationen nicht, darf er keine Anlageempfehlung aussprechen, § 64 Abs. 3 S. 2 WpHG n.F.

---

183 *Möllers/Poppele*, ZGR 2013, 437, 457 m.w.N.

Ebenso wie nach der Bond-Rechtsprechung des BGH[184] muss nach dem WpHG die Anlageberatung immer auf den konkreten Anleger bezogen sein. Sie unterscheidet sich von der standardisierten, allgemeinen Anlegeraufklärung also durch das individuelle, konkrete und persönliche Beratungsverhältnis.

Der aufgezeigte Regelungszweck und Charakter der Anlageberatung lässt Rückschlüsse auf das gesetzgeberische Leitbild eines Anlegers zu, der zwar eine erhöhte Schutzbedürftigkeit aufweist, aber letztlich intellektuell in der Lage ist, eigenverantwortlich Anlageentscheidungen zu treffen. Der Anleger bedarf, nach dem der Regelung zugrundeliegenden Bild, der Unterstützung eines Beraters, um Informationen über Finanzprodukte nach den Kriterien der individuellen Anlageerfahrung, Sachkenntnis, Ziele und Vermögen zu filtern, eine entsprechende Auswahl zu treffen und eine konkrete auf den Anleger abgestimmte Empfehlung zu erhalten. Diese Hilfestellung soll den Anleger vor Fehlurteilen und fehlerhaften Entscheidungen schützen. Nach dem Leitbild ist der Anleger ohne Beratung wohl nicht in der Lage, eigenständig Informationen zu beschaffen, zu verwerten und auf dieser Basis rationale Investitionsentscheidungen zu treffen. Dies trifft insbesondere für komplexere Anlageprodukte zu.

Im Vergleich zu dem zuvor behandelten Anlegerleitbild des relativ selbständigen Anlegers bei der Anlegeraufklärung liegt dem Bereich der Anlageberatung das Leitbild eines schutz- und beratungsbedürftigen Anlegers zugrunde, der zwar rational, aber nicht eigenständig und eigenverantwortlich Anlageentscheidungen treffen kann.

### *d) Professionelle Vermögensverwaltung*

Wie oben bereits angesprochen, zeichnet sich die professionelle Vermögensverwaltung dadurch aus, dass nicht der Anleger selbst die Anlageentscheidungen trifft, sondern der Portfolioverwalter die Dispositionsbefugnis über den Anlagebetrag erhält und ohne Rücksprache im Einzelfall die Investitionen tätigt. Der Anleger kann durch den Vermögensverwaltungsvertrag Einfluss auf die Verwaltung seines Anlagebetrages nehmen. Die vertraglichen Instrumente reichen hierbei von allgemeinen Richtlinien bis hin zu Einzelanweisungen.[185] Das Vermögen eines Anlegers wird hierbei getrennt von den Vermögen der anderen Anleger verwaltet und angelegt. Dies wird als „individuelle Vermögensverwaltung"

184 BGHZ 123, 126 = NJW 1993, 2433; das Urteil ist oben in dieser Arbeit besprochen worden unter: B. II. 2. a).

185 *U. Schäfer*, in: Assmann/Schütze/Buck-Heeb, Handbuch KapitalanlageR, § 23 Rn. 3.

bezeichnet.[186] Sie steht aufgrund regelmäßig geforderter Mindestanlagesummen,[187] die mit dem Aufwand der Investitionsverwaltung begründet werden, nur vermögenden Privatanlegern offen und wird regelmäßig durch Verwaltungsgebühren und ggf. performanceabhängige Vergütungsbestandteile entlohnt.

Als „kollektive Vermögensverwaltung" hingegen bezeichnet man es, wenn der Anleger Anteile an Investmentfonds erwirbt oder Versicherungsverträge abschließt und somit seinen Anlagebetrag zusammen mit anderen Anlegern in einen gemeinsamen „Vermögenspool" einzahlt, der dann als Kollektivsumme von Kapitalverwaltungsgesellschaften oder Versicherungsunternehmen als Fondsmanagern angelegt wird. Eine Möglichkeit zur individuellen Einflussnahme auf die Investitionsentscheidungen der Vermögensverwalter besteht hier nicht, die Anlage erfolgt nach den für den Fonds oder die Versicherung festgelegten Richtlinien.[188] Der Anleger kann hier nur durch die Auswahl des Fonds Einfluss auf die Art der Anlage nehmen. Durch das Zusammenfassen vieler Einzelvermögen ist das insgesamt verwaltete Vermögen von Fonds regelmäßig so groß, dass eine Diversifizierung der Vermögensanlagen in verschiedene Anlageobjekte möglich ist,[189] zu denen Kleinanleger mit geringen Anlagebeträgen sonst keinen Zugang hätten. Die Vergütung erfolgt in der Regel durch Ausgabeaufschläge und Verwaltungsgebühren.

Die Anlegerinformation dient im Bereich der Vermögensverwaltung zum einen vor dem Vertragsschluss der Entscheidungsfindung des Anlegers für einen bestimmten Verwalter oder Fonds. Zum anderen dient sie nach Vertragsschluss der Kontrolle der Verwaltungsperformance.[190]

Das der professionellen Vermögensverwaltung zugrundeliegende Anlegerleitbild geht von einem möglicherweise schutzbedürftigen, grundsätzlich vermögenden Anleger aus, der selbst keine individuellen Anlageentscheidungen trifft, sondern einen geeigneten Vermögensverwalter oder Fonds auswählt. Für

---

186 In den Legaldefinitionen des Aufsichtsrechts wird die individuelle Vermögensverwaltung als „Finanzportfolioverwaltung" gemäß § 2 Abs. 8 S. 1 Nr. 7 WpHG n.F. (Wertpapierdienstleistung) und gemäß § 1 Abs. 1a S. 2 Nr. 3 KWG (Finanzdienstleistung) als „die Verwaltung einzelner [oder mehrerer] in Finanzinstrumenten angelegter Vermögen für andere mit Entscheidungsspielraum (Finanzportfolioverwaltung)" definiert.

187 Es werden hier je nach Vermögensverwalter Mindestbeträge zwischen 50.000 Euro und 5 Millionen Euro genannt. Siehe *U. Schäfer*, in: Assmann/Schütze/Buck-Heeb, Handbuch KapitalanlageR, § 23 Rn. 3.

188 *U. Schäfer*, in: Assmann/Schütze/Buck-Heeb, Handbuch KapitalanlageR, § 23 Rn. 3.

189 *Ibd.*

190 *Möllers/Poppele*, ZGR 2013, 437, 477.

die Auswahl geeigneter Fonds kann er sich wiederum der Beratungsleistung eines Anlageberaters bedienen. Darüber hinaus muss er lediglich die erzielte Performance mithilfe regelmäßiger, von den Verwaltern erstellter Berichter überprüfen und ggf. durch einen Verwalter- oder Fondswechsel Korrekturen durchführen. Das Bild der Fähigkeiten des Anlegers in der Vermögensverwaltung ist also derart, dass er selbst Schutz vor Informationsüberflutung (*information overload*) sowie vor dem Risiko fehlerhafter Anlageentscheidungen sucht und sich professioneller Hilfe bedient, um überdurchschnittliche Anlageergebnisse zu erzielen.

### *e) Zwischenergebnis*

Diese Analyse zeigt zunächst trefflich, dass es in verschiedenen Teilbereichen des Kapitalmarkt- und Kapitalanlagerechts unterschiedliche Anlegerleitbilder gibt, die mit dem Regelungszweck der diese Bereiche jeweils regelnden Gesetze korrespondieren. Ob es allerdings tatsächlich so ist, dass der jeweilige Regelungszweck das Anlegerleitbild bestimmt, oder ob nicht vielmehr die umgekehrte Kausalität zutrifft, dass das jeweilige Anlegerleitbild in einem gewissen Bereich des Kapitalmarktes den Zweck der diesen Bereich ordnenden Normen bestimmt, ist zumindest fraglich.

Es dürfte wohl eher so wie oben dargelegt[191] sein, dass aus bestimmten Grundannahmen über den Anleger und den Markt in einigen Bereichen des Kapitalmarktrechts entsprechende gesetzgeberische Ziele abgeleitet werden, die dann mithilfe zweckgerichteter gesetzlicher Instrumente erreicht werden sollen. Da diese Grundannahmen aber selten – etwa in Gesetzesmaterialien – explizit kommuniziert werden, ist es eine nützliche und sinnvolle Methode, aus dem Regelungszweck eines Gesetzes und ggf. entsprechenden Einzelnormen Rückschlüsse auf das jeweils zugrundeliegende Anlegerleitbild zu ziehen.

Klar herausgearbeitet ist jedenfalls der Beleg dafür, dass ein einheitliches Anlegerleitbild für das gesamte Kapitalmarktrecht nicht besteht. Vielmehr gibt es differenzierte Anlegerleitbilder mit abgestuften Anforderungen an die Fähigkeiten sowie an die Eigenverantwortlichkeit der Anleger in den Bereichen der allgemeinen kapitalmarktbezogenen Informationen, der Anlegeraufklärung, der Anlegerberatung und der Vermögensverwaltung.

---

191 Siehe oben den zuletzt diskutierten Aspekt in C. I. 1. über den „Einfluss theoretischer Grundannahmen über Anlegerrationalität und Markteffizienz auf das Anlegerleitbild".

Diese Uneinheitlichkeit der Anlegerleitbilder spiegelt durchaus die Realität wider, denn die Gruppe der (Privat-)Anleger ist keineswegs homogen, wie oben bereits dargelegt. Dies wird noch dadurch verstärkt, dass Privatpersonen aus allen sozialen Schichten vermehrt durch staatliche Anreize dazu angehalten werden, wegen mangelnder Versorgungssicherheit im Alter zusätzlich zur gesetzlichen und ggf. betrieblichen Rente in eine private Altersvorsorge zu investieren, auch und insbesondere mithilfe von Anlagen an den Kapitalmärkten.[192] Insofern ist eine Unterscheidung verschiedener (Privat-)Anlegergruppen, die auf unterschiedliche Weise am Kapitalmarkt partizipieren und verschiedene kapitalanlagebezogene Dienstleistungen in Anspruch nehmen, sinnvoll und grundsätzlich Zeichen einer realitätsnahen Gesetzgebung.

Die untersuchten Anlegerleitbilder weisen eine Abstufung der Anforderungen an die Eigenverantwortlichkeit der Anleger auf: In je höherem Maße ein Anleger die Dienste eines Finanzintermediärs (Anlagenvermittler, Anlageberater, Vermögensverwalter) in Anspruch nimmt, desto weniger eigene Verantwortung muss er tragen, da er ggf. auf Schadensersatzansprüche gegen die Intermediäre zurückgreifen kann. Diese Differenzierung der Anlegerleitbilder, die sich an verschiedenen Stufen der Übertragung von Verantwortlichkeit des Anlegers auf einen Finanzintermediär orientiert,[193] verleiht der Uneinheitlichkeit der Anlegerleitbilder eine stimmige und logische Ordnung. Allerdings gehen alle der hier dargestellten Anlegerleitbilder von der Annahme aus, dass der Anleger rational handelt und entscheidet – sei es die Entscheidung für oder gegen ein bestimmtes Wertpapier aufgrund von allgemein verfügbaren Kapitalmarktinformationen oder für oder gegen einen bestimmten Vermögensverwalter, der die einzelnen Anlageentscheidungen an seiner Stelle trifft. Doch gerade die Annahme der Rationalität des Anlegers wird in zunehmendem Maße in Frage gestellt.

## II. Ansatzpunkte eines Anlegerleitbildes *de lege ferenda*

Die soeben angestellten grundlegenden Überlegungen zum Zusammenhang theoretischer Modellannahmen und daraus folgender gesetzgeberischer Ziele und Instrumente sowie zwischen dem Zweck einer gesetzlichen Regelung und dem ihr zugrundeliegenden Anlegerleitbild ermöglichen eine Analyse insbesondere der Situation *de lege lata*. Im Folgenden soll nun der Blick auf das Anlegerleitbild *de lege ferenda* gerichtet werden, also darauf, wie die Weiterentwicklung

192 Vgl. *Buck-Heeb*, Kapitalmarktrecht, Rn. 2.
193 *Möllers/Poppele*, ZGR 2013, 437, 481.

des Anlegerleitbildes einen verbesserten Anlegerschutz bewirken kann. Dies stellt den wesentlichen Aspekt der zukunftsorientierten Literaturdebatte über den Anlegerschutz dar, denn die Weiterentwicklung und Anpassung des Anlegerleitbildes ist die entscheidende Stellschraube für die Verbesserung der Effektivität und Angemessenheit des Anlegerschutzes.

In der Diskussion werden schwerpunktmäßig zwei Anknüpfungspunkte für das Verständnis des Anlegers und somit für das künftige Anlegerleitbild der Gesetzgebung thematisiert: der Anleger als Verbraucher und die empirisch nachgewiesenen Rationalitätsdefizite des Anlegers.

Im Folgenden stellt sich daher zunächst die Frage, ob das Anlegerschutzrecht Anleihen im Verbraucherschutzrecht nehmen sollte und ob das Verbraucherleitbild als Vorlage für das Anlegerleitbild dienen könnte. Hierzu wird untersucht, inwiefern dem Anleger Verbrauchereigenschaften zukommen, und diesbezüglich Stellung genommen.

Im Anschluss werden grundlegende und neuere Erkenntnisse kognitionspsychologischer Studien des Forschungszweiges *Behavioral Finance* über das Anlegerverhalten dargestellt und wird diskutiert, ob das Anlegerleitbild unter Berücksichtigung dieser Ergebnisse angepasst werden sollte. Dieses Vorgehen könnte helfen, künftige Anlegerschutzgesetze und -vorschriften zielgerichteter auf nachgewiesene Eigenschaften und Bedürfnisse der Anleger maßzuschneidern und somit die Effektivität und Angemessenheit des Anlegerschutzes zu erhöhen.

## 1. Verbraucherleitbild – keine Vorlage für das Anlegerleitbild *de lege ferenda*

Zunächst soll kritisch betrachtet werden, inwieweit Privatpersonen als Anleger Verbrauchereigenschaften aufweisen, und zu den entsprechenden Argumenten Stellung genommen werden.

### *a) Problematik der Verbrauchereigenschaft von Anlegern*

Die Frage, ob Anleger immer auch Verbraucher sind und somit ohne Einschränkungen dem Verbraucherschutzrecht unterliegen, wird in der Literatur nicht nur im Hinblick auf die Rechtsfortbildung, sondern auch im Hinblick auf die bestehende Rechtslage bereits seit längerer Zeit diskutiert.[194]

194 *Armbrüster* ZIP 2006, 406; *Buck-Heeb*, ZHR 176 (2012), 66; *Edelmann*, in: Assmann/Schütze/Buck-Heeb, Handbuch KapitalanlageR, § 2 Rn. 1; *Kappus* NJW 1997, 2653;

Ausgangspunkt der Überlegungen ist ein strukturelles Ungleichgewicht zwischen am Markt agierenden Parteien: eine Störung der Vertragsparität zwischen Privatpersonen einerseits und Marktanbietern andererseits.[195] Im Anlegerschutz steht dabei die Informationsasymmetrie zu Lasten des Privatanlegers im Mittelpunkt, im Verbraucherschutz kommen noch die Erwägungen des Schutzes einer überlegten Konsumentscheidung frei von Zwang, Täuschung, Irreführung und geschützt vor aggressiven Absatzstrategien hinzu.[196] Durch das deutsche Verbraucherschutzrecht sollen daher – anders als durch das Anlegerschutzrecht – nicht nur Informationsasymmetrien beseitigt werden, sondern darüber hinaus die Kunden durch das Instrument des Widerrufsrechts (§§ 355 ff. BGB) vor unüberlegten Entscheidungen (z.B. Spontankäufen) geschützt werden.[197]

Der Wortlaut der Legaldefinition in § 13 BGB spricht dafür, den privaten Anleger als Verbraucher anzusehen: „*Verbraucher ist jede natürliche Person, die ein Rechtsgeschäft zu Zwecken abschließt, die überwiegend weder ihrer gewerblichen noch ihrer selbständigen beruflichen Tätigkeit zugerechnet werden können.*" Ein Privatanleger, der eine Geldanlage ausschließlich oder überwiegend zu privaten Zwecken – etwa zur privaten Altersvorsorge oder zur Erhaltung oder Vermehrung seines Privatvermögens – abschließt, ist demnach Verbraucher. Alleiniges Abgrenzungskriterium im BGB ist der überwiegende Zweck der getätigten Rechtsgeschäfte, die hiernach entweder privater oder gewerblicher bzw. selbständig-beruflicher Natur sind. Andere Kriterien, wie die Schutzbedürftigkeit oder die Unterlegenheit des Verbrauchers sowie der Umfang des Geschäfts,[198] sind im Gesetzestext *de lege lata* nicht enthalten. Aus diesem Grund müsste man derzeit davon ausgehen, dass der Privatanleger regelmäßig als Verbraucher anzusehen ist.

An dieser Behandlung des Anlegers als Verbraucher und an dem damit einhergehenden hohen Schutzniveau für Anleger bei Investitionsentscheidungen wird Kritik geübt. Zunächst wird mit dem Wortsinn argumentiert: Wer Kapital zur Gewinnerzielung anlegt, „verbrauche" nichts und erwerbe auch keine „Verbrauchsgüter", sei mithin kein „Verbraucher". Auch sei es fraglich, ob ein Anleger, der sein Vermögen erhalten oder vermehren will, mit einem

---

*Wagner* NZG 2000, 169; näher auf das europäische und deutsche Verbraucherleitbild eingehend: *Dreher* JZ 1997, 167, 170, 172.

195 *Buck-Heeb*, ZHR 176 (2012), 66, 72 m.w.N.

196 *Ibd.*

197 *Buck-Heeb*, ZHR 176 (2012), 66, 73.

198 *Edelmann*, in: Assmann/Schütze/Buck-Heeb, Handbuch KapitalanlageR, § 2 Rn. 23.

Verbraucher vergleichbar ist, der Geld für „flüchtige" Konsumgüter ausgebe.[199] Vielmehr gebe es auch Anleger, die zur Gewinnerzielung in riskante Kapitalanlagen investierten. Diese handelten aus spekulativen Motiven zum Zwecke der Gewinnmaximierung, hätten daher wenig mit einem Verbraucher gemein und bedürften somit nicht des Verbraucherschutzes.[200] Zudem agiere ein Anleger in einem anderen sachlich-rechtlichen Umfeld als ein regulärer Verbraucher: Da der Anleger eine bewusste Entscheidung über eine Kapitalanlage mit Chancen und Risiken treffe, habe er nicht dieselbe situative Schutzbedürftigkeit wie ein Verbraucher, der lediglich kurzlebige Konsumgüter erwerbe.[201] Gerade dieses situative Element mache eine teleologische Auslegung notwendig, ob der Sinn und Zweck der jeweils in Betracht stehenden Verbraucherschutznorm ihre Anwendung auf einen Kapitalanleger erfordere, erlaube oder zumindest noch rechtfertige.

Insbesondere die Qualifizierung privater Kapitalanleger, die geschlossenen Immobilienfonds beitreten, als Verbraucher hat Kritik hervorgerufen. Zwar hat der Bundesgerichtshof aus Schutzerwägungen heraus den Beitritt zu einer geschlossenen Fondsgesellschaft als im verbraucherschutzrechtlichen Sinne für schützenswert erachtet,[202] jedoch sind in der Literatur gewichtige Argumente hiergegen angeführt worden.

So etwa dass Anleger, die geschlossenen Fondsmodellen als Gesellschafter – zumeist als Gesellschafter einer GbR oder als Kommanditisten einer GmbH & Co. KG – beitreten, als Unternehmer im Sinne des Steuerrechts (§ 15 Abs. 1 S. 1 Nr. 2 EStG) angesehen und ihre Einkünfte als „aus Gewerbebetrieb" qualifiziert werden. Es sei allerdings widersprüchlich, diese Anleger einerseits beim Beitritt als Verbraucher i.S.d. § 13 BGB anzusehen, andererseits nach dem Beitritt als Unternehmer i.S.d. § 14 BGB oder i.S.d. § 15 Abs. 1 S. 1 Nr. 2 EStG zu behandeln.[203]

Hierzu ist allerdings zu sagen, dass es grundsätzlich – gerade aufgrund der vielfach geforderten situativen Betrachtungsweise – durchaus möglich ist, eine natürliche Privatperson in der Situation des Vertragsschlusses mit einem Fonds für strukturell unterlegen und schutzbedürftig zu halten und daher als Verbraucher anzusehen, und dieselbe Person nach dem Abschluss des

---

199 *Armbrüster* ZIP 2006, 406, 408.

200 *Wagner*, BKR 2003, 649, 651; *ders.* NZG 2000, 169, 171.

201 *Wagner*, BKR 2003, 649, 652 ff.

202 BGH, Urt. v. 02.07.2001, Az.: II ZR 304/00 = NJW 2001, 2718 = WM 2001, 1464.

203 *Edelmann*, in: Assmann/Schütze/Buck-Heeb, Handbuch KapitalanlageR, § 2 Rn. 11.

Gesellschaftsvertrages, in der Situation als Gesellschafter, in steuerlicher Hinsicht als (Mit-)Unternehmer einzustufen.

Allerdings, so die andere Ansicht, würden Beteiligungen an geschlossenen Immobilienfonds nur deshalb steuerrechtlich privilegiert, da sie den Charakter von Wagniskapital (*Venture Capital*) hätten. Ein Wagniskapitalgeber sei aber nicht als Verbraucher schutzwürdig.[204]

Als weiteres Argument gegen die Verbraucheridentität des Anlegers wird angeführt, der Beitrittsvertrag werde vom Beitretenden – zumindest bei geschlossenen Immobilienfonds in der Rechtsform der GbR – mit der Gesamtheit aller bisherigen Gesellschafter als GbR, die nach der Rechtsprechung des BGH[205] ebenfalls Verbraucher sein kann, geschlossen. In diesem Fall fehle es aber bereits an dem nach der Legaldefinition in § 310 Abs. 3 BGB für einen Verbrauchervertrag nötigen Vertragsschluss zwischen einem Verbraucher und einem Unternehmer.[206] Bei einem Fonds in der Rechtsform einer KG handele es sich hingegen unstreitig um einen Unternehmer i.S.d. § 14 BGB,[207] sodass hier beim Fondsbeitritt ein Vertragsschluss mit einem Unternehmer gegeben ist.

Der rechtliche Charakter des Vertrages über den Beitritt zu einem geschlossenen Fonds wird als Argument gegen die Qualifizierung des beitretenden Anlegers als Verbraucher angeführt: Es handele sich um einen auf den Erwerb einer Mitgliedschaft gerichteten, organisationsrechtlichen Vertrag.[208] Im Gegensatz hierzu hätten Verbraucherverträge i.S.d. § 310 Abs. 3 BGB in der Regel eine entgeltliche Leistung des Unternehmers zum Gegenstand, vgl. § 312 Abs. 1 BGB.

Zudem wird kritisiert, dass Anleger bereits ausreichend durch Sondervorschriften, etwa im Prospekthaftungsrecht, geschützt seien und daher des Schutzes durch das Verbraucherrecht nicht bedürften.[209]

Ferner hat der Gesetzgeber sich mit der Normierung eines Widerrufsrechts in § 305 KAGB dafür entschieden, das Anlegerschutzrecht im Bereich des Investmentrechts um ein wesentliches Instrument des Verbraucherschutzrechts zu ergänzen. Hierdurch zeigt der Gesetzgeber, dass er eine allgemeine Anwendung des Verbraucherschutzrechts auf Anleger nicht für möglich hält – andernfalls wäre eine spezielle Normierung im KAGB nicht nötig gewesen.

---

204 *Früh*, ZIP 1999, 701, 703.
205 BGH, Urt. v. 23.10.2001, Az.: XI ZR 63/01 = BKR 2002, 26.
206 *Wagner*, BKR 2003, 649.
207 *Ibd.*
208 *Edelmann*, in: Assmann/Schütze/Buck-Heeb, Handbuch KapitalanlageR, § 2 Rn. 13.
209 *Wagner*, BKR 2003, 649, 651.

Während sich die genannten Argumente mit der Behandlung von Kapitalanlegern als Verbraucher *de lege lata* beschäftigen, gibt es auch Argumente gegen die Verwendung des Verbraucherleitbildes für die Fortbildung des Anlegerleitbildes *de lege ferenda*.

Zunächst mangele es an der Vergleichbarkeit von Konsum- und Anlageentscheidungen. Zwar seien die bei einer Person bestehenden Rationalitätsdefizite unabhängig von ihrer Rolle als Verbraucher oder Anleger, aber nicht unabhängig von der Entscheidungssituation. Und da in der Entscheidungssituation über Investitionen bestimmte Rationalitätsmängel zum Tragen kämen, die in Entscheidungssituationen über Konsumgüter hingegen keine Rolle spielten, verbiete sich eine Orientierung am Verbraucherleitbild.[210]

Zudem spreche gegen eine Gleichsetzung von Verbraucher und Anleger, dass es nicht nur ein einziges Verbraucherleitbild gebe, sondern je nach Regelungszusammenhang mehrere: den vertrauenden, den verantwortlichen und den verletzlichen Verbraucher. Ein Rückgriff auf ein uneinheitliches Verbraucherleitbild sei für die sachgerechte Rechtsfortbildung des Anlegerleitbildes kaum gewinnbringend.[211]

### *b) Stellungnahme*

Verbraucherschutz und Anlegerschutz basieren beide auf dem Grundgedanken eines Ungleichgewichts von Parteien am Markt und der daraus resultierenden Schutzbedürftigkeit der strukturell unterlegenen Partei. Doch während der Anlegerschutz insbesondere auf die Beseitigung des Informationsungleichgewichts abzielt, geht der Verbraucherschutz darüber hinaus und zielt insbesondere auch darauf ab, den Verbraucher vor unüberlegten Konsumentscheidungen zu schützen.

Gegen die allgemeine Qualifizierung des Anlegers als Verbraucher bestehen – insbesondere beim Beitritt zu geschlossenen Fonds – bereits *de lege lata* schwerwiegende Bedenken. Das Verbraucherleitbild erscheint aus den genannten Gründen nicht geeignet, *de lege ferenda* als Vorbild für das Anlegerleitbild zu dienen.

Zudem dürfte ein speziell auf die Besonderheiten in Entscheidungssituationen bei Geldanlagen oder auf den Beitritt zu geschlossenen Fonds zugeschnittenes Anlegerschutzrecht die Anforderungen eines effektiven und angemessenen

---

210 *Mülbert*, ZHR 177 (2013), 160, 180.
211 *Mülbert*, ZHR 177 (2013), 160, 180.

Anlegerschutzes besser erfüllen können als eine Orientierung am allgemeinen Verbraucherschutzrecht.

Es dürfte Herausforderung genug sein, ein wertungswiderspruchsfreies System des Anlegerschutzes zwischen Aufsichts- und Zivilrecht zu schaffen. Durch zusätzliche Überschneidungen des Anlegerschutzrechts mit den Wertungen und Vorschriften des Verbraucherschutzrechts besteht eine erhöhte Gefahr von (Wertungs-)Widersprüchen und Systembrüchen. Die Kumulation der Schutzkonzepte von Verbraucher- und Anlegerschutz wurde wohl aus diesem Grund auch als „*worst case*-Szenario" bezeichnet.[212]

## 2. *Behavioral Finance* und das Anlegerleitbild *de lege ferenda*

Der andere wesentliche Ansatzpunkt für die Weiterentwicklung des rechtlichen Anlegerleitbildes besteht darin, im Sinne der *Behavioral Law and Economics*-Lehre solche Rationalitätsmängel von Anlegern bei Investitionsentscheidungen zu berücksichtigen, die insbesondere durch Experimente, aber auch durch Befragung, Beobachtung oder die statistische Auswertung von Datenmaterial empirisch belegt sind. So konnten durch kognitionspsychologische Laborversuche mit Probanden bestimmte Phänomene irrationalen Verhaltens identifiziert werden, die bei Entscheidungen im Allgemeinen[213] und bei Kapitalanlageentscheidungen im Besonderen regelmäßig auftreten.

Nachfolgend soll zunächst der wirtschaftswissenschaftliche Hintergrund der neoklassischen Kapitalmarkttheorie kurz skizziert sowie die Kritik hieran aufgrund der Ergebnisse der *Behavioral Finance*-Forschung beleuchtet werden. In dem darauffolgenden Schritt werden einige der wichtigsten Heuristiken und kognitiven Verzerrungen bei (Anlage-)Entscheidungen sowie die *Prospect Theory* als wirtschaftswissenschaftlicher Theorieansatz der *Behavioral Finance* dargestellt.

### a) *Neoklassische Kapitalmarkttheorie und ihre Kritik durch* Behavioral Finance

In den Wirtschaftswissenschaften hat sich der Forschungszweig *Behavioral Finance*[214] als der Teilbereich der *Behavioral Economics* etabliert, der sich

212 So *Mülbert*, vgl. Diskussionsbericht, ZHR 177 (2013), 344, 347.

213 Einführend hierzu *Ariely*, Predictably irrational: the hidden forces that shape our decisions, 2010.

214 Für einen guten Überblick über das Forschungsgebiet *Behavioral Finance*: *Barberis/Thaler*, A Survey of Behavioral Finance, in: Constantinides/Harris/Stulz, Handbook

insbesondere mit dem Investitionsverhalten von Anlegern beschäftigt. Die Vertreter dieser Forschungsrichtung postulieren, dass unter Berücksichtigung ihrer Ergebnisse und Erkenntnisse über Rationalitätsmängel bei Anlageentscheidungen die theoretischen Grundannahmen der neoklassischen Entscheidungs- und Kapitalmarkttheorien, etwa die *Rational Choice Theory* (Theorie der rationalen Auswahl), die *Efficient Capital Market Hypothesis*[215] (ECMH – Effizienzhypothese) und die *Expected Utility Theory*[216] (Erwartungsnutzentheorie), einer kritischen Überprüfung unterzogen und modifiziert werden müssen.[217]

### *aa) Effizienzhypothese und* homo oeconomicus

Die Effizienzhypothese wird heutzutage vor allem in ihrer sogenannten halbstrengen Variante vertreten und besagt im Grundsatz, dass Kapitalmarktpreise *„zu jeder Zeit jede öffentlich bekannte Information enthalten"*[218]. Sie beruht auf zwei Grundannahmen.

Zunächst gehen ihre Vertreter davon aus, dass Anleger im Aggregat (also die Gesamtheit aller Anleger als „Markt") öffentliche Informationen richtig verstehen. Daher bewerten sie am Kapitalmarkt gehandelte Titel rational anhand ihrer „wahren" oder „inneren" Werte in langfristiger Perspektive. Nach diesem Verständnis gibt es zwar keinen einzelnen Marktteilnehmer, der über alle Informationen verfügt und sie richtig versteht. Aber – so die Annahme – die Verständnisfehler der Anleger sind zufällig verteilt, sodass sie sich nach dem

---

of the Economics of Finance, 2003, Bd. I, 1053-1128; abrufbar unter: http://www.nber.org/papers/w9222.pdf; zuletzt abgerufen am 20.08.2021; *Shleifer*, Inefficient Markets: An Introduction to Behavioral Finance, 2000.

215 *Fama*, Journal of Finance (25) 1970, 383; abrufbar unter: http://www.e-m-h.org/Fama70.pdf; zuletzt abgerufen am 20.08.2021.

216 Grundlegend formuliert bei: *Savage*, The Foundations of Statistics, 1954, S. 21 ff.

217 Für die Einbeziehung der Erkenntnisse der *Behavioral Economics* in das Modell der *Rational Choice*, aber gegen die Aufgabe oder eine radikale Veränderung des *Rational Choice*-Modells: der Träger des Alfred-Nobel-Gedächtnispreises für Wirtschaftswissenschaften *Gary S. Becker* in einem Interview mit Herfeld, Erasmus Journal for Philosophy and Economics 5 (2012), 73, 79; so auch *Klöhn*, der von einer „Denkstilergänzung", nicht von einer „Denkstilumwandlung (wissenschaftliche Revolution)" spricht, *Klöhn*, in: Fleischer/Zimmer, Beitrag der Verhaltensökonomie (Behavioral Economics) zum Handels- und Wirtschaftsrecht, 2011, S. 83, 88.

218 „[…] *that security prices at any time 'fully reflect' all available information. A market in which prices always 'fully reflect' available information is called 'efficient'*", *Fama*, Journal of Finance (25) 1970, 383.

stochastischen „Gesetz der großen Zahlen" gegenseitig ausgleichen, sofern hinreichend viele Marktteilnehmer gegeben sind.[219]

Die zweite Grundannahme besagt, dass sich die Differenz zwischen dem fundamentalen Wert und dem Börsenpreis von Finanzinstrumenten ausgleicht. Zwar können durch uninformierte Anleger (*noise trader*)[220] Preise entstehen, die von den fundamentalen Werten abweichen. Jedoch wird zum einen erwartet, dass sich die Einschätzungen dieser Anleger – wie gerade skizziert – gegenseitig ausgleichen und ihr Einfluss auf den Marktpreis somit zumindest minimiert wird. Zum anderen haben informierte Anleger (*Arbitrageure* oder *informed trader*)[221] somit die Möglichkeit, ihren Informationsvorsprung gegenüber den uninformierten Anlegern auszunutzen. Durch diese Arbitragegeschäfte[222] verlieren schlecht informierte oder irrationale Spekulanten systematisch Geld an informierte Anleger und werden entweder den Markt verlassen oder aus ihren Fehlern lernen. Durch diesen Effekt können informierte und somit erfolgreiche Anleger immer größere Positionen am Markt einnehmen und ihren Einfluss auf den Marktpreis vergrößern. Im Weiteren stellt der Wettbewerb unter informierten Händlern sicher, dass alle kursrelevanten Informationen eingepreist und den Fundamentalwerten angepasst werden.[223]

---

219 Vgl. zu den Grundannahmen der Effizienzhypothese *Klöhn*, in: Fleischer/Zimmer, Beitrag der Verhaltensökonomie (Behavioral Economics) zum Handels- und Wirtschaftsrecht, S. 83 f.; *Klöhn*, Kapitalmarkt, Spekulation und Behavioral Finance, S. 84 ff.

220 Als *noise trader* werden Anleger bezeichnet, deren Entscheidungen nicht vollkommen rational auf Informationen basieren, sondern die mit ihren Anlageentscheidungen auf „Pseudo-Signale" (sogenannte „noise", z.B. Ratschläge von Finanz-Gurus) reagieren, die nicht von Fundamentaldaten gestützt werden; *Shleifer/Summers*, Journal of Economic Perspectives 4 (1990), 19, 23.

221 Für eine kurze Charakterisierung der verschiedenen Gruppen von Händlern im ECMH-Marktmodell sowie zum Unterschied zwischen informierten und nicht informierten Händlern: *Klöhn*, ZHR 177 (2013), 349, 354, 356 m.w.N.

222 Arbitragegeschäfte sind Börsengeschäfte, die Wert-Preis-Differenzen zwischen dem (wahren) Fundamentalwert und dem Börsenpreis eines Finanzinstruments nutzen, um Gewinne zu erzielen, und somit eine einheitliche Preisbildung bewirken; grundlegend zur Informationsarbitrage: *Grossman/Stiglitz*, 70 The American Economic Review (1980), 393; *Klöhn*, ZHR 177 (2013), 349, 354; *Klöhn*, Kapitalmarkt, Spekulation und Behavioral Finance, S. 26 ff. (siehe auch oben unter A. II. 1.).

223 *Klöhn*, in: Fleischer/Zimmer, Beitrag der Verhaltensökonomie (Behavioral Economics) zum Handels- und Wirtschaftsrecht, S. 83, 85.

Die neoklassische Ökonomie und Kapitalmarkttheorie geht zudem von der Modellannahme des *homo oeconomicus*[224] aus. Nach dieser Annahme besitzt jeder Akteur Präferenzen, die nicht von den konkreten Handlungsoptionen abhängen und daher „stabil" sind. In Entscheidungssituationen beurteilt der Akteur die ihm zur Wahl stehenden Optionen anhand seiner Präferenzen und entscheidet sich rational für diejenige Möglichkeit, die den höchsten erwarteten Nutzen, gemessen an den eigenen Präferenzen, verspricht. Dieses Entscheidungsverhalten dient der Nutzenmaximierung, genauer: der Maximierung des eigenen Nutzens. Die rationale Nutzenmaximierung wird dabei bestimmt von einer effizienten Zweck-Mittel-Relation: der Einsatz der Mittel ist rational, wenn er bei begrenzten Mitteln den Grad der Zielerreichung maximiert oder ein bestimmter Grad an Zielerreichung mit minimalem Mitteleinsatz erreicht wird. Im Modell bedarf die reine Nutzenmaximierung der vollständigen Information und einer unbegrenzten Kapazität zur Informationsverarbeitung. In der Realität trifft der Akteur seine Entscheidung hingegen auf unvollständiger Informationsgrundlage, mit beschränkter Informationsverarbeitungsfähigkeit, zumeist unter Zeitdruck und die Beschaffung zusätzlicher Informationen ist mit Transaktionskosten verbunden.[225] Zusammengefasst besitzt der *homo oeconomicus* demnach stabile Präferenzen, entscheidet stets rational und zur Maximierung des eigenen Nutzens.

### *bb) Kritik der* Behavioral Finance

Bereits *Fama* beschrieb in einem grundlegenden Aufsatz von 1970 sogenannte „Anomalien", also Phänomene, die mit der Effizienzhypothese nicht im Einklang stehen – die er allerdings nicht für ausreichend hielt, um die *Efficient Capital Market Hypothesis* zu widerlegen.[226] Seit den späten 1970er Jahren wurde die Effizienzhypothese intensiver angezweifelt, insbesondere durch die sogenannten Anomalie-Studien von *Shiller*.[227] In der Folge bezogen die Ökonomen in zunehmendem Maße Ergebnisse und Erkenntnisse der Kognitionspsychologie, vor

224 Siehe oben unter C. II. 2. a) aa).

225 Vgl. zu den Modellannahmen des *homo oeconomicus* statt vieler die Darstellung bei *Fleischer/Schmolke/Zimmer*, in: Fleischer/Zimmer, Beitrag der Verhaltensökonomie zum Handels- und Wirtschaftsrecht, S. 9, 12 f. m.w.N.; vertiefend: *Kirchgässner*, Homo Oeconomicus, 2013, S. 12 ff.; *Klöhn*, Kapitalmarkt, Spekulation und Behavioral Finance, S. 84 ff.

226 *Fama*, Journal of Finance (25) 1970, 383, 414; vgl. auch den Hinweis bei *Klöhn*, Kapitalmarkt, Spekulation und Behavioral Finance, S. 82.

227 Gute Zusammenfassung der einzelnen Studien: *Shiller*, Market Volatility, 1989.

allem von *Kahneman* und *Tversky*, in ihre Kritik der Effizienzhypothese ein.[228] Seitdem werden die Grundannahmen der Effizienzhypothese durch die empirisch belegten Ergebnisse der *Behavioral Finance* vehement in Frage gestellt.

Gegen die erste Grundannahme, dass Anleger im Aggregat die öffentlichen Informationen korrekt verstehen, da Fehleinschätzungen zufällig verteilt sind und somit einander letztlich aufheben, spricht das Ergebnis, dass Marktakteure systematisch – und somit nicht zufällig verteilt – irren können und ihre fehlerhaften Preisvorstellungen daher nicht ausgeglichen werden. Damit führt auch eine große Zahl von Spekulanten nicht automatisch zu akkuraten, an den Fundamentalwerten orientierten Marktpreisen. Stattdessen können viele Marktteilnehmer, die systematisch denselben Irrtümern unterliegen, starke Preisstörungen verursachen.[229]

Auch der zweiten Grundannahme, dass letztlich durch Arbitragegeschäfte die Differenz zwischen Wert und Börsenpreis ausgeglichen wird, widersprechen die Ergebnisse der *Behavioral Finance*-Forschung. Auch informierte Marktakteure können auf lange Sicht nicht immer ihren Informationsvorsprung gegenüber den *noise tradern* gewinnbringend nutzen (*limits of arbitrage*).[230] Es kann für die informierten Händler im Gegenteil sogar von Vorteil sein, nicht gegen die von den uninformierten Händlern verursachten fehlerhaften Preisbildungen zu wetten, sondern sich ihnen anzuschließen, um daraus Profit zu schlagen. Somit können sie Preisstörungen sogar noch verstärken.[231]

Die Kritik an der Modellannahme des *homo oeconomicus* richtet sich gegen beinahe alle ihre Elemente: Echte Menschen verfügten nicht über vollständige Informationen oder unbegrenzte Fähigkeiten zur Aufnahme und Verarbeitung von Informationen und seien daher nicht vollständig rational. Die Abweichungen vom rationalen Verhalten seien nicht zufällig verteilt, sondern systematischer Natur (sogenannte *biases*). Die Präferenzen der Akteure seien keineswegs stabil, sondern vielmehr abhängig von einem Referenzpunkt, über die Zeit inkonsistent und könnten auch *ad hoc* gebildet werden. Auch die Eigennutzannahme sei

---

228 *Klöhn*, Kapitalmarkt, Spekulation und Behavioral Finance, S. 81 ff.

229 *Klöhn*, in: Fleischer/Zimmer, Beitrag der Verhaltensökonomie (Behavioral Economics) zum Handels- und Wirtschaftsrecht, S. 87; *Klöhn*, Kapitalmarkt, Spekulation und Behavioral Finance, S. 90 ff.

230 *Shleifer*, Inefficient Markets, 2001, S. 89 ff.

231 *Klöhn*, in: Fleischer/Zimmer, Beitrag der Verhaltensökonomie (Behavioral Economics) zum Handels- und Wirtschaftsrecht, S. 88.

nicht allgemeingültig, da sich echte Menschen auch am Maßstab der Fairness orientierten und zur Kooperation bereit seien.[232]

In der Literatur wird daher teilweise zwischen „*Econs*“ und „*Humans*“ unterschieden:[233] *Econs* sind die vollständig rationalen Akteure des *Rational Choice*-Modells der neoklassischen ökonomischen Theorien (mithin die *homines oeconomici*), *Humans* hingegen die realitätsnäheren Akteure in den Modellen der *Behavioral Economics* und *Behavioral Finance*, die – ebenso wie echte Menschen (mithin die *homines sapientes*) – lediglich über begrenzte Rationalität, begrenztes Eigeninteresse und begrenzte Willenskraft verfügen.

Auf dieser wirtschaftswissenschaftlich-kognitionspsychologischen Forschung aufbauend und parallel hierzu wird in den Rechtswissenschaften unter dem Schlagwort „*Behavioral Law and Economics*“[234] diskutiert, ob das Anlegerleitbild für die Gesetzgebung den Forschungsergebnissen entsprechend modifiziert werden muss und in der Folge die Strategien eines effektiven und angemessenen Anlegerschutzes angepasst werden müssen.[235]

### *b) Heuristiken und kognitive Verzerrungen*

Die Fülle an wissenschaftlicher Literatur, die sich mit Verhaltensanomalien bei Entscheidungen – hier mit Abweichungen von rationalen Anlageentscheidungen – beschäftigt, ist immens und greift auf einige Jahrzehnte Forschung zurück. Ihre Anfänge liegen in der Psychologie, Soziologie und Anthropologie.[236]

Die *Behavioral Finance*-Forschung selbst ist bereits über drei Jahrzehnte alt[237] und hat in dieser Zeit eine solide Basis an wissenschaftlichen Methoden

232 Zu den einzelnen Kritikpunkten siehe: *Fleischer/Schmolke/Zimmer*, in: Fleischer/Zimmer, Beitrag der Verhaltensökonomie (Behavioral Economics) zum Handels- und Wirtschaftsrecht, S. 9, 14 ff. m.w.N.; *Kirchgässner*, Homo Oeconomicus, S. 40 ff., 60 ff., 157 ff.

233 *Thaler*, Misbehaving: The Making of Behavioral Economics, 2015, Kap. 1, 1.

234 Statt vieler: *Jolls/Sunstein/Thaler*, 50 Stanford Law Review (1998), 1471, 1476; abrufbar unter: http://digitalcommons.law.yale.edu/fss_papers/1765; zuletzt abgerufen am 20.08.2021.

235 Für die Diskussion im deutschen Recht: *Mülbert*, ZHR 177 (2013), 160, 169 ff.

236 Ein sehr guter Überblick über Theorien, die aus anderen Sozialwissenschaften in die *Behavioral Finance*-Forschung übernommen wurden, findet sich bei *Shiller*, in: Taylor/Woodford, Handbook of Macroeconomics, 1997, Bd. I, S. 1305; abrufbar unter: http://www.econ.yale.edu/~shiller/online/handbook.html; zuletzt abgerufen am 20.08.2021.

237 Für die Entwicklung des Faches *Behavioral Finance* seit 1983 (und der *Behavioral Economics* seit 1970 bis zur Gegenwart): *Thaler*, Misbehaving: The Making of Behavioral Economics, 2015.

(insbesondere Beobachtung, Experiment, Befragung), Theorien und empirischer Evidenz entwickelt.[238] Man kann mittlerweile von zwei Teilgebieten der *Behavioral Finance* sprechen:[239] *Limits of Arbitrage*[240] und *Investor Psychology*[241].

Das erste Teilgebiet beschäftigt sich, wie oben angesprochen, mit der begrenzten Effektivität von Arbitragegeschäften für die Korrektur fehlerhafter Preise von an Börsen gehandelten Gütern, die durch uninformierte *noise trader* und andere irrationale Anleger verursacht werden. Dies beinhaltet die Untersuchung der Möglichkeiten, die Börsenpreise wieder den „wahren", von den Fundamentaldaten getragenen, Preisen anzunähern.

Der zweite Teilbereich, die Anlegerpsychologie, beschäftigt sich mit psychologischen Phänomenen der systematischen und somit vorhersehbaren Abweichung von rationalem Verhalten bei Anlageentscheidungen – mit anderen Worten: mit tatsächlichem Entscheidungsverhalten realer Menschen, das den Aussagen der neoklassischen ökonomischen Theorie widerspricht.[242] Denn während das Entscheidungsmodell der neoklassischen ökonomischen Theorie davon ausgeht, dass die Akteure ihre Entscheidungen auf ein perfektes System an Überzeugungen von der Wahrscheinlichkeit unsicherer Ereignisse (*beliefs*) sowie auf stabile und klar definierte Präferenzen (*preferences*) stützen, untersuchen die Vertreter der *Behavioral Finance*, welchen Einfluss Heuristiken und kognitive Verzerrungen auf die Entstehung der Überzeugungen und Präferenzen

---

238 *Reisch/Oehler*, Vierteljahreshefte zur Wirtschaftsforschung 78 (2009), Heft 3, 30, 34; abrufbar unter: https://www.econstor.eu/bitstream/10419/99566/1/vjh.78.3.30.pdf; zuletzt abgerufen am 20.08.2021.

239 Vgl. *Shleifer/Summers*, Journal of Economic Perspectives 4 (1990), 19 ff.; abrufbar unter: http://scholar.harvard.edu/shleifer/files/noise_trader_approach_finance.pdf; zuletzt abgerufen am 20.08.2021.

240 *Shleifer/Vishny*, Journal of Finance 52 (1997), 35; abrufbar unter: http://www.nber.org/papers/w5167.pdf; zuletzt abgerufen am 27.08.2018; zu einem recht aktuellen Stand der Theorie: *Gromb/Vayanos*, Annual Review of Financial Economics 2 (2010), 251; abrufbar unter: http://www.nber.org/papers/w15821.pdf; zuletzt abgerufen am 20.08.2021.

241 Eine gute Einführung bei *Shefrin*, Beyond Greed and Fear: Understanding Behavioral Finance and the Psychology of Investing, 2002; vertiefend zu „Investor Psychology and Asset Pricing": *Hirshleifer*, Journal of Finance 56 (2001), 1533 ff.; abrufbar unter: http://www.bus.umich.edu/pdf/mitsui/nttdocs/hirshleifer-Investor_Psychol ogy.pdf; zuletzt abgerufen am 20.08.2021.

242 *Oehler/Reisch*, Behavioral Economics, 2008, S. 16.

haben.[243] Die Untersuchungsergebnisse sind möglicherweise geeignet, das Leitbild vom rationalen Anleger zu verändern und sollen daher hier näher betrachtet werden.

Die Phänomene, die bei systematisch relevantem irrationalem Entscheidungsverhalten beobachtet werden können, werden unter den Sammelbegriff *heuristics and biases*[244] gefasst, zu Deutsch: Heuristiken und kognitive Verzerrungen[245].

Unter einer Heuristik versteht man eine unbewusste, intuitive Vorgehensweise bei der Lösung von Problemen oder beim Treffen von Entscheidungen. Entschieden wird hierbei nach Daumenregeln (*rules of thumb*) oder Annäherungen (*approximations*) und in abgekürzten, vereinfachten Entscheidungsprozessen (*short-cuts*), die sich auf der Grundlage subjektiver Erfahrungen und überlieferter Verhaltensweisen entwickeln.[246] Heuristiken stellen Möglichkeiten dar, in einer Situation der Ungewissheit mit einer überwältigenden Vielzahl an Informationen umzugehen und zu einer Entscheidung zu gelangen.[247]

Heuristiken können im Alltag pragmatische Entscheidungshilfen darstellen, die Zeit und Informationssuche ersparen und zu guten Ergebnissen führen können. Jedoch kann ihre Verwendung auch zu sogenannten *biases* (auch: *errors*), also kognitiven Verzerrungen und Fehleinschätzungen, beim Erfassen von Bewertungs- und Entscheidungssituationen führen und in der Folge zu Fehlern beim Treffen der entsprechenden Entscheidungen.[248] Heuristiken und Verzerrungen sind somit Ausdruck der kognitiven Begrenzungen von Anlegern.

---

243 *Inderst*, in: Chater/Huck/Inderst, Consumer Decision-Making in Retail Investment Services: A Behavioural Economics Perspective, Final Report, 2010, S. 5, 28 ff., 31 ff.; abrufbar unter: https://ec.europa.eu/info/sites/info/files/retail_investment_services_2010_en.pdf; zuletzt abgerufen am 20.08.2021.

244 *Gilovich/Griffin/Kahneman*, Heuristics and Biases: The Psychology of Intuitive Judgment, 2002; grundlegend: *Tversky/Kahneman*, Science 185 (1974), Nr. 4157, 1124; abrufbar unter: www.jstor.org/stable/1738360; zuletzt abgerufen am 20.08.2021; sowie: *Kahneman/Slovic/Tversky*, Judgment under Uncertainty: Heuristics and Biases, 1982.

245 *Kahneman*, Schnelles Denken, langsames Denken, S. 137 ff.

246 Vertiefend zum Thema Heuristiken: *Gigerenzer/Todd/ABC Research Group*, Simple Heuristics That Make Us Smart, 1999.

247 *Daxhammer/Facsar*, Behavioral Finance, Kap. 6.1, S. 169.

248 Vgl. die frühe Einschätzung von *Tversky/Kahneman*, Science 185 (1974), Nr. 4157, 1124, 1131: „*These heuristics are highly economical and usually effective, but they lead to systematic and predictable errors*"; später untersuchten die Autoren Heuristiken eingehend und kamen zu dem Ergebnis: „*We can now draw a richer […] more balanced picture, in which skill and heuristics are alternative sources of intuitive judgments and*

Im Folgenden soll der Fokus auf einige der Heuristiken und Verzerrungen sowie auf die daraus resultierenden Effekte gelegt werden, die in den drei Phasen der Entscheidungsfindung eine wesentliche Rolle spielen, einen großen Einfluss auf das Investitionsverhalten von Privatanlegern ausüben und durch die verhaltenswissenschaftliche Finanzmarktforschung empirisch belegt sind.[249] Zunächst wird hierfür die Phase der Informationswahrnehmung (nachfolgend (1)) betrachtet. Anschließend wird die Phase der Informationsverarbeitung und -bewertung (nachfolgend (2)) untersucht. Zuletzt wird die eigentliche Anlageentscheidung (nachfolgend (3)) beleuchtet. Im Anschluss folgt eine Zusammenfassung der wesentlichen Aussagen der *Prospect Theory* (nachfolgend (4)).

### *aa) Informationswahrnehmung*

Die erste Phase der Entscheidungsfindung, die Wahrnehmung von Informationen, dient dazu, Signale aufzunehmen, um Unsicherheit zu reduzieren.[250] In dieser Phase bedienen sich die Marktteilnehmer bestimmter Heuristiken, die einerseits dabei helfen, sich einen Überblick über vorhandene Informationen zu verschaffen, andererseits jedoch verhindern, dass alle verfügbaren Informationen Eingang in den Entscheidungsprozess finden.[251]

In dieser ersten Phase kann die kognitive Verzerrung des sogenannten Darstellungseffekts (*framing effect*) auftreten.[252] Dieser Effekt beschreibt das Phänomen, dass unterschiedliche Darstellungen derselben Information unterschiedliche Gefühle hervorrufen können. Etwa durch die negative und die

---

*choices*", *Kahneman*, Thinking, Fast and Slow, 2011, S. 14 (englischsprachige Onlineversion). Im Gegensatz zu *Kahneman* und *Tversky* vertraten etwa *Gigerenzer* und der von ihm geleitete Forschungsbereich „Adaptives Verhalten und Kognition" (*Research Group Adaptive Behavior and Cognition*) des Max-Planck-Instituts für Bildungsforschung in Berlin die Ansicht, dass Heuristiken und „*Intuition* […] *in Situationen der Unsicherheit zu einem besseren Ergebnis führen* [können] *als das analytische Abwägen aller Alternativen*"; vgl. hierzu https://www.mpib-berlin.mpg.de/forschung/beendete-bereiche/forschungsbereich-adaptives-verhalten-und-kognition; zuletzt abgerufen am 20.08.2021.

249 Vgl. auch *Klöhn*, Kapitalmarkt, Spekulation und Behavioral Finance, S. 94 ff., der Erkenntnisse der Behavioral Economics, Behavioral Finance und der Prospect Theory von *Daniel Kahneman* und *Amos Tversky* als ökonomischen Hintergrund für Spekulation beschreibt.

250 *Daxhammer/Facsar*, Behavioral Finance, Kap. 6.1.1, S. 171.

251 *Daxhammer/Facsar*, Behavioral Finance, Kap. 7, S. 195.

252 Vgl. *Klöhn*, Kapitalmarkt, Spekulation und Behavioral Finance, S. 95 ff.

positive Formulierung derselben Tatsache können stark abweichende Emotionen geweckt werden. Erklärt man beispielsweise einem Patienten, die Überlebenswahrscheinlichkeit einer Operation liege bei 90 %, so ist er grundsätzlich beruhigter als wenn man ihm sagt, die Sterblichkeitsrate liege bei 10 %.[253]

Darüber hinaus können durch die unterschiedliche Ausgestaltung des Entscheidungsrahmens (*decision frame*) vorhersehbare Veränderungen, sogar Umkehrungen der Präferenzen erzielt werden.[254] So wurde in einer experimentellen Befragung die Hälfte der Teilnehmer einer Studie für eine bestimmte Aktie (BASF), deren aktueller Börsenkurs 48,00 Euro betrug, nach der Rendite in den kommenden sechs Monaten gefragt, die andere Hälfte nach dem Börsenkurs derselben Aktie in sechs Monaten. Die erste Gruppe erwartete durchschnittlich eine Rendite von 2,6 %, die zweite Gruppe gab im Durchschnitt einen erwarteten Börsenkurs von 51,12 Euro an – was einer Rendite von 6,5 % entspricht. Die jeweilige Fragestellung in Bezug auf denselben Sachverhalt, nämlich die Entwicklung der BASF-Aktie in den nächsten sechs Monaten, führte somit zu sehr unterschiedlichen Ergebnissen: Die Differenz der Renditeeinschätzungen beträgt 3,9 %.[255]

Weitere Beispiele für unterschiedliche Arten der Präsentation einer Information, die einen Einfluss auf die zu treffende Entscheidung haben können, sind: die Reihenfolge – insbesondere die Stellung als erste oder letzte Information in einem Text –, die Mischung unterschiedlicher Informationsarten sowie ob eine Information zu einem Ereignis gleichzeitig mit dem Ereignis präsentiert wird oder ob beides nacheinander präsentiert wird.[256]

Diesen *framing effect*, die Kontextabhängigkeit der Informationswahrnehmung, gilt es auch in Bezug auf die Gestaltung von Anlegerinformationen und Anlageoptionen zu beachten und ggf. durch entsprechende legislative Vorgaben zu korrigieren und zum Schutze des Anlegers zu lenken.

Ferner kann bei der Informationswahrnehmung die Verfügbarkeitsheuristik (*availability*) zum Einsatz kommen. Diese Heuristik führt dazu, dass Menschen ihre Beurteilung der Häufigkeit oder Wahrscheinlichkeit von Ereignissen danach

---

253 *Kahneman*, Schnelles Denken, langsames Denken, S. 115.

254 *Tversky/Kahneman*, Science New Series 211 (1981), 453 ff.; abrufbar unter: http://links.jstor.org/sici?sici=00368075%2819810130%293%3A211%3A4481%3C453%3ATFODAT%3E2.0.CO%3B2-3; zuletzt abgerufen am 20.08.2021.

255 *Glaser/Langer/Reynders/Weber*, Review of Finance 11 (2007), 325 ff.; abrufbar unter: http://www.andreisimonov.com/NES/BF/Glaser-Langer-Reynders-Weber_Framing.pdf; zuletzt abgerufen am 20.08.2021.

256 *Oehler/Reisch*, Behavioral Economics, S. 18.

richten, wie leicht ihnen Beispielsfälle hierzu einfallen. Die Wahrscheinlichkeit oder Größe einer einzuschätzenden Kategorie wird hier ersetzt durch die Verfügbarkeit von Beispielsfällen im Gedächtnis und nach der Leichtigkeit, mit der sie abgerufen werden können.[257]

Die Verfügbarkeitsheuristik kann das Investitionsverhalten von Privatanlegern auf unterschiedliche Arten beeinflussen. Zum einen kann die Investitionsauswahl durch leicht rückholbare Informationen, die etwa durch Werbung oder Empfehlungen verbreitet wurden, beeinflusst werden. Dies verhindert, dass Anleger die Zielunternehmen, in die sie investieren, einer detaillierten Fundamentalanalyse unterziehen.[258] Zum anderen kann die Anlageauswahl auf Basis kategorischer Eigenschaften, wie etwa der Zugehörigkeit zu einer bestimmten Branche oder geographischen Region, getroffen werden. Hierbei richten sich die Kategorien nach der Verfügbarkeit der hierzu gespeicherten persönlichen Erlebnisse und Erfahrungen. Wertpapiere aus anderen Bereichen werden daher weniger in Betracht gezogen.[259] Dies kann zu einer unzureichenden Diversifikation privater Portfolios aufgrund der sogenannten Heimatmarktneigung (*home bias*), also der übermäßigen Fokussierung auf Wertpapiere des Heimatmarktes, führen. So enthalten etwa Aktienportfolios deutscher Anleger einer Studie zufolge durchschnittlich 33,5 % Aktien deutscher Unternehmen – obwohl diese Aktien nur circa 4 % der Marktkapitalisierung aller global notierten Aktien ausmachen.[260] Die Verfügbarkeit persönlicher Erlebnisse und Erfahrungen führen zum *home bias*, der ein Gefühl der Vertrautheit der Anleger mit heimischen Titeln verursacht. Anleger fühlen sich daher offenbar kompetenter in der Beurteilung der wirtschaftlichen Entwicklung des Heimatmarktes, selbst wenn sie diesbezüglich regelmäßig nicht über bessere Informationen verfügen.[261] Das Gefühl der Vertrautheit der Privatanleger mit heimischen Aktientiteln beeinflusst ihre Präferenzen selbst dann, wenn sie Rendite und Risiko von aus- und inländischen Titeln als identisch einschätzen.[262]

Ein weiteres bei der Wahrnehmung von Informationen zu beobachtendes Phänomen ist das sogenannte Herdenverhalten *(herding* oder *herd behavior*).

---

257 *Tversky/Kahneman*, Science 185 (1974), Nr. 4157, 1124, 1127 f.; *Kahneman*, Schnelles Denken, langsames Denken, S. 173 ff.

258 *Daxhammer/Facsar*, Behavioral Finance, Kap. 7.1, S. 198.

259 *Ibd.*

260 *Daxhammer/Facsar*, Behavioral Finance, Kap. 7.1, Abb. 47, S. 199.

261 Vertiefend hierzu *Kilka*, Internationale Diversifikation von Aktienportfolios, 1998.

262 *Kilka/Weber*, Journal of Psychology and Financial Markets 1 (2000), 176 ff.

Anleger beobachten die Handlungen anderer Anleger, woraus sich ein sozialer Konsens des Marktverhaltens bilden kann.[263] Hieraus resultiert ein kollektives, gleichgerichtetes Verhalten einer großen Anzahl von Anlegern an einem Markt. Man kann hierbei zwischen rationalem und irrationalem Herdenverhalten unterscheiden.

Das rationale Herdenverhalten beruht auf neuen Informationen und Entscheidungssituationen, die eine Gruppe von Anlegern betreffen.[264] Hier treffen die Investoren grundsätzlich unabhängig voneinander ähnliche oder gleiche Entscheidungen und erzielen durch ihr gleichgerichtetes Verhalten ein besseres Ergebnis, als wenn sie sich gegen die „Herde" verhalten würden. Diese Form des rationalen Herdenverhaltens wird als *spurious herding* bezeichnet.[265]

Das irrationale Herdenverhalten ist hingegen nicht durch neue Informationen rational erklärbar und führt auch nicht zu besseren Resultaten der Anleger. Diese Heuristik beeinflusst die Informationswahrnehmung von Anlegern, da sie zur Imitation des Verhaltens anderer Anleger führt.[266] Die Gründe für das Imitationsverhalten liegen zum einen in Informationskaskaden und zum anderen in einer intrinsischen Präferenz für Konformität.[267] Bei Informationskaskaden kopieren Anleger frühere Entscheidungen anderer Marktteilnehmer und übernehmen sie somit ohne eigene kritische Überprüfung der Fundamentaldaten. Bei dieser unreflektierten Imitation sind zwar die Informationskosten des einzelnen Anlegers niedrig, allerdings findet keine eigene Bewertung der Kauf- oder Verkaufsentscheidung statt und es besteht daher das Risiko, eine falsche Entscheidung zu kopieren. Zudem können durch die zeitlich versetzte Imitation, etwa bei Kaufentscheidungen, die Preise eines Anlageobjektes immer weiter steigen, ohne dass dies sachlich gerechtfertigt wäre.[268] Anleger, die diese Heuristik anwenden, laufen in einer solchen Situation Gefahr, in der Überhitzungsphase

263 *Daxhammer/Facsar*, Behavioral Finance, Kap. 7.2, S. 209.

264 Es gibt zwei weitere Fallgruppen rationalen Herdenverhaltens, die allerdings nicht Privatanleger, sondern Fondsmanager und Analysten betreffen: das Vermeiden von Reputationsverlusten (*reputation-based herding*) und eine Vergütung nach der eigenen Performance im Vergleich zur Performance anderer Fondsmanager (*compensation-based herding*), vgl. etwa *Bikhchandani/Sharma*, IMF Staff Papers 47 (2001), 279, 290, 292 f. m.w.N.; abrufbar unter: https://www.imf.org/External/Pubs/FT/staffp/2001/01/pdf/Bikhchan.pdf; zuletzt abgerufen am 20.08.2021.

265 *Bikhchandani/Sharma*, IMF Staff Papers 47 (2001), 279, 280.

266 *Weber*, Genial einfach investieren, S. 101 ff.

267 *Bikhchandani/Sharma*, IMF Staff Papers 47 (2001), 279, 280 m.w.N.

268 Deutsche Bundesbank, Monatsbericht Januar 2011, S. 45, 52 f.

als Letzte eine Investitionsentscheidung zu treffen und beim anschließenden Platzen der Blase die höchsten Verluste zu erleiden.[269]

Das Herdenverhalten ist nicht nur ein Problem des individuellen Anlegerschutzes, indem es zu Vermögenseinbußen des einzelnen Privatanlegers führen kann. Es betrifft auch die Effizienz und Funktionsfähigkeit von Finanzmärkten: Es kann die Volatilität auf Kapitalmärkten erhöhen und somit deren Stabilität gefährden sowie zu Kapitalfehlallokationen führen, die die Bildung spekulativer Blasen begünstigen.[270]

#### *bb) Informationsverarbeitung und -bewertung*

In der zweiten Phase der Entscheidungsfindung werden zuvor wahrgenommene Informationen verarbeitet und bewertet. Auch in dieser Phase verwenden Anleger Heuristiken, die der Vereinfachung der Informationsverarbeitung dienen und zu begrenzt rationalem Verhalten führen können.[271]

Die wohl bekanntesten und bereits sehr früh erforschten Heuristiken sind in dieser Phase die der Repräsentativität (*representativeness*) und die der Verankerung und Anpassung (*anchoring and adjustment*).[272]

Die Repräsentativitätsheuristik dient der Reduzierung von Komplexität, indem ein Wahrscheinlichkeitsurteil durch ein Ähnlichkeitsurteil (Repräsentativitätsurteil) ersetzt wird. Je repräsentativer die Beschreibung eines Phänomens A für einen Stereotyp B ist, desto höher wird die Wahrscheinlichkeit eingeschätzt, dass Phänomen A zur Klasse B gehört – obwohl die Ähnlichkeit keinerlei Einfluss auf die Wahrscheinlichkeit der Zugehörigkeit zu einer Klasse hat.[273] Es werden also tatsächliche Wahrscheinlichkeiten ignoriert und durch wahrgenommene Ähnlichkeiten als Urteilsdeterminante ersetzt.[274] Mit Hilfe dieser Abkürzung werden vorhandene Informationsmengen aufgrund von Ähnlichkeiten organisiert und zügig verarbeitet, ohne dass alle Informationen tatsächlich analysiert werden, denn die Beurteilung findet vielmehr auf der Basis von Stereotypen statt.[275] Dies führt im Ergebnis häufig zu einer falschen Einschätzung tatsächlicher Wahrscheinlichkeiten.

---

269 *Daxhammer/Facsar*, Behavioral Finance, Kap. 7, S. 195.

270 Deutsche Bundesbank, Monatsbericht Januar 2011, S. 45, 52 f.

271 *Daxhammer/Facsar*, Behavioral Finance, Kap. 8, S. 215.

272 *Tversky/Kahneman*, Science 185 (1974), Nr. 4157, 1124, 1127 f.

273 *Tversky/Kahneman*, Science 185 (1974), Nr. 4157, 1124 ff.; ausführlicher: *Kahneman*, Schnelles Denken, langsames Denken, S. 184 ff.

274 *Oehler/Reisch*, Behavioral Economics, S. 19.

275 *Daxhammer/Facsar*, Behavioral Finance, Kap. 8.1.1, S. 219.

Diese Heuristik kann sich auf zwei Arten schädlich auf das Investitionsverhalten von Anlegern auswirken. Zum einen laufen Anleger Gefahr, Informationen auf Basis unzureichender Datenmengen falsch einzuschätzen. So kann etwa die Wahrscheinlichkeit gleich guter Ergebnisse wie in der kurzfristigen Vergangenheit höher eingeschätzt werden, als dies tatsächlich der Fall ist. Hier laufen Anleger Gefahr, ein höheres Risiko einzugehen, als eigentlich gerechtfertigt wäre.[276] Zum anderen projizieren Anleger bei der Bewertung einer Investmentmöglichkeit häufig vergangene Entwicklungen eines Sektors auf das zu bewertende Unternehmen. Sie laufen somit Gefahr, eine Anlage zu tätigen, ohne eine Fundamentalanalyse des konkreten Unternehmens durchgeführt zu haben.[277]

Als „Verankerung und Anpassung“ bezeichnet man eine Heuristik, bei der man zur Einschätzung eines Sachverhalts von einem Anfangsrichtwert ausgeht, den man aufgrund neuer Informationen so lange modifiziert, bis man den (vermeintlichen) Lösungswert erhält. Der Anfangswert kann dabei zufällig sein, durch eine teilweise Berechnung festgelegt werden oder von Dritten manipulativ suggeriert werden und wird als „Anker“ bezeichnet. Die begrenzt rationale Verhaltensweise besteht darin, dass der Ankerwert bei der Verarbeitung neuer Informationen nicht ausreichend modifiziert wird, da der Anleger durch den subjektiven Anker gedanklich gebunden ist.[278] Die Modifikationen sind somit regelmäßig unzureichend, ihr Ergebnis ist in Richtung des Ausgangswertes verzerrt.[279]

Diese Heuristik äußert sich im Investitionsverhalten von Privatanlegern beispielsweise darin, dass sie ihre Markterwartungen zu stark an aktuellen Kursentwicklungen oder an der Renditeentwicklung des vergangenen Jahres orientieren und hierbei historische Schwankungsbreiten und Entwicklungspotentiale außer Acht lassen.[280] Ebenso können Anleger sich zu stark in der bisher beobachteten Entwicklung eines Unternehmens (z.B. Nokia) oder eines Landes (z.B. Japan) verankern und aufgrund neuer Informationen nur unzureichende Anpassungen für künftig zu erwartende Entwicklungen vornehmen.[281]

---

276 *Daxhammer/Facsar*, Behavioral Finance, Kap. 8.1.1, S. 222.

277 *Ibd.*

278 *Daxhammer/Facsar*, Behavioral Finance, Kap. 8.1.1, S. 217.

279 *Tversky/Kahneman*, Science 185 (1974), Nr. 4157, 1128 ff.; *Kahneman*, Schnelles Denken, langsames Denken, S. 152 ff.

280 *Daxhammer/Facsar*, Behavioral Finance, Kap. 8.1.1, S. 218.

281 *Ibd.*

Eine weitere wichtige Heuristik im Bereich der Informationsbewertung und -verarbeitung stellt die Ambiguitätsaversion dar. Ambiguität bezeichnet die Unsicherheit über eine Unsicherheit: Wenn ein Anleger mit einer Information konfrontiert wird, die er als unbekannt ansieht, und er den Grad seiner Unwissenheit nicht genau einschätzen kann, so tritt die Ambiguitätsaversion auf. Sie führt dazu, dass Anleger bei subjektiv wahrgenommenem Informationsmangel die Renditeerwartungen unbekannter Wertpapiere falsch bewerten und somit Investitionen meiden, die gewinnbringend sein können, die sie aber nicht genau einschätzen können.[282]

In der Anlagepraxis kann die Ambiguitätsaversion zum einen dazu führen, dass Anleger an ihnen unbekannte Wertpapiere höhere Renditeerwartungen stellen, da sie hier das Risiko der Investition zu hoch einschätzen. Hieraus resultiert die Gefahr, dass Anleger ihren Fokus auf risikoarme Wertpapiere legen, was die Rendite des Portfolios negativ beeinflussen kann.[283] Ferner kann die Ambiguitätsaversion zu dem bereits beschriebenen *home bias* führen, da Anleger sich stark an inländischen Wertpapieren orientieren, die ihnen vertraut erscheinen. Hierdurch gehen Anleger ungewollt ein erhöhtes Risiko ein, da sie durch die Übergewichtung inländischer Wertpapiere ihre geographische Portfoliodiversifikation reduzieren.[284] Zudem kann diese Heuristik paradoxerweise zu Selbstüberschätzung (*overconfidence bias*) führen. Denn bei bisher unbekannten Anlagemöglichkeiten in Bereichen, in denen Anleger sich gut auszukennen glauben, überschätzen sie sich häufig und sind daher bereit, erhöhte Risiken einzugehen.[285]

Die Urteilsverzerrung des *overconfidence bias* kann zur sogenannten Kontrollillusion (*illusion of control*) führen, bei der Anleger das Gefühl haben, besser als der Durchschnitt Marktinformationen interpretieren und Marktbewegungen prognostizieren oder kontrollieren zu können, als dies objektiv der Fall ist.[286] Selbstüberschätzung und Kontrollillusion, die eng miteinander verknüpft sind, können zudem zu übermäßig häufigem Kaufen und Verkaufen von Wertpapieren und Anlageprodukten (*overtrading*) führen, da Anleger ihre Prognosefähigkeit bezüglich künftiger Renditen und Risiken überschätzen.[287] Sie setzen daher

282 *Daxhammer/Facsar*, Behavioral Finance, Kap. 8.1.1, S. 222 f.

283 *Daxhammer/Facsar*, Behavioral Finance, Kap. 8.1.1, S. 223.

284 *Ibd.*

285 *Daxhammer/Facsar*, Behavioral Finance, Kap. 8.1.4, S. 232 ff.

286 *Daxhammer/Facsar*, Behavioral Finance, Kap. 8.1.4, S. 236 ff.

287 *Barber/Odean*, Journal of Finance 55 (2000), 773, 774: „*Overconfidence leads to excessive trading*"; abrufbar unter: http://faculty.haas.berkeley.edu/odean/papers%20curr

häufig auf kurz- und mittelfristige Kursänderungen, schichten ihr Anlagevermögen oft um und unterschätzen dabei die Transaktionskosten, die die Nettorendite reduzieren, etwa durch Ausgabeaufschläge und Rücknahmeabschläge bei Fondsanteilen oder durch Broker- und Börsengebühren beim Kauf und Verkauf von Wertpapieren. Hinzu kommen nichtmonetäre Transaktionskosten wie der Konzentrations- und Zeitaufwand für die Beschaffung und Verarbeitung von Informationen.[288] Insbesondere Privatanleger tätigen ihre Anlagegeschäfte in hoher Frequenz und die hierdurch eventuell entstehenden Mehrerträge können die damit verbundenen Transaktionskosten nicht kompensieren.[289] Im Gegenteil belegen Studien, je höher die Handelsaktivität von Privatanlegern ist, desto geringer fällt ihre Nettorendite aus.[290]

Die Heuristik des Konservativismus (*conservatism bias*) beschreibt ein Vorgehen bei der Informationsverarbeitung, bei dem bestehende Ansichten oder Erwartungen trotz neuer Informationen nicht oder nicht sofort angepasst werden. Hierbei werden neue Informationen entweder tendenziell zu wenig beachtet oder es wird erst mit Verzögerung auf die neuen Informationen reagiert.[291] Im Anlageverhalten äußert sich diese Heuristik etwa darin, dass Anleger trotz der Revision von Analystenempfehlungen an einer vorher gebildeten Meinung über ein Unternehmen festhalten und somit das Risiko eingehen, unnötige Verluste zu erleiden.[292]

Informationsüberlastung (*information overload*) ist ein weiterer Effekt, der während der Phase der Informationsverarbeitung auftreten kann. Ab einer bestimmten Menge an Informationen wird der marginale Nutzen jeder weiteren Informationseinheit (Grenznutzen) negativ.[293] Das bedeutet, dass ab einem Sättigungspunkt eine Erhöhung der Informationsmenge die Qualität einer Entscheidung nicht mehr verbessert, sondern verschlechtert. Eine immer komplexere Auswahl zwischen immer differenzierteren Optionen mit jeweils verschiedenen Vor- und Nachteilen führt zudem zum zeitlichen Hinauszögern

ent%20versions/individual_investor_performance_final.pdf; zuletzt abgerufen am 20.08.2021.

288 *Weber*, Genial einfach investieren, S. 92 f.

289 *Barber/Odean*, Journal of Finance 55 (2000), 773;

290 *Anderson*, European Financial Management 13 (2007), 448 ff.; *Barber/Odean*, Journal of Finance 55 (2000), 773, 775; *Glaser/Weber*, Geneva Risk Insurance Review 32 (2007), 1 ff.

291 *Daxhammer/Facsar*, Behavioral Finance, Kap. 8.1.2, S. 224 ff.

292 *Daxhammer/Facsar*, Behavioral Finance, Kap. 8.1.2, S. 226.

293 *Mülbert*, ZHR 177 (2013), 160, 170; *Mülbert/Kernchen*, ZGR 2011, 1.

von Anlageentscheidungen.[294] Diesen Effekt der Informationsüberlastung gilt es bei den gesetzgeberischen Vorgaben für Anlegerinformationen zu berücksichtigen und ggf. durch entsprechende Maßnahmen zum Schutze des Anlegers gegenzusteuern.

*cc) Anlageentscheidung*

In der dritten und letzten Phase des Informations- und Entscheidungsprozesses findet die eigentliche Investitionsentscheidung statt. Auch hier finden Heuristiken Anwendung und führen zu Verzerrungen und Fehlverhalten von Anlegern.

Ein Beispiel hierfür ist die häufig angewandte 1/n-Heuristik, bei der „1" für den anzulegenden Betrag und „n" für die Anzahl der Anlageoptionen steht. Bei Anwendung dieser Daumenregel verteilt der Privatanleger sein Investitionskapital „1" gleichmäßig auf die Anzahl „n" der Anlagemöglichkeiten. Ist etwa n = 3 und steht für die drei Anlageklassen Aktien, Anleihen und Rohstoffe, so investiert der diese Heuristik verwendende Anleger 1/3 seines Anlagevermögens in Aktien, 1/3 in Anleihen und 1/3 in Rohstoffe.[295] Die Anwendung dieser Daumenregel führt zu einer naiven und somit mangelhaften Portfoliodiversifikation, die bei Privatanlegern sehr häufig zu beobachten ist.[296] Als „naiv" bezeichnet man dabei die Diversifikation eines Portfolios, wenn sie nicht auf einem vollkommen rationalen Kalkül basiert, sondern die Zusammensetzung eher willkürlich, etwa durch Anwendung von Heuristiken, gebildet wird.[297]

Ein weiteres Fehlverhalten, das weit verbreitet ist und Privatanlegern Verluste beschert, ist der sogenannte Dispositionseffekt (*disposition effect*).[298] Dieser Effekt wurde 1979 als Bestandteil der *Prospect Theory* vorgestellt.[299] Hiermit wird die oft beobachtete Tendenz von Anlegern beschrieben, Aktien oder andere Wertpapiere, deren aktueller Börsenkurs höher ist als der Einstandskurs (sogenannte Gewinnerpapiere), schneller wieder zu verkaufen als solche, deren

294 *De Meza/Irlenbusch/Reyniers*, FSA – Financial Capability: A Behavioral Economics Perspective, 2008, S. 61; abrufbar unter: https://www.fca.org.uk/publication/research/fsa-crpr69.pdf; zuletzt abgerufen am 20.08.2021.

295 *Benartzi/Thaler*, The American Economic Review 91 (2001), 79 ff.; abrufbar unter: https://pdfs.semanticscholar.org/5387/3682ee4e78d449fc5777f117c90bea7138a9.pdf; zuletzt abgerufen am 20.08.2021.

296 *Benartzi/Thaler*, The American Economic Review 91 (2001), 79, 79.

297 Deutsche Bundesbank, Monatsbericht Januar 2011, S. 45, 49.

298 *Shefrin/Statman*, The Journal of Finance 40 (1984), 777.

299 Vgl. *Daxhammer/Facsar*, Behavioral Finance, Kap. 9.2.1, S. 255; zur *Prospect Theory* siehe unten C. II. 2. b) dd).

aktueller Börsenkurs unter dem Einstandskurs liegt (sogenannte Verliererpapiere), die hingegen relativ lange gehalten und spät verkauft werden.[300]

Die weite Verbreitung des Dispositionseffekts, bei unerfahrenen Privatanlegern ebenso wie bei erfahrenen, in verschiedenen Ländern und auf unterschiedlichen Märkten, ist durch empirische Studien belegt. So wurden beispielsweise in einer viel beachteten Studie alle Wertpapiertransaktionen von 10.000 zufällig ausgewählten Depots eines US-amerikanischen Discountbrokers im Zeitraum von 1987 bis 1993 analysiert.[301] Es zeigte sich, dass der Anteil realisierter Gewinne (Anzahl der durch Verkauf verwirklichten Gewinne geteilt durch die Gesamtzahl der möglichen Gewinne, also der realisierten Gewinne plus Buchgewinne) mit durchschnittlich 15 % signifikant höher ist als der Anteil realisierter Verluste (Anzahl der durch Verkauf verwirklichten Verluste geteilt durch die Gesamtzahl der möglichen Verluste, also verwirklichte Verluste plus Buchverluste) mit durchschnittlich 10 %.[302]

Eine Erklärung für dieses asymmetrische Handeln liegt darin, dass Anleger zum einen das Bestreben haben, keine Verluste zu machen, die sogenannte Verlustaversion (*loss aversion*). Aus diesem Grund hoffen sie, bei Wertpapieren in der Verlustzone durch weiteres Abwarten eine zukünftige Kurssteigerung nutzen zu können, um beim Verkauf wenigstens den Einstandskurs wieder zu erreichen und somit einen realisierten Verlust zu verhindern. Zum anderen haben Anleger das Bestreben, Gewinne zu machen. Daher haben sie die Tendenz, Aktien in der Gewinnzone schnell wieder zu verkaufen, offenbar aufgrund der Befürchtung, den greifbaren Gewinn wieder zu verlieren.[303] Das Wertpapier wird lieber frühzeitig verkauft und somit der Gewinn realisiert und „mitgenommen". Hierbei wird jedoch vernachlässigt, dass durch den Verkauf – und den möglicherweise folgenden Kauf eines anderen Wertpapiers, in das der Gewinn investiert werden soll – Transaktionskosten anfallen, zumeist in Form von Brokergebühren und Börsenplatzgebühren sowie der Abgeltungssteuer auf den Gewinn (25 % zuzüglich 5,5 % hieraus als Solidaritätszuschlag, insgesamt also 26,375 %). Hierdurch wird die Nettorendite reduziert.

---

300 „[…] *a general disposition to sell winners too early and hold losers too long*", *Shefrin/Statman*, The Journal of Finance 40 (1984), 777.

301 *Odean*, The Journal of Finance 53 (1998), 1775; abrufbar unter: http://faculty.haas.berkeley.edu/odean/papers/disposition/disposit.pdf; zuletzt abgerufen am 20.08.2021.

302 *Odean*, The Journal of Finance 53 (1998), 1775, 1782 ff.

303 *Weber*, Genial einfach investieren, S. 98.

Das eben beschriebene Verhalten von Anlegern, beim Übergang von einem relativen Verlust in einen relativen Gewinn risikoscheu zu agieren (und zur Sicherung von Gewinnen schnell zu verkaufen) und umgekehrt bei einem Wechsel von der relativen Gewinn- in die relative Verlustzone risikofreudig zu werden (und das Verliererpapier weiter zu halten), stellt die sogenannte Umkehr der Risikobereitschaft (*reflection effect*) dar. Durch diese verzerrte Einstellungsänderung kann sich die Portfolioperformance verschlechtern, da kein einheitliches Risikomaß besteht, an dem sich eine Portfoliooptimierung orientieren kann.[304]

Der Besitztumseffekt (*endowment effect*) beschreibt die Neigung von Anlegern, denjenigen Anlageobjekten, die sich bereits in ihrem Besitz befinden, eine höhere Wertschätzung entgegenzubringen als denjenigen, die sie noch nicht besitzen.[305] Dies stellt insofern ein von der neoklassischen ökonomischen Theorie abweichendes Verhalten dar, als Anleger ihre Investitionen nicht ausschließlich nach deren intrinsischem Wert beurteilen, sondern auch nach ihrer Bindung an das Investitionsobjekt.[306] Der Besitztumseffekt zeigt sich auch in der Diskrepanz zwischen dem Preis, zu dem man bereit wäre, ein Gut zu verkaufen, wenn man es bereits besitzt, und dem deutlich niedrigeren Preis, den man für dasselbe Gut zu zahlen bereit wäre, um es zu erwerben (*willingness to accept and willingness to pay disparity*).[307] Bei länger andauerndem Besitz wird dies auf eine emotionale Bindung zum Gut zurückgeführt (*sentimental attachment*). Der Anleger möchte durch einen Aufschlag auf den Verkaufspreis seinen Schmerz über den Verlust des Anlageobjektes kompensieren. Sowohl der Schmerz als auch der geforderte Aufschlag steigen daher, je mehr positive Aspekte ein Anleger mit einem Investitionsobjekt verbindet. Umgekehrt zeigt sich der Besitztumseffekt weniger deutlich, wenn der Anleger ausreichend Erfahrung mitbringt und daher weniger emotional ist.[308] Aufgrund dieses Effekts neigen Anleger zur Erhöhung von Depotrisiken, da sie etwa vor langer Zeit erworbene Wertpapiere nicht rechtzeitig veräußern. Gleiches gilt für andere emotionale Bindungen an Wertpapiere: So erlitten etwa Rentner, die bei General Motors gearbeitet hatten und Aktien des Unternehmens als Altersvorsorge hielten, bei der GM-Insolvenz 2009 hohe Verluste, da sie die Aktien des Unternehmens aus Loyalität nicht verkaufen wollten.[309]

---

304 *Daxhammer/Facsar*, Behavioral Finance, Kap. 8.2, S. 238 f.

305 Vgl. *Kahneman*, Schnelles Denken, langsames Denken, S. 360 ff.

306 *Daxhammer/Facsar*, Behavioral Finance, Kap. 9.2.1, S. 251.

307 *Oehler/Reisch*, Behavioral Economics, S. 50.

308 *Daxhammer/Facsar*, Behavioral Finance, Kap. 9.2.1, S. 251 f.

309 *Daxhammer/Facsar*, Behavioral Finance, Kap. 9.2.1, S. 252 f.

Der *endowment effect* erhöht auch die Neigung von Anlegern zur Anwendung einer damit verbundenen Heuristik, des sogenannten Status-quo-Effekts (*status quo effect*). Dieser Effekt beschreibt ein passives Verhalten von Anlegern, bei dem sie die Zusammensetzung ihres Portfolios unverändert lassen, obwohl eine Veränderung der einzelnen Positionen aufgrund von Marktentwicklungen nötig wäre. Diese Heuristik wird insbesondere von Anlegern verwendet, die eine Präferenz dafür haben, keine Veränderungen herbeizuführen, sondern gegebene Sachverhalte relativ unverändert zu belassen.[310] Diese Passivität führt zur Verschlechterung des Risiko-Ertrags-Verhältnisses eines Portfolios, da notwendige Anpassungen nicht vorgenommen werden. Dies kann beispielsweise geschehen, um die Zahlung von Transaktionskosten, wie etwa Steuern, zu verzögern.[311] Zudem tritt der Status-quo-Effekt häufig gleichzeitig mit der Verlustaversion auf, bei der Anlageobjekte, die Buchverluste aufweisen, nicht verkauft werden. Ebenso verstärkt der Status-quo-Effekt die Ambiguitätsheuristik, indem Anleger verstärkt in Investitionsobjekte investieren, die sie bereits zu kennen glauben, und diese auch dann nicht veräußern, wenn sie lediglich geringe Renditen erwirtschaften.[312]

### dd) Prospect Theory

Die *Prospect Theory*[313] (auch: Neue Erwartungstheorie)[314] von *Kahneman* und *Tversky* hat sich als Alternativmodell zur Erwartungsnutzentheorie (*Expected Utility Theory*) der neoklassischen ökonomischen Theorie etabliert und gilt als Standardmodell der *Behavioral Finance*. Zum einen zeigt sie, wie sich Anleger im Durchschnitt in einer Umgebung der Ungewissheit und des Risikos verhalten und entscheiden. Zum anderen berücksichtigt sie die Erkenntnis, dass das Verhalten der Marktteilnehmer systematisch von den Prämissen der neoklassischen Kapitalmarkttheorie abweicht.[315]

Die erste Aussage der *Prospect Theory* ist, dass die Nutzenempfindung des Vermögens nicht von Vermögenszuständen, sondern von Vermögensveränderungen

---

310 *Daxhammer/Facsar*, Behavioral Finance, Kap. 9.2.1, S. 259 ff.

311 *Ibd.*

312 *Daxhammer/Facsar*, Behavioral Finance, Kap. 9.2.1, S. 261.

313 *Kahneman/Tversky*, Econometrica 47 (1979), 263 ff.; abrufbar unter: https://www.uzh.ch/cmsssl/suz/dam/jcr:00000000-64a0-5b1c-0000-00003b7ec704/10.05-kahneman-tversky-79.pdf; zuletzt abgerufen am 20.08.2021.

314 *Kahneman*, Schnelles Denken, langsames Denken, S. 342 ff.

315 *Daxhammer/Fascar*, Behavioral Finance, Kap. 1.1, S. 24 und Kap. 6.2.1, S. 179 ff.

im Verhältnis zu einem Referenzpunkt abhängt, z.B. vom Einstandskurs einer Aktienposition und somit von deren relativem Kursgewinn oder Kursverlust. Ebenso wird ein Endvermögen von 5 Millionen Euro etwa für jemanden, der mit 1 Million Euro begonnen hat, einen größeren subjektiven Nutzen (im Sinne von Zufriedenheit) haben als für jemanden, der mit 9 Millionen Euro begonnen hat.[316] So kann die *Prospect Theory* eine schlüssige Erklärung für einige der oben beschriebenen Effekte wie etwa den *disposition effect*, den *reflection effect* oder den *endowment effect* liefern.

Die zweite Erkenntnis der *Prospect Theory* besteht in der abnehmenden Empfindlichkeit: Eine Kursveränderung nahe des Referenzpunktes wird als überproportional bewertet, während die Nutzenempfindung mit zunehmender Entfernung zum Referenzpunkt abnimmt (s-förmige Wertefunktion). Ebenso wird die subjektiv wahrgenommene Differenz zwischen 100 Euro und 200 Euro (Gewinn oder Verlust) als stärker empfunden als die zwischen 900 Euro und 1000 Euro, obwohl die objektive Differenz jeweils 100 Euro beträgt.

Die dritte Erkenntnis, die großes Erklärungspotential in Bezug auf den Dispositionseffekt (*disposition effect*) und die Umkehr der Risikobereitschaft (*reflection effect*) besitzt, ist die bereits erwähnte Verlustaversion (*loss aversion*): Verluste werden stärker empfunden als Gewinne – in etwa doppelt so stark.[317] Hat man einen Gewinn erzielt, so wird man risikoscheu (*reflection effect*), da man den Verlust des gerade erzielten Zuwachses vermeiden möchte. Diese Verlustaversion in der Gewinnzone führt zum frühzeitigen Verkauf von Gewinnerpapieren (*disposition effect*). Im Verlustbereich hingegen steigt die Risikobereitschaft (*reflection effect*): Der sichere Verlust im Falle des Verkaufes der Wertpapiere ruft eine starke Verlustaversion hervor. Dies führt dazu, dass man lieber das Risiko eines potentiellen weiteren Verlustes eingeht (*disposition effect*), als den sicheren Verlust zu realisieren. Hinzu kommt die genannte abnehmende Empfindlichkeit: Der mögliche, über den bereits bestehenden Buchverlust hinausgehende

---

316 Die Erkenntnis der Referenzpunktabhängigkeit von subjektiver Empfindung und Wahrnehmung lässt sich beliebig verallgemeinern: Ob z.B. ein Geräusch als laut oder leise empfunden wird, hängt davon ab, ob ihm ein Flüstern oder ein Brüllen vorausgegangen ist und nicht primär von der absoluten Energie des Schalls; *Kahneman*, Schnelles Denken, langsames Denken, S. 338, 355.

317 Diese asymmetrische Empfindung bei positiven und negativen Erfahrungen soll evolutionsgeschichtlich bedingt sein: Wenn Bedrohungen intensiver empfunden und daher dringender behandelt werden als Chancen, steigen die Überlebens- und Fortpflanzungschancen; *Kahneman*, Schnelles Denken, langsames Denken, S. 347.

Verlust bei einem weiteren Kursverfall während des Abwartens wird als weniger intensiv negativ empfunden als der initiale Verlust.

Ein weiterer Ansatz, der das beschränkt rationale Verhalten des Dispositionseffekts erklärt, ist Streben nach Stolz und Vermeiden von Reue, die sogenannte Reueaversion (*seeking pride and avoiding regret*).[318] Der Verkauf von Verliererpapieren wird hiernach vermieden, da der Anleger sich durch den realisierten Verlust seine frühere Fehleinschätzung eingestehen müsste – und Menschen grundsätzlich dazu neigen, negative Emotionen zu vermeiden. Dieser Effekt kann noch verstärkt werden, wenn der Verlust und das Versagen gegenüber Dritten zugegeben werden müssen, z.B. gegenüber dem Ehegatten, dem Finanzamt oder bei Vermögensverwaltern und Fondsmanagern gegenüber den Kunden.[319] Umgekehrt erfüllt es Anleger mit Stolz, wenn sie ein Geschäft mit einem Gewinn abschließen. Demnach tendieren Anleger dazu, Gewinne rasch zu realisieren, um Stolz zu empfinden und die Anerkennung Dritter zu erlangen. Allerdings besteht, wie in der Darstellung der *Prospect Theory* erwähnt, ein asymmetrisches Empfinden gegenüber Stolz und Bedauern, denn Verluste werden stärker empfunden als Gewinne. Dies kann dazu führen, dass sowohl bei Verlusten als auch bei Gewinnen eher gezögert als gehandelt wird. Denn auch frühzeitige Gewinne werden bedauert, wenn bei weiterem Abwarten ein noch höherer Gewinn realisierbar gewesen wäre.[320]

Eine rationale Entscheidung über den Verkauf von Gewinner- wie Verliererpapieren darf sich jedoch nicht an dem mehr oder weniger willkürlichen Referenzpunkt des Einstandskurses oder Kaufpreises in der Vergangenheit orientieren oder an Gefühlen wie Stolz oder Reue. Stattdessen muss sie sich ausschließlich nach der erwarteten zukünftigen Entwicklung des Anlagetitels richten: Ist diese positiv, so sollte das Papier im Depot verbleiben, ist sie negativ, so sollte es verkauft werden, unabhängig davon, ob der aktuelle Börsenkurs über oder unter dem Erwerbskurs liegt und welche Gefühle dies hervorruft. Weitere Elemente einer rationalen Verkaufsentscheidung können

318 *Shefrin/Statman*, The Journal of Finance 40 (1984), 777, 781 ff.

319 *Kahneman/Tversky*, Scientific American 246 (1982), 167; *Shefrin/Statman*, The Journal of Finance 40 (1984), 777, 781; *Thaler*, Journal of Economic Behavior and Organization 1 (1980), 39.

320 *Shefrin/Statman*, The Journal of Finance 40 (1984), 777, 782.

die Konsumwünsche des Anlegers, steuerliche Aspekte[321] sowie Überlegungen zur Portfoliorestrukturierung sein.[322]

Die *Prospect Theory* ist auch Gegenstand wissenschaftlicher Kritik. Zum einen wird an ihr kritisiert, dass sie nur einen Teil der in der Realität relevanten Anlage- und Entscheidungssituationen abdeckt. Zudem gelinge es ihr nicht, ein umfassendes und eindeutiges Erklärungsmodell für die zahlreichen beobachtbaren beschränkt rationalen Verhaltensweisen von Privatanlegern bei Investitionsentscheidungen zu bieten. Der *Behavioral Finance* mangele es daher an einer konsistenten Theorie.[323] Dieser Kritik ist insofern zuzustimmen, dass die *Behavioral Finance* künftig wohl weitere, umfassendere Erklärungsansätze und Theorien entwickeln muss. Diese sollten eine größere Anzahl beobachteter Irrationalitäten integrieren und diese noch besser strukturieren können.[324]

Zum anderen werden Zweifel an der tatsächlichen Existenz systematischer Marktanomalien geäußert. Der empirische Nachweis von Phänomenen beschränkt rationalen Investitionsverhaltens sei durch die gezielte *ex post*-Datensuche begünstigt und zudem abhängig von der jeweils verwendeten Methodik. Auch seien einige der Phänomene zeitlich unbeständig und könnten nach einiger Zeit nicht mehr nachgewiesen werden.[325] Allerdings existieren auch empirisch nachgewiesene Verhaltensanomalien, die sowohl in methodischer als auch in zeitlicher Hinsicht als robust bezeichnet werden können.[326]

---

321 Zur Berechnung des steuerlichen Gewinns oder Verlustes wird regelmäßig auf den Einstandspreis des Wertpapiers abgestellt. Unter Umständen kann es für den Anleger vorteilhaft sein, einen Kursverlust zu realisieren, um diesen einem zu versteuernden Gewinn entgegenzurechnen, also das zu versteuernde Einkommen zu reduzieren; Deutsche Bundesbank, Monatsbericht Januar 2011, S. 51 Fn. 25. Verkauft man nun Verliererpapiere, um den Verlust vom zu versteuernden Einkommen abzuziehen, und kauft dafür Wertpapiere mit einem annähernd identischen Risikoprofil und annähernd identischen Renditeerwartungen, so spricht man von einem „*tax swap*"; vgl. *Shefrin/Statman*, The Journal of Finance 40 (1984), 777, 780.

322 *Weber*, Genial einfach investieren, S. 95 f.

323 *Daxhammer/Facsar*, Behavioral Finance, Kap. 13.1, S. 343.

324 *Ibd.*

325 *Daxhammer/Facsar*, Behavioral Finance, Kap. 13.1, S. 344 f.

326 *Daxhammer/Facsar*, Behavioral Finance, Kap. 4.3.3, S. 120 ff.

### 3. Diskussion der *Behavioral Finance*-Erkenntnisse und ihrer Verwertbarkeit *de lege ferenda*

Die diskutierten Heuristiken und kognitiven Verzerrungen stellen eine Auswahl[327] der wichtigsten Fehlerquellen bei Anlageentscheidungen von Privatanlegern dar. Eine Betrachtung weiterer solcher Effekte und eine vertiefte Beschäftigung mit der *Behavioral Finance*-Forschung würden den Rahmen dieser Arbeit sprengen. Durch die Auswahl soll gezeigt werden, mit welchen Methoden Entscheidungs- und Investitionsverhalten von Anlegern erforscht wird und welchen Irrationalitäten Privatanleger bei ihren Investitionsentscheidungen typischerweise unterliegen.

Somit stellt sich zum einen die Frage, ob das Anlegerleitbild *de lege ferenda* nach den Erkenntnissen der *Behavioral Finance*-Forschung modifiziert werden sollte, und zum anderen, ob eine evidenzbasierte Anlegerschutzgesetzgebung auf die genannten und weitere Irrationalitäten und somit auf tatsächliche Verhaltensmuster realer Anleger reagieren und sie zu beeinflussen versuchen sollte. Sofern man dies bejaht, stellt sich weiterhin die Frage, auf welche Weise diese Intervention gestaltet werden sollte.

#### a) *Zweifel an der Übertragbarkeit in die Gesetzgebungspraxis*

Zunächst bestehen grundsätzliche Bedenken, inwiefern Konzepte der Ökonomie in das Recht übernommen werden können und als sogenannte *economic transplants* für die Rechtsanalyse, Gesetzgebung und Rechtsprechung fruchtbar gemacht werden können. Zu diesen grundsätzlichen Fragen erschien ein instruktiver Beitrag von *Langenbucher.*[328] Grundsätzlich, so die Autorin, hielten *economic transplants* drei Versprechen für die Jurisprudenz bereit: das Verspechen der *measurability* (Messbarkeit) sowie *reducing complexity* (Reduzierung von Komplexität) und eine *common language* (gemeinsame Sprache), insbesondere als „Metasprache“ für die Gesetzgebung in der Europäischen Union mit

327 Zahlreiche weitere Heuristiken und Verzerrungen in Entscheidungssituationen sind in der *Behavioral Economics*- und *Behavioral Finance*-Literatur dokumentiert; eine kurze und prägnante Beschreibung zahlreicher weiterer „*Heuristics & Biases*“ der Informationswahrnehmung und -suche sowie der Informationsverarbeitung, -speicherung und -umsetzung findet sich bei *Reisch/Oehler*, Behavioral Economics – Eine neue Grundlage für Verbraucherpolitik?, S. 17-24; auch *Klöhn* beschreibt zahlreiche „Heuristiken und Urteilsverzerrungen“ als ökonomischen Hintergrund der Spekulation in: *Klöhn*, Kapitalmarkt, Spekulation und Behavioral Finance, S. 94 ff. m.w.N.

328 *Langenbucher*, Economic Transplants, 2017.

ihren 27 Rechtsordnungen.[329] Allerdings müsse bei der Umwandlung ökonomischer Argumente in rechtliche oder rechtspolitische Argumente darauf geachtet werden, dass deren Komplexität, z.B. die der ökonomischen Argumentation zugrunde liegenden Annahmen, nicht verloren gehen. Denn wenn *economic transplants* auf eine (übermäßig) vereinfachende Weise in den rechtlichpolitischen Dialog einbezogen würden, könnten sie die genannten Versprechen nicht erfüllen und würden zu *economic clichés*.[330] Voraussetzung für eine sinnvolle und fruchtbringende Übertragung ökonomischer Konzepte, Argumente und Studien in die Rechtswissenschaft und Rechtspraxis sei daher der präzise Umgang mit *economic transplants*, ohne Unterschlagung ihrer Komplexität.

Weiter stellt sich die Frage, ob insbesondere die Forschungsergebnisse der *Behavioral Finance* als Grundlage für konkrete Handlungsempfehlungen an die politische Regulierungspraxis geeignet sind[331] oder ob sie das Anlegerleitbild prägen sollten und auf diese Weise zu einer Grundlage der Anlegerschutzgesetzgebung gemacht werden sollten.

Es besteht – insbesondere bei Ökonomen und Gesetzgebern, die der herrschenden Meinung der neoklassischen ökonomischen Theorien und ihren Modellen folgen – eine große Skepsis, ob empirische Ergebnisse, die zu einem großen Teil in Laborexperimenten gewonnen werden, sich ohne Weiteres auf ganze Märkte übertragen lassen. Die Gültigkeit und der Nutzen der Forschungsergebnisse der *Behavioral Finance* für eine Übertragung in die Sphäre der Rechtsetzung, Rechtsprechung und Rechtswissenschaft werden sehr unterschiedlich beurteilt, sowohl innerhalb der Wirtschafts- und Rechtswissenschaften als auch von Seiten der Politik.[332]

Gegen eine Übertragbarkeit spreche etwa, dass Anleger in der Realität lernen könnten, im Experiment hingegen nicht.[333] Im Labor fehle darüber hinaus die

---

329 *Langenbucher*, Economic Transplants, S. 6, die vor dem Austritt des Vereinigten Königreichs am 31. Januar 2020 noch von „28 Rechtsordnungen" spricht.

330 *Langenbucher*, Economic Transplants, S. 163 ff.

331 Vgl. hierzu auch *Redenius-Hövermann*, Verhalten im Unternehmensrecht, 2019; die Autorin untersucht den Beitrag realverhaltenswissenschaftlicher Erkenntnisse zu einer Fortentwicklung des Unternehmensrechts sowohl abstrakt als auch anhand dreier gesellschaftsrechtlicher Anwendungsbeispiele: der Vorstandsvergütung, der Beteiligung von Frauen in Vorstands- und Aufsichtsratsgremien sowie des Verhaltens des Vorstands in der Krise.

332 *Reisch/Oehler*, Vierteljahreshefte zur Wirtschaftsforschung 78 (2009), Heft 3, 30, 40.

333 Vgl. *Klöhn*, in: Fleischer/Zimmer, Beitrag der Verhaltensökonomie (Behavioral Finance) zum Handels- und Wirtschaftsrecht, S. 96 f. m.w.N.

Situation des Wettbewerbs: An den realen Kapitalmärkten würden Anleger, die systematisch Geld verlieren, entweder aus ihren Fehlern lernen, aus dem Markt ausscheiden oder bei künftigen Anlageentscheidungen Finanzintermediäre konsultieren, die weniger fehleranfällig sind.[334] Daher seien Ergebnisse der experimentellen Erforschung des Anlageentscheidungsverhaltens aus dem Labor nicht ohne Weiteres auf Alltagssituationen realer Anleger an den Kapitalmärkten übertragbar.

Ferner wird kritisiert, dass sich viele Resultate der *Behavioral Finance*-Forschung widersprechen, sodass unklar sei, an welchen Ergebnissen und Kognitionsverzerrungen man sich orientieren solle. Auch sei es rechtstechnisch sehr schwierig, situations- und kontextbedingte Kognitionsfehler in subsumierbare, abstrakt-generelle Tatbestandsmerkmale zu fassen. Zudem könnten Kognitionspsychologen zwar vergangenes Verhalten gut erklären, aber künftiges Entscheidungsverhalten kaum prognostizieren.[335]

Es wird zudem befürchtet, dass *Behavioral Law and Economics* eine Tendenz zum Paternalismus innewohne, die zur „Zwangsbeglückung" durch Gesetzgebung und Rechtsprechung und somit zu tiefen Eingriffen in die Privatautonomie führe.[336]

Weiter fehle es an einer soliden und widerspruchsfreien verhaltensökonomischen Theorie, die klare Aussagen über die Bedeutung von Verhaltenstendenzen in spezifischen Situationen biete.[337] Bei stark kontextabhängigem Verhalten bedürfe es einer Theorie, die spezifische Antworten bietet, um als Basis einer kohärenten Politik dienen zu können.[338]

Zudem sei die wissenschaftliche Debatte noch zu jung und die empirische Evidenz noch zu widersprüchlich, um auf dieser Basis ein stimmiges Anlegerschutzkonzept zu entwickeln, in dessen Rahmen eine konkrete Politikfolgenabschätzung stattfinden und Gesetzgebungsinstrumente eingesetzt werden könnten.[339]

Fraglich sei auch, wie sich jemals Lernprozesse bei Privatanlegern entwickeln sollten, wenn Anleger durch die Gesetzgebung, etwa im Stile eines *libertarian*

334 *Klöhn*, in: Fleischer/Zimmer, Beitrag der Verhaltensökonomie (Behavioral Finance) zum Handels- und Wirtschaftsrecht, S. 97 m.w.N.

335 Für alle drei Argumente vgl. *Klöhn*, in: Fleischer/Zimmer, Beitrag der Verhaltensökonomie (Behavioral Finance) zum Handels- und Wirtschaftsrecht, S. 97 m.w.N.

336 *Ibd.*

337 *Reisch/Oehler*, Vierteljahreshefte zur Wirtschaftsforschung 78 (2009), Heft 3, 30, 39.

338 *Oehler/Reisch*, Behavioral Economics, S. 69.

339 *Reisch/Oehler*, Vierteljahreshefte zur Wirtschaftsforschung 78 (2009), Heft 3, 30, 40.

*paternalism*, stets vor negativen Konsequenzen ihrer Entscheidungen bewahrt würden.[340] Mit diesem Argument ließe sich allerdings jede Gesetzgebung in Frage stellen, die es zum Ziel hat, selbstschädigendes Verhalten zu verhindern, etwa im Verbraucherschutzrecht.

Ferner wird die Frage aufgeworfen, ob durch einen übermäßigen Schutz, z.B. durch sehr lange Rücktrittsfristen, eine falsche Risikobereitschaft kultiviert wird.[341] Hiermit ist das Problem des *moral hazard* (zu Deutsch etwa: moralisches Risiko oder moralische Versuchung) gemeint, eine ungewollte Förderung riskanten oder gar leichtsinnigen Verhaltens durch juristische oder ökonomische Fehlanreize, wie beispielsweise durch eine übermäßige gesetzliche Absicherung eines bestimmten (wirtschaftlichen) Verhaltens. Dies ist allerdings eher eine Frage der konkreten Ausgestaltung rechtlicher Instrumente als ein grundsätzliches Argument gegen die Übertragung der *Behavioral Finance*-Erkenntnisse auf das Anlegerschutzrecht.

Zusammengefasst besteht der Hauptkritikpunkt an der Übertragbarkeit der Forschungserkenntnisse der *Behavioral Finance* in einem Mangel an empirisch überprüften, widerspruchsfreien und theoretisch gestützten Handlungsempfehlungen der Wissenschaft an die Gesetzgebung, sodass hier weiterer Forschungsbedarf besteht.[342]

### b) *Gegenwärtiger Einfluss auf die Gesetzgebung am Beispiel der Honorar-Anlageberatung*

Trotz der dargestellten Kritik und Skepsis gibt es bereits erste Schritte dahingehend, Erkenntnisse der *Behavioral Finance* in der regulatorischen Praxis zu berücksichtigen.

Die Europäische Kommission hat im November 2010 einen Bericht veröffentlicht,[343] der das Entscheidungsverhalten von Privatanlegern im Retailmarkt[344]

---

340 *Oehler/Reisch*, Behavioral Economics, S. 69.

341 *Oehler/Reisch*, Behavioral Economics, S. 70.

342 So auch Deutsche Bundesbank, Monatsbericht Januar 2011, S. 45, 57; *Reisch/Oehler*, Vierteljahreshefte zur Wirtschaftsforschung 78 (2009), Heft 3, 30, 40.

343 *Chater/Huck/Inderst*, Consumer Decision-Making in Retail Investment Services: A Behavioural Economics Perspective, Final Report, 2010; abrufbar unter: https://ec.europa.eu/info/sites/info/files/retail_investment_services_2010_en.pdf; zuletzt abgerufen am 20.08.2021.

344 Die Autoren der Studie verwenden im Englischen den Begriff *retail investment services*, zu Deutsch etwa „Finanzdienstleistungen für Privatkunden", sowie *retail investment market*, der in dieser Arbeit zur Vereinfachung teilweise durch den Begriff

aus der Perspektive der *Behavioral Economics* beleuchtet und analysiert. Hierzu wurden Daten erhoben und Experimente online und im Labor durchgeführt, im Hinblick auf diejenigen individuellen und externen Faktoren, die den größten Einfluss auf das Entscheidungsverhalten von Anlegern im Retailmarkt haben. Aus den Ergebnissen und ihren Implikationen leiten die Autoren der Studie Empfehlungen für politische Maßnahmen ab.

Ein besonderer Fokus der Studie liegt auf solchen kognitiven Verzerrungen, die eine Rolle bei Anlageentscheidungen spielen, die – wie in der Praxis weit verbreitet – nach einer Anlageberatung getroffen werden. Besondere Beachtung finden daher der Prozess der Überredung (*persuasion*), die Bedeutung persönlicher Interaktion (*personal interaction*) und die Rolle, die Vertrauen spielt (*trust*).[345]

Zu den wichtigsten Ergebnissen der Studie gehört die Erkenntnis, dass immer mehr wissenschaftliche Belege dafür vorliegen, dass das ökonomische Standardmodell, das unter anderem auf der Annahme des egoistischen, rationalen *homo oeconomicus* basiert, das tatsächliche menschliche Entscheidungsverhalten nicht wirklichkeitsgetreu wiedergibt.[346]

Ein weiteres wichtiges Ergebnis ist, dass gerade der Finanzmarkt für Privatanleger besonders anfällig für Heuristiken und Verzerrungen ist: Insbesondere jüngere und weniger gebildete Anleger besitzen demnach nur ein geringes Maß an finanziellem Wissen und Verständnis. Da es jedoch eine große Auswahl verschiedener Investmentprodukte gibt, die häufig riskant und komplex sind und längere Anlagezeiträume betreffen, verlassen sich Privatanleger typischerweise auf Empfehlungen von Anlageberatern.[347]

Aus den Ergebnissen der Studie leiten deren Autoren *Chater*, *Huck* und *Inderst* Empfehlungen für politische Maßnahmen ab.

In Bezug auf Produktinformationen empfehlen sie Vereinfachung und Standardisierung. Unter Berücksichtigung der kognitiven Beschränkungen, des Mangels an finanziellen Kenntnissen sowie der Anfälligkeit für *framing*-Effekte der Privatanleger habe es sich bei Entscheidungen zwischen ähnlichen Investitionsmöglichkeiten als besonders effektiv erwiesen, die Menge an Informationen zu

„Retailmarkt“ ersetzt wird, womit das „Privatkundensegment des Finanzmarktes“ gemeint ist.

345 *Chater/Huck/Inderst*, Consumer Decision-Making in Retail Investment Services: A Behavioural Economics Perspective, Final Report, 2010, S. 5.

346 *Chater/Huck/Inderst*, Consumer Decision-Making in Retail Investment Services: A Behavioural Economics Perspective, Final Report, 2010; S. 6.

347 *Ibd.*

reduzieren und den Inhalt zu standardisieren. Dies habe den negativen Einfluss der genannten Faktoren signifikant verringern können. Bei der Wahl zwischen verschiedenartigen Anlageoptionen, insbesondere zwischen verschiedenen Anlageklassen, habe das Bereitstellen von direkt vergleichbaren, vorberechneten Informationen über erwartete Nettowerte geholfen, optimale Anlageentscheidungen zu treffen. Durch die Herstellung einfacher Vergleichbarkeit konnte der Rückgriff auf Heuristiken, wie etwa die Risikoaversion bei komplexen Produkten, reduziert werden. Insgesamt hätten sich Verbesserungen bei der Darstellung von Produktinformationen, die im Zeitpunkt der Entscheidung zwischen verschiedenen Anlageprodukten bereitgestellt werden, als effektiver Ansatzpunkt für Maßnahmen herausgestellt.[348]

Als wenig effektiv hätten sich hingegen andere Instrumente erwiesen. So sei das Hervorheben der relevantesten Informationen nicht ebenso wirksam wie die Vereinfachung und Standardisierung der Informationen gewesen. Ebenso habe sich das Hinzufügen zusätzlicher Informationen, etwa eines Glossars finanzieller Begriffe oder von allgemeinen Empfehlungen für die richtige Entscheidungsfindung, als unwirksam erwiesen.

Das Vereinfachen von Entscheidungen habe sich demnach als effektiver für die Vermeidung von suboptimalen Anlageentscheidungen herausgestellt als der Versuch, Anleger in die Lage zu versetzen, komplexe Entscheidungen zu treffen – zumindest im konkreten Entscheidungszeitpunkt.[349]

Um die Qualität der Investitionsentscheidungen von Privatanlegern zu verbessern, bestehen demnach grundsätzlich zwei Ansatzpunkte: die Verbesserung der finanziellen Kenntnisse von Privatanlegern sowie die Vereinfachung und Standardisierung konkreter Anlageentscheidungen.

Da es Privatanlegern also zumeist an grundlegendem Finanzwissen fehlt und sie bei Investitionsentscheidungen Heuristiken anwenden und kognitiven Verzerrungen unterliegen, könnte die Anlageberatung einen wertvollen Beitrag dazu leisten, ihre langfristigen finanziellen Interessen zu wahren. Allerdings besteht bei der Anlageberatung das Problem von Interessenkonflikten. Wie oben bereits angesprochen, erhalten bei Banken angestellte Anlageberater meist die Vorgabe, bankeigene Anlageprodukte zu empfehlen. Die nicht bankmäßig gebundenen, sogenannten freien Anlageberater erhalten unterschiedlich

---

348 *Chater/Huck/Inderst*, Consumer Decision-Making in Retail Investment Services: A Behavioural Economics Perspective, Final Report, 2010, S. 389 f.

349 *Chater/Huck/Inderst*, Consumer Decision-Making in Retail Investment Services: A Behavioural Economics Perspective, Final Report, 2010, S. 390.

gestaltete Provisionen, Kick-Back-Zahlungen und Rückvergütungen von den Anbietern oder Emittenten der Anlageprodukte. Hierdurch ist eine Beratung im besten Interesse des Anlegers gefährdet, da die Berater neben den Anlegerinteressen auch ihre eigenen Interessen im Blick haben.[350]

Um das Problem der Interessenkonflikte in der Anlageberatung zu adressieren, bestehen wiederum grundsätzlich zwei Ansatzpunkte: die Verpflichtung der Anlageberater zur Offenlegung von Interessenkonflikten gegenüber den Anlageinteressenten und das Verbot der anbieterseitigen Bezahlung der Anlageberater.

Für die Offenlegung von Interessenkonflikten ergab die genannte Studie,[351] dass die Wirkung der Transparenz stark vom Kontext der Beratung abhängt: Während Onlineanleger kaum darauf reagierten, zeigten Teilnehmer eines Laborexperiments, die mehr Zeit hatten und weniger Ablenkungen ausgesetzt waren, starke Reaktionen und ein evidentes Misstrauen gegenüber der Beratung. Ferner hängt die Effektivität der Transparenz von der genauen Art der Darstellung sowie der offengelegten Inhalte ab. Bei den Teilnehmern der Onlinestudie war eine *health warning* (Warnhinweis vor einer möglichen Gefährdung des investierten Kapitals) notwendig, bei den Teilnehmern der Laborstudie eine detaillierte Offenlegung der Vergütungsstruktur des Beraters, um eine angemessene Reaktion hervorzurufen – eine einfache Offenlegung ohne Warnhinweis bzw. ohne Details genügte hierfür jeweils nicht. Weiterhin zeigte die Studie, dass die Offenlegung von Interessenkonflikten auch zu einem reflexhaften Vertrauensverlust führen kann, der schädlich wie nützlich sein kann, je nachdem, ob die Interessen des Beraters und des Anlageinteressenten gleichgerichtet oder entgegengesetzt sind.

Insgesamt kommt die Studie zu dem Ergebnis, dass die Offenlegung der Interessenkonflikte, zu denen die Beratervergütung durch Anbieter und Emittenten führen kann, ein effektives Instrument des Anlegerschutzes sein kann, je nachdem wann und wie sie stattfindet. Wenn die Anleger die Offenlegung allerdings nicht beachten, ihre Implikationen nicht verstehen oder reflexartig reagieren, ist sie bestenfalls wirkungslos und im schlechtesten Fall schädlich für Privatanleger. Die Autoren der Studie betonen daher, dass vor Einführung gesetzlicher Offenlegungspflichten weiterer Forschungsbedarf besteht. Sie empfehlen, die jeweilige Offenlegungsmaßnahme genau zu testen, um sicherzustellen, dass die negativen

---

350 *Chater/Huck/Inderst*, Consumer Decision-Making in Retail Investment Services: A Behavioural Economics Perspective, Final Report, 2010, S. 391.

351 *Chater/Huck/Inderst*, Consumer Decision-Making in Retail Investment Services: A Behavioural Economics Perspective, Final Report, 2010, S. 391 f.

Folgen vermieden oder zumindest minimiert werden. Allerdings könnten in den Fällen, in denen es nachgewiesen ist, dass Privatanlegern durch Interessenkonflikte Schaden zugefügt wird, entsprechend gestaltete Offenlegungspflichten die einfachere, kostengünstigere und weniger negative Folgen verursachende Alternative zu anderen rechtlichen Instrumenten sein.[352]

Das wichtigste alternative Instrument zur Lösung des Problems der Interessenkonflikte zwischen Berater und Anlageinteressent besteht darin, Zahlungen von Anbietern oder Emittenten an Anlageberater zu verbieten, da somit der beschriebene Interessenkonflikt gar nicht erst entsteht. Die Kosten der Beratung müsste dann der Kunde tragen. Die Vergütungsstruktur müsste also von Provisionszahlungen durch die Anbieter und Emittenten zur Zahlung eines Beratungshonorars durch die Anlageinteressenten, pauschal oder relativ zur Anlagesumme, geändert werden. Einerseits müsste das Honorar hoch genug sein, damit unabhängige Berater sich hierdurch finanzieren und ihre Unabhängigkeit bewahren können. Andererseits dürfte das Honorar nicht so hoch sein, dass die Rendite des Anlegers drastisch reduziert oder gar aufgezehrt wird – unter Berücksichtigung der weiteren Kosten, wie etwa Depot-, Broker- und Börsengebühren, Ausgabeaufschläge und ggf. Verwaltungsgebühren von Fondsmanagern. Die Studie ergab diesbezüglich, dass eine signifikante Minderheit von 20 bis 30 % der Teilnehmer der Onlinestudie eine sehr starke Aversion gegen im Voraus zu zahlende Beraterhonorare zeigte. Würde sich dieses Ergebnis im realen Beratungsmarkt bestätigen, bedeutete es den Ausschluss eines signifikanten Anteils der Privatanleger von dringend benötigter Anlageberatung, wenn die provisionsbasierte Vergütung von Beratern verboten würde. Ferner könnte es die Existenz der Beratungsbranche bedrohen, fänden sich nicht genug zahlungswillige Anlageinteressenten. Vor Einführung einer solchen Verbotsmaßnahme, so raten die Autoren, sollten diese möglichen Konsequenzen bedacht werden.[353]

Die Ergebnisse der Studie fanden teilweise Eingang in den Vorschlag der Europäischen Kommission vom 20. Oktober 2011, die erste Finanzmarktrichtlinie (MiFID) zu überarbeiten und zu ändern. Um die Fehlanreize provisionsbasierter Beratung zu vermeiden und für den Anlageinteressenten eine Beratung zu schaffen, die sich einerseits ausschließlich an seinem besten Interesse ausrichtet, andererseits Vertrauen durch Transparenz schafft, wurden entsprechende

352 *Chater/Huck/Inderst*, Consumer Decision-Making in Retail Investment Services: A Behavioural Economics Perspective, Final Report, 2010, S. 391 ff.

353 *Chater/Huck/Inderst*, Consumer Decision-Making in Retail Investment Services: A Behavioural Economics Perspective, Final Report, 2010, S. 393.

Vorschläge unterbreitet. Diese wurden in die Richtlinie übernommen: Die Offenlegung möglicher Interessenkonflikte und die honorarbasierte „unabhängige Anlageberatung“ sind in den Erwägungsgründen (72) bis (75) erwähnt und in Art. 24 Abs. 4 und 7 („Allgemeine Grundsätze und Kundeninformation“) der zweiten Finanzmarktrichtlinie (MiFID II) geregelt.[354] Die Frist zur Umsetzung der Richtlinie in nationales Recht wurde vom 3. Juli 2016 auf den 3. Juli 2017 verlängert, das Anwendungsdatum vom 3. Januar 2017 auf den 3. Januar 2018 verschoben.[355] Seit dem 3. Januar 2018 ist das deutsche Umsetzungsgesetz zur MiFID II, das Zweite Finanzmarktnovellierungsgesetz (2. FiMaNoG), das im Wesentlichen Regelungen des WpHG geändert hat, in Kraft.[356]

In der Bundesrepublik Deutschland war die „unabhängige Anlageberatung“ bereits vor der Umsetzung der MiFID II durch das Honoraranlageberatungsgesetz im nationalen Recht geregelt worden.[357] Mit diesem Gesetz wurde zusätzlich zur bisherigen provisionsgestützten Anlageberatung unter dem Begriff der „Honorar-Anlageberatung“ i.S.d. §§ 64, 80, 93, 94 WpHG n.F. und der „Honorar-Finanzanlagenberatung“ i.S.d. § 34h GewO eine neue legaldefinierte Form der Beratung geschaffen.

Die Anforderungen an die Wohlverhaltenspflichten in der Honorar-Anlageberatung des WpHG liegen über denen der sonstigen Anlageberatung. Insbesondere bestehen ein verschärftes Zuwendungsverbot und eine Auskehrungspflicht für die Berater: Es ist ihnen untersagt, Provisionen oder andere Zuwendungen von Anbietern oder Emittenten anzunehmen. Sollten bestimmte Finanzinstrumente nicht provisionsfrei am Markt erhältlich sein, so dürfen die Honorar-Anlageberater die Zuwendungen zwar zunächst annehmen, müssen sie jedoch unverzüglich und grundsätzlich ohne Abzug an die Kunden weiterleiten. Zudem sind Honorar-Anlageberater verpflichtet, sich einen hinreichenden Marktüberblick über die jeweils beratungsgegenständlichen Finanzinstrumente zu verschaffen. Sie dürfen sich nicht auf eigene oder solche Instrumente beschränken, die von ihnen nahestehenden Anbietern oder

---

354 Richtlinie 2014/65/EU des Europäischen Parlaments und des Rates vom 15.05.2014 über Märkte für Finanzinstrumente sowie zur Änderung der Richtlinien 2002/92/EG und 2011/61/EU (Neufassung).

355 Richtlinie zur Verschiebung des Inkrafttretens von MiFID II: Richtlinie 2016/1034/EU des Europäischen Parlaments und des Rates vom 23.06.2016 zur Änderung der Richtlinie 2014/65/EU über Märkte für Finanzinstrumente.

356 BGBl. 2017, Teil I, S. 1693.

357 Gesetz zur Förderung und Regulierung einer Honorarberatung über Finanzinstrumente (Honoraranlageberatungsgesetz) vom 15.07.2013; BGBl. 2013, Teil I, S. 2390.

Emittenten angeboten werden. Sie werden zudem in das von der Bundesanstalt für Finanzdienstleistungsaufsicht (*BaFin* oder *Bundesanstalt*) geführte Register eingetragen, § 36c WpHG. Die effektive Durchsetzung dieser Gebote und Verbote wird durch die erweiterten Bußgeldvorschiften sichergestellt: So sind etwa Verstöße gegen das verschärfte Zuwendungsverbot mit einem erhöhten Bußgeld von bis zu 100.000 Euro bedroht.

Die gewerblichen Honorar-Finanzanlageberater i.S.d. § 34h GewO ergänzen die eben genannten Regelungen des WpHG. Sie erbringen im Rahmen der Bereichsausnahme des § 2 Abs. 6 S. 1 Nr. 8 KWG nur zu bestimmten Finanzinstrumenten, die unter § 34f Abs. 1 S. 1 Nr. 1 bis 3 GewO fallen, Anlageberatung i.S.d. § 1 Abs. 1a Nr. 1a KWG. Dazu benötigen sie eine eigenständige Erlaubnis nach der GewO. Hierfür müssen sie (wie gewerbliche Finanzanlagenvermittler nach § 34f Abs. 2 GewO) die erforderliche Zuverlässigkeit besitzen, in geordneten Vermögensverhältnissen leben, einen Sachkundenachweis erbringen und eine Berufshaftpflichtversicherung abschließen. Die Pflichten für gewerbliche Finanzanlagenvermittler gelten gemäß § 34h Abs. 1 S. 4 GewO auch für die gewerblichen Honorar-Finanzanlagenberater. Auch sie unterliegen dem oben erläuterten Zuwendungsverbot und der Auskehrungspflicht, § 34h Abs. 3 GewO. Ferner werden sie in das zentrale Register, das die Industrie- und Handelskammern führen, eingetragen. Auch hier werden die hohen Anforderungen durch eine scharfe Sanktionsmöglichkeit abgesichert: Ein vorsätzlicher oder fahrlässiger Verstoß stellt eine Ordnungswidrigkeit dar und kann bei vorsätzlichem Verhalten mit einer Geldbuße bis zu 50.000 Euro und bei fahrlässigem Verhalten mit bis zu 25.000 Euro geahndet werden.

Zusammenfassend ist somit festzuhalten, dass in der Bundesrepublik neben der herkömmlichen von der Anbieterseite durch Provisionen finanzierten Anlageberatung auch die durch den Anlageinteressenten honorarfinanzierte Anlageberatung besteht. Da der Kunde über beide Formen aufgeklärt werden muss, hat er die freie Wahl und kann sich bewusst für die eine oder die andere Form der Beratung entscheiden. Auf diese Weise werden die negativen Konsequenzen vermieden, vor denen die oben genannte Studie warnt. Aufgrund der Wahlmöglichkeit werden keine Anleger von der Beratung ausgeschlossen: Ist ein Anlageinteressent nicht bereit oder nicht in der Lage, ein Honorar für die Beratung zu zahlen, so kann er sich für die herkömmliche, durch Zuwendungen finanzierte Anlageberatung entscheiden und somit dennoch die Beratungsdienstleistung in Anspruch nehmen. Auch die Existenz der Beratungsbranche wird aufgrund dieser Regelung nicht etwa dadurch gefährdet, dass sich nicht genügend zahlungswillige Kunden finden. Der Berater kann ebenfalls entscheiden, ob er eine herkömmliche oder eine Honorar-Anlageberatung anbietet. Entscheidet er sich für die herkömmliche Form, so muss er lediglich vor Beginn der Beratung und vor Abschluss des Beratungsvertrages verständlich offenlegen, dass die Beratung nicht als Honorar-Anlageberatung erbracht wird, und er muss darüber informieren, ob er Zuwendungen von Dritten annehmen und behalten darf, § 34 Abs. 4b WpHG. Zudem darf er die Bezeichnung „Honorar-Anlageberater" (in jeglicher Schreibweise und Variation) nicht führen, § 36d WpHG.

Dieses Beispiel zeigt, wie einige Ergebnisse und Vorschläge zur Beseitigung möglicher Interessenkonflikte in der Anlageberatung der oben angesprochenen wissenschaftlichen *Behavioral Finance*-Studie zunächst Eingang in den Vorschlag der Kommission zur Änderung der Finanzmarktrichtlinie fanden. Daraufhin wurden sie in die zweite EU-Finanzmarktrichtlinie (MiFID II) aufgenommen und in das jeweilige nationale Recht der Mitgliedstaaten umgesetzt. Das Honoraranlageberatungsgesetz, das bereits vor der Umsetzung der MiFID II durch das 2. FiMaNoG in deutsches Recht die Honoraranlageberatung in der Bundesrepublik auf ein gesetzliches Fundament in WpHG und GewO stellte, setzte die Erkenntnisse und Argumente der Studie offenbar schon vorzeitig um: Die Gesetzesbegründung des Honoraranlageberatungsgesetzes bezieht sich an zwei Stellen ausdrücklich auf den Kommissionsvorschlag zur Neufassung der MiFID,[358] während der Vorschlag der Kommission seinerseits in Bezug auf die „unabhängige Beratung" auf die genannte Studie und somit auf Erkenntnisse der *Behavioral Finance*-Forschung zurückgreift.

Dieses Beispiel belegt somit zum einen, dass die Erkenntnisse der *Behavioral Finance* trotz aller Bedenken und Kritik durchaus bereits in der regulatorischen Praxis Berücksichtigung finden. Zum anderen zeigt es einen Weg für eine gelungene Einbeziehung der Erkenntnisse und Vorschläge der *Behavioral Finance* in die Gesetzgebung auf.[359]

---

358 Regierungsbegründung zum Honoraranlageberatungsgesetzes, BT-Drs. 17/12295, S. 1 und 12.

359 Darüber hinaus gibt es im Bereich des Verbraucherschutzrechts einige Versuche, die Einbindung der Erkenntnisse der *Behavioral Economics* in die Verbraucherpolitik zu fördern. Besonders hervorzuheben ist hier die Politikinstrumentensammlung „*Consumer Policy Toolkit*" des Komitees für Verbraucherpolitik der OECD von 2010, vgl. http://www.oecd.org/sti/consumer/consumer-policy-toolkit-9789264079663-en.htm; zuletzt abgerufen am 20.08.2021. Ferner bestehen seit 2007 verschiedene Initiativen etwa der australischen und neuseeländischen Regierungen, der *US Federal Trade Commission* (FTC), der britischen Wettbewerbsbehörde *Office of Fair Trading* (OFT) sowie der EU-Kommission (DG Sante) zur Evaluierung und ggf. Berücksichtigung der *Behavioral Economics*-Ergebnisse in der regulatorischen Praxis; siehe *Oehler/Reisch*, Behavioral Economics, S. 67 ff.

## III. Der *homo oeconomicus limitatus* als Anlegerleitbild *de lege ferenda*

Die Frage nach dem „richtigen“ oder „optimalen“ Anlegerleitbild ist – sofern dies überhaupt möglich ist – nicht leicht zu beantworten. Eine schrittweise, differenzierende Herangehensweise erscheint geboten. Zunächst sollen daher die Entwicklung und der Wandel der grundlegenden ökonomischen Annahmen über die Rationalität der Anleger und die Effizienz der Kapitalmärkte zusammenfassend betrachtet werden. Im Anschluss werden hieraus Schlussfolgerungen für das *economic transplant* eines weiterentwickelten Anlegerleitbildes für die künftige Gesetzgebung gezogen.

### 1. Weiterentwicklung der Grundannahmen über Anlegerrationalität und Markteffizienz

Der bisherigen Anlegerschutzgesetzgebung lagen ein von der traditionellen ökonomischen Theorie der *rational choice* geprägtes Weltbild mit der Annahme des *homo oeconomicus* als perfekt rationalem Akteur sowie die Hypothese effizienter Finanzmärkte zugrunde.[360] Diese Annahmen sind in den letzten Jahren in ihren Grundfesten erschüttert worden.

Zum einen warf die Finanzmarktkrise ab 2007 grundlegende Zweifel an der Markteffizienzhypothese und den Selbstregulierungskräften der Märkte auf. Ohne massive staatliche Interventionen wie Bankenrettungen (z.B. die Verstaatlichung der Hypo Real Estate (HRE) durch den Finanzmarktstabilisierungsfonds FMS/SoFFin des Bundes in Deutschland) und Rettungsaktionen für andere große Unternehmen (z.B. den Versicherungskonzern AIG und den Autohersteller General Motors durch die Regierung in den USA) sowie EU-Rettungsmaßnahmen im Rahmen der Staatsschuldenkrise für Staaten (z.B. Griechenland, Portugal, Spanien, Irland), die Milliarden an Steuergeldern gekostet haben,[361] hätte die

360 Vgl. *Fama*, 25 Journal of Finance 1970, 383.

361 Nach der Schätzung von Martin Hellwig, Direktor des Max-Planck-Instituts zur Erforschung von Gemeinschaftsgütern in Bonn, hat die Krise den deutschen Steuerzahler über 70 Mrd. Euro gekostet: *„Für die deutschen Steuerzahler waren die Krisen sehr teuer: Westdeutsche Landesbank (WestLB) 18 Mrd. Euro, Industriekreditbank (IKB) 9,6 Mrd. Euro, Hypo Real Estate (HRE) 14 Mrd. Euro, HSH Nordbank 16 Mrd. Euro, Sächsische Landesbank mindestens 1,4 Mrd. Euro, Landesbank Baden-Württemberg 5 Mrd. Euro, BayernLB 10 Mrd. Euro, Commerzbank 3 bis 6 Mrd. Euro – zusammen kommt das auf deutlich mehr als 70 Mrd. Euro. Dabei sind die Verluste bei BremenLB,*

Krise wohl noch deutlich schwerwiegendere Konsequenzen für Arbeitsplätze, Eigentum, Wohlstand und Lebensstandard von Millionen von Menschen weltweit gehabt. Auch wenn all die genannten Beispiele selbstverständlich nach Ursachen, Verlauf und Art der Rettungsmaßnahmen große Unterschiede aufweisen und daher eine differenzierende Sicht erfordern, ergibt sich doch insgesamt ein Bild, das am Modell der sich selbst regulierenden, effizienten Märkte zweifeln lässt.

Zum anderen begründet, wie bereits dargelegt, eine wachsende Zahl wissenschaftlicher, oft empirischer Untersuchungen der Forschungsrichtung der *Behavioral Finance* fundamentale Zweifel an der Rationalität von Finanzmarktakteuren, insbesondere von Privatanlegern. Die stark simplifizierte Annahme eines streng rationalen, nur den Eigennutz maximierenden und an stabilen Präferenzen ausgerichteten Verhaltens wird zunehmend erweitert zum Bild eines Akteurs, der auch intuitives Verhalten zeigt und verzerrten Wahrnehmungen unterliegt.

Es stellt sich somit die Frage, welche Konsequenzen für die Gesetzgebung und das Anlegerleitbild daraus zu ziehen sind, dass sich ihr tradiertes ökonomisches Fundament wandelt.

Für einen radikalen Paradigmenwechsel von einem liberalen Weltbild sich selbst regulierender Märkte und vollkommen mündiger, vernünftiger und eigenverantwortlicher Privatanleger hin zu einer paternalistischen Weltsicht, der zufolge ohne staatliche Regulierung und Interventionen weder Märkte effizient funktionieren noch Privatanleger reüssieren können, fehlt es – trotz Finanzmarktkrise und *Behavioral Finance* – bislang an einer wissenschaftlich ausreichend überprüften und kohärenten, widerspruchsfreien und umfassenden Theorie als Grundlage.[362]

Die herrschenden ökonomischen Kapitalmarkt- und Entscheidungstheorien sowie das Anlegerleitbild der Anlegerschutzgesetzgebung werden daher nicht gänzlich verworfen, sondern um zusätzliche Erkenntnisse und Elemente erweitert.[363] Eine derartige Berücksichtigung der Ergebnisse der *Behavioral Finance*

---

*NordLB und KfW IPEX noch nicht berücksichtigt.*", https://archiv.wirtschaftsdienst.eu/jahr/2017/9/deutschland-und-die-finanzkrisen/; zuletzt abgerufen am 20.08.2021.

362 „*It is an old saying that you need a theory to beat a theory*", so *Gary S. Becker* im Interview mit Herfeld, Erasmus Journal for Philosophy and Economics 5 (2012), 73, 78.

363 *Becker* sagt weiter im Interview: „*That does not mean that you cannot extend the existing theory or modify it – you can and you should. As we learn more, we will modify rational choice theory. Maybe fifty years from now it will not be like rational choice theory anymore, because by then it will have been modified and changed in so many ways. That is how things evolve*", *Ibd.*

stellt weniger eine Revolutionierung als vielmehr eine schrittweise, evolutionäre Fortentwicklung des Anlegerleitbildes und des darauf aufbauenden Anlegerschutzrechts dar.[364] Diese Weiterentwicklung sollte das tatsächliche, empirisch belegte Verhalten der Anleger bei der Gestaltung gesetzlicher Maßnahmen berücksichtigen, um eben dieses Verhalten entweder effektiv zu nutzen oder Anreize für seine Änderung zu schaffen.

Derartige Weiterentwicklungen von Modellannahmen und Leitbildern gibt es auch in den Sozialwissenschaften und in der Rechtswissenschaft in anderen Rechtsgebieten als dem Anlegerschutzrecht: in der Soziologie etwa das Modellbild des RREEMM (*Resourceful Restricted Expecting Evaluating Maximising Man*)[365] als Weiterentwicklung des *homo oeconomicus* und im EU-Verbraucherschutzrecht der *beschränkt rationale Verbraucher*[366]. Letztlich sind diese Modifikationen lediglich die Folge des wissenschaftlichen Fortschritts und Wissenszuwachses und der Integration neuer Erkenntnisse in bestehende Modelle und Theorien.

Für die gesetzgeberische Praxis bedeutet dies, dass grundsätzlich zwar keine allumfassende staatliche Regulierung des Kapitalmarktrechts im Sinne eines neuen Anlegerschutzrechts nötig erscheint, gesetzliche Regelungen und Interventionen jedoch zulässig sein müssen, sofern valide Erkenntnisse über Fälle von Marktversagen und von spezifischen Anlegerirrationalitäten vorliegen.

---

364 Ähnlich *Klöhn*: „*Denkstilergänzung*", nicht „*Denkstilumwandlung (wissenschaftliche Revolution)*", *Klöhn*, in: Fleischer/Zimmer, Beitrag der Verhaltensökonomie (Behavioral Economics) zum Handels- und Wirtschaftsrecht, 2011, S. 83, 88; siehe oben C. II. 2. a) bb).

365 *Lindenberg*, Sociological Theory 3 (1985), 99, 100, 104; vgl. https://www.researchgate.net/profile/Siegwart_Lindenberg/publication/274291266_An_Assessment_of_the_New_Political_Economy_Its_Potential_for_the_Social_Sciences_and_for_Sociology_in_Particular/links/55dd806608aeb41644aeecd1/An-Assessment-of-the-New-Political-Economy-Its-Potential-for-the-Social-Sciences-and-for-Sociology-in-Particular.pdf; zuletzt abgerufen am 09.09.2020.

366 Vgl. etwa die Aussage von *Reisch/Oehler*, Vierteljahreshefte zur Wirtschaftsforschung 78 (2009), Heft 3, 30, 40, dass die Europäische Kommission „*sich vom Bild des rationalen klugen Verbrauchers entfernt und dem beschränkt rationalen Verbraucher zuwendet.*"

## 2. Der *homo oeconomicus limitatus* als weiterentwickeltes Anlegerleitbild *de lege ferenda*

Für ein weiterentwickeltes Anlegerleitbild bedeutet dies, dass weder das Bild eines vollständig informierten, rationalen, egoistischen, stabilen Präferenzen folgenden Anlegers (*homo oeconomicus classicus*), der fern von staatlicher Einmischung die besten Entscheidungen fällt und deren Konsequenzen in eigener Verantwortung trägt, zutrifft noch vom anderen Extrem auszugehen ist, dem Bild eines durchweg irrationalen und hilfsbedürftigen Anlegers, der staatlich-paternalistischer Fürsorge bedarf. Vielmehr sollte, die Erkenntnisse der *Behavioral Finance* berücksichtigend, vom Leitbild eines eingeschränkt rationalen Anlegers ausgegangen werden. Als Grundlage hierfür kann das Konzept der begrenzten Rationalität (*bounded rationality*)[367] dienen, das bereits 1955 von *Herbert Simon*[368] entwickelt wurde. Es besagt, dass die Verwendung heuristischer Erkenntnis- und Entscheidungsmethoden dazu dient, weitere Informationssuche und Zeit und somit Entscheidungs- und Irrtumskosten einzusparen. Dies sei nicht als irrationales Verhalten, sondern als rationale Reaktion auf tatsächlich gegebene Beschränkungen, etwa des Zugangs zu Informationen und der kognitiven menschlichen Fähigkeiten, und somit als Ausdruck einer begrenzten Rationalität anzusehen. Diesem Konzept liegt also die Annahme eines „*choosing organism of limited knowledge and ability*"[369] zugrunde.

Basierend auf diesem Gedanken der *bounded rationality* sollte im Anlegerschutzrecht die grundsätzliche Annahme vom rationalen Verhalten des Privatanlegers so lange und so weit gelten, bis eine systematische Abweichung von rationalem Verhalten wissenschaftlich belegt ist. Der Grund für dieses Regel-Ausnahme-Verhältnis liegt weniger in der Annahme, dass die Natur des Menschen oder seines Verhaltens grundsätzlich rational und nur ausnahmsweise irrational ist. Der Grund liegt vielmehr darin, dass rationales Verhalten vorhersehbar ist, während davon abweichendes (und daher scheinbar irrationales) Verhalten zunächst untersucht und belegt werden muss, um als Grundlage staatlicher Maßnahmen dienen zu können. Denn wenn nicht vorhersehbar ist, in welche Richtung eine beschränkt rationale oder auf einer kognitiven Verzerrung basierende Entscheidung in einem bestimmten Kontext tendiert, dann ist

367 *Simon*, Quarterly Journal of Economics 69 (1955), 99.

368 *Herbert A. Simon* wurde für seine Arbeit zur Erforschung von Entscheidungsprozessen in Wirtschaftsorganisationen 1978 mit dem Alfred-Nobel-Gedächtnispreis für Wirtschaftswissenschaften ausgezeichnet.

369 *Simon*, Quarterly Journal of Economics 69 (1955), 99, 114.

es nicht möglich, gesetzlich-regulatorische Anreize zu setzen, um das Verhalten der Anleger zu lenken und ihnen hierdurch verbesserten Schutz zu gewähren.

Es besteht daher weiterer interdisziplinärer Forschungsbedarf insbesondere in der Psychologie und den Neurowissenschaften,[370] den Wirtschaftswissenschaften[371] und den Sozialwissenschaften, um den zu schützenden Anleger und sein Verhalten besser verstehen zu lernen. Denn nur auf diese Weise kann das Bild des tatsächlichen Anlegers – und somit auch das hieraus abgeleitete Anlegerleitbild – realitätsnah präzisiert werden. Im Hinblick auf das dergestalt weiterentwickelte Anlegerleitbild sind die staatlichen Anlegerschutzstrategien zu überprüfen, ggf. neu auszurichten und zu konkretisieren, um eine Verbesserung der Effektivität und Angemessenheit des Anlegerschutzes zu erreichen und Fehlanreize, die entweder ohne Wirkung bleiben oder im schlechtesten Fall zu einer Verschlechterung des Schutzes führen, zu vermeiden.

*De lege ferenda* ist es daher wichtig, dass der Gesetzgeber – und dies gilt auch für den EU-Gesetzgeber – ein konkretisiertes Leitbild des Privatanlegers formuliert, den er zu schützen beabsichtigt, und nicht länger stillschweigend ein vages, nicht näher definiertes Leitbild eines vollkommen rationalen Anlegers voraussetzt oder unterstellt. Dieses zu formulierende Anlegerleitbild geht über Legaldefinitionen hinaus, die sich an technischen Kriterien wie etwa einer Mindestinvestitionssumme, einer Erklärung über Risikobewusstsein sowie Sachverstand, Erfahrung und Kenntnissen (vgl. die Legaldefinition des semiprofessionellen Anlegers in § 1 Abs. 19 Nr. 33 KAGB) orientieren, oder liegt einer solchen Definition vielmehr zugrunde. Denn auch ein Anleger mit viel Erfahrung und Sachkunde kann kognitiven Verzerrungen und Irrationalitäten im Entscheidungsverhalten unterliegen.

Das Anlegerleitbild muss einheitlich für alle Arten von Anlageprodukten im Kapitalmarktrecht gelten, da die kognitiven Beschränkungen nicht vom Anlageprodukt abhängen. Die konkret definierten, subsumierbaren Anlegerkategorien dienen dazu, den Anforderungen des jeweiligen Teilgebiets des Kapitalmarktrechts und dem jeweiligen Kontext der Anlageentscheidung (eigenständig, Vermittlung, Beratung, Vermögensverwaltung) Rechnung zu tragen. Sie muss der

---

370 Siehe hierzu die noch jungen Forschungsgebiete der *Neuro-Finance* und *Emotional Finance*, vgl. etwa *Daxhammer/Facsar*, Behavioral Finance, Kap. 13.2, S. 345 sowie Kap. 13.3, S. 358.

371 Siehe hierzu auch den jungen Ansatz, mithilfe der Spieltheorie die Ursachen irrationalen menschlichen (Entscheidungs-)Verhaltens zu analysieren, *Hoffman/Yoeli*, Hidden Games, 2022.

Gesetzgeber ggf. an das neu zu formulierende Leitbild anpassen, um sicherzustellen, dass sie mit dessen Grundannahmen konform sind.

Es erscheint daher sinnvoll und geboten, für Gesetzgebungsprojekte wissenschaftliche Gutachten in Auftrag zu geben, die auf der Grundlage von bereits verfügbaren Daten oder auch aufgrund von empirisch noch zu ermittelnden Daten das konkrete Anlegerverhalten für das jeweilige Gebiet und den jeweiligen Kontext darstellen und analysieren. Das Gutachten sollte Empfehlungen für gesetzgeberische Maßnahmen unterbreiten, die dem beobachteten und analysierten Verhalten entsprechen.[372] Ebenso wäre es denkbar, eine Expertenkommission einzusetzen, die in regelmäßigen Abständen den zwischenzeitlichen Fortschritt der wissenschaftlichen Forschung zum Anlegerverhalten sammelt und bewertet und Empfehlungen an den Gesetzgeber abgibt, ob neue Erkenntnisse eine Anpassung des Anlegerleitbildes nahelegen. Die Diskussion, Bewertung und Auswahl der Empfehlungen und vorgeschlagenen Maßnahmen obliegt freilich dem demokratisch legitimierten Gesetzgeber. Für ein solches Vorgehen spricht auch, dass es im Sinne einer effektiven, realitätsnahen Gesetzgebung geboten ist, sich nicht ausschließlich an abstrakten Modellen und theoretischen Annahmen, sondern an empirisch belegten und somit tatsächlichen Fehlern realer Anleger zu orientieren.[373]

Der Gesetzgeber sollte also die Vorstellung des perfekt rationalen *homo oeconomicus classicus* der neoklassischen ökonomischen Modelle als Grundlage seines Anlegerleitbildes hinter sich lassen und *de lege ferenda* das anlegerschutzrechtliche Leitbild des beschränkt rationalen Akteurs, des *homo oeconomicus limitatus*, formulieren.[374]

---

372 Vgl. beispielsweise das von der EU in Auftrage gegebene Gutachten von *Chater/Huck/Inderst*, Consumer Decision-Making in Retail Investment Services: A Behavioral Economics Perspective, Final Report, Nov. 2010; abrufbar unter: https://ec.europa.eu/info/sites/info/files/retail_investment_services_2010_en.pdf; zuletzt abgerufen am 20.08.2021.

373 So auch: *Mülbert*, ZHR 177 (2013), 160, 181.

374 In ähnlicher Weise werden auch die Begriffe „*Human*" in Abgrenzung zu „*Econ*" (*Thaler*, Misbehaving: The Making of Behavioral Economics, Kap. 1, S. 1), „*Homo Oeconomicus Humanus*" (*Daxhammer/Facsar*, Behavioral Finance, Kap. 3, S. 79 ff.); „*homo oeconomicus light*" (*Möllers/Poppele*, ZGR 2013, 437, 446) und „*homo inferior*" (*Fuchs*, in: Fuchs, WpHG, Vor §§ 31 ff. Rn. 87) verwendet; in diesem Sinne dürfte auch das „*marktrational-pessimistische*" Anlegerleitbild (*Langenbucher*, ZHR 177 (2013), 679, 684) zu verstehen sein; vgl. ferner *Jolls/Sunstein/Thaler*, Stanford Law Review (1998), 1471, die von „*bounded rationality*", „*bounded self-interest*" und „*bounded willpower*" sprechen.

Die Tatsache, dass mit *Daniel Kahneman* (2002) und *Richard H. Thaler* (2017) zwei Gründerväter der Forschungsrichtungen *Behavioral Economics* und *Behavioral Law and Economics* mit dem Alfred-Nobel-Gedächtnispreis für Wirtschaftswissenschaften ausgezeichnet wurden,[375] darf wohl als Indiz für die wissenschaftliche Anerkennung der Erkenntnis gesehen werden, dass der *homo oeconomicus* als Annahme über menschliches Verhalten auch für ökonomische Modelle – und somit als Vorlage eines juristischen Anlegerleitbildes – übersimplifiziert und nicht realitätsnah ist.[376]

Selbstverständlich ist der Gesetzgeber nicht verpflichtet, jegliche Irrationalität im Anlegerverhalten durch entsprechende legislative Interventionen zu korrigieren. Es steht ihm hierbei ein weiter, aus dem Grundsatz der Gewaltenteilung abgeleiteter Entscheidungsspielraum zu, die Einschätzungsprärogative.[377] Andererseits ist insbesondere die Adressierung derjenigen Rationalitätsdefizite wünschenswert, die weit verbreitet sind, häufig auftreten und somit über den individuellen Anlegerschutz hinaus systemischen Einfluss auf die Effizienz der Kapitalmärkte haben können, also für den funktionellen Kapitalmarktschutz von Bedeutung sind.[378] Aber auch Anreize zum Schutz vor einzelnen, nicht notwendig funktional relevanten Fehlverhaltensweisen sind zu begrüßen, um so das Ziel des effektiven Individualschutzes im engeren Sinne zu erreichen.

Die Anlegerschutzgesetzgebung sollte also *de lege ferenda* das Leitbild des *homo oeconomicus limitatus* formulieren, um effektiven und lebensnahen, individuellen wie auch funktionellen Anlegerschutz gewähren zu können. Ferner sollte sie offen und flexibel sein, um neue Erkenntnisse der stets fortschreitenden Forschung aufnehmen und berücksichtigen zu können. Hierfür würde sich ein legislatives Instrument der evidenzbasierten Gesetzgebung[379], die sogenannte

---

375 https://www.nobelprize.org/prizes/economic-sciences/; zuletzt abgerufen am 20.08.2021.

376 Ähnlich *Fleischer/Schmolke/Zimmer*, in: Beitrag der Verhaltensökonomie (Behavioral Economics) zum Handels- und Wirtschaftsrecht, S. 9, 11; weiterhin haben drei deutsche Wirtschaftswissenschaftler für ihre Arbeiten (unter anderem) auf dem Gebiet der Verhaltensökonomik jeweils den Leibniz-Preis der Deutschen Forschungsgemeinschaft erhalten: Axel Ockenfels (2005), Armin Falk (2009) und Roman Inderst (2010).

377 Vertiefend hierzu *Bickenbach*, Die Einschätzungsprärogative des Gesetzgebers, 2014.

378 *Fleischer/Schmolke/Zimmer*, in: Beitrag der Verhaltensökonomie (Behavioral Economics) zum Handels- und Wirtschaftsrecht, S. 9, 11.

379 Siehe zur Thematik der evidenzbasierten Gesetzgebung: *Ranchordás*, Constitutional Sunsets and Experimental Legislation, 2014.

*sunset clause*[380], eignen. Hierbei handelt es sich um eine im Gesetz enthaltene Bestimmung, dass das Gesetz zu einem festgelegten Zeitpunkt außer Kraft tritt, sofern es nicht (i) zuvor geändert und verlängert oder (ii) ohne Änderung verlängert oder (iii) gleichlautend erneut beschlossen wird.[381] Läuft die Frist ohne Verlängerung des Gesetzes ab, muss das Gesetzgebungsverfahren neu durchgeführt werden. Durch eine solche Ablaufregelung werden die Möglichkeit und die Notwendigkeit einer regelmäßigen Überprüfung von Gesetzen geschaffen. Im Anlegerschutzrecht könnte somit zum einen regelmäßig evaluiert werden, inwiefern die gesetzgeberischen Ziele des funktionalen und individuellen Schutzes mithilfe der bestehenden Regelungen erreicht wurden. Zum anderen könnten so neue Forschungserkenntnisse der *Behavioral Finance* berücksichtigt und die gesetzlichen Regeln entsprechend angepasst werden.[382]

380 Auch „Auslaufklausel", „Ablaufklausel", „Außerkraftklausel", „Sunset-Klausel" oder „*sunset provision*" genannt.

381 Vgl. etwa § 28 KapMuG: „*Dieses Gesetz tritt mit Ablauf des 31. Dezember 2023 außer Kraft.*"

382 In diesem Sinne auch: *Langenbucher*, ZHR 177 (2013), 679,701.

# D. Strategien des Anlegerschutzes

Die gesetzgeberischen Ziele des funktionalen und individuellen Anlegerschutzes bewegen sich, wie bereits dargelegt, im Rahmen der verfassungsrechtlichen Legitimität (A.). Nach der exemplarischen Bestandsaufnahme der Anlegerbilder in Gesetzgebung und Rechtsprechung (B.) erfolgten die Diskussion wesentlicher Literaturansichten zum Anlegerleitbild *de lege lata* und die Bestimmung eines weiterentwickelten Anlegerleitbildes, des *homo oeconomicus limitatus* (C.). Nun stellt sich die Frage nach den gebotenen gesetzgeberischen Strategien zum Schutz des so beschriebenen Anlegers (nachfolgend D.). Hierbei ist zu beachten, dass nie nur eine der im Folgenden zu besprechenden Strategien zum Ziel eines möglichst effektiven und angemessenen Anlegerschutzes führen wird. Es wird immer des Einsatzes mehrerer, sich gegenseitig ergänzender Strategien bedürfen, um Anleger wirksam und angemessen zu schützen.

Die Frage nach der Gewichtung, auf welcher Strategie der gesetzgeberische Schwerpunkt liegen sollte, hängt entscheidend von zwei Faktoren ab, die hier kurz skizziert werden sollen.

Zum einen hängt sie vom favorisierten Anlegerleitbild ab. Vertreter eines eng am *homo oeconomicus classicus* orientierten Anlegerleitbildes werden eher auf einen Anlegerschutz durch Information setzen, da sie davon ausgehen, dass der rationale Anleger lediglich einer angemessenen Informationsgrundlage bedarf, um eine informierte, vernünftige, seinen Nutzen maximierende Entscheidung zu treffen. Vertreter des am hier vorgeschlagenen *homo oeconomicus limitatus* angelehnten, von der begrenzten Rationalität, Informationsaufnahmefähigkeit und Entscheidungsfähigkeit des Anlegers ausgehenden Leitbildes werden hingegen den Schwerpunkt tendenziell auf einen Anlegerschutz durch Aufsichtsrecht legen, um Anleger durch zwingende Gesetze sowie staatliche Überwachung und Sanktionen zu schützen.

Zum anderen hängt die Gewichtung von der Haltung zur allgemeinpolitischen Frage ab, welche Rolle der Staat im Verhältnis zur Wirtschaft und zu seinen Bürgern spielen sollte. Die Vertreter eines (neo-)liberalen „Nachtwächterstaates“[383] werden auf minimalinvasive Strategien setzen, auf minimale Regulierung eines Handlungsrahmens, innerhalb dessen sich die Märkte durch

383 So das berühmte Diktum von *Ferdinand Lassalle* in seiner Berliner „Nachtwächter-Rede“ von 1862; heute auch als „*Small Government*“ bezeichnet.

*laissez faire* selbst regulieren. Hierzu dürften die Anhänger der Modellannahmen des rationalen Anlegers und effizienter Märkte zählen. Zu den von ihnen favorisierten Strategien zählen vor allem Haftungsansprüche, die zunächst der individuellen Korrektur von Pflichtverletzungen dienen. Den Gegenpol hierzu stellen die Vertreter des Paternalismus dar, die es als Aufgabe von „Vater Staat" ansehen, durch gesetzliche Regulierung, Verbote und Sanktionen Bürger vor Schäden, auch durch Selbstschädigung, zu bewahren. Sie werden zwingenden Aufsichtsgesetzen mit behördlicher Überwachung sowie Produktverboten und Produktinterventionen den strategischen Vorrang einräumen. Vertreter einer – hier favorisierten – vermittelnden Ansicht, die die Rationalität der Anleger und die Effizienz der Märkte kritisch bis skeptisch sehen, sich aber andererseits auch gegen eine staatliche Beschneidung der individuellen Entscheidungsfreiheit und gegen Bevormundung wenden, werden auf eine ausgewogene Kombination der Strategien Wert legen.

Im Folgenden wird daher zunächst erörtert, inwiefern ein Anlegerschutz durch finanzielle Bildung als ergänzende Schutzstrategie eingesetzt werden sollte. Im Anschluss wird untersucht, welche Strategien des Anlegerschutzes Gesetzgebung und Rechtsprechung bisher verfolgen. Dabei sind die von diesen Strategien aufgeworfenen Probleme und Fragen zu diskutieren und es ist Stellung hierzu zu nehmen. Weiterhin ist zu fragen, inwiefern die jeweilige Strategie des Anlegerschutzes durch finanzielle Bildung (I.), durch Information (II.), durch Haftungsansprüche (III.) sowie durch Aufsichtsrecht (IV.) eng am Leitbild des *homo oeconomicus classicus* orientiert ist oder möglicherweise bereits Elemente des hier vorgeschlagenen Anlegerleitbildes des *homo oeconomicus limitatus* berücksichtigt. An geeigneter Stelle sind innerhalb der Strategien sodann jeweils punktuell Vorschläge für Reformen *de lege ferenda* zu unterbreiten.

## I. Ergänzender Anlegerschutz durch finanzielle Bildung

Eine den gesetzlichen Anlegerschutz ergänzende, grundlegende und langfristige Strategie besteht in der Verbesserung der finanziellen Bildung von Privatanlegern (*investor education*)[384]. Diese Strategie wird vom deutschen und EU-Gesetzgeber bislang kaum verfolgt und sollte in der Zukunft verstärkt erforscht werden.

---

384 Vgl. *Klöhn*, ZHR 177 (2013), 349, 362, der den Begriff *investor education* als Synonym für *Anlegerfortbildung* verwendet.

## 1. Bestandsaufnahme der finanziellen Bildung

In einer 2017 durchgeführten repräsentativen Onlinebefragung in zwölf europäischen Ländern mit etwa 1000 volljährigen finanziellen Entscheidern je untersuchtem Land gaben in Deutschland rund 51 % der Befragten an, keine Finanzbildung erhalten zu haben.[385] Nur in Großbritannien gaben mehr Studienteilnehmer (56 %) an, kein finanzielles Wissen vermittelt bekommen zu haben. Die Bundesrepublik belegte somit den vorletzten Platz in dieser Gruppe. Zugleich waren beinahe 80 % der Teilnehmer in Deutschland der Meinung, dass finanzielle Bildung in der Schule vermittelt werden sollte. Im Durchschnitt der zwölf Umfrageländer ist der Anteil der Befragten, die angaben, keine Finanzbildung erhalten zu haben, von 2013 bis 2017 leicht gestiegen.

## 2. Ansatzpunkte und Initiativen der finanziellen Bildung

Ein Teil der besprochenen Heuristiken und kognitiven Verzerrungen bei Anlageentscheidungen könnte sich möglicherweise dadurch adressieren lassen, dass man Anlegern Wissen vermittelt über die kognitiven, mentalen Prozesse, die menschlichen Verhaltensweisen und Entscheidungen zugrunde liegen. Psychologisch-finanzielle Bildungsmaßnahmen im Sinne einer Vermittlung von Erkenntnissen der *Behavioral Finance*-Forschung könnten ein Bewusstsein für diese unterschwelligen Vorgänge schaffen, sodass Privatanleger bewusst diesen entscheidungsbeeinflussenden Abläufen entgegenwirken oder alternativ Anlageberatung in Anspruch nehmen könnten.

Ein ähnlicher Ansatz folgt aus der recht jungen Forschungsrichtung *Emotional Finance*: Sie zielt darauf ab, die Folgen unbewusst ablaufender, höchst komplexer psychischer Prozesse bei der Entscheidungsfindung, die Marktteilnehmer zu emotional getriebenen Verhaltensweisen führen, zu erforschen.[386] Diese Prozesse können im Rahmen finanzieller Bildungsmaßnahmen Privatanlegern bewusstgemacht werden und ihnen Strategien für den Umgang mit emotionalem Anlageverhalten vermittelt werden.

---

385 Die Studie wurde von der ING DiBa am 25.10.2017 vorgelegt und im Rahmen der ING International Survey (IIS) vom Meinungsforschungsinstitut Ipsos durchgeführt; abrufbar unter: https://www.ing-diba.de/binaries/content/assets/pdf/ueber-uns/presse/publikationen/ing-diba-economic-analysis-iis-finanzbildung-2017.pdf; zuletzt abgerufen am 20.08.2021; siehe auch F.A.Z. vom 26.10.2017, S. 23: „Junge Leute wollen mehr Finanzbildung".

386 *Daxhammer/Facsar*, Behavioral Finance, Kap. 13.3, S. 359; *Taffler/Tuckett*, Emotional Finance, in: Baker/Nofsinger, 2010, S. 95 f.

Ferner könnten Kampagnen der *financial literacy*[387] (in etwa: Finanzwissen) die finanzielle Allgemeinbildung und das Verständnis von Finanzmärkten, Finanzmarktakteuren und Finanzmarktprodukten, ihren Charakteristika, Chancen, Risiken und Kosten sowie von der Eignung verschiedener Anlageprodukte für unterschiedliche Grade an Erfahrung, Vorkenntnissen und Risikotragfähigkeit fördern.

Durch derartige Maßnahmen könnte die Qualität individueller Investitionsentscheidungen von Privatanlegern vermutlich mittel- bis langfristig verbessert werden. Dies hätte einerseits positive Auswirkungen auf die einzelnen Privatanleger (individueller Schutz), würde andererseits aber auch das Vertrauen in die Funktionsfähigkeit und Integrität der Finanzmärkte und somit deren Stabilität stärken (funktionaler Schutz). Letztlich würde es auch die Versorgung der Realwirtschaft mit finanziellen Mitteln sowie den Aufbau von Vermögen und die private Altersversorgung von Privatanlegern fördern.

Aus diesen Gründen stellte das Thema „finanzielle Erziehung und Bildung" als Teilbereich des Oberthemas „finanzielle Inklusion" einen finanzpolitischen Schwerpunkt der deutschen G20-Präsidentschaft 2016/17 dar. Innerhalb der G20-Arbeitsgruppe und der internationalen Plattform *Global Partnership for Financial Inclusion* (GPFI, Globale Partnerschaft für Finanzielle Teilhabe)[388] ist das Thema prominent in einer von fünf Untergruppen repräsentiert, der *GPFI Subgroup on Financial Consumer Protection and Financial Literacy*.[389] Ziel der Untergruppe ist es unter anderem, innerhalb von fünf Jahren die Leistungen im Bereich der finanziellen Bildung und des Finanzwissens zu verstärken.[390] Im Oktober 2020 wurde ein Bericht über die Fortschritte der Bemühungen für die Jahre 2017 bis 2020 veröffentlicht.[391] Hervorzuheben ist hier, dass die Untergruppe erfolgreich alle G20-Länder aufforderte, eine Umfrage des *International*

387 Vgl. die Definition „[…] *knowledge and understanding (financial literacy)*" bei *De Meza/Irlenbusch/Reyniers*, FSA – Financial Capability: A Behavioral Economics Perspective, 2008, S. 2.

388 Siehe: http://www.gpfi.org/; zuletzt abgerufen am 20.08.2021.

389 Siehe: http://www.gpfi.org/subgroup-financial-consumer-protection-and-financial-literacy; zuletzt abgerufen am 20.08.2021.

390 Siehe: http://www.gpfi.org/publications/gpfi-financial-consumer-protection-and-financial-literacy-subgroup-2016-work-plan; zuletzt abgerufen am 20.08.2021.

391 GPFI, G20 Financial Inclusion Action Plan, Progress Report 2017 – 2020, October 2020; abrufbar unter: https://g20.org/en/g20/Documents/GPFI-FIAP%20Progress%20Report%202017-2020%20(October%202020).pdf; zuletzt abgerufen am 20.08.2021.

*Network on Financial Education* (INFE, Internationales Netzwerk zur Finanziellen Bildung) der OECD (Organisation für wirtschaftliche Zusammenarbeit und Entwicklung) zur Messung der finanziellen Allgemeinbildung durchzuführen. Die Ergebnisse der Umfrage wurden in einem Bericht vorgestellt, der dazu beiträgt, die Kompetenzen von Erwachsenen im Bereich der Finanzbildung darzustellen und wirksame Strategien zur Vermittlung von Finanzwissen auf einer harmonisierten Grundlage zu ermitteln. Um diesen Prozess zu ergänzen, entwickelte das INFE der OECD mit Beiträgen von G20- und Nicht-G20-Ländern sowie anderen interessierten Partnern eine Datenbank mit evaluierten Initiativen zur finanziellen Allgemeinbildung,[392] die Behörden und anderen Interessengruppen als Referenz dienen soll, um die Qualität der finanziellen Allgemeinbildung zu verbessern.[393]

## 3. Kritik der finanziellen Bildung

Allerdings gibt es auch kritische Stimmen bezüglich der Effektivität finanzieller Bildung. Die bereits erwähnte von der Europäischen Kommission in Auftrag gegebene Studie zu Verbraucherentscheidungen im Finanz-Retailmarkt aus der Perspektive der *Behavioral Economics* kommt zu dem Ergebnis, dass Wirkung und Erfolg politischer Programme zur Förderung der finanziellen Bildung begrenzt sind.[394] Zwar trafen Privatanleger, die über eine höhere Bildung verfügten und sich selbst als finanzkundig bezeichneten, bessere Anlageentscheidungen. Allerdings bestehen Zweifel, ob oder bis zu welchem Grad es möglich ist, diese Kenntnisse durch Bildungsmaßnahmen oder Informationskampagnen zu verbessern.[395]

Aus der Perspektive der *Behavioral Economics* wird ferner kritisiert, dass sich *financial capability* (Finanzkompetenz) zwar aus Wissen und Fähigkeiten zusammensetzt, die Wahl des Wissens und seine Anwendung aber vorrangig von intrinsischen psychologischen Eigenschaften und nicht von Informationen

---

392 OECD/INFE 2020 International Survey of Adult Financial Literacy; abrufbar unter: https://www.oecd.org/financial/education/launchoftheoecdinfeglobalfinancialliteracysurveyreport.htm; zuletzt abgerufen am 20.08.2021.

393 GPFI, G20 Financial Inclusion Action Plan, Progress Report 2017 – 2020, October 2020, S. 9.

394 *Chater/Huck/Inderst*, Consumer Decision-Making in Retail Investment Services: A Behavioural Economics Perspective, Final Report, 2010, S. 40 ff. und 390.

395 *Chater/Huck/Inderst*, Consumer Decision-Making in Retail Investment Services: A Behavioural Economics Perspective, Final Report, 2010, S. 390.

abhängt. Da also eine geringe Finanzkompetenz hauptsächlich eine Frage der Psychologie sei, sei bei auf Informationsvermittlung ausgerichteten Strategien nur ein geringer Erfolg zu erwarten.[396] Weiterhin müsse finanzielle Erziehung in einem ersten Schritt das finanzielle Wissen und Verständnis verbessern und diese Verbesserung müsse im zweiten Schritt zu einer Änderung des Verhaltens führen. Die hierzu durchgeführte empirische Forschung sei jedoch zu dem Ergebnis gekommen, dass finanzielle Bildung vermutlich keine größere, nachhaltige Auswirkung auf das entsprechende Wissen und insbesondere auf das Verhalten habe.[397]

## 4. Stellungnahme

Zur Kritik an der Effektivität der finanziellen Bildung ist zu sagen, dass sich die letztgenannte Ansicht lediglich auf solche Maßnahmen bezieht, deren Ziel in der Vermittlung von Informationen besteht. Bildungsinitiativen, die – wie oben skizziert – darauf abzielen, unbewusst verwendete Heuristiken und Verzerrungen bei Entscheidungsprozessen offenzulegen und ins Bewusstsein zu rücken, könnten durchaus geeignet sein, das Anlageentscheidungsverhalten der Privatanleger nachhaltig zu verbessern.[398]

Besonders effektiv könnte eine solche Bildung sein, wenn sie bereits in der Schule im Rahmen des Unterrichts der Pflichtfächer stattfindet – im Gegensatz zu Informationskampagnen durch Regierungs- oder Finanzinstitutionen. Hierdurch könnte eine nachhaltige finanzielle Bildung mit einem entsprechenden Grundverständnis von Märkten, Akteuren und Produkten bewirkt werden, nicht nur eine Vermittlung kurzlebiger Informationen.

Aber auch die Effektivität der Vermittlung von Finanzwissen zur Verbesserung des Anlegerschutzes sollte nicht voreilig abgelehnt werden. Hier besteht vielmehr weiterer Forschungsbedarf, entsprechende Bildungs- und Informationsprogramme wissenschaftlich zu begleiten und ihre Erfolge zu quantifizieren, zu analysieren und letztlich zu evaluieren. So sollten beispielsweise empirische Studien die Maßnahmen der finanziellen Erziehung und Bildung durch das *International Network on Financial Education* der OECD oder durch die *Subgroup on Financial Consumer Protection and Financial Literacy* der *Global Partnership*

---

396 *De Meza/Irlenbusch/Reyniers*, FSA – Financial Capability: A Behavioral Economics Perspective, 2008, S. 2.

397 *Ibd.*

398 Ähnlich: *Chater/Huck/Inderst*, Consumer Decision-Making in Retail Investment Services: A Behavioural Economics Perspective, Final Report, 2010, S. 41.

*for Financial Inclusion* der G20 begleiten. So können etwa durch Beobachtungen und Befragungen Daten zum kurz-, mittel- und langfristigen Einfluss entsprechender Maßnahmen bei Kindern und Jugendlichen in der Schule sowie bei Erwachsenen in Form von Bildungsinitiativen auf die Qualität der Investitionsentscheidungen von Privatanlegern und auf das Vertrauen in die Funktionsfähigkeit und Integrität der Finanzmärkte erhoben, analysiert, bewertet und Empfehlungen für die Politik daraus abgeleitet werden.

Die Schutzstrategie der finanziellen Bildung geht vom Anlegerleitbild des *homo oeconomicus limitatus* aus, da sie versucht, den Beschränkungen des Anlegerwissens und der Urteils- und Entscheidungsfähigkeit des Privatanlegers entgegenzuwirken. Diese Strategie ist nicht unmittelbar im Anlegerschutzrecht durch Kapitalmarktgesetze und Rechtsprechung verortet, sondern durch Bildungsmaßnahmen in Schulen und durch öffentliche Initiativen umzusetzen. Sie fand bisher verhältnismäßig wenig Beachtung auf Ebene der EU und der Bundesrepublik. Es ist allerdings eine Strategie mit dem Potential zu einer nachhaltigen Verbesserung des Anlegerschutzes. Aus diesem Grund sollte ihre Wirksamkeit besser erforscht werden und sollte der Gesetzgeber sie ggf. *de lege ferenda* stärker einsetzen.

## II. Anlegerschutz durch Information

Der Schutz von Anlegern durch Informationen, also durch das legislative Instrument von Informationspflichten der Anbieterseite (Emittenten und Vertrieb von Anlageprodukten), stellt wohl die zentrale Strategie und das wichtigste Konzept des Anlegerschutzes dar.[399]

Das Informationsmodell basiert zunächst auf dem traditionellen Anlegerleitbild des *homo oeconomicus classicus*, also des rationalen Anlegers, der seinen stabilen Präferenzen entsprechend seinen Eigennutz maximierende Anlageentscheidungen trifft, sofern er über die hierfür erforderlichen Informationen verfügt. Zugleich eröffnet das Informationsmodell Möglichkeiten für den Gesetzgeber, ausgehend von dem hier weiterentwickelten Anlegerleitbild des *homo oeconomicus limitatus*, durch Regulierung der Art, des Umfangs und der

---

399 Vgl. etwa *Klöhn*, ZHR 177 (2013), 349, 361 f., der vom „*Informationsparadigma des Kapitalmarktrechts*“ spricht, dessen alleiniger Grund die Existenz von Informationsasymmetrien und dessen alleiniger Zweck die Beseitigung der Informationsungleichgewichte sei; Instrumente zur Bewältigung anderer Formen von Marktversagen oder zur Erreichung anderer Ziele würden als Ergänzung der klassischen Instrumente des Kapitalmarktrechts verstanden.

Darstellung (Gestaltung, Standardisierung, Vergleichbarkeit etc.) der Informationen wissenschaftlich belegte Rationalitätsdefizite der Anleger zu berücksichtigen und zu adressieren.

Informationspflichten erfüllen den Zweck, Informationsasymmetrien zu beheben, also Kunden vor Abschluss eines Vertrages mit professionellen Anbietern von Finanzdienstleistungen möglichst umfassend zu informieren, um damit das auf Kundenseite bestehende Informationsdefizit auszugleichen und sie so vor nachteiligen Geschäften zu schützen.[400] Im Folgenden werden die Quellen, die wesentlichen Inhalte, die Entwicklung und die Debatte über die Grenzen des informationsbasierten Anlegerschutzes besprochen.

Hierzu werden in einem ersten Schritt die von der Gesetzgebung vorgegebenen sowie die von der Rechtsprechung entwickelten Informationspflichten untersucht (nachfolgend 1.). Im zweiten Schritt wird die Diskussion über das Informationsmodell, seine Stärken und Schwächen, dargestellt (nachfolgend 2.) und im dritten Schritt hierzu Stellung genommen (nachfolgend 3.).

## 1. Der informationsbasierte Anlegerschutz

Im Folgenden werden zunächst die gesetzlichen Pflichten zur Veröffentlichung oder Zurverfügungstellung bestimmter für den Kapitalmarkt im Allgemeinen und für die Anleger im Besonderen relevanten Informationen aufgezeigt (nachfolgend a)). Im Anschluss werden die von der Rechtsprechung entwickelten Pflichten, Anleger in Beratungssituationen angemessen zu informieren (nachfolgend b)) sowie in Nicht-Beratungssituationen aufzuklären (nachfolgend c)), untersucht.

### *a) Schutz durch gesetzliche Informationspflichten*

Es wäre für die Aufgabenstellung dieser Untersuchung nicht zielführend, hier alle gesetzlichen Informationspflichten betrachten zu wollen. Aus diesem Grund wird nur eine beispielhafte Auswahl an Pflichten dargestellt, die der Veranschaulichung des Informationsmodells dienen soll. Zunächst wird kurz die Pflicht zur Veröffentlichung von allgemeinen, für den gesamten Kapitalmarkt bestimmten

---

400 Statt vieler: *Andresen/Gerold*, BaFin Journal, August 2015, 31, 32; abrufbar unter https://www.bafin.de/SharedDocs/Veroeffentlichungen/DE/Fachartikel/2015/fa_bj_1508_basisinformationsblatt_priips_verordnung.html;jsessionid=A7F384F10FDC97A5C175C6F6E9345F6D.2_cid372?nn=7845970#doc7849750bodyText2; zuletzt abgerufen am 20.08.2021.

Informationen aufgezeigt (nachfolgend aa)). Im Anschluss wird die Pflicht, dem konkreten Anlageinteressenten bestimmte Informationen zur Verfügung zu stellen, erörtert (nahfolgend bb)). Besonderer Schwerpunkt sind dabei die Kurzinformationsblätter, insbesondere nach der PRIIP-VO.

### *aa) Gesetzliche Pflichten zur Veröffentlichung allgemeiner Kapitalmarktinformationen*

Der Schutz von Anlegern durch gesetzliche Informationspflichten meint zunächst die öffentlichen Kapitalmarktinformationen, die in § 1 Abs. 2 S. 1 KapMuG legaldefiniert sind als „Informationen über Tatsachen, Umstände, Kennzahlen und sonstige Unternehmensdaten, die für eine Vielzahl von Kapitalanlegern bestimmt sind und einen Emittenten von Wertpapieren oder einen Anbieter von sonstigen Vermögensanlagen betreffen." Es handelt sich dabei um unternehmens- oder anlagebezogene Informationen, die der Allgemeinheit der Kapitalmarktakteure durch Veröffentlichung zugänglich zu machen sind, um ein *level playing field* für die Akteure zu schaffen. Dies dient den Funktionen des individuellen sowie des funktionalen Anlegerschutzes. Unter die öffentlichen Informationen fallen insbesondere Prospekte nach der ProspVO, Prospekte, Informationsblätter und wesentliche Anlegerinformationen[401] nach dem

---

401 Der Begriff „wesentliche Anlegerinformationen" im KAGB wird in der Literatur teilweise mit „WAI" abgekürzt oder in der englischen Version „Key Investor Information Document", kurz „KIID", verwendet. Letzterer Begriff stammt aus der englischen Version der „Commission Regulation (EU) No 583/2010 of 1 July 2010 implementing Directive 2009/65/EC of the European Parliament and of the Council as regards key investor information and conditions to be met when providing key investor information or the prospectus in a durable medium other than paper or by means of a website" und bezieht sich auf OGAW (englisch: UCITS = Undertakings for Collective Investments in Transferable Securities). Teilweise wird im Zusammenhang mit Investmentvermögen (OGAW und AIF) i.S.d. KAGB auch die verkürzte Version „Key Information Document" oder „KID" verwendet, die aus der englischen Version der „Regulation (EU) No 1286/2014 of the European Parliament and of the Council of 26 November 2014 on key information documents for packaged retail and insurance-based investment products (PRIIPs)" stammt und sich daher eigentlich auf die „Basisinformationsblätter" für „verpackte Anlageprodukte für Kleinanleger und Versicherungsanlageprodukte" bezieht. Für einen guten Überblick über die Gemeinsamkeiten und Unterschiede zwischen „UCITS KIID" und „PRIIP KID" siehe: http://www.elexica.com/-/media/files/microsites/priips/ucits%20kiid%20v%20priips%20kid%20%20the%20two%20regimes%20and%20key%20points%20of%20comparison%20337589621.pdf; zuletzt abgerufen am 20.08.2021.

VermAnlG und dem KAGB, Mitteilungen über Insiderinformationen nach Art. 17 MAR und § 26 WpHG sowie die Finanzberichterstattung, beispielsweise Jahresabschlüsse und (Konzern-)Lageberichte, vgl. § 1 Abs. 2 S. 2 Nr. 5 KapMuG.

*bb) Gesetzliche Pflichten zur Information konkreter Anlageinteressenten*

Des Weiteren betreffen die gesetzlichen Pflichten solche Informationen, die konkreten Anlageinteressenten zur Verfügung zu stellen sind. Diese sind etwa in den Vorschriften über Wertpapierprospekte (ProspVO und WpPG), Informationsblätter (WpHG und VermAnlG) sowie Verkaufsprospekte und wesentliche Anlegerinformationen (KAGB) geregelt.

Eine wichtige diesbezügliche Entwicklung der letzten Jahre besteht darin, dass ein Teil der genannten Informationen in Form sogenannter Kurzinformationsblätter zu gestalten ist. Ihr Zweck ist es, die Anlageinteressenten kurz, übersichtlich und leicht verständlich über das jeweilige Anlageprodukt zu informieren. Hiermit unternimmt es der Gesetzgeber, die kognitiven Probleme des *information overload*, des *framing* und der *bounded ability* insgesamt zu adressieren.[402]

Zu erwähnen sind hier insbesondere das Informationsblatt bei der Anlageberatung gemäß § 64 Abs. 2 S. 1 WpHG n.F. sowie das standardisierte Informationsblatt für Aktien, die im Zeitpunkt der Anlageberatung an einem organisierten Markt gehandelt werden, gemäß § 64 Abs. 2 S. 3 WpHG n.F., das Vermögensanlagen-Informationsblatt gemäß § 13 VermAnlG sowie die wesentlichen Anlegerinformationen des KAGB, etwa für Anteile oder Aktien an OGAW oder offenen Publikums-AIF (§§ 164 und 166 KAGB), an geschlossenen Publikums-AIF (§§ 268 und 270 KAGB) oder an Spezial-AIF (§§ 166 und 270 KAGB).

Denselben Zweck verfolgt auf europäischer Ebene die Verordnung über Basisinformationsblätter für verpackte Anlageprodukte für Kleinanleger und Versicherungsanlageprodukte (PRIIP-VO).[403] Die Verordnung regelt EU-weit Format und Inhalt (z.B. nicht mehr als drei DIN-A4-Seiten, verständliche Sprache, Amtssprache der EU) der sogenannten Basisinformationsblätter (*Key Information Documents* oder *KIDs*)[404] für PRIIP. Dabei werden die Hersteller von

---

402 *Koch*, BKR 2012, 485, 487.

403 Verordnung (EU) Nr. 1286/2014 des Europäischen Parlaments und des Rates vom 26.11.2014 über Basisinformationsblätter für verpackte Anlageprodukte für Kleinanleger und Versicherungsanlageprodukte (PRIIP); die Abkürzung PRIIP steht für die englische Bezeichnung „*Packaged Retail and Insurance-based Investment Products*".

404 Auch im deutschen Schrifttum und in der Medienberichterstattung wird für das Basisinformationsblatt häufig der englische Begriff „*Key Information Document*" oder seine

Finanzprodukten – erstmals auch Versicherungsgesellschaften – verpflichtet, Basisinformationsblätter zu erstellen. Die Verordnung legt somit einen EU-weit verbindlichen Standard – nach dem Vorbild der wesentlichen Anlegerinformationen für Fonds – fest, um die unterschiedlichen Kurzinformationsblätter in den EU-Mitgliedstaaten für verschiedene Anlage- und Versicherungsprodukte zu vereinheitlichen und hierdurch deren Vergleichbarkeit zu verbessern. Ziel ist es daher auch, die wesentlichen Anlegerinformationen des KAGB für OGAW und AIF auf Basisinformationsblätter nach der PRIIP-VO umzustellen. Die Frist zur Umstellung wurde um zwei Jahre bis zum 31. Dezember 2021 verlängert.[405] So lange können PRIIP-Hersteller noch wesentliche Anlegerinformationen für OGAW- und AIF-Fonds verwenden, Art. 14 Abs. 2 Delegierte Verordnung (EU) 2017/653 der Kommission. Die PRIIP-Verordnung ist am 29.12.2014 in Kraft getreten, das Datum ihrer unmittelbaren Geltung in allen Mitgliedstaaten der Europäischen Union war vom 01.01.2017 auf den 01.01.2018 verschoben worden.[406]

Allgemein sind PRIIP, also verpackte Anlageprodukte und Versicherungsanlageprodukte im Sinne der Verordnung, alle Anlageverträge und -produkte, bei denen das Geld der Anleger nicht direkt, sondern indirekt am Kapitalmarkt angelegt wird oder bei denen der Rückzahlungsanspruch auf sonstige Weise an die Wertentwicklung bestimmter Referenzwerte gekoppelt ist.[407] Hierzu gehören insbesondere sogenannte strukturierte Finanzprodukte, wie etwa Optionsscheine, die in Versicherungen, Wertpapiere oder Bankprodukte eingebettet sind. Ferner zählen Derivate dazu, also Finanzprodukte, deren Wert sich von Basiswerten (*underlyings*), wie beispielsweise Aktien oder Wechselkursen, ableitet. Außerdem fallen Versicherungsprodukte mit Anlagecharakter darunter, z.B. kapitalbildende und fondsgebundene Lebensversicherungen sowie

Abkürzung „*KID*" verwendet; der Einfachheit halber soll hier teilweise ebenfalls darauf zurückgegriffen werden.

405 Siehe die Delegierte Verordnung (EU) 2019/1866 der Kommission vom 03.07.2019 zur Änderung der Delegierten Verordnung (EU) 2017/653 im Hinblick auf die Anpassung der Übergangsregelung nach Artikel 32 der Verordnung (EU) Nr. 1286/2014 des Europäischen Parlaments und des Rates für PRIIP-Hersteller, die Fondsanteile als zugrunde liegende Anlageoptionen anbieten, an die verlängerte Anwendungsfrist gemäß diesem Artikel: https://eur-lex.europa.eu/legal-content/DE/TXT/PDF/?uri=CELEX:32019R1866&from=DE; zuletzt abgerufen am 20.08.2021.

406 Siehe die Presseerklärung der Europäischen Kommission vom 09.11.2016: http://europa.eu/rapid/press-release_IP-16-3632_en.htm; zuletzt abgerufen am 15.09.2020.

407 *Andresen/Gerold*, BaFin Journal, August 2015, 31, 33.

Hybrid-Produkte. *Last but not least* gehören auch offene und geschlossene Investmentfonds (OGAW sowie offene und geschlossene AIF) dazu.[408]

Die PRIIP-Verordnung verpflichtet die Hersteller der genannten Anlageprodukte und der kombinierten Versicherungsanlageprodukte gemäß Art. 5 Abs. 1, vorvertragliche Basisinformationsblätter abzufassen und auf ihrer Website zu veröffentlichen. Ferner verpflichtet sie die Berater und Verkäufer der Produkte gemäß Art. 13 Abs. 1, die KIDs rechtzeitig vor Vertragsschluss über ein PRIIP für Kleinanleger bereitzustellen.

Die Basisinformationsblätter müssen gemäß Art. 6 Abs. 4 der Verordnung prägnant formuliert sowie in leicht verständlicher Art und gut leserlicher Schriftgröße präsentiert sein und dürfen ausgedruckt nicht mehr als drei Seiten im A4-Format umfassen, um die Vergleichbarkeit der Informationsblätter – und somit auch der Produkte – zu ermöglichen. Art. 8 konkretisiert den Aufbau und Inhalt der wesentlichen Informationen, die die Kleinanleger benötigen, um Risiken, Renditemöglichkeiten, den maximal möglichen Verlust sowie die Kosten der Anlageprodukte einschätzen und verstehen zu können. Die Informationen sollen als Antworten auf konkrete Fragen dargestellt werden, wie etwa: „*Welche Risiken bestehen und was könnte ich im Gegenzug dafür bekommen?*". Ferner sollen ein „Gesamtkostenindikator" mit den aggregierten direkten und indirekten sowie einmaligen und laufenden Kosten in absoluten und Prozentzahlen sowie ein „Gesamtrisikoindikator" das Verständnis erleichtern und die Vergleichbarkeit verbessern. Diese grafisch darzustellenden Indikatoren und die ihnen zugrundeliegenden Berechnungen sind ein wesentlicher Unterschied zu den oben genannten Informationsblättern nach deutschem Recht, die nicht auf europäischen Vorgaben beruhen, da diese die Risiken und Kosten ausschließlich verbal umschreiben. Neu ist zudem die Pflicht, für besonders komplexe PRIIP einen Warnhinweis in das KID aufzunehmen, mit dem Wortlaut: „*Sie sind im Begriff, ein Produkt zu erwerben, das nicht einfach ist und schwer zu verstehen sein kann.*"

### *b) Schutz durch Informationspflichten in Beratungssituationen nach der Rechtsprechung*

Weiterhin sollen Anleger durch Informationspflichten in Beratungssituationen geschützt werden. Diese beratungsbezogenen Informationspflichten wurden in

408 *Andresen/Gerold*, BaFin Journal, August 2015, 31, 32.

einem Wechselspiel der Rechtsprechung des XI. Zivilsenats des BGH und der Gesetzgebung geschaffen, weiterentwickelt und normiert.

#### *aa) Die Bond-Entscheidung des BGH und § 64 WpHG n.F.*

Ausgangspunkt dieser Entwicklung war das bereits angesprochene Bond-Urteil des XI. Zivilsenats des BGH,[409] dessen Kernaussage die Pflicht der Wertpapierdienstleister zur anleger- und anlagegerechten Beratung ist. Unter „anlegergerechter Beratung" ist die Berücksichtigung des Wissensstandes des Kunden über Anlagegeschäfte der vorgesehenen Art und der Risikobereitschaft des Anlegers zu verstehen.[410] „Anlagegerechte Beratung" meint, dass die sich auf das Anlageobjekt beziehende Beratung diejenigen Eigenschaften und Risiken des Objekts benennen muss, die für die jeweilige Anlageentscheidung wesentliche Bedeutung haben oder haben können.[411] Diese Kriterien wurden von der Gesetzgebung aufgegriffen und sind nunmehr in § 64 WpHG n.F. normiert.[412]

#### *bb) Die Rückvergütungs-Entscheidung des BGH und § 31d WpHG-E (§ 70 WpHG n.F.)*

Für den nächsten Schritt in der Entwicklung der beratungsbezogenen Informationspflichten, nämlich die Pflicht der Bank zur Aufklärung über Interessenkonflikte – insbesondere bei Rückvergütungszahlungen von Dritten –, orientierte sich der XI. Zivilsenat offenbar an § 31d WpHG-E über Zuwendungen (jetzt in § 70 WpHG n.F. normiert), der sich zum damaligen Zeitpunkt gerade im Gesetzgebungsverfahren befand.[413] Im sogenannten Rückvergütungs-Urteil[414] hatte

409 BGH, Urt. v. 06.07.1993, Az.: XI ZR 12/93 = BGHZ 123, 126 = NJW 1993, 2433; zu dem der Entscheidung zugrundeliegenden Sachverhalt siehe oben: B. II. 2. a).

410 NJW 1993, 2433 1. Leitsatz.

411 NJW 1993, 2433.

412 Diese Vorschrift (vielmehr ihre Vorgängernorm in § 31 WpHG a.F.) hat ihrerseits wiederum das Verständnis der anleger- und anlagegerechten Beratung in der Rechtsprechung beeinflusst, vgl. *Koch*, BKR 2012, 485, 486 m.w.N. in Fn. 10.

413 Vgl. *Rößler*, NJW 2008, 554, 556; *Schäfer/Schäfer*, BKR 2007, 160, 166.

414 BGH, Urt. v. 19.12.2006, Az.: XI ZR 56/05 = BGHZ 170, 226 = NJW 2007, 1876 = ZBB 2007, 193; diese Rückvergütungs-Entscheidung von 2006 soll nach dem XI. Zivilsenat die Weiterführung der Kick-Back-Urteile vom 28.02.1989, Az.: XI ZR 70/88 = WM 1989, 1047 und vom 06.02.1990, Az.: XI ZR 184/88 = WM 1990, 462 darstellen sowie in einer Rechtsprechungslinie mit seinem Urteil vom 19.12.2000, Az.: XI ZR 349/99 = NJW 2001, 962 (Offenlegungspflicht der Bank über Beteiligung eines Vermögensverwalters) stehen, vgl. BGH, Beschl. v. 29.06.2010, Az.: XI ZR 308/09, Rn. 5 und 11 = WM 2010, 1649; BGH, Urt. v. 08.05.2012, Az.: XI ZR 262, 10 Rn. 25 = BGHZ 193,

der BGH über folgenden Sachverhalt zu entscheiden: Der Kläger reichte Klage aus abgetretenen Ansprüchen im Zusammenhang mit Wertpapiergeschäften gegen die beklagte Bank ein. Die Zedentin, eine GmbH, hatte nach einem Beratungsgespräch mit Mitarbeitern der Beklagten Anteile an Aktienfonds sowie Aktien erworben. Die Bank erhielt in der Folge aus den Ausgabeaufschlägen und den Verwaltungsgebühren der konzerneigenen Fonds Rückvergütungen. Über die Aufschläge hatte sie die Zedentin informiert, über die Rückvergütungen hingegen nicht. Nach starken Kursverlusten veräußerte der Geschäftsführer der Zedentin einen Teil der Fondsanteile und Aktien und erhob Klage gegen die beratende Bank wegen Beratungsfehlern und Verstoßes gegen die Interessenwahrungspflicht (§ 64 Abs. 7 S. 2 Nr. 2 WpHG n.F.) auf Rückzahlung des anteiligen Anschaffungspreises Zug um Zug gegen Übertragung der restlichen Wertpapiere. Die Bank hätte nur Fonds konzerneigener Gesellschaften empfohlen und damit gegen § 31 Abs. 1 Nr. 2 WpHG a.F. verstoßen und zudem vorsätzlich die Rückvergütungen aus den Ausgabeaufschlägen und Verwaltungsgebühren verschwiegen. Nachdem die ersten beiden Instanzen die Klage abgewiesen hatten, erachtete der BGH die Revision des Klägers für begründet, hob das Berufungsurteil auf und verwies die Sache zurück an das OLG München.

In diesem Urteil entschied der BGH erstmals, dass anlageberatende Banken verpflichtet sind, ihre Kunden über verdeckte Rückvergütungen aufzuklären, die sie aus den Ausgabeaufschlägen und jährlichen Verwaltungsgebühren der von ihnen empfohlenen Kapitalanlagen und Fonds erhalten. Auf diese Weise soll der Kunde in die Lage versetzt werden, selbst zu beurteilen, ob die Anlageempfehlung der Bank ausschließlich im Kundeninteresse nach den Kriterien der anleger- und objektgerechten Beratung erfolgt ist oder im Eigeninteresse der Bank, möglichst hohe Rückvergütungen zu erhalten. Durch diese Entscheidung wurde nicht nur der Umfang der Informationspflichten erweitert, sondern auch Aufklärungsinhalt und -richtung: Der Anlageberater der Bank muss nicht nur über die Risiken des Anlageprodukts aufklären, sondern auch über die Interessenkonflikte der Bank.[415] Das Problem der Zuwendungen ist nun in § 70 WpHG n.F. geregelt. Danach sind Zuwendungen von Dritten an Wertpapierdienstleister oder umgekehrt an Dritte grundsätzlich verboten, außer sie dienen der Qualitätssteigerung der Dienstleistung für den Kunden und werden dem Kunden offengelegt.

---

159 = NJW 2012, 2427; BGH, Urt. v. 19.02.2013, Az.: XI ZR 493/11 Rn. 18 = BeckRS 2013, 4222; vgl. *Clouth*, ZHR 177 (2013), 212, 219 Fn. 31, 32.

415 *Koch*, BKR 2012, 485, 486.

### *cc) Die „CMS Spread Ladder Swap"-Entscheidung des BGH*

Im Folgenden werden zunächst die wichtigsten Inhalte der Entscheidung skizziert (nachfolgend (1)). Anschließend werden die sich aus dem Urteil ergebenden Fragen diskutiert (nachfolgend (2)).

#### *(1) Inhalt der Entscheidung*

Den bislang letzten großen Schritt in der Fortentwicklung der Informationspflichten bei der Anlageberatung hat die Rechtsprechung in der Entscheidung „CMS Spread Ladder Swap" getan.[416] Der BGH entschied in diesem Urteil, dass bei hochkomplexen Anlageprodukten, wie dem genannten CMS Spread Ladder Swap, die Aufklärung durch die Bank gewährleisten müsse, dass der Anleger hinsichtlich des Risikos des abgeschlossenen Geschäfts *„im Wesentlichen den gleichen Kenntnis- und Wissensstand hat wie die ihn beratende Bank"*[417]. Nur hierdurch sei dem Kunden eine eigenverantwortliche Entscheidung über die Annahme der angebotenen Zinswette möglich. Der BGH legte diesen außerordentlich hohen Aufklärungsmaßstab fest, obwohl im konkreten Fall der Anleger ein mittelständisches Unternehmen war und an dem Beratungsgespräch außer dem Geschäftsführer des Unternehmens auch die Prokuristin, eine Diplom-Volkswirtin, teilnahm. Aus der beruflichen Qualifikation dürfe jedoch nicht auf Kenntnisse und Erfahrungen mit Finanztermingeschäften und aus entsprechenden Kenntnissen auch nicht auf die Risikobereitschaft eines Anlegers geschlossen werden, so der XI. Zivilsenat.[418] Darüber hinaus müsse sich der Berater des Kreditinstituts Gewissheit darüber verschaffen, dass der Anleger *„die von ihm geschilderten Risiken des Finanzprodukts in jeder Hinsicht verstanden"* habe.[419] Dies gelte, wenn der Anlageberater der Bank sich vor der Anlageempfehlung nicht über die Risikobereitschaft des Kunden erkundigt habe, da er anders die Pflicht zur anlegergerechten Beratung nicht erfüllen könne.

#### *(2) Stellungnahme*

Dieses Urteil ist in Bezug auf den Anlegerschutz durch Informationspflichten in Beratungssituationen in mehrfacher Hinsicht bemerkenswert. Zunächst stellt es

416 BGH, Urt. v. 22.03.2011, Az.: XI ZR 33/10 = BGHZ 189, 13 = NJW 2011, 1949 = BKR 2011, 293; zu dem dieser Entscheidung zugrundeliegenden Sachverhalt siehe oben: B. II. 2. b) bb).

417 BGH, BKR 2011, 293 2. Leitsatz.

418 BGH, BKR 2011, 293, 296 Rn. 25.

419 BGH, BKR 2011, 293, 296 Rn. 24.

die Beratungspraxis vor eine große Herausforderung. Es verpflichtet die Bankberater zur Vermittlung zahlreicher und darüber hinaus sehr anspruchsvoller Informationen: Nach dem Urteil ist eine *„eingehende Erläuterung aller Elemente der Formel zur Berechnung des variablen Zinssatzes (Multiplikationsfaktor, ‚Strike', Anknüpfung an den Zinssatz der Vorperiode, Mindesteinsatz des Kunden von 0 %) und ihrer konkreten Auswirkungen (z.B. Hebelwirkungen, ‚Memory-Effekt') bei allen denkbaren Entwicklungen des ‚Spreads' erforderlich"* und zudem *„insbesondere auch eine eindeutige Aufklärung des Kunden darüber, dass das Chance-Risiko-Profil zwischen Teilnehmern der Wette unausgewogen ist"*.[420]

Bei der Bewertung des Urteils aus Sicht des Anlegerschutzes durch Informationspflichten ist zunächst die bankseitige Pflicht zur eindeutigen Aufklärung über die im Ergebnis ungleich verteilten Chancen und Risiken einer derartigen Finanzwette ohne Abstriche zu begrüßen.

Hingegen dürfte die kundengerechte Erläuterung der zahlreichen Einzelfaktoren der Zinssatzberechnung und ihrer Auswirkungen – unter Berücksichtigung aller denkbaren Szenarien (!) – sowohl den größten Teil der Privatanleger als auch vermutlich einen großen Teil der Bankberater überfordern.[421] Hierbei ist zu beachten, dass der BGH nicht auf den Wissensstand des konkreten Beraters, sondern auf den Wissensstand *„der Bank"* abstellt.[422] Hinzu kommt das relativ kurze Zeitfenster, das für ein Anlageberatungsgespräch zur Verfügung steht, in dem diese *„eingehende"* Beratungsleistung erbracht werden muss.

Diese maximal hohen Anforderungen an die Beratungspflicht der Bank sind in der Praxis kaum zu erfüllen. Selbst der Vorsitzende Richter des XI. Zivilsenats, Ulrich Wiechers, gesteht zu, dass die Anforderungen an die Beratung *„prohibitiv hoch"* sein könnten.[423] Dies hat einige Autoren zu der Schlussfolgerung gebracht, es handele sich bei dieser Rechtsprechung nicht so sehr um eine Erweiterung und Vertiefung der Beratungspflichten der Banken, sondern letztlich um ein

---

420 BGH, BKR 2011, 293, 296 Rn. 25.

421 So auch: *Koch*, BKR 2012, 485, 488; *Köndgen*, BKR 2011, 283.

422 Es ist allerdings unklar, auf welchem Niveau der „Wissensstand der Bank" zu konkretisieren ist: Wissensstand eines gut informierten Beraters, Wissensstand durch gesellschafts- und konzernweite Wissenszurechnung oder gar Wissensstand des Entwicklers des jeweiligen Produkts? Vgl. *Koch*, BKR 2012, 485, 488 m.w.N.

423 Auf die sich selbst gestellte Frage, ob die durch das Urteil konstituierten Informationspflichten nicht prohibitiv hoch seien, antwortete *Ulrich Wiechers* in seinem Bericht über die aktuelle Rechtsprechung des BGH: *„Das mag sein"*, *Wiechers*, WM 2012, 477, 480.

faktisches Verbot von Finanzprodukten, die so komplex sind, dass bei ihnen die Erfüllung der konstituierten Informationspflichten faktisch nicht möglich ist.[424]

Ein solches Vorgehen des BGH würde allerdings die Frage nach der Einhaltung der Gewaltenteilung aufwerfen, also danach, ob es nicht die Aufgabe des demokratisch legitimierten Gesetzgebers ist, ganze Klassen oder Arten von Anlageinstrumenten zu verbieten – und nicht die Aufgabe der Judikative.[425] Zudem würde ein eindeutiges gesetzliches Verbot der Rechtsklarheit und Rechtssicherheit – und somit auch dem Anlegerschutz – dienen, im Gegensatz zu einem indirekten Verbot durch richterliche Informations- und Beratungspflichten, die faktisch nicht erfüllbar sind.

Ein weiterer vielbeachteter Aspekt des Urteils wirft ebenfalls die Frage nach der Gewaltenteilung auf: die „Verständnishaftung". Demnach liegt die Verantwortung dafür, dass der Kunde „*die von* [dem Bankberater] *geschilderten Risiken des Finanzprodukts in jeder Hinsicht verstanden hat*"[426], bei der Bank. Die allgemeine Einführung einer solchen Risiko- und Haftungsverteilung würde allerdings das gesamte bisherige System der Haftung für die Verletzung von Informationspflichten in Beratungssituationen handstreichartig auf den Kopf stellen.

Bisher haben Gesetzgebung und Rechtsprechung Aufklärungsstandards für Beratungssituationen geschaffen, die von (Bank-)Beratern einzuhalten sind. Sind jedoch diese vorgeschriebenen Aufklärungen vorgenommen und ist der Anleger genügend informiert, um eine kundige Anlageentscheidung zu treffen, so liegt es bei ihm zu beurteilen, ob er die dargebrachten Aufklärungen und Informationen verstanden hat und somit eine rationale Investitionsentscheidung auf dieser Grundlage treffen kann. Hat er Zweifel hieran, so kann er sich dadurch schützen, dass er den Anlagevertrag nicht abschließt, sondern Abstand hiervon nimmt. Schließt er den Investitionsvertrag nach pflichtgemäßer Aufklärung und Information ab, so trägt er selbst das Risiko seines eigenen (ggf. mangelnden) Verständnisses.[427] Verliert er durch die Anlage Geld infolge eines Umstandes, über den er zwar informiert und beraten wurde, den er jedoch nicht

---

424 *Buck-Heeb*, ZHR 176 (2012), 66, 93; *Grundmann*, WM 2012, 1745, 1747; *Herresthal*, ZIP 2013, 1049, 1051; *Klöhn*, ZIP 2011, 762, 763; *Koch*, BKR 2012, 485, 490; *Spindler*, NJW 2011, 1920, 1922.

425 *Koch*, BKR 2012, 485, 491.

426 BGH, Urt. v. 22.03.2011, Az.: XI ZR 33/10 = BKR 2011, 293, 296 Rn. 24.

427 BGH, Urt. v. 27.10.2009, Az.: XI ZR 337/08 = WM 2009, 2303 Rn. 19; BGH, Urt. v. 14.07.2009, Az.: XI ZR 152/08 = WM 2009, 1647 Rn. 49; BGH, Urt. v. 21.03.2006, Az.: XI ZR 63/05 = WM 2006, 851 Rn. 12.

verstanden hat, so stehen ihm keine Ersatzansprüche gegenüber den Beratern zu.[428] Diese Regelungssystematik und Verteilung von Verantwortung basiert auf dem Informationsmodell des Anlegerschutzes.

Würde nun aber als allgemeines Ziel der Beratung das vollumfängliche Kundenverständnis der Produktrisiken eingeführt und die Verantwortung hierfür auf die Bank übertragen, so führte dies zu einer vollkommen neuen Verantwortungs-, Risiko- und Haftungsverteilung.[429] Nach diesem „Verständnis"-Modell läge die Haftung für fehlendes Verstehen bei der Bank: Hat ein Anleger die in der Beratung geschilderten Risiken nicht verstanden, den Anlagevertrag aber dennoch abgeschlossen, und erleidet er deshalb in der Folge Verluste, so haftete ihm nach der Verständnishaftung die Bank hierfür auf Schadensersatz. Anspruchsgrundlage wäre die Verletzung der Pflicht zur anlegergerechten Beratung, genauer: der Pflicht, das Verständnis des Kunden von den Produktrisiken herbeizuführen und sich dessen zu vergewissern. Dies würde in der Folge aber zu einem *moral hazard*-Problem führen: Hat ein Anlageinteressent die Risiken eines Finanzprodukts in der Beratung nicht verstanden, so bestünde für ihn ein großer (Fehl-)Anreiz, das Geschäft dennoch abzuschließen. Denn wäre die Anlage erfolgreich, so könnte er den Gewinn behalten; bescherte ihm die Anlage hingegen einen Verlust, so könnte er diesen als Schaden von der beratenden Bank wegen seines mangelnden Verständnisses ersetzt verlangen.[430] Selbst wenn der Kunde sehenden Auges eine Anlage tätigte, obwohl er sie nicht verstanden hat, so soll er hierfür möglicherweise nicht einmal im Rahmen des Mitverschuldens nach § 254 BGB einen Teil der Verantwortung übernehmen, sondern ausschließlich die Bank haften.[431]

In der Praxis würde das Verständnisrisiko von den Banken wohl auf relativ einfache Weise auf den Kunden zurückübertragen: Den Kunden würde zum Abschluss der Beratung zusätzlich zur Erklärung im Beratungsprotokoll, welche Informationen und Empfehlungen sie erhalten haben, eine weitere Erklärung,

---

428 Vgl. *Koch*, BKR 2012, 485, 488.

429 So *Koch*, BKR 2012, 485, 488 ff.

430 Natürlich darf hierbei eine gewisse abschreckende Wirkung der Hürden der Anspruchsdurchsetzung nicht übersehen werden: Der geschädigte Anleger müsste einen Anwalt mit der Geltendmachung des Anspruchs beauftragen und bereit sein, den Anspruch gerichtlich – ggf. durch mehrere Instanzen – durchzusetzen. Hierzu werden die meisten Anleger vermutlich erst ab einer gewissen Verlusthöhe bereit sein.

431 So *Koch*, BKR 2012, 488, der allerdings in Fußnote 35 selbst anmerkt, dass diese Äußerung nicht „*ganz eindeutig*" ist, sondern lediglich die „*pauschale Formulierung der Urteilspassage* […] *diese Vermutung*" nahelegt.

dass sie die Risiken der Anlage verstanden haben, zur Unterzeichnung vorgelegt. Die meisten Kunden würden – etwa aus Unachtsamkeit oder Scham – diese Erklärung wohl auch dann unterschreiben, wenn sie die Risiken nicht verstanden haben. Eine Einführung von Kontrollfragen und die Dokumentation der Antworten im Beratungsprotokoll[432] oder gar eine Einführung von Verständnistests, die Kunden ablegen sollen,[433] ist hingegen als zu weitreichend und daher unwahrscheinlich einzuschätzen.

Eine derart weitreichende Interpretation der Urteilspassage berücksichtigt allerdings den Kontext, in dem sie steht, nicht ausreichend. Denn der BGH nennt das Verständnisziel im Rahmen der Prüfung, ob die beklagte Bank ihre Pflicht zur anlegergerechten Beratung erfüllt hat. Der Bankberater ist verpflichtet, den Kunden anlegergerecht, also entsprechend dem Anlagezweck und seiner Risikobereitschaft, zu beraten und ihm entsprechende Finanzprodukte zu empfehlen. Hierfür muss er grundsätzlich nach der Rechtsprechung des BGH[434] – und im Falle von Wertpapierdienstleistungsunternehmen gemäß der gesetzlichen Regelung in § 64 Abs. 3 WpHG n.F. – vor seiner Anlageempfehlung den Kunden zu dessen Kenntnissen und Erfahrungen, dessen finanziellen Verhältnissen und Verlusttragfähigkeit sowie dessen Anlagezielen, inklusive Risikotoleranz, befragen. Diese Befragungspflicht entfällt nur, wenn die zu erfragenden Umstände der Bank bereits aus langjähriger Geschäftsbeziehung oder bisherigem Anlageverhalten des Kunden bekannt sind.[435] Liegt keine dieser Ausnahmen vor und unterlässt der Bankberater die *ex ante*-Befragung dennoch, so kann er seine Pflicht zur anlegergerechten Beratung und Empfehlung nur noch dadurch erfüllen, dass er sich vor der Anlageentscheidung vergewissert, dass sein Kunde die erläuterten Risiken tatsächlich verstanden hat. Andernfalls darf er nicht annehmen, dass seine Empfehlung der Risikobereitschaft des Kunden entspricht.[436]

Unter Berücksichtigung dieses Kontextes ist eher davon auszugehen, dass der BGH mit der Verständniskontrolle eine nachträgliche (d.h. nach der Beraterempfehlung, aber vor der Anlageentscheidung des Kunden) Möglichkeit für Bankberater zur Erfüllung ihrer Beratungspflichten schaffen wollte – und nicht

432 So *Köndgen*, BKR 2011, 283, 284.

433 *Baumann*, EWiR 2011, 407 f. nennt dies eine offene Frage; *Spindler*, NJW 2011, 1920, 1921 diskutiert dies als Folge des Urteils, bezweifelt aber die Effektivität einer solchen Lösung.

434 BGH, Urt. v. 06.07.1993, Az.: XI ZR 12/93 = BGHZ 123, 126, 129.

435 BGHZ 123, 129; *Lang/Balzer*, in: FS Nobbe, 2009, 639, 644.

436 BGH, Urt. v. 22.03.2011, Az.: XI ZR 33/10 = BKR 2011, 293, 296 Rn. 24.

die gesamte Risikoverteilung im System des informationsbasierten Anlegerschutzes in Beratungssituationen in einem *Obiter Dictum* in ihr Gegenteil verkehren wollte.[437] Andernfalls würden durch die Risikoverlagerung auf die Bank sämtliche von Gesetzgebung und Rechtsprechung bislang erarbeiteten Informationsstandards und -erfordernisse bezüglich der Produktrisiken zur Makulatur – und zugleich das Problem des *information overload* auf einfache Weise gelöst.[438] Denn künftig müsste die beratende Bank in ihrem eigenen Interesse verstärkt darauf achten, welche Informationen in welchem Umfang und in welcher Darstellungsform sie dem Kunden präsentiert, um einen *information overload* zu vermeiden und das Kundenverständnis der Risiken sicherzustellen. Aus dem Kontext und dem Wortlaut der Urteilspassage[439] wird jedoch klar, dass dies nicht die Absicht des XI. Zivilsenats war. Vielmehr öffnet er für Banken eine Hintertür aus der Haftung wegen anfänglicher Verletzung der Beratungspflicht, statt ihnen grundsätzlich die gesamte Verantwortung – und somit letztlich die Haftung – zu übertragen. Hat ein Berater es versäumt, den Kunden vorab nach seiner Risikobereitschaft zu befragen, so kann er seine Pflicht zur risikogerechten Aufklärung und Empfehlung immer noch dadurch erfüllen, dass er sich vergewissert, dass der Anlageinteressent die Risiken des Anlageprodukts verstanden hat. Hat der Anleger die Risiken nämlich verstanden und entscheidet er sich für die Anlage, so darf der Berater davon ausgehen, dass seine Empfehlung der Risikobereitschaft des Interessenten entspricht.[440]

---

437 Letztlich stellte der BGH in der Entscheidung über den Schadensersatzanspruch auf die Verletzung der Pflicht zur objektgerechten Beratung ab: BGH, BKR 2011, 293, 296 Rn. 28 ff.

438 Vgl. *Koch*, BKR 2012, 485, 488; allerdings vertritt *Koch* die Ansicht, dass das Urteil die „*Neuausrichtung des informationsbasierten Anlegerschutzes durch den BGH*" darstellt.

439 „*Erkundigt er sich nicht bereits – wie von der Rechtsprechung und aufsichtsrechtlich gefordert – vor seiner Anlageempfehlung nach der Risikobereitschaft des Kunden, so kann er seiner Pflicht zu einer anlegergerechten Empfehlung nur dadurch entsprechen, dass er sich noch vor der Anlageentscheidung seines Kunden die Gewissheit verschafft, dass dieser die von ihm geschilderten Risiken des Finanzprodukts in jeder Hinsicht verstanden hat. Andernfalls kann er nicht davon ausgehen, dass seine Empfehlung der Risikobereitschaft des Kunden entspricht.*" BGH, Urt. v. 22.03.2011, Az.: XI ZR 33/10 = BKR 2011, 293, 296 Rn. 24.

440 Ähnlich auch *Kropf*, ZIP 2013, 401, 402; *Mülbert*, ZHR 177 (2013), 160, 187 Fn. 127.

### c) *Schutz durch Aufklärungspflichten in Nicht-Beratungssituationen nach der Rechtsprechung*

Die oben besprochene BGH-Rechtsprechung in „Bond“, „Rückvergütung“ und „CMS Spread Ladder Swap“ behandelt Pflichten der Bankenseite, die sich aus dem Beratungsvertrag mit dem Kunden ergeben. Die Rechtsprechung nimmt den konkludenten Abschluss des Beratungsvertrages durch beiderseitige Aufnahme des Beratungsgesprächs an.[441]

Allerdings gibt es auch sogenannte Nicht-Beratungssituationen. Auf sie sind die genannten Urteile mangels Beratungsvertrages nicht anwendbar. Die Unterscheidung zwischen „Beratungspflichten“ in Beratungssituationen und „Aufklärungspflichten“ in Nicht-Beratungssituationen ist daher nicht nur eine terminologische, sondern auch eine inhaltliche. Ein einzelnes namensgebendes Urteil gibt es für diese Aufklärungspflichten nicht, einschlägige BGH-Rechtsprechung hingegen schon.[442]

„Aufklärung“ bezeichnet in diesem Zusammenhang die reine Informationsvermittlung gegenüber dem Kunden, also die Mitteilung der Tatsachen, die für eine Anlageentscheidung relevant sind. Demgegenüber bedeutet „Beratung“ über die reine Informationsvermittlung hinaus auch die individuelle, auf den konkreten Anleger und ein konkretes Anlageobjekt bezogene Bewertung der Anlagemöglichkeit und eine entsprechende Handlungsempfehlung durch den Anlageberater.[443]

Eine Aufklärungspflicht in diesem Sinne kann auf Seiten des Kreditinstituts auch ohne Abschluss eines Beratungsvertrages entstehen. Es handelt sich dabei um eine Pflicht, die, dogmatisch betrachtet, dem gesetzlichen Schuldverhältnis bei Aufnahme von Vertragsverhandlungen entspringt und die Bank hier zur Rücksicht auf die Rechte, Rechtsgüter und Interessen des Anlageinteressenten verpflichtet. Die Aufklärungspflicht wird also aus dem vorvertraglichen und vertragsähnlichen Schuldverhältnis der *culpa in contrahendo* abgeleitet,[444] die seit der Schuldrechtsmodernisierung von 2002 in §§ 311 Abs. 2, 241 Abs. 2 BGB kodifiziert ist.

441 BGH, Urt. v. 04.03.1987, Az.: IVa ZR 122/85 = NJW 1987, 1815; BGH, Urt. v. 06.07.1993, Az.: XI ZR 12/93 = BGHZ 123, 126 = NJW 1993, 2433.

442 Vgl. *Clouth*, ZHR 177 (2013), 212, 222.

443 *Clouth*, ZHR 177 (2013), 212, 223.

444 *Ellenberger*, WM 2001, Sonderbeilage Nr. 1, 2, 6.

Die Entstehung der Aufklärungspflicht sowie ihr Inhalt und Umfang hängen hierbei von den konkreten Umständen des Einzelfalles ab.[445] Von entscheidender Bedeutung ist, ob Informationsbedarf auf Seiten des Anlageinteressenten besteht, der *„durch individuelle Verhältnisse des Anlegers oder Besonderheiten der konkreten Geschäfte bedingt* […]“[446] ist. Außer der Aufklärungsbedürftigkeit des Anlageinteressenten wirken sich auch die Art des Anlageobjekts, das Verhalten der Anbieter- und Kundenseite sowie die weiteren Umstände der Geschäftsanbahnung auf die Aufklärungspflicht aus.[447] Die Rechtsprechung hat hier Fallgruppen entwickelt zur Unterscheidung zwischen solchen Sachverhalten, in denen eine Aufklärungspflicht entsteht, und solchen, in denen sie nicht entsteht, orientiert an der Informations- und somit Schutzbedürftigkeit des Anlegers.

Grundsätzlich keine Aufklärungspflicht besteht gegenüber Kunden, die bereits über Erfahrungen in den anvisierten Geschäften verfügen,[448] die vorgeben, in diesem Bereich geschäftserfahren zu sein oder die beim Abschluss der Geschäfte durch sachkundige Personen vertreten werden.[449] Der Grund dafür, dass hier keine Aufklärungspflicht entsteht, liegt in der fehlenden Schutzbedürftigkeit der Kunden aufgrund ihrer vorhandenen Sachkunde. Gibt der Anleger lediglich vor, sachkundig zu sein, hat aber tatsächlich keine oder nur ungenügende Kenntnisse, so liegt seine mangelnde Schutzbedürftigkeit darin begründet, dass er nach Treu und Glauben nicht erwarten darf, umfassend mit Informationen über Anlageprodukte versorgt zu werden, obwohl er vorgibt, diese nicht zu benötigen und seinen Geschäftspartner somit über seine Sachkunde und seinen Aufklärungsbedarf täuscht.[450]

Auch im Falle eines konkludenten oder expliziten Aufklärungsverzichts des Anlegers besteht keine Aufklärungspflicht der Gegenseite.[451] Dies gilt insbesondere für sogenannte reine Ausführungsgeschäfte (*execution only*), § 63 Abs. 11 WpHG n.F., bei denen der Anleger aus eigener Initiative an einen

---

445 BGH, Urt. v. 04.02.1992, Az.: XI ZR 32/91 = BGHZ 117, 135, 142 = WM 1992, 479, 481 = NJW 1992, 1630, 1632.

446 BGH, Urt. v. 11.03.1997, Az.: XI ZR 92/96 = NJW 1997, 2171, 2172.

447 *Clouth*, ZHR 177 (2013), 212, 261.

448 BGH, Urt. v. 04.02.1992, Az.: XI ZR 32/91 = BGHZ 117, 135, 142 = NJW 1992, 1630; BGH, Urt. v. 17.05.1992, Az.: XI ZR 84/91 = NJW-RR 1992, 751.

449 BGH, Urt. v. 14.02.1995, Az.: XI ZR 218/93 = NJW 1995, 1554.

450 BGH, Urt. v. 14.05.1996, Az.: XI ZR 188/95 = NJW-RR 1996, 947.

451 BGH, Beschl. v. 09.12.1997, 1391, 1392, Az.: XI ZR 85/97 = NJW 1998, 994; BGH, Urt. v. 19.05.1998, Az.: XI ZR 286/97 = NJW 1998, 2675; BGH, Urt. v. 05.10.1999, Az.: XI ZR 296/98 = BGHZ 142, 345 = NJW 2000, 359.

Wertpapierdienstleister herantritt und die Ausführung eines konkreten Anlagegeschäfts veranlasst und hierbei – ausdrücklich oder durch sein schlüssiges Verhalten – erklärt, keine Aufklärung, sondern lediglich die Durchführung des Auftrages zu wünschen.

Bezüglich des Bestehens potentieller Interessenkonflikte (etwa die BGH-Rechtsprechung zur „Rückvergütung") bestehen ebenfalls keine Aufklärungspflichten der Bankseite – denn der Interessenkonflikt entsteht ja regelmäßig erst durch die Beratungssituation, in der sich das Kreditinstitut zum einen zur Wahrung der Kundeninteressen verpflichtet, zum anderen ein Eigeninteresse an Rückvergütungen hat. Außerhalb von Beratungssituationen besteht diese Konfliktlage nicht, da kein Risiko einer Anlageempfehlung im eigenen Interesse der Bank besteht.

## 2. Die Debatte über das Informationsmodell

Das Informationsmodell ist nicht unumstritten. Nach der soeben erfolgten Bestandsaufnahme und Analyse der gesetzlichen und der durch die Rechtsprechung begründeten öffentlichen und beratungsbezogenen Informationspflichten sowie der Aufklärungspflichten außerhalb von Beratungssituationen werden im Folgenden die Kritikpunkte (nachfolgend a)) sowie die Vorzüge des Informationsmodells (nachfolgend b)) diskutiert.

### *a) Kritik am Informationsmodell*

Nach dem Informationsmodell soll der Anleger durch die Verpflichtung der Gegenseite, ihm bestimmte Informationen über Anlageprodukte zu vermitteln oder sie zu veröffentlichen, in die Lage versetzt werden, gute Anlageentscheidungen zu treffen. Dieser Ansatz wird aus verschiedenen Gründen kritisiert.

#### *aa) Grundsätzliche Kritik*

Zum Teil wird als Fundamentalkritik vorgetragen, dass sich die oben dargestellte *bounded rationality* der Anleger nicht durch Informationspflichten beheben lasse, da die Ursache des Problems schlechter Anlageentscheidungen nicht in einem Mangel an Information bestehe, sondern in kognitiven Beschränkungen und Urteilsverzerrungen der Anleger. Ebenso wenig könne durch eine Aufklärung der Anleger über ihr irrationales Entscheidungsverhalten und über typische Phänomene kognitiver Beschränkungen und Verzerrungen sichergestellt werden, dass Anleger ihr Verhalten ändern und künftig rationale Anlageentscheidungen treffen.[452]

Ein weiterer grundsätzlicher Kritikpunkt betrifft die Frage, inwiefern „*kapitalmarktferne Personen*" durch Information und Aufklärung „*überhaupt in die Lage versetzt werden können, komplexe Finanzprodukte angemessen zu bewerten*".[453]

### *bb) Hohe Kosten*

Als weiterer Nachteil des Informationsmodells werden die hohen Kosten für die Produktion der Informationsmaterialien angesehen.[454] Einerseits verteuere dies die Produkte für die Kunden, andererseits stelle es eine finanzielle Belastung für die Informationsverpflichteten dar. Dies könne sogar dazu führen, dass bestimmte Finanzprodukte gar nicht mehr oder zumindest nicht mehr über alle Kanäle vertrieben würden und somit bestimmte Anlegergruppen vom Bezug ausgeschlossen würden.[455]

Über die reinen Produktionskosten hinaus sind auch die weiteren Transaktionskosten zu berücksichtigen, wie etwa der Zeitaufwand für die Produktion der Informationen und ihre Vermittlung an Kunden, die entsprechende Schulung von Mitarbeitern sowie die Bindung personeller, technischer und rechtlicher Ressourcen. Teilweise werden auch die Rechtsverfolgungskosten für Haftungsprozesse infolge unscharfer Informationsanforderungen genannt.[456]

### *cc) Anfälligkeit für* hindsight bias *und* outcome bias

Auch die Anfälligkeit des Informationsmodells für die kognitive Verzerrung des *hindsight bias* wird in der Literatur kritisiert und hier zu den „*besonders gravierenden Problemen*" gezählt.[457] Unter *hindsight bias* (Rückschaufehler)[458] versteht man die kognitive Verzerrung, dass man sich nach dem Auftreten von Ereignissen

452 *Mülbert*, ZHR 177 (2013), 160, 188.

453 *Grigoleit*, ZHR 177 (2013), 264, 266.

454 So auch *Grigoleit*, ZHR 177 (2013), 264, 266.

455 *Mülbert*, ZHR 177 (2013), 160, 189.

456 *Grigoleit*, ZHR 177 (2013), 264, 266.

457 *Mülbert*, ZHR 177 (2013), 160, 188 f.

458 *Kahneman*, Schnelles Denken, langsames Denken, S. 250; im Unterkapitel „*Die sozialen Kosten der Rückschau*" wird das Phänomen – unter Verweis auf *Baruch Fischhoff* und *Ruth Beyth* (siehe nächste Fußnote) – anschaulich mit „*Ich wusste es die ganze Zeit*" umschrieben.

systematisch falsch an die eigenen vorherigen Prognosen erinnert und die Genauigkeit und Richtigkeit der eigenen Vorhersagen dabei überschätzt.[459]

Im Zusammenhang mit dem informationsbasierten Anlegerschutz kann der *hindsight bias* insbesondere bei Richtern auftreten, die über Haftungsklagen von Anlegern zu entscheiden haben, und kann sich hierbei zulasten der Berater auswirken. Denn die mit den Schadensersatzansprüchen von Anlegern befassten Gerichte können aufgrund des Rückschaufehlers *ex post* dazu tendieren, aufgrund ihres *ex post*-Wissens über bestimmte schädigende Ereignisse *ex ante*-Aufklärungserfordernisse für die Beratung festzulegen, die im tatsächlichen Beratungszeitpunkt noch nicht erforderlich erschienen und daher faktisch auch nicht existierten.[460]

Hierzu trägt auch der *outcome bias* (Ergebnisfehler) bei: Hierbei tendieren Beobachter dazu, die Qualität einer Entscheidung nicht am Maßstab einer fehlerfreien Entscheidungsfindung, sondern am positiven oder negativen Ergebnis der Entscheidung zu messen.[461] Übertragen auf das Informationsmodell bedeutet dies: Richter können im Haftungsprozess dazu neigen, die Qualität einer Entscheidung – insbesondere einer Empfehlung im Rahmen einer Beratung – nicht an dem Maßstab des fehlerfreien Beratungsprozesses zu messen, sondern am Ergebnis der Empfehlung, sprich: an Gewinn oder Verlust der empfohlenen Anlage. Führt also eine Empfehlung zu einer entsprechenden Anlageentscheidung und diese Investition im Ergebnis zu einem Verlust, so könnten Richter aufgrund des *outcome bias* vorschnell von einer fehlerhaften Beratung und somit einer Pflichtverletzung im Rahmen eines Haftungsprozesses ausgehen. Der *outcome bias* erschwert die sachgerechte Beurteilung von Entscheidungen, insbesondere in Bezug auf die Überzeugungen, die im Entscheidungszeitpunkt vernünftig waren.

Dies könnte einen systemimmanenten Nachteil des informationsbasierten Anlegerschutzes zu Lasten der Berater darstellen: Aufgrund des Rückschau- und Ergebnisfehlers könnten Gerichte in den zeitlich notwendig nachgelagerten Schadensersatzprozessen dazu tendieren, die Beratungs- und Empfehlungsleistungen verzerrt durch ihr *ex post*-Wissen zu beurteilen.

---

459 *Fischhoff/Beyth*, Organizational Behavior and Human Performance 13 (1975), 1 ff.; abrufbar unter: http://www.sciencedirect.com/science/article/pii/0030507375900021?via%3Dihub; zuletzt abgerufen am 06.09.2021.

460 *Mülbert*, ZHR 177 (2013), 160, 189.

461 *Kahneman*, Schnelles Denken, langsames Denken, S. 252.

### *dd) Systemische Überlagerungen*

Ein weiterer Kritikpunkt am Modell der Informationspflichten betrifft die Überschneidung verschiedener Regulierungssysteme: richterrechtlich und gesetzesrechtlich, zivil- und aufsichtsrechtlich sowie national- und EU-rechtlich.[462]

Die zivilrechtlichen Informationspflichten basieren auf der Bond-Rechtsprechung des BGH[463] und folgenden Grundüberlegungen: Durch Aufnahme eines Beratungsgesprächs wird konkludent (§§ 133, 157 BGB – und somit nach originär deutschem Recht) ein Beratungsvertrag zwischen Anlageinteressent und Bank – oder allgemeiner: Finanzdienstleister – geschlossen. Dieser Vertrag beinhaltet die Pflicht sowohl zur anlegergerechten als auch zur objektgerechten Beratung. Als Maßstab dienen die „Angemessenheit" der Beratung und die „Vertretbarkeit" der Empfehlung. Im Übrigen obliegt es der Rechtsprechung, die Beratungspflichten zu konkretisieren. Hierbei hat sie einen weiten Entscheidungsspielraum.[464] Diesen Spielraum nutzte der BGH etwa in den oben besprochenen Entscheidungen über die Pflicht zur Aufklärung über Interessenkonflikte bei sogenannten Kick-Back-Zahlungen und die Pflicht zur Vermittlung des im Wesentlichen bankgleichen Wissens- und Kenntnisstandes bei hochkomplexen Finanzprodukten wie dem „CMS Spread Ladder Swap".[465]

Im Gegensatz hierzu ist die aufsichtsrechtliche Regulierung der Informationspflichten nicht durch das Richterrecht, sondern durch gesetzliche Vorgaben geprägt. Im Wertpapierrecht stehen hier die §§ 63 ff. WpHG n.F. im Zentrum, die detailliert die Grundsätze und Verhaltensregeln sowie den Inhalt und die Grenzen der Informationspflichten von Finanzdienstleistern für unterschiedliche Dienstleistungen (etwa Anlageberatung und Finanzportfolioverwaltung in § 64 WpHG n.F. oder Honorar-Anlageberatung in §§ 64, 80 Abs. 7, 93, 94 WpHG n.F.) vorschreiben. Wesentliche Grundlage dieser positivrechtlichen Festlegungen im WpHG sind EU-Richtlinien.[466] Ferner hat die Rechtsprechung Eingang in die gesetzlichen Vorgaben gefunden, dies gilt insbesondere für die Bond-Rechtsprechung, die sich in § 64 WpHG n.F. widerspiegelt.

Bei all diesen Unterschieden – Zivil- und Aufsichtsrecht, Richter- und Gesetzesrecht sowie deutsches und EU-Recht – bleiben folgende Aspekte als

---

462 *Grigoleit*, ZHR 177 (2013), 264, 266 ff.

463 Siehe oben B. II. 2. a) und D. II. 1. b) aa); BGH, Urt. v. 06.07.1993, Az.: XI ZR 12/93 = BGHZ 123, 126 = NJW 1993, 2433.

464 *Grigoleit*, ZHR 177 (2013), 264, 266 f.

465 Siehe oben D. II. 1. b) bb) und cc).

466 Vgl. *Grigoleit*, ZHR 177 (2013), 264, 267.

gemeinsame Schnittmenge: Alle Regime zielen darauf ab, eine Beratung sowohl hinsichtlich des persönlichen Entscheidungshintergrundes des einzelnen Interessenten (anlegerbezogene Beratung) als auch hinsichtlich der Eigenschaften und Rahmenbedingungen des Finanzprodukts (objektbezogene Beratung) sicherzustellen. Zudem bezwecken alle Systeme die Herstellung einer angemessen informierten Grundlage für die Anlageentscheidung.

Unter dem Strich bleibt eine recht komplexe, etwas unübersichtliche Gemengelage aufsichts- und zivilrechtlicher Informationspflichten, die Berater zur Vermeidung von zivilrechtlicher Haftung und von aufsichtsrechtlichen Geldbußen oder gar Geld- und Freiheitsstrafen zu erfüllen haben.

#### ee) Information overload

Einer der naheliegendsten und zugleich gewichtigsten Kritikpunkte am Informationsmodell ist das kognitive Problem des *information overload*. Wie oben bereits dargelegt,[467] bezeichnet dieser Begriff das durch die Kognitionspsychologie erforschte Phänomen, dass Menschen Informationen nur bis zu einer gewissen Menge verarbeiten können. Werden jenseits dieser Grenze zusätzliche Informationen vermittelt, so werden diese nicht mehr verarbeitet oder auch nur zur Kenntnis genommen. Dieses Verhalten ist rational, wenn die Kosten der zusätzlichen Informationsaufnahme oder -verarbeitung höher als ihr zusätzlicher Nutzen sind.[468]

Der *information overload* setzt somit dem Informationsmodell Grenzen. Bereits die legislativen und judikativen Vorgaben für Informationspflichten und Informationen sind zahlreich, komplex und *„nicht aus einem Guss“*.[469] Der Gesetzgeber setzt im Aufsichtsrecht EU-rechtliche Vorgaben um, berücksichtigt Erkenntnisse der aktuellen Rechtsprechung und „experimentiert“ zugleich mit neuen Regelungsinstrumenten.[470] Gleichzeitig nutzt die Rechtsprechung den (oben bereits angesprochenen) zivilrechtlichen Gestaltungsspielraum, um die vorvertraglichen und vertraglichen Informationspflichten immer weiter zu konkretisieren und die Anforderungen zu verschärfen. Dies führt einerseits zu einer Vielzahl verschiedener, sich teilweise überschneidender Pflichten für die Beraterseite, andererseits zu einer Informationsflut, der sich die Anleger ausgesetzt sehen.

---

467 Siehe oben C. II. 2. b) bb).

468 *Mülbert/Kernchen*, ZGR 2011, 1, 1 ff.

469 *Koch*, BKR 2012, 485, 485.

470 *Koch*, BKR 2012, 485, 485.

Als Begründung dieser Kritik am Informationsmodell dient die hier vertretene Weiterentwicklung des Anlegerleitbildes: Bisher basierten Rechtsprechung und Gesetzgebung im Anlegerschutzrecht auf der Vorstellung des *homo oeconomicus classicus*, des unbeschränkt rationalen Anlegers, der lediglich mit Informationen versorgt werden musste, um eine rationale Anlageentscheidung zu treffen. Die *Behavioral Finance*-Forschung hat dieses Bild in seinen Grundfesten erschüttert. Die Forschungsergebnisse haben gezeigt, dass Anleger nur bis zu einem gewissen Punkt in der Lage sind, Informationen aufzunehmen und zu verarbeiten (*bounded rationality*). Zusätzliche Informationen werden nicht mehr angemessen verarbeitet. Eine zu große Quantität an vermittelten Informationen verbessert die Qualität der Investitionsentscheidung des Anlegers deshalb nicht mehr, sondern kann sie – im Gegenteil – sogar verschlechtern.[471]

Diese Erkenntnisse setzen dem informationsbasierten Anlegerschutz Grenzen.[472] Künftig wird die Schaffung immer neuer, zusätzlicher Aufklärungs- und Informationspflichten durch Gesetzgebung und Rechtsprechung die Qualität des Anlegerschutzes nicht unbegrenzt verbessern können. Vielmehr wird man verstärkt über einen Maßstab für die Auswahl der entscheidungsrelevanten Informationen und ihre verständliche Darstellung nachdenken müssen.

#### ff) Framing

Ferner ist das Informationsmodell anfällig für Missbrauch: *framing*,[473] also die gezielte Kontextualisierung von (inhaltlich korrekten) Informationen, etwa um sie besonders wichtig oder unwichtig erscheinen zu lassen, eröffnet der Anbieter- und Beraterseite die Möglichkeit zur Manipulation des Anlageinteressenten in eine bestimmte Entscheidungsrichtung.[474]

Hier sind Gesetzgebung und Rechtsprechung weiterhin gefragt, die Darstellung und Vermittlung von Informationen so zu regulieren und zu konkretisieren, dass die Manipulationsgefahr ausgeschlossen oder zumindest minimiert wird.

---

471 *Eidenmüller*, JZ 2005, 216, 218 m.w.N.; *Koch*, BKR 2012, 485, 485.

472 *Eidenmüller*, JZ 2005, 216, 218 ff.; *Klöhn*, Kapitalmarkt, Spekulation und Behavioral Finance, S. 102 ff.; *Koller*, in: FS Huber, 2006, S. 821, 824 ff.; *ders.*, ZBB 2011, 361, 363; *Möllers/Kernchen*, ZGR 2011, 1, 6 ff.; *Schön*, in: FS Canaris, Bd. I, 2007, S. 1191, 1208 f.; *Stürner*, in: FS Canaris, Bd. I, 2007, S. 1489, 1491 ff.

473 Siehe oben C. II. 2. b) aa).

474 *Koch*, BKR 2012, 485, 485.

### *b) Vorzüge des Informationsmodells*

Obwohl das Modell des informationsbasierten Anlegerschutzes – nach den Verlusten von Anlegern jeder Größenordnung infolge der Finanzmarktkrise ab 2007 – aufgrund einer „*wahren Flut von Klagen enttäuschter Anleger gegen Kreditinstitute und andere Finanzintermediäre*“[475] grundlegend auf die Probe gestellt wurde und seine Konzeption in die Kritik geraten ist, verfügt es über einige Vorteile, die es zur zentralen Strategie des Anlegerschutzes gemacht haben.

#### *aa) Wahrung und Förderung der Privatautonomie*

Das informationsbasierte Schutzmodell hat den grundlegenden Vorteil, dass es nicht nur nicht in den Marktaustausch und in die Privatautonomie der Parteien des Anlagegeschäfts eingreift,[476] sondern diese fördert oder sogar erst ermöglicht. Denn durch die Verpflichtung der Anbieterseite, den Anlageinteressenten zu informieren, versetzt sie ihn zumeist (zumindest bei Privatanlegern) erst in die Lage, die mit dem Geschäft verbundenen Risiken kundig einzuschätzen und auf dieser Basis eine seinen Bedürfnissen entsprechende Investitionsentscheidung zu treffen. Im Gegensatz hierzu stellen gesetzliche oder aufsichtsbehördliche Beschränkungen oder Verbote bestimmter Anlageprodukte oder ihres Vertriebs einen deutlichen Eingriff in die Privatautonomie sowie eine staatliche Intervention in den Markt dar.

Die Beseitigung oder zumindest Reduzierung der Informationsasymmetrie durch Informationspflichten für die beratenden Banken gegenüber den in der Regel weniger informierten Anlageinteressenten ist somit ein „*jedenfalls weniger brachiale*[r] *Effekt*“ als Verbotsanordnungen und somit „*geradezu das Paradigma einer legitimen, d.h. effizienten gesetzlichen Regelung*“.[477]

#### *bb) Schutzniveau der Rechtsprechung als „Goldstandard“ des Anlegerschutzes*

Nach den Befürwortern des Informationsmodells bietet die Bond-Rechtsprechung des BGH zum zivilrechtlichen informationsbasierten Anlegerschutz, die (wie oben dargestellt) seit 1993 ständig fortentwickelt wurde, zusammen mit dem (teilweise) korrespondierenden aufsichtsrechtlichen informationsbasierten

475 *Clouth*, ZHR 177 (2013), 212, 214.
476 *Grigoleit*, ZHR 177 (2013), 264, 266.
477 *Ibd.*

Anlegerschutz, der seinen Schwerpunkt in den §§ 63 ff. WpHG n.F. hat, Anlegern durchaus einen effektiven Rechtsschutz.

Denn nach der Rechtsprechung des XI. Zivilsenats schuldet die beratende Bank dem ratsuchenden Kunden nicht nur Information, sondern auch und gerade anlegergerechte Beratung und Empfehlungen. Bei diesbezüglichem Fehlverhalten der Banken handelt es sich um eine Verletzung der beratungsvertraglichen Pflichten. Darüber hinaus bietet die Interessenkonflikt-Rechtsprechung[478] des Senats einen flankierenden informationsbasierten Schutz der Anleger vor nicht interessengerechter Beratung.[479]

Die hohe Anzahl der erfolgreichen Anlegerklagen, die zu einem großen Teil auf die letztgenannte Verletzung der Aufklärungspflicht über Interessenkonflikte gestützt waren, könnte eher für die Effektivität des Informationsmodells als für die These vom Ende des informationsbasierten Anlegerschutzes sprechen.[480] Denn nur im umgekehrten Fall, dass den Anlegern keine einklagbaren Ansprüche bei Verletzung der Informationspflichten zustünden oder dass sie mit ihren Schadensersatzansprüchen überwiegend gescheitert wären, müsste man die Effektivität des Anlegerschutzes durch schadensersatzbewehrte Informationspflichten bezweifeln.

Ferner zeitigt diese Rechtsprechungspraxis des BGH eine starke Präventivwirkung für das Verhalten der beratenden Banken. Das Ziel der Vermeidung von Schadensersatzzahlungen sowie der Wunsch nach dauerhafter Fortsetzung der Geschäftsbeziehung mit dem Kunden führt zu einem starken Eigeninteresse der Kreditinstitute an fehlerfreier und hochwertiger Beratung.[481]

Nach dieser Auffassung müssen sich alle alternativen Strategien des Anlegerschutzes an dem von der Rechtsprechung geschaffenen Schutzniveau des informationsbasierten Anlegerschutzes – gleichsam als „Goldstandard" – messen lassen.[482]

---

478 Hiermit sind die Rückvergütungs- und Kick-Back-Entscheidungen des BGH gemeint (siehe oben D. II. 1. b) bb)), die Aufklärungspflichten der Banken gegenüber ihren Kunden bei potentiellen Interessenkollisionen durch Leistungen der empfohlenen Produktemittenten oder -anbieter an die Bank bei Abschluss eines entsprechenden Anlagevertrages festgestellt haben.

479 *Clouth*, ZHR 177 (2013), 212, 262.

480 *Clouth*, ZHR 177 (2013), 212, 262.

481 *Ibd.*

482 *Clouth*, ZHR 177 (2013), 212, 263.

### *cc) Argumente gegen die Kritik am Informationsmodell*

Außer den eben dargelegten Vorzügen des Informationsmodells bestehen auch Einwände gegenüber den oben erläuterten Kritikpunkten.

Einer der Hauptkritikpunkte betrifft das Problem des *information overload*. Das Informationsmodell habe seine Grenzen erreicht. Die große Anzahl erfolgreicher Haftungsklagen von Anlegern belege dies. Hiergegen wird aus Sicht der Praxis angeführt, dass der Großteil der Anlegerklagen gegen Banken anhand der Frage entschieden wird, ob bankseitig ordnungsgemäß über (potentielle) Interessenkonflikte aufgeklärt wurde. Zwar stellt die Interessenkonflikt-Rechtsprechung auch eine Form des informationsbasierten Schutzes der Anleger dar. Allerdings betrifft sie die eher flankierende Pflicht zur Aufklärung über potentielle Interessenkonflikte, nicht den Kernbereich der anleger- und objektgerechten Information und Beratung. Auch der Schadensersatzklage im vieldiskutierten „CMS Spread Ladder Swap"-Urteil hat der BGH letztlich nicht wegen eines Verstoßes gegen die Pflicht zur anleger- und objektgerechten Beratung stattgegeben, sondern wegen Verletzung der Pflicht zur Aufklärung über Interessenkonflikte.[483]

Teile der Literatur hatten zudem in der „CMS Spread Ladder Swap"-Entscheidung einen Paradigmenwechsel gesehen, da der BGH nicht nur eine Pflicht zur Information, sondern auch die Verantwortung für das Verständnis der Informationen der Beraterseite übertragen hat. Diese Übertragung des Verständnisrisikos sowie das faktische Verbot bestimmter Produktgruppen durch prohibitiv wirkende Informationshürden markiere gleichsam das Ende des traditionellen Informationsmodells sowie seine Neuausrichtung.[484] Gegen diese Kritik des Informationsmodells wird jedoch angeführt, dass die eben genannten (von der Literatur herausgearbeiteten) Aspekte des „Verständnisziels" der Beratung, des abgewälzten „Verständnisrisikos" sowie der „Neuadjustierung" des Informationsmodells nicht zu den tragenden Gründen der BGH-Entscheidung zählten, sondern letztlich – trotz der ausführlichen Beschäftigung des XI. Zivilsenats mit der anleger- und objektgerechten Beratung – *Obiter Dicta* seien.[485]

Ferner sei die dargestellte Interpretation besagter Urteilspassagen nicht zwingend: Dass der BGH nunmehr fordere, dass ein „Verständnisziel" durch die Beratung zu erreichen sei, und somit Anforderungen geschaffen habe, die die beratende Banken faktisch nicht erfüllen könnten, sei das Ergebnis einer

483 BGH, Urt. v. 22.03.2011, Az.: XI ZR 33/10 Leitsatz 3 und 4 sowie Rz. 32 und 33.
484 *Clouth*, ZHR 177 (2013), 212, 218 ff.
485 *Clouth*, ZHR 177 (2013), 212, 220.

Auslegung des Urteils.[486] Es sei hierbei zu beachten, dass die interpretierten Äußerungen des Senats eher eine Zusammenfassung und Aktualisierung der Grundsätze der Bond-Rechtsprechung aus dem Jahr 1993 darstellten.[487] Nach dieser Auffassung beruhen die Befürchtungen im Schrifttum, dass die Grenzen des Informationsmodells erreicht oder gar überschritten sein könnten, im Ergebnis auf der Überinterpretation einzelner Urteilspassagen.[488]

### 3. Zwischenergebnis zum Anlegerschutz durch Information

Der informationsbasierte Schutz der Anleger galt aufgrund seiner Stärken lange Zeit als „Königsweg" des Anlegerschutzes.

Das Informationsmodell schont und stärkt die Privatautonomie, indem es nicht mit legislativen oder behördlichen Interventionen, insbesondere nicht mit Produktverboten operiert und somit die Wahlfreiheit nicht beschränkt. Vielmehr ermöglicht und fördert es die selbständige Anlegerentscheidung durch gesetzliche Regeln und von der Rechtsprechung festgestellte Pflichten, die das Ziel verfolgen, die zwischen Anleger- und Anbieterseite bestehende Informationsasymmetrie auszugleichen oder zumindest zu reduzieren und somit eine angemessene Informationsbasis für die Willensbildung und Investitionsentscheidung des Anlegers herzustellen. Somit dient das Modell der Befähigung des Anlegers.

Jedoch besteht zum einen praktische Kritik am Informationsmodell, so etwa an den hohen Kosten der Entwicklung und Herstellung der Materialien und des Vertriebs der Information an Anleger. Darüber hinaus wird auch grundlegende Kritik geübt, etwa an der Anfälligkeit des Modells für bestimmte kognitive Verzerrungen (*hindsight bias* und *outcome bias* der Richter sowie *information overload* der Anleger) und für Manipulationen (*framing*) bis hin zur Wirkungslosigkeit von Informationen bei kapitalmarktfernen Personen und grundsätzlich irrationalen Anlegern.

Der Kritikpunkt vom „Ende des Informationsmodells" kann mit den oben in der Diskussion genannten Argumenten weitgehend entkräftet werden. Zudem bestehen die Vorzüge des Anlegerschutzes durch Information als einem minimalinvasiven und die Privatautonomie stärkenden Ansatz fort.

---

486 Ausführlich hierzu *Clouth*, ZHR 177 (2013), 212, 220, 226 ff., 232 ff.; *Sethe*, AcP 212 (2012), 81, 89.

487 *Clouth*, ZHR 177 (2013), 212, 220.

488 *Clouth*, ZHR 177 (2013), 212, 262.

Es gilt daher das Informationsmodell grundsätzlich beizubehalten. Gleichwohl ist auf die dargestellte Kritik einzugehen und das Modell mit dem Ziel eines effektiven Anlegerschutzes weiterzuentwickeln. Entsprechend dem oben entwickelten Anlegerleitbild des *homo oeconomicus limitatus* sollte vom grundsätzlich vernünftigen Anleger ausgegangen werden, der auf angemessener Informationsbasis entscheidet, dabei jedoch gewissen Beschränkungen hinsichtlich seiner rationalen Fähigkeiten unterliegt. Hierbei sind vor allem empirisch belegte kognitive Verzerrungen zu berücksichtigen.

Dies kann insbesondere – wie es bereits durch die Kurzinformationsblätter (wesentliche Anlegerinformationen und *Key Information Documents*) geschieht – durch Regulierung und Standardisierung des Umfangs, des Inhalts und der Form und Darstellung der dem Anleger zu vermittelnden Informationen geschehen. Auf diese Weise kann belegten kognitiven Verzerrungen, wie z.B. dem *information overload*, und Manipulationsmöglichkeiten, wie etwa dem *framing*, entgegengewirkt und vorgebeugt werden. Anlegerinformationen, die dem Anleger bei der Beratung und Vermittlung (ergänzend zu Prospekten) zur Verfügung gestellt werden, müssen daher kurz, leicht verständlich sowie standardisiert und somit möglichst vergleichbar sein. Zahlenwerte sollen in prozentualen Anteilen sowie in absoluten Zahlen, Geldwerte in Brutto und Netto sowie ggf. in Form von Grafiken (etwa Torten- oder Balkendiagramme) dargestellt werden. Risiken sollen deutlich gemacht und Warnhinweise hervorgehoben werden. Die entsprechenden Regeln der PRIIP-VO sollten auf alle Anlageprodukte angewandt werden, in die Privatanleger investieren können.

Die Komplexität des informationellen Anlegerschutzes, insbesondere durch die Überlappung von gesetzlich-aufsichtsrechtlichen und richterrechtlich-zivilrechtlichen Pflichten, von Sanktionsmöglichkeiten und Haftungsansprüchen sowie von EU-Recht und nationalem Recht stellt ohne Zweifel eine Herausforderung für die Anbieterseite dar. Dies ist allerdings typisch für regulierte Wirtschaftszweige, wie etwa das Bank- und Versicherungswesen oder den Wertpapierhandel, die daher regelmäßig professionellen Rechtsrat einholen müssen – und auch einholen können. Des Weiteren wird diesen Herausforderungen durch die EU-weite Harmonisierung des Kapitalmarkt- und Anlagerechts, etwa durch die Prospekt-Verordnung oder die AIFM-Richtlinie, Rechnung getragen. Zudem werden Pflichten, die zunächst von der Rechtsprechung konkretisiert wurden, häufig nach einiger Zeit kodifiziert, wie etwa die Aufklärungs- und Beratungspflichten in § 64 n.F. WpHG. Auch dies trägt zur Reduzierung der Unübersichtlichkeit und Komplexität der Rechtslage bei.

Die Kritik, dass Richter in Schadensersatzprozessen dem *hindsight bias* und *outcome bias* unterliegen könnten und daher Informations- und

Beratungsleistungen unzulässig am Maßstab des *ex post*-Wissens messen könnten, trägt selbst zu einer Reduzierung eben dieses Risikos bei. Denn durch die Literaturdebatte und die entsprechenden Publikationen über diese Thematik wird auch die Aufmerksamkeit der Richterschaft darauf gelenkt und sie wird versuchen, diese Fehler zu vermeiden. Des Weiteren ist davon auszugehen, dass der Rechtsbeistand der Beraterseite spätestens in den Rechtsmittelinstanzen Argumente gegen eine Berücksichtigung von *ex post*-Wissen vorbringen wird, um den genannten *biases* entgegenzuwirken.

Dem grundsätzlichen Kritikpunkt, kapitalmarktferne Anlageinteressenten könnten durch Informationen nicht in die Lage versetzt werden, Finanzprodukte angemessen zu beurteilen, ist entgegenzuhalten, dass an dieser Stelle die Pflicht zur anlegergerechten Beratung und Empfehlung ansetzt. Wenig erfahrene und wenig sachkundige Anleger sollten sich aus genau diesem Grund an einen kundigen Berater wenden können, bei dem sie darauf vertrauen können, dass er ihnen Finanzprodukte empfiehlt, die ihrer konkreten und individuellen Situation angemessen sind. Bei Verletzung dieser Pflicht besteht daher ein Anspruch auf Schadensersatz.

Die noch fundamentalere Kritik, dass es grundsätzlich ineffektiv ist, irrationale Anleger mit Informationen zu versorgen, da durch Informationen die kognitiven Beschränkungen nicht behoben werden können, ist hingegen abzulehnen. Zunächst sollte die Lernfähigkeit des Menschen nicht unterschätzt werden. So wäre es durchaus sinnvoll, entsprechende Hinweise in Kurzinformationsblätter und Prospekte aufzunehmen. Ausgehend vom Anlegerleitbild des *homo oeconomicus limitatus* sollte auch eine kurze Erläuterung der wichtigsten belegten kognitiven Fehler bei Anlageentscheidungen fester Bestandteil jedes Beratungsgesprächs sein und dokumentiert werden. Diesbezügliche Erläuterungen können durchaus als Bestandteil der anlegergerechten Beratung verstanden werden, in deren Rahmen ja ohnehin die Erfahrungen und Kenntnisse des Kunden erfragt werden müssen. Zumindest Privatanleger mit wenig Erfahrung und Sachkunde sollten über typische, empirisch belegte kognitive Verzerrungen und Urteilsfehler bei Anlageentscheidungen informiert werden und es sollte ihnen – jedenfalls bei Bedarf – eine gewisse Bedenkzeit für die Finanzanlage eingeräumt werden. Lediglich im Rahmen sogenannter *execution only*-Geschäfte, bei denen der Kunde explizit oder konkludent auf Beratung verzichtet und ausschließlich die Ausführung eines konkreten Geschäfts wünscht, darf von entsprechender Sachkunde des Anlegers ausgegangen werden und sollte ihm eine derartige Erläuterung und insbesondere eine Bedenkzeit nicht aufgedrängt werden.

Zusammenfassend lässt sich somit festhalten, dass effektiver informationsbasierter Anlegerschutz nicht bedeuten kann: Je mehr Informationen der Anleger erhält, desto besser wird seine Anlageentscheidung. Vielmehr gilt es, unter Berücksichtigung der Forschungsergebnisse zu kognitiven Beschränkungen, Heuristiken und Manipulationsmöglichkeiten, die Anlegerinformationen anzupassen und entsprechend zu gestalten. Der Umfang, der Inhalt und die Darstellungsform der Informationen müssen entsprechend dem Leitbild des *homo oeconomicus limitatus* anlegergerecht sein und die bekannten Defizite berücksichtigen. Nur dann können sie ihre intendierte Wirkung entfalten, dem Anleger als Grundlage für eine kundige und gute Anlageentscheidung zu dienen.

Das Informationsmodell ist somit nicht das Allheilmittel des Anlegerschutzrechts. Aber wenn es sich als anpassungs- und wandlungsfähig erweist, kann es auch künftig ein sehr wirksames und schonendes Instrument des Anlegerschutzes darstellen, das es stets weiterzuentwickeln gilt. Gerade in der Kombination mit Haftungsansprüchen entfaltet das Informationsmodell die größte Wirkung.

## III. Anlegerschutz durch Haftung

Der Schutz durch Schadensersatzansprüche stellt ein weiteres wesentliches Instrument des Anlegerschutzes dar. Während die oben diskutierten Informationspflichten den Anleger *ex ante* in die Lage versetzen sollen, eine informierte, den eigenen Präferenzen entsprechende und dem eigenen Nutzen dienende – und in diesem Sinne gute – Anlageentscheidung zu treffen, können aus der Verletzung dieser Pflichten Schadensersatzansprüche resultieren, die dem Anleger *ex post* den durch eine fremdverschuldete, schlechte Anlageentscheidung verursachten Schaden ersetzen sollen. Man kann deshalb den Anlegerschutz durch Haftungsansprüche als die Kehrseite des Anlegerschutzes durch Information verstehen.

Die große Anzahl von Haftungsprozessen geschädigter Anleger gegen Initiatoren, Emittenten, Vermittler und beratende Kreditinstitute wegen fehlender oder fehlerhafter Information oder Beratung im Zuge der Finanzmarktkrise kann daher einerseits als Versagen des Anlegerschutzes *ex ante*, zugleich aber als Erfolg des Anlegerschutzes *ex post* angesehen werden.

Die im Folgenden zu untersuchenden Schadensersatzansprüche sind (mit Ausnahme der deliktischen Schadensersatzansprüche) an die Verletzung aufsichtsrechtlicher oder privatrechtlicher Informationspflichten geknüpft und ergeben sich im Einzelnen aus der Haftung für unwahre oder unterlassene Kapitalmarktinformationen (nachfolgend 2.), aus der sogenannten Prospekthaftung (nachfolgend 3. bis 5.) und aus der Verletzung von Aufklärungs- und Beratungspflichten (nachfolgend 6.). Daneben bestehen Haftungsansprüche wegen unerlaubter Handlung, nämlich wegen der Verletzung von Schutzgesetzen oder vorsätzlicher sittenwidriger Schädigung. Die Ansprüche richten sich zum Teil gegen die Emittenten von Finanzprodukten, zum Teil gegen Prospektverantwortliche, -veranlasser und -garanten sowie gegen im Vertrieb Tätige, insbesondere gegen Anlageberater, -vermittler und -verkäufer.

Im Folgenden soll ein Überblick über diese verschiedenen Arten der Haftungsansprüche von Anlegern gegeben und ihre Bedeutung für den Anlegerschutz unter Berücksichtigung des Anlegerleitbildes des *homo oeconomicus limitatus* diskutiert werden. Die einzelnen Anspruchsgrundlagen werden dabei nicht allzu detailliert diskutiert, da dies den Zweck der Betrachtung, nämlich die Analyse der Anlegerschutzstrategien und -instrumente, verfehlen würde.

Zunächst jedoch soll ein Blick auf eine Funktion der Haftungsansprüche von Anlegern geworfen werden, die neben den schadensersatztypischen Funktionen der Kompensation und der Prävention besteht: die private Durchsetzung rechtlicher Normen mittels Haftungsansprüchen – das sogenannte *private enforcement.*[489]

## 1. Durchsetzung aufsichtsrechtlicher Normen durch zivilrechtliche Haftungsansprüche – *Private Enforcement*

Bei der Durchsetzung von Recht ist grundsätzlich zwischen öffentlich-rechtlichen und privatrechtlichen Instrumenten zu unterscheiden. Im Kapitalmarktrecht ist zu beachten, dass der Gesetzgeber durch die Schaffung von Anspruchsgrundlagen für individuelle Schadensersatzansprüche zum Schutz der Anleger den Weg für die private Normdurchsetzung, das sogenannte *private enforcement*, geebnet hat. Über dessen Vorzüge und Nachteile wird, auch im Anlegerschutzrecht, intensiv diskutiert.[490] Der Begriff *private enforcement* bezieht sich im Kapitalmarktrecht auf die privatrechtliche Ahndung der Verletzung aufsichtsrechtlicher Pflichten und somit die privatrechtliche Geltendmachung öffentlichen Aufsichtsrechts mithilfe von Haftungsansprüchen vor der ordentlichen Gerichtsbarkeit durch private Akteure, nicht Behörden.

Für Finanzmarktakteure bestehen zahlreiche öffentlich-rechtliche Pflichten, wie etwa Erlaubnisvorbehalte oder Registrierungspflichten, Mitteilungs- und Veröffentlichungspflichten, Verhaltens- und Organisationspflichten sowie Billigungsvorbehalte, etwa bei Prospekten. Die Aufsichtsbehörden verfügen bei

489 Instruktiv zum Thema *private enforcement*: *Poelzig*, Normdurchsetzung durch Privatrecht, 2012; *dies.*, ZGR 2015, 801.

490 Vgl. *Langenbucher*, in: Lorenz, Karlsruher Forum 2014: Anlegerschutz durch Haftung, VersR-Schriften 55, S. 5, 13 ff.; *Langenbucher/Kaprinis*, FS Fachbereich Rechtswissenschaft aus Anlass des 100-jährigen Jubiläums der Goethe-Universität, 2014, 483 ff.

Verletzung dieser Pflichten über ein breites Spektrum an Sanktionsmöglichkeiten von Buß- oder Zwangsgeldern über die Untersagung des Vertriebs bis zur Aussetzung oder Aufhebung der Erlaubnis. Allerdings beschränkt sich die Aufsicht teilweise auf die Kontrolle der Erfüllung formaler Kriterien. Im Billigungsverfahren für Wertpapierprospekte z.B. überprüft die BaFin ausschließlich die Vollständigkeit des Prospekts, also ob alle gesetzlich geforderten Mindestangaben nach Art. 3 der EU-Prospekt-VO enthalten sind, sowie die Widerspruchsfreiheit und Verständlichkeit der vorgelegten Informationen. Sie kontrolliert hingegen weder die inhaltliche Richtigkeit der Prospektangaben noch überprüft sie das Anlageprodukt oder die Seriosität des Emittenten. Jedoch verweist die BaFin auf ihrer Webseite auf die Möglichkeit späterer Haftungsansprüche gegen den Emittenten der Wertpapiere, wenn der Prospekt unvollständig oder fehlerhaft ist.[491] Die Kontrolle der Richtigkeit der Prospektangaben und somit die Durchsetzung der entsprechenden gesetzlichen Vorgaben wird durch die Schaffung von Anspruchsgrundlagen für Schadensersatz auf Private übertragen, die die staatliche Aufsicht der Behörden somit ergänzen. Denn nun übernimmt es der geschädigte Anleger, den Inhalt des Prospekts im Rahmen eines Haftungsprozesses gerichtlich am Maßstab des Gesetzes überprüfen zu lassen – und somit die gesetzlichen Anforderungen durchzusetzen. Insofern hat der klagende Anleger als *private attorney general* eine doppelte Rolle inne: Er vertritt seine privaten Interessen als individueller Kläger und zugleich das öffentliche Interesse, das im Gesetz verkörpert ist.[492]

Für Anleger hält die Normdurchsetzung durch Private einige Vorteile bereit: Hierzu gehört zunächst die individuelle Kompensation, teilweise sogar eine vom Gesetzgeber intendierte Überkompensation[493] des Vermögensnachteils der Geschädigten. Hinzu kommt die präventive Steuerungs- und Abschreckungsfunktion gegenüber der Schädigerseite, insbesondere durch Schadensersatzurteile, die dem Grunde nach eine große Anzahl von Anlegern

---

491 https://www.bafin.de/DE/Aufsicht/Prospekte/Wertpapiere/prospektewertpapiere_node.html; zuletzt abgerufen am 06.09.2021.

492 *Buxbaum*, 26 Yale J. Int'l L. (2001), 219, 220; abrufbar unter: http://digitalcommons.law.yale.edu/cgi/viewcontent.cgi?article=1141&context=yjil; zuletzt abgerufen am 07.09.2021; *Poelzig*, Normdurchsetzung durch Privatrecht, 2012, S. 54 ff., die darauf hinweist, dass das *private enforcement* durch *private atttorney generals* im US-amerikanischen Recht insbesondere im Kapitalmarktrecht (*securities regulation*) eine wichtige Rolle spielt.

493 Siehe hierzu *Langenbucher*, in: Lorenz, Karlsruher Forum 2014: Anlegerschutz durch Haftung, VersR-Schriften 55, S. 5, 13.

und eine hohe Summe an potentiellen Zahlungen betreffen. Weiterhin sind Private aufgrund ihres Interessenwiderspruchs mit den beklagten Finanzmarktakteuren unempfänglich für deren Einflussnahme. Ein *regulatory capture*, also eine übermäßige Beeinflussung von Behörden durch von der Regulierung betroffene Akteure zur Erlangung von Regulierungsvorteilen,[494] wird hierdurch erschwert. Weiterhin wird unterstellt, dass Anleger schneller, flexibler und kosteneffizienter agieren und zudem besser informiert und sachkompetenter sind als Behörden. Die Annahme dieser Eigenschaften – insbesondere der Sachkompetenz – ist allerdings kritisch zu hinterfragen und bedarf empirischer Überprüfung. Zu beachten ist hierbei auch, dass sie wohl eher auf institutionelle Anleger als auf private Kleinanleger zutrifft.[495]

Doch die private Normdurchsetzung weist auch Nachteile auf. Zunächst hängt die Klageerhebung Privater – und somit die Sanktionierung von Fehlverhalten – zumeist von Erwägungen ab, die sich ausschließlich an den privaten Interessen des geschädigten Anlegers und nicht am öffentlichen Interesse der Allgemeinheit orientieren. Denn die (Transaktions-)Kosten einer Klage lohnen sich für den individuellen Anleger nur, wenn sein Schaden hoch, die Beweislage klar und ein Anwalt an der Vertretung interessiert ist.[496] Somit werden die Durchsetzung geltenden Rechts und die Sanktionierung derjenigen, die dagegen verstoßen, von Zufälligkeiten und Unwägbarkeiten abhängig. Würden sich Anleger zusammenschließen, um zu klagen, würde die Abhängigkeit vom zufälligen Aufeinandertreffen mehrerer Faktoren in einem Einzelfall reduziert. Einem konzertierten, gemeinsamen Vorgehen einer größeren Anzahl von Anlegern stehen allerdings hohe Koordinierungskosten, das Trittbrettfahrer-Syndrom (*free rider*) und das Phänomen der *rational apathy* (rationale Apathie oder rational passives Verhalten) entgegen,[497] da die Kosten des Tätigwerdens für den Einzelnen außer Verhältnis zu seinem möglichen Nutzen stehen können. Ferner wird teilweise befürchtet, es könnte eine Gruppe sogenannter räuberischer Anleger entstehen, vergleichbar mit den im Aktienrecht bekannten

494 *Sauerland*, in: Gabler Wirtschaftslexikon, Stichwort: Capture-Theorie, abrufbar unter: http://wirtschaftslexikon.gabler.de/Archiv/3899/capture-theorie-v6.html; zuletzt abgerufen am 07.09.2020.

495 Vgl. *Langenbucher*, in: Lorenz, Karlsruher Forum 2014: Anlegerschutz durch Haftung, VersR-Schriften 55, S. 5, 14.

496 *Ibd.*

497 Zur Diskussion der *rational apathy theory* im Corporate-Governance-Kontext siehe *Bolodeoku*, 7 J. Corp. L. St. (2007), 109 ff.; abrufbar unter: https://www.tandfonline.com/doi/abs/10.1080/14735970.2007.11421511; zuletzt abgerufen am 07.09.2021.

sogenannten räuberischen Aktionären oder Berufsklägern.[498] Diese könnten Emittenten von Anlageprodukten durch Drohungen mit hohen Schadensersatzforderungen und negativer Presseberichterstattung zu vorgerichtlichen Zahlungen veranlassen. Dies ginge zu Lasten der (anderen) Gläubiger der Emittenten und könnte zu übermäßiger Abschreckung (*overdeterrence*) der Emittenten und zugleich zu einer zu geringen Abschreckungswirkung (*underterrence*) gegenüber den Organmitgliedern führen, die nach Vergleichszahlungen in der Regel nicht mehr persönlich in Anspruch genommen werden.[499] Schließlich wird an *private enforcement* durch Schadensersatzklagen kritisiert, dass es nach dem Alles-oder-nichts-Prinzip funktioniere und kein differenziertes Sanktionsinstrumentarium biete, wie etwa die oben erwähnten Maßnahmen der BaFin. Zudem hänge die Sanktionierung von Gesetzesverstößen von der Erfüllung zahlreicher Haftungsvoraussetzungen ab.[500]

Jenseits der Debatte über die Vorzüge und Nachteile der privaten Durchsetzung aufsichtsrechtlicher Pflichten bietet der Anlegerschutz durch Haftung dem individuellen Anleger Schutz durch Kompensation seines Vermögensnachteils und dem Funktionieren des Marktes die präventive Steuerungsfunktion der drohenden Schadensersatzhaftung.

Im Folgenden werden die einzelnen Haftungsansprüche des Anlegers betrachtet und im Hinblick auf ihren Beitrag zu einem effektiven Anlegerschutz unter Berücksichtigung des Anlegerleitbildes des *homo oeconomicus limitatus* diskutiert. Dabei schreitet die Betrachtung von einer entfernten zu einer enger werdenden Beziehung zwischen dem Anleger als Anspruchsteller und dem jeweiligen Anspruchsgegner voran. Zunächst werden daher die Ansprüche von Anlegern gegen Emittenten wegen der Verletzung ihrer dem gesamten Kapitalmarkt gegenüber bestehenden Informationspflichten behandelt (Kapitalmarktinformationshaftung) (nachfolgend 2.). Sodann werden die Haftungsansprüche

---

498 Zu Berufsklägern und aktienrechtlichen Beschlussmängelklagen in Deutschland siehe die empirischen Studien von *Baums/Keinath/Gajek*, Fortschritte bei Klagen gegen Hauptversammlungsbeschlüsse?, ILF Working Paper Series No. 65, 07/2007; abrufbar unter: http://www.ilf-frankfurt.de/fileadmin/_migrated/content_uploads/ILF_WP_065.pdf sowie *Baums/Drinhausen/Keinath*, Anfechtungsklagen und Freigabeverfahren, ILF Working Paper Series No. 130, 11/2011; abrufbar unter: http://www.ilf-frankfurt.de/fileadmin/_migrated/content_uploads/ILF_WP_130.pdf; beide zuletzt abgerufen am 07.09.2021.

499 *Langenbucher*, in: Lorenz, in: Lorenz, Karlsruher Forum 2014: Anlegerschutz durch Haftung, VersR-Schriften 55, S. 5, 15.

500 *Ibd.*

der Anleger gegenüber allen Personen, die mit Prospekten zu tun haben (Prospekthaftung von Verantwortlichen, Veranlassern, Garanten, Verkäufern und Vermittlern), untersucht (nachfolgend 3. bis 5.). Hier besteht eine Nähebeziehung zwischen dem Anleger und dem jeweiligen Anspruchsgegner zumindest insoweit, als sich die Prospekte an potentielle Investoren richten.[501] Zuletzt stellt die Betrachtung auf die vertraglichen und deliktischen Schadensersatzansprüche von Anlegern gegen die Finanzdienstleister ab, mit denen sie direkten Kontakt beim Erwerb der Finanzprodukte haben (Vertriebshaftung von Verwaltern, Beratern, Vermittlern und reinen Ausführungsdienstleistern) (nachfolgend 6.).

## 2. Haftung für fehlerhafte allgemeine Kapitalmarktinformationen

Es besteht für Emittenten von Finanzinstrumenten, die zum Handel an einer inländischen Börse oder an einer *Multilateral Trading Facility*[502] zugelassen sind, gemäß Art. 17 Abs. 1, 7 oder 8 MAR die Pflicht, Insiderinformationen, die unmittelbar den Emittenten betreffen, unverzüglich zu veröffentlichen.

Der Zweck dieser Pflicht zur Ad-hoc-Publizität besteht darin, allen Kapitalmarktteilnehmern, auch privaten Anlegern, so schnell wie möglich alle kursrelevanten Informationen zur Verfügung zu stellen, um Intransparenz und daraus resultierende wettbewerbsverzerrende Vorteile für Insider zu verhindern. Nur so kann zum einen Chancengleichheit für alle Investoren und zum anderen eine effiziente Preisbildung am Kapitalmarkt ermöglicht und sichergestellt werden.

### *a) Spezialgesetzliche Haftung für fehlerhafte Ad-hoc-Informationen*

Die Pflicht zur Ad-hoc-Publizität ist schadensersatzbewehrt. Gemäß §§ 97, 98 WpHG n.F. haften Emittenten von im Inland börsenzugelassenen Finanzinstrumenten, wenn sie die unverzügliche Veröffentlichung von Insiderinformationen unterlassen oder unwahre Insiderinformationen publizieren. Es handelt sich somit um eine Emittentenhaftung für unterlassene, nicht rechtzeitig

---

501 *Langenbucher*, Aktien- und Kapitalmarktrecht, § 17 Rn. 133.

502 Multilateral Trading Facility (MTF), zu Deutsch: multilaterale Handelsplattform; MTF sind börsenähnliche Handelsplattformen, an denen gemäß §§ 72, 74 WpHG n.F. nach von den Plattformbetreibern festgelegten Regeln Aktien und andere Finanzinstrumente gehandelt, Verkäufer und Käufer zusammengeführt und somit Vertragsschlüsse herbeigeführt werden; vgl. *Heldt*, in: Gabler Wirtschaftslexikon, Stichwort: MTF; abrufbar unter: http://wirtschaftslexikon.gabler.de/Archiv/56954/mtf-v9.html; zuletzt abgerufen am 07.09.2021.

veröffentlichte oder falsche Kapitalmarktinformationen – oder, mit anderen Worten, um eine Haftung für die Verletzung der gesetzlichen Pflicht zur unverzüglichen Veröffentlichung korrekter Insiderinformationen.[503]

Zweck dieser gesetzlich normierten Schadensersatzansprüche ist zunächst – wie bei allen Haftungsansprüchen – die Kompensation der von individuellen Anlegern erlittenen Schäden, verbunden mit dem Ziel einer effektiven Abschreckungswirkung (Prävention).[504]

Darüber hinaus sollen die Haftungsansprüche den Schutz des abstrakten Vertrauens der Anleger darauf stärken, dass die anderen Marktteilnehmer ihre Pflichten erfüllen – im konkreten Fall: dass die Emittenten unmittelbar kursrelevante Insiderinformationen unverzüglich und wahrheitsgemäß veröffentlichen. Die Emittentenhaftung dient somit auch dem Schutz des Vertrauens der Anleger darauf, dass die Kurse von Finanzinstrumenten an organisierten Kapitalmärkten unter Verwertung aller kursrelevanten Informationen zustande kommen und sie die Finanzinstrumente somit nicht zu teuer kaufen oder zu billig verkaufen.[505]

Zusammenfassend handelt es sich bei der Kapitalmarktinformationshaftung somit um Ansprüche des Anlegers gegen den Emittenten wegen Verletzung seiner Informationspflichten gegenüber dem Kapitalmarkt und somit um *ex post*-Anlegerschutz durch gesetzliche Ansprüche auf Ersatz des Schadens, der durch die genannte Informationspflichtverletzung entstanden ist.

### *b) Zivilrechtliche Kapitalmarktinformationshaftung*

Als Ergänzung der spezialgesetzlichen Haftungsansprüche für fehlerhafte Kapitalmarktinformation ist der Rückgriff auf allgemein privatrechtliche, vertrags- und insbesondere deliktsrechtliche Anspruchsgrundlagen denkbar. Dieser Rückgriff ist allerdings gesetzlich beschränkt: Gemäß § 26 Abs. 3 S. 1 WpHG n.F. stellen Art. 17 Abs. 1, 7 oder 8 MAR keine Schutzgesetze i.S.d. § 823 Abs. 2 BGB dar.[506]

Weiterhin ist der Rückgriff dadurch begrenzt, dass gemäß §§ 97 Abs. 4 und 98 Abs. 4 WpHG n.F. bei Verletzung der Ad-hoc-Publizitätspflichten Schadensersatz aus weitergehenden Ansprüchen nur aus Verträgen und wegen vorsätzlicher unerlaubter Handlungen gefordert werden kann. Somit kommt bei fehlerhaften

503 Grundlegend und instruktiv zur Haftung wegen Falschinformation des Sekundärmarktes: *Baums*, ZHR 167 (2011), 139 ff.

504 *Langenbucher*, Aktien- und Kapitalmarktrecht, § 17 Rn. 134.

505 *Zimmer/Steinhaeuser*, in: Schwark/Zimmer, KMRK, § 97 Rn. 9.

506 Vgl. *Langenbucher*, Aktien- und Kapitalmarktrecht, § 17 Rn. 180.

Ad-hoc-Mitteilungen insbesondere eine Haftung wegen vorsätzlicher sittenwidriger Schädigung nach § 826 BGB und möglicherweise auch eine Haftung nach § 823 Abs. 2 BGB i.V.m. § 263 StGB wegen Betruges oder nach § 823 Abs. 2 BGB i.V.m. § 400 AktG wegen unrichtiger Darstellung in Betracht.[507]

In seiner IKB-Entscheidung erteilte der BGH dem Rückgriff auf allgemeinzivilrechtliche Anspruchsgrundlagen für die Kapitalmarktinformationshaftung allerdings eine weitgehende Absage.[508] Der Vorstandsvorsitzende der IKB-Bank war wegen der Herausgabe einer Presseerklärung, „*um die aufgekommenen Gerüchte auszuräumen und die nervöse Marktsituation zu beruhigen*“[509], rechtskräftig wegen vorsätzlicher Marktmanipulation gemäß § 20a Abs. 1 Nr. 1, § 38 Abs. 2, § 39 Abs. 2 Nr. 11 WpHG a.F.[510] zu einer Freiheitsstrafe verurteilt worden. In der Folge verklagten Anleger die IKB AG auf Schadensersatz wegen des Erwerbs ihrer Aktien im Zusammenhang mit der irreführenden Presseerklärung ihres Vorstandsvorsitzenden. Im Rahmen der Entscheidung über diese Klagen setzte sich der BGH mit den Anspruchsgrundlagen § 37b Abs. 1 Nr. 1 WpHG a.F. (§ 97 Abs. 1 WpHG n.F.), § 37c Abs. 1 Nr. 1 WpHG a.F. (§ 98 Abs. 1 WpHG n.F.), § 823 Abs. 2 BGB i.V.m. § 400 Abs. 1 Nr. 1 AktG, § 823 Abs. 2 BGB i.V.m. § 20a Abs. 1 WpHG a.F. sowie §§ 826, 31 BGB auseinander und lehnte die deliktsrechtlichen Ansprüche ab.

Eine „Informationsdeliktshaftung“ nach §§ 826, 31 BGB lehnte der XI. Zivilsenat mit dem Hinweis darauf ab, dass die für die Annahme der Sittenwidrigkeit notwendige besondere Verwerflichkeit des Verhaltens zwar grundsätzlich bei einer „*direkt vorsätzlichen unlauteren Beeinflussung des Sekundärmarktpublikums durch eine grob unrichtige Ad-hoc-Mitteilung*“[511] indiziert sein kann, im konkreten Fall aber vom Berufungsgericht in rechtlich nicht zu beanstandender Weise abgelehnt worden sei.

Weiterhin ist § 400 AktG zwar vom BGH als Schutzgesetz i.S.d. § 823 Abs. 2 BGB anerkannt,[512] jedoch waren im IKB-Fall die inhaltlichen Voraussetzungen der „Darstellungen oder Übersichten über den Vermögensstand“ nicht erfüllt.

---

507 *Langenbucher*, Aktien- und Kapitalmarktrecht, § 17 Rn. 180.

508 BGH, Urt. v. 13.12.2011, Az.: XI ZR 51/10 („IKB“), BGHZ 192, 90 = NJW 2012, 1800 = NZG 2012, 263.

509 BGH, NZG 2012, 263, 264.

510 Das Verbot der vorsätzlichen Marktmanipulation ist seit dem 03.07.2016 in Art. 15 i.V.m. Art. 12 MAR (VO (EU) 596/2014) geregelt, § 20 a WpHG entsprechend aufgehoben.

511 BGH, NZG 2012, 263, 266.

512 BGH, NZG 2012, 263, 265; BGH, NZG 2004, 907.

Besonders eingehend diskutierte der XI. Senat die Frage der Schutzgesetzeigenschaft des Verbots der Marktmanipulation in § 20a Abs. 1 Nr. 1 WpHG a.F. (jetzt in Art. 15 i.V.m. Art. 12 MAR normiert). Letztlich verneinte er dies, da das vom Gesetzgeber gewollte Haftungssystem des deutschen Deliktsrechts grundsätzlich an die Verletzung besonders aufgeführter Rechtsgüter anknüpfe (§ 823 Abs. 1 BGB) und der Schutz des Vermögens auf § 826 BGB beschränkt sei. Dieses System dürfe nicht durch eine ausufernde Anerkennung von Schutzgesetzen i.S.d. § 823 Abs. 2 BGB unterlaufen werden. Die neben dem Individualschutz zweite Voraussetzung für die Annahme eines Schutzgesetzes, dass die Schaffung eines individuellen Schadensersatzanspruchs sinnvoll und im Lichte des haftungsrechtlichen Gesamtsystems tragbar erscheine, sah der BGH im vorliegenden Zusammenhang als nicht erfüllt an.[513]

Letztlich bejahte der BGH den Schadensersatzanspruch der Kläger gemäß § 37b Abs. 1 Nr. 1, § 13 Abs. 1 S. 1, § 15 Abs. 1 WpHG a.F. (§ 97 WpHG n.F.) wegen unterlassener unverzüglicher Veröffentlichung von Insiderinformationen, da die IKB es unterlassen hatte, die Höhe ihrer Investitionen in US-Subprime-Kredite in Form einer Ad-hoc-Mitteilung publik zu machen.[514]

Eine Kapitalmarktinformationshaftung durch das Privatrecht, insbesondere durch das Deliktsrecht, ist somit zwar denkbar, sie wird jedoch von der höchstrichterlichen Rechtsprechung nur zögerlich bejaht. Grundsätzlich kommt ihr die Funktion einer Ergänzung der spezialgesetzlich normierten Haftungsansprüche zu, zugleich wird sie durch die gesetzlichen Haftungstatbestände aber auch beschränkt. Die Rechtsprechung ist sehr zurückhaltend bei der Annahme der Schutzgesetzqualität einer Vorschrift sowie bei der Bejahung der strengen Voraussetzungen der vorsätzlichen sittenwidrigen Schädigung. Letztlich stützt sich auch der BGH in erster Linie auf die spezialgesetzlichen Haftungstatbestände.

### *c) Zwischenergebnis*

Als Zwischenergebnis bleibt somit festzuhalten, dass ein Anlegerschutz durch Haftungsansprüche wegen fehlerhafter Information des Kapitalmarktes besteht.

Er wird in erster Linie durch die spezialgesetzlich in den §§ 97, 98 WpHG n.F. normierten Schadensersatzansprüche wegen unterlassener unverzüglicher Veröffentlichung korrekter und wegen Veröffentlichung unwahrer Insiderinformationen gewährleistet. Als Ergänzung dieser Ansprüche bestehen

513 BGH, NZG 2012, 263, 265 f.

514 BGH, NZG 2012, 263, 266 ff.

bürgerlich-rechtliche Haftungsansprüche. Allerdings beschränkt bereits das Gesetz die Ergänzung auf vertragliche und vorsätzliche deliktische Ansprüche.

Auch die Rechtsprechung prüft den Rückgriff auf ergänzende privatrechtliche Anspruchsgrundlagen. Dabei ist sie allerdings zum einen bei der Annahme von Schutzgesetzen zurückhaltend, um das deutsche deliktsrechtliche Haftungssystem nicht zu unterlaufen. Zum anderen ist sie richtigerweise auch zurückhaltend bei der Bejahung vorsätzlicher sittenwidriger Schädigungen, deren tatbestandliche Hürden sehr hoch sind, um nicht auf diesem Wege einen allgemeinen deliktischen Schutz des Vermögens „durch die Hintertür" einzuführen.

Zusammenfassend lässt sich somit sagen, dass sich der Anlegerschutz durch Kapitalmarktinformationshaftung vorrangig auf die vom Gesetzgeber geschaffenen spezialgesetzlichen Haftungsnormen stützt. Den allgemein-zivilrechtlichen, insbesondere den deliktsrechtlichen Anspruchsgrundlagen, kommt lediglich eine begrenzte Ergänzungsfunktion zu.

Der Anlegerschutz durch Haftungsansprüche für fehlerhafte Kapitalmarktinformationen ist auch konform mit dem fortentwickelten Leitbild des *homo oeconomicus limitatus*. Dieses geht von beschränkt rationalen Anlageentscheidungen auf angemessener Informationsgrundlage aus. Erhält der Anleger aber Kapitalmarktinformationen nicht oder nicht unverzüglich oder erhält er unwahre Kapitalmarktinformationen, so kommt es auf eventuell bestehende kognitive Beschränkungen oder Urteilsverzerrungen des Anlegers nicht an. Ohne ausreichende Informationsbasis kann der Anleger keinesfalls gute Anlageentscheidungen treffen. Ein Schutz des beschränkt rationalen Anlegers durch Schadensersatzansprüche für fehlerhafte Kapitalmarktinformationen ist daher zu begrüßen.

## 3. Spezialgesetzliche Prospekthaftung

Im folgenden Schritt wird der Anlegerschutz durch Prospekthaftung untersucht. Hierbei wird zwischen der in kapitalmarktrechtlichen Spezialgesetzen normierten Prospekthaftung und der bürgerlich-rechtlichen Prospekthaftung unterschieden. Mit Blick auf die Anspruchsgegner kann zudem differenziert werden zwischen einer abstrakten Vertrauenshaftung der Prospektverantwortlichen und -garanten, zu denen kein direkter Kontakt des Anlageinteressenten besteht, und der konkreten Vertrauenshaftung des prospektgestützten Vertriebs, zu dem in der Regel direkter Kontakt der Anlageinteressenten besteht.

Während die Anfänge der Prospekthaftung auf die Rechtsprechung insbesondere des II. Zivilsenats des BGH in den 1970er und 1980er Jahren zurückgehen,[515] sind die Anspruchsgrundlagen der Prospekthaftung heute vor allem in den Kapitalmarktgesetzen normiert.

Im Folgenden werden die spezialgesetzlichen Prospekthaftungsansprüche gegen den Vertrieb von zum Börsenhandel zugelassenen Wertpapieren (nachfolgend a)), von Vermögensanlagen (nachfolgend b)), von Anteilen an Investmentfonds (nachfolgend c)) und von verpackten Anlageprodukten für Kleinanleger und Versicherungsanlageprodukten (nachfolgend d)) kurz dargestellt. Zudem wird kurz auf den Haftungsanspruch wegen fehlerhafter Angebotsunterlagen bei öffentlichen Übernahmen eingegangen, der dem Anlegeraktionär der Zielgesellschaft zur Verfügung steht (nachfolgend e)). Diesen Ansprüchen ist gemeinsam, dass es sich um spezialgesetzlich normierte Ansprüche für Fehler bei der Erfüllung standardisierter aufsichtsrechtlicher Informationspflichten handelt.

### *a) Prospekthaftung bei Wertpapieren nach dem WpPG*

Mit dem Wertpapierprospektgesetz (WpPG)[516] wurde 2005 die EU-Wertpapierprospektrichtlinie[517] in deutsches Recht umgesetzt. Die zuvor in den §§ 44, 45, 47 BörsG a.F. für Börsenzulassungsprospekte und in den §§ 13 und 13a VerkProspG für Verkaufsprospekte von Wertpapieren enthaltenen Haftungsregeln für fehlerhafte und fehlende Prospekte wurden 2011 durch das Gesetz zur Novellierung des Finanzanlagevermittler- und Vermögensanlagerechts[518] ohne größere Änderungen in das WpPG übertragen und dort zusammengeführt. Da das WpPG gemäß § 1 (ergänzende) Regelungen über den Prospekt, der beim öffentlichen Angebot von Wertpapieren oder bei deren Zulassung zum Handel an einem geregelten Markt zu veröffentlichen ist, enthält, ist die thematische und systematische Verortung der Prospekthaftung in diesem Gesetz sinnvoll und schlüssig.[519]

---

515 Siehe etwa die Grundsatzurteile BGH, Urt. v. 24.04.1978, Az.: II ZR 172/76 = NJW 1978, 1625 = WM 1978, 705; BGH, Urt. v. 06.10.1980, Az.: II ZR 60/80, = NJW 1981, 1449 = ZIP 1981, 517.

516 BGBl. 2005, Teil I, S. 1698.

517 Richtlinie 2003/71/EG des Europäischen Parlaments und des Rates vom 04.11.2003 betreffend den Prospekt, der beim öffentlichen Angebot von Wertpapieren oder bei deren Zulassung zum Handel zu veröffentlichen ist, und zur Änderung der Richtlinie 2001/34/EG.

518 BGBl. 2011, Teil I, S. 2481.

519 Ebenso: *Groß*, in: Groß, Kapitalmarktrecht, 7. Aufl. 2020, WpPG § 9 Rn. 1.

Zu beachten ist hierbei allerdings die Prospektverordnung VO (EU) 2017/1129, die am 20.07.2017 formal in Kraft getreten ist, deren wesentliche Bestandteile jedoch seit dem 21.07.2019 gelten. Sie dient dem Ziel der Schaffung einer EU-Kapitalmarktunion, hebt die Prospektrichtlinie auf und hat auch große Teile des WpPG aufgehoben. Nur soweit die Prospektverordnung den Mitgliedstaaten einen entsprechenden Spielraum belässt, gilt das WpPG weiterhin ergänzend.[520]

Die frühere, als künstlich empfundene Trennung zwischen Börsenzulassungsprospekt und Verkaufsprospekt in zwei verschiedenen Gesetzen wurde durch die Zusammenführung im WpPG grundsätzlich aufgegeben. Allerdings differenziert die gesetzliche Regelung weiterhin zwischen der Haftung bei fehlerhaftem Börsenzulassungsprospekt in § 9 WpPG und der Haftung bei sonstigem fehlerhaftem Prospekt in § 10 WpPG. Die letztgenannte Vorschrift gilt für Prospekte nach Art. 3 Abs. 1 der Prospekt-VO (EU) 2017/1129, womit alle Prospekte im Sinne der Prospekt-VO gemeint sind, die keine Börsenzulassungsprospekte sind.

Die Systematik der Haftungsregelung im WpPG folgt dabei dem im Folgenden kurz erläuterten Aufbau.

##### aa) *Haftung der Prospektverantwortlichen und Prospektveranlasser für fehlerhafte Börsenzulassungsprospekte gemäß § 9 WpPG*

§ 9 WpPG regelt die Haftung bei fehlerhaften Börsenzulassungsprospekten. Haftungsverpflichtet und somit Anspruchsgegner sind gemäß Abs. 1 S. 1 diejenigen, die für den Prospekt die Verantwortung übernommen haben (Nr. 1), sowie diejenigen, von denen der Erlass des Prospekts ausgeht (Nr. 2).

Unter den „Prospekterlassern" oder „Prospektverantwortlichen" der Nr. 1 versteht man diejenigen, die nach außen erkennbar die Verantwortung für den Prospekt übernommen haben. Dies sind zum einen die Unterzeichner des Prospekts, zum anderen die in § 8 WpPG Aufgeführten, insbesondere der Anbieter, der Emittent und der Zulassungsantragsteller.

Unter die „Prospektveranlasser" der Nr. 2 fallen nach der Regierungsbegründung die tatsächlichen Urheber des Prospekts, die ein eigenes wirtschaftliches Interesse an der Emission haben,[521] ohne nach außen in Erscheinung zu treten.[522] Zur weiteren Konkretisierung des Veranlasserbegriffs wendet der BGH die Kriterien an, die er zum Begriff der sogenannten Hintermänner im

520 *Buck-Heeb*, Kapitalmarktrecht, Rn. 197.

521 Regierungsbegründung zum Dritten Finanzmarktförderungsgesetz, BT-Drs. 13/8933, S. 78.

522 *Horbach*, in: Münchener Handbuch d. GesR, Bd. II, 5. Aufl. 2019, § 69 Rn. 37.

Rahmen der bürgerlich-rechtlichen Prospekthaftung im engeren Sinne entwickelt hat.[523] Hierzu zählen (i) der Einfluss auf die Konzeption des Modells, für das der Prospekt veröffentlicht wird, (ii) die gesellschaftsrechtliche Funktion des Hintermannes, (iii) sein wirtschaftliches Eigeninteresse und (iv) die Tatsache, dass der Prospekt mit Kenntnis des Hintermannes in den Verkehr gebracht wurde. Danach kommen, unter Berücksichtigung der jeweiligen Umstände des Einzelfalles, die Konzernmuttergesellschaft, Großaktionäre, Beirats- oder Aufsichtsratsmitglieder sowie Vorstandsmitglieder als Hintermänner und somit als Prospektveranlasser in Betracht.[524]

Weitere Anspruchsvoraussetzungen sind die Unrichtigkeit oder Unvollständigkeit von Angaben, die für die Beurteilung der Wertpapiere wesentlich sind, sowie der Wertpapiererwerb nach der Veröffentlichung des Prospekts und innerhalb von sechs Monaten nach der erstmaligen Einführung der Wertpapiere, § 9 Abs. 1 S. 1 WpPG.

Rechtsfolge ist gemäß § 9 Abs. 1 S. 1 WpPG die Pflicht zur Übernahme der Wertpapiere durch die Haftungsverpflichteten als Gesamtschuldner gegen Erstattung des Erwerbspreises und der Erwerbskosten. Rechtsfolge nach Abs. 2 ist die Pflicht zur Übernahme der Wertpapiere und zur Erstattung der Differenz zwischen Erwerbs- und Veräußerungspreis sowie der jeweils damit verbundenen Kosten, sofern der Anspruchsteller nicht mehr Inhaber der Wertpapiere ist, sondern diese bereits wieder veräußert hat.

#### *bb) Haftung für sonstige fehlerhafte Prospekte gemäß § 10 WpPG*

§ 10 WpPG verweist (mit zwei Maßgaben in Bezug auf das öffentliche Angebot als Anknüpfungspunkt) für die Haftung wegen unrichtiger oder unvollständiger Angaben in sonstigen Prospekten, die für die Beurteilung der Wertpapiere wesentlich sind, auf die Regelung des § 9 WpPG.

#### *cc) Haftungsausschlussgründe gemäß § 12 WpPG*

§ 12 WpPG nennt die Haftungsausschlussgründe. Abs. 1 beschränkt die Haftung des Anspruchsgegners auf seine individuelle positive Kenntnis oder grob fahrlässige Unkenntnis der Unrichtigkeit oder Unvollständigkeit der Prospektangaben. Hierfür trägt der Anspruchsgegner die Beweislast.

---

523 BGH, Urt. v. 18.09.2012, Az.: XI ZR 344/11 = BGHZ 195, 1 Rn. 37 = BKR 2012, 515 = NZG 2012, 1262.

524 *Groß*, in: Groß, Kapitalmarktrecht, WpPG § 9 Rn. 35.

Ferner enumeriert Abs. 2 der Vorschrift Gründe für den allgemeinen Ausschluss der Haftung, wie etwa die mangelnde Kausalität zwischen Prospekt und Wertpapiererwerb (Nr. 1), mangelnde Kausalität zwischen fehlerhaft im Prospekt dargestelltem Sachverhalt und Minderung des Börsenpreises der Wertpapiere (Nr. 2) oder Mitverschulden des Erwerbers durch Kenntnis von der Unrichtigkeit oder Unvollständigkeit der Prospektangaben beim Erwerb (Nr. 3). Des Weiteren besteht kein Haftungsanspruch, sofern eine Berichtigung der Fehlerhaftigkeit im Inland vor dem Wertpapiererwerb veröffentlicht wurde (Nr. 4) oder der Fehler ausschließlich in der Zusammenfassung des Prospekts aufgetreten ist (Nr. 5).

#### *dd) Haftung bei fehlendem Angebotsprospekt gemäß § 14 WpPG*

In § 14 WpPG ist die Haftung bei fehlendem Prospekt geregelt. Hierunter fällt nach Abs. 1 die Haftung des Emittenten und des Anbieters als Gesamtschuldner, wenn entgegen der Veröffentlichungspflicht in Art. 3 Abs. 1 Prospektverordnung (EU) 2017/1129 ein Angebotsprospekt nicht publiziert wurde, ein nicht gebilligter Angebotsprospekt veröffentlicht wurde oder ein gebilligter, aber nicht mehr gültiger Angebotsprospekt veröffentlicht wurde.[525]

Eine Regelung der Haftung für einen fehlenden Börsenzulassungsprospekt wurde laut Regierungsbegründung nicht für notwendig erachtet, da bereits die Zulassung der Wertpapiere zum Handel an der Börse gemäß § 32 Abs. 3 Nr. 2 BörsG einen Prospekt voraussetzt, die Wertpapiere ohne Prospekt daher nicht zum Börsenhandel zugelassen werden dürfen. Somit könnten faktisch keine Haftungsfälle für Wertpapiere bei fehlendem Börsenzulassungsprospekt bestehen.[526] Übersehen wurden hierbei die Fälle, in denen die Geschäftsführung einer Börse irrtümlich einen tatsächlich nicht erfüllten Befreiungstatbestand annimmt und somit Wertpapiere trotz fehlenden Börsenzulassungsprospekts in den Börsenhandel gelangen.[527]

In § 14 Abs. 4 WpPG ist der Haftungsausschluss wegen Mitverschuldens geregelt, wenn der Erwerber die Prospektveröffentlichungspflicht kannte, die Wertpapiere aber trotzdem ohne Prospekt erwarb.

---

525 *Groß*, in: Groß, Kapitalmarktrecht, WpPG § 14 Rn. 1.

526 Regierungsbegründung zum Gesetz zur Novellierung des Finanzanlagenvermittler- und Vermögensanlagenrechts, BT-Drs. 17/6051, S. 46 f.

527 *Groß*, in: Groß, Kapitalmarktrecht, WpPG, § 14 Rn. 1.

### ee) *Haftung bei fehlerhaftem oder fehlendem Wertpapier-Informationsblatt sowie Haftungsausschluss gemäß §§ 11, 13 und 15 WpPG*

Ein öffentliches Angebot von Wertpapieren, deren Gesamtgegenwert im Europäischen Wirtschaftsraum nicht mehr als 8 Millionen Euro beträgt, berechnet über einen Zeitraum von zwölf Monaten, ist von der Prospektveröffentlichungspflicht gemäß § 3 Nr. 2 WpPG befreit.[528]

Allerdings unterliegt ein derartiges inländisches Angebot der Pflicht zur Erstellung, Hinterlegung (bei der BaFin) und Veröffentlichung eines Wertpapier-Informationsblattes gemäß § 4 WpPG. Dies gilt nicht, wenn bereits nach der PRIIP-VO ein Basisinformationsblatt oder nach dem KAGB wesentliche Anlegerinformationen veröffentlicht werden müssen, § 4 Abs. 1 S. 4 WpPG, da es sich bei diesen Unterlagen ebenfalls um Kurzinformationsblätter handelt.

Nach § 4 Abs. 3 bis 7 WpPG unterliegt das Wertpapier-Informationsblatt ähnlichen Regeln der Kürze, Übersichtlichkeit, Verständlichkeit, Standardisierung und Vergleichbarkeit wie andere Kurzinformationsblätter, etwa die oben genannten nach der PRIIP-VO und nach dem KAGB. So darf das Wertpapier-Informationsblatt nach § 4 Abs. 3 S. 1 und 2 WpPG nicht mehr als drei DIN-A4-Seiten umfassen und muss dabei mindestens die wesentlichen Informationen über die Wertpapiere, den Anbieter, den Emittenten und etwaige Garantiegeber in übersichtlicher und leicht verständlicher Weise enthalten. In § 4 Abs. 3 S. 2 Nr. 1 bis 9 WpPG sind ferner detaillierte Anforderungen zu den notwendig anzugebenden Informationen und ihrer Reihenfolge auf dem Informationsblatt enthalten.

Gemäß § 4 Abs. 4 WpPG muss der folgende, drucktechnisch hervorgehobene Hinweis auf der ersten Seite unmittelbar unterhalb der ersten Überschrift des Informationsblattes enthalten sein: „*Der Erwerb dieses Wertpapiers ist mit erheblichen Risiken verbunden und kann zum vollständigen Verlust des eingesetzten Vermögens führen.*"

Die Vorschriften zur Haftung wegen eines fehlerhaften (§ 11 WpPG) oder fehlenden (§ 15 WpPG) Wertpapier-Informationsblattes und zum Haftungsausschluss bei fehlerhaftem Informationsblatt (§ 13 WpPG) laufen im Wesentlichen parallel zu den oben dargestellten Vorschriften beim Prospekt.

---

528 Die Vorschrift enthält in § 3 Nr. 1 WpPG einen weiteren Ausnahmetatbestand von der Prospektpflicht für Kreditinstitute oder Emittenten, deren Aktien bereits zum Handel an einem geregelten Markt zugelassen sind, und deren angebotene Wertpapiere den Gesamtgegenwert von 8 Millionen Euro nicht überschreiten.

### *ff) Unwirksame Haftungsbeschränkungen und weitergehende Haftungsansprüche gemäß § 16 WpPG*

§ 16 WpPG regelt in Abs. 1, dass die Haftungsansprüche der §§ 9, 10, 11, 14 und 15 WpPG nicht im Voraus vertraglich ermäßigt oder erlassen werden dürfen.

§ 16 Abs. 2 WpPG sieht vor, dass weitergehende Ansprüche des bürgerlichen Rechts aufgrund vertraglicher Schuldverhältnisse oder aufgrund des Deliktsrechts unberührt bleiben.

Beide Regelungen dienen dem Schutz des Anlegers, indem sie den Bestand der Haftungsansprüche sichern.

### *gg) Zwischenergebnis*

Die Prospekthaftung im WpPG stellt ein differenziertes System von Haftungsansprüchen und Ausschlussgründen im Zusammenhang mit dem Erwerb von Wertpapieren aufgrund eines Prospekts oder eines Wertpapier-Informationsblattes dar. Der Grund der Schadensersatzpflicht besteht in der Verletzung der Pflicht der Anbieterseite, Anleger mithilfe von Prospekten (und ggf. Informationsblättern) korrekt und umfassend zu informieren und ihnen somit eine angemessene Informationsgrundlage für eine kundige Anlageentscheidung zur Verfügung zu stellen.

Auch diese Haftungsansprüche sind mit dem Leitbild des *homo oeconomicus limitatus* konform, da sie die Herstellung der angemessenen Informationsbasis als Entscheidungsgrundlage des Anlegers absichern. Somit betreffen sie, wie alle Prospekthaftungsansprüche, ein Stadium des Investitionsprozesses, das den oben diskutierten Beschränkungen der Rationalität des Anlegers und den Heuristiken und kognitiven Verzerrungen bei der Aufnahme und Verarbeitung von Informationen sowie bei der eigentlichen Entscheidungsfindung vorgelagert ist.

Die (ausnahmsweise) Pflicht zur Erstellung, Hinterlegung und Veröffentlichung eines Wertpapier-Informationsblattes sowie die gesetzlichen Anforderungen an seinen Inhalt und seine Gestaltung berücksichtigen bereits Erkenntnisse der *Behavioral Finance*-Forschung, insbesondere zu den Themen *information overload* und *framing*. Die regulatorischen Vorgaben in § 4 Abs. 3 bis 7 WpPG dienen der Kürzung, Vereinfachung und Vereinheitlichung der für die Anlageentscheidung wesentlichen Informationen und wirken so einem *information overload* entgegen. Durch die gesetzliche Vorgabe der Reihenfolge der wesentlichen Informationen auf dem Informationsblatt in § 4 Abs. 3 S. 2 Nr. 1 bis Nr. 9 WpPG wird zudem *framing*, also eine gezielte Gestaltung der Reihenfolge und Kontextualisierung von Informationen, verhindert.

Kritikwürdig ist allerdings, dass die Pflicht zur Erstellung und Verwendung des Wertpapier-Informationsblattes nur im Ausnahmefall des § 3 Nr. 2 WpPG eingreift, wenn also kein Prospekt erstellt und verwendet werden muss. *De lege ferenda* wäre es hingegen sachgerecht und sinnvoll, eine allgemeine Pflicht zur Erstellung, Billigung und Veröffentlichung des Wertpapier-Informationsblattes parallel zum Prospekt einzuführen – sofern nicht schon andere Kurzinformationsblätter (nach der PRIIP-VO oder dem KAGB) bestehen. Nur so ließe sich gewährleisten, dass allen Anlegern jederzeit kurze, verständliche und vergleichbare Informationen für ihre Anlageentscheidung zur Verfügung gestellt werden.

### *b) Prospekthaftung bei Vermögensanlagen nach dem VermAnlG*

Die spezialgesetzliche Prospekthaftung nach dem VermAnlG ist anwendbar auf im Inland öffentlich angebotene Vermögensanlagen, die nicht in Wertpapieren im Sinne des WpPG verbrieft und nicht als Anteile an Investmentvermögen im Sine des KAGB ausgestaltet sind. Hierunter fallen die in § 1 Abs. 2 Nr. 1 bis 7 VermAnlG aufgezählten Vermögensanlagen, wie beispielsweise Anteile, die eine Beteiligung am Ergebnis eines Unternehmens gewähren (Nr. 1), partiarische Darlehen (Nr. 3), Genussrechte (Nr. 5) und Namensschuldverschreibungen (Nr. 6).

Anbieter dieser Vermögensanlagen trifft nach § 6 VermAnlG grundsätzlich die Pflicht zur Veröffentlichung eines Verkaufsprospekts. Nach § 7 Abs. 1 S. 1 VermAnlG muss der Verkaufsprospekt alle tatsächlichen und rechtlichen Angaben enthalten, die nötig sind, um eine zutreffende Beurteilung des Emittenten und der Vermögensanlage durch das Publikum zu ermöglichen.

In § 20 VermAnlG ist die Haftung bei fehlerhaften Prospektangaben und in § 21 VermAnlG die Haftung bei fehlendem Verkaufsprospekt geregelt. § 22 VermAnlG regelt die Haftung bei unrichtigen oder fehlenden Vermögensanlagen-Informationsblättern. Diese Haftungsregelung der §§ 20 bis 22 VermAnlG basiert im Wesentlichen auf dem früheren Haftungsregime der §§ 13 und 13a VerkProspG a.F. i.V.m. § 44 BörsG a.F. Die oben besprochene Haftung für fehlerhafte oder fehlende Prospekte oder Wertpapier-Informationsblätter beim Vertrieb von Wertpapieren in den §§ 9, 10, 11, 14 und 15 WpPG stellt ebenfalls eine Übernahme der ehemaligen Haftungsregelung der §§ 13, 13a VerkProspG a.F. i.V.m. § 44 BörsG a.F. dar.[529] Aus diesem Grund kann hier in Bezug auf das VermAnlG auf die obige Darstellung der Prospekthaftung im Wertpapierrecht

529 *Kumpan*, in: Baumbach/Hopt, Handelsgesetzbuch, VermAnlG § 20 Rn. 2.

(WpPG) verwiesen werden, soweit keine Abweichungen durch Spezialregelungen im VermAnlG bestehen. Im Folgenden wird dementsprechend ausschließlich auf die abweichenden Regelungen des VermAnlG eingegangen.

### *aa) Haftung für fehlerhafte Verkaufsprospekte gemäß § 20 VermAnlG*

Die Haftung bei fehlerhaftem Verkaufsprospekt gemäß § 20 Abs. 1 VermAnlG entspricht größtenteils der wertpapierrechtlichen Haftung bei fehlerhaftem sonstigem Prospekt i.V.m. Börsenzulassungsprospekt gemäß §§ 10 i.V.m. 9 Abs. 1 WpPG, jedoch mit einem bemerkenswerten Unterschied: Der Erwerb einer Vermögensanlage muss spätestens innerhalb von zwei Jahren nach dem ersten öffentlichen Angebot der Vermögensanlage stattgefunden haben. Bei Wertpapieren muss das Erwerbsgeschäft hingegen bereits innerhalb von sechs Monaten nach der erstmaligen Einführung (§ 9 Abs. 1 S. 1 WpPG) oder nach dem ersten öffentlichen Angebot (§ 10 Nr. 1 WpPG) der Wertpapiere abgeschlossen worden sein. Der Grund für die längere Frist bei Vermögensanlagen i.S.d. VermAnlG liegt darin, dass bei diesen der Verkaufsprospekt oft die zentrale oder auch einzige Informationsquelle für die Investitionsentscheidung darstellt, weil es keine anderen Informationsquellen und keine effizienten Preisbildungsmechanismen wie an Wertpapiermärkten gibt.[530] Daher besitzt der Prospekt im Bereich der Vermögensanlagen eine größere und auch zeitlich länger anhaltende Bedeutung. Zudem dauert die Platzierungsphase bei Vermögensanlagen häufig länger als bei Wertpapieren, bisweilen sogar mehrere Jahre.[531]

Weiterhin ist zu beachten, dass die Anbieter von Vermögensanlagen gemäß § 11 Abs. 1 VermAnlG einer Nachtragspflicht über wichtige neue Umstände oder wesentliche Unrichtigkeiten des Verkaufsprospekts unterliegen, sofern diese nach Billigung des Prospekts durch die BaFin und während der Dauer des öffentlichen Angebots auftreten oder festgestellt werden. Diese zu veröffentlichenden Nachträge zum Verkaufsprospekt unterliegen, insbesondere wenn sie die Zeichnungsfrist verlängern, ebenfalls der Prospekthaftung, um eine Umgehung derselben zu verhindern.[532]

---

530 Regierungsbegründung zum Gesetzesentwurf zur Novellierung des Finanzanlagenvermittler- und Vermögensanlagenrechts, BT-Drs. 17/6051, S. 36.

531 BT-Drs. 17/6051, S. 36.

532 OLG Dresden, Urt. v. 23.12.2013, Az.: 8 U 999/12 = NZG 2014, 708 = GWR 2014, 61 (m. Anm.) = WM 2014, 687.

#### bb) *Haftung für fehlende Verkaufsprospekte gemäß § 21 VermAnlG*

Weiterhin entspricht die Prospekthaftung bei fehlendem Verkaufsprospekt in § 21 VermAnlG inhaltlich weitgehend der Regelung der Haftung bei fehlendem Prospekt in § 14 WpPG, ohne erwähnenswerte Abweichungen.

#### cc) *Haftung für unrichtige oder fehlende Vermögensanlagen-Informationsblätter gemäß § 22 VermAnlG*

§ 22 VermAnlG regelt die Haftung bei unrichtigem oder fehlendem Vermögensanlagen-Informationsblatt. Anspruchsgegner sind die Anbieter von Vermögensanlagen, die gemäß § 13 VermAnlG verpflichtet sind, ein entsprechendes Informationsblatt zu erstellen, bei der BaFin zu hinterlegen und nach Gestattung durch dieselbe zu veröffentlichen. § 13 schreibt zudem die Länge, Gestaltung und die inhaltlichen Angaben und Hinweise des Informationsblattes vor, die wiederum der Kürzung, Verständlichkeit und Vergleichbarkeit der Vermögensanlage mit anderen Anlageprodukten dienen. Eine Vollständigkeit des Informationsblattes ist in § 22 VermAnlG nicht gefordert, da es gemäß § 13 Abs. 3 S. 1 VermAnlG eine Länge von drei DIN-A4-Seiten nicht überschreiten darf und sein Ziel gerade die kurze und verständliche – und nicht die vollständige – Information der Anleger ist.[533] Erwähnenswert ist, dass die haftungsbegründende Kausalität zwischen Informationsblatt und Erwerb der Vermögensanlage nicht vermutet wird, im Gegensatz zur Prospekthaftung in § 20 Abs. 4 Nr. 1 VermAnlG. Vielmehr muss die Kausalität vom Anspruchsteller dargelegt und ggf. bewiesen werden, § 22 Abs. 1 VermAnlG. Die Absätze 1a und 4a des § 22 VermAnlG wurden 2015 durch das Kleinanlegerschutzgesetz[534] eingeführt. § 22 Abs. 1a VermAnlG modifiziert den Haftungsanspruch nach Absatz 1 für den Fall, dass die Erstellung eines Verkaufsprospekts entbehrlich ist und die Vermögensanlage somit ausschließlich auf der Grundlage eines Informationsblattes angeboten wird, das irreführende oder unrichtige Angaben enthält. § 22 Abs. 4a S. 1 VermAnlG erweitert die Haftung auf den Fall, dass das Vermögensanlagen-Informationsblatt nicht zur Verfügung gestellt wurde (Nr. 1), sowie auf die Fälle eines fehlenden (Nr. 2) oder nicht durch Unterschrift bestätigten (Nr. 3) Warnhinweises gemäß § 13 Abs. 4 S. 1 VermAnlG („*Der Erwerb dieser Vermögensanlage ist mit erheblichen Risiken verbunden und kann zum vollständigen Verlust des eingesetzten Vermögens führen.*").

533 *Kumpan*, in: Baumbach/Hopt, Handelsgesetzbuch, VermAnlG § 22 Rn. 1.
534 BGBl. 2015 Teil I, S. 1114.

#### *dd) Zwischenergebnis*

Insgesamt ähnelt die Prospekthaftung im VermAnlG in Systematik und Inhalt stark der im WpPG, da beide auf dieselben Vorgängervorschriften der §§ 13, 13a VerkProspG a.F. und § 44 BörsG a.F. zurückgehen.

Der wichtigste Unterschied ist die grundsätzliche Pflicht in § 13 Abs. 1 VermAnlG, „*neben dem Verkaufsprospekt*" ein Vermögensanlagen-Informationsblatt zu erstellen, bei der BaFin zu hinterlegen und nach Gestattung durch die BaFin zu veröffentlichen. Der Gesetzgeber hat somit bei Vermögensanlagen den Schritt zur parallelen Verwendung eines Kurzinformationsblattes neben einem Prospekt getan, der oben für das Wertpapier-Informationsblatt gefordert wird. Dieser Schritt ist sehr zu begrüßen.

Hierdurch wird sichergestellt, dass alle Anleger ein Kurzinformationsblatt erhalten, das den Erkenntnissen zu *information overload* und *framing* – und somit auch dem Leitbild des *homo oeconomicus limitatus* – Rechnung trägt. Die Anleger werden effektiv geschützt, indem ihnen eine leicht verständliche, übersichtliche und Vergleichbarkeit mit anderen Anlageprodukten herstellende Informationsgrundlage zur Verfügung gestellt wird. Diese wird durch den spezialgesetzlichen Schadensersatzanspruch in § 22 VermAnlG für unrichtige oder fehlende Informationsblätter haftungsrechtlich abgesichert.

### *c) Prospekthaftung bei Anteilen an Investmentvermögen nach dem KAGB*

Die spezialgesetzliche Prospekthaftung nach dem KAGB ist beim Vertrieb von Investmentvermögen i.S.v. § 1 Abs. 1 S. 1 KAGB anwendbar, also beim Erwerb von Anteilen oder Aktien an offenen Investmentvermögen (OGAW sowie offene Publikums- und Spezial-AIF) und an geschlossenen (Publikums- und Spezial-) AIF.

Die Pflicht zur Erstellung von Verkaufsprospekten und wesentlichen Anlegerinformationen ist für offene Publikumsinvestmentvermögen in § 164 KAGB und für geschlossene Publikums-AIF in § 268 KAGB geregelt, ebenso wie die Pflicht, dem Publikum die jeweils aktuelle Fassung der beiden Informationsdokumente auf der Internetseite der Verwaltungsgesellschaft zugänglich zu machen. Die Pflicht zur Veröffentlichung und laufenden Information ist für EU-OGAW in § 298 KAGB und für EU- und ausländische AIF in § 299 KAGB normiert.

Die notwendigen Mindestangaben in Verkaufsprospekten sowie Inhalt, Form und Gestaltung der wesentlichen Anlegerinformationen sind für offene Publikumsinvestmentvermögen in § 165 bzw. § 166 KAGB aufgezählt. Für geschlossene Publikums-AIF sind die Mindestangaben im Verkaufsprospekt in § 269

KAGB sowie Inhalt, Form und Gestaltung der wesentlichen Anlegerinformationen in § 270 KAGB geregelt.

Die Haftungsregelung für fehlerhafte und fehlende Verkaufsprospekte sowie für unrichtige wesentliche Anlegerinformationen bei Investmentvermögen befindet sich in § 306 KAGB. Systematik und Inhalt der Vorschrift ähneln derjenigen der §§ 9 bis 15 WpPG und der §§ 20 bis 22 VermAnlG, sind jedoch in einem Paragraphen zusammengefasst.

#### *aa) Haftung für fehlerhafte Prospekte und wesentliche Anlegerinformationen gemäß § 306 Abs. 1 und 2 KAGB*

§ 306 Abs. 1 KAGB beinhaltet die Anspruchsgrundlage für Anleger bei Fehlerhaftigkeit des Verkaufsprospekts, also Unrichtigkeit und Unvollständigkeit wesentlicher Prospektangaben. Als Rechtsfolge sieht er die Übernahme der Anteile oder Aktien gegen Erstattung des Erwerbspreises oder die Erstattung der Differenz zwischen Erwerbspreis und Rücknahmepreis oder Veräußerungswert vor, wenn der Anleger nicht mehr Inhaber der Anteile oder Aktien ist. Insoweit entspricht die Regelung weitgehend der in § 9 Abs. 1 und 2 sowie § 10 WpPG sowie in § 20 Abs. 1 und 2 VermAnlG. Im Gegensatz zu den beiden letztgenannten Regelungen sieht § 306 Abs. 1 KAGB jedoch nicht die Erstattung der Erwerbskosten vor. Ein weiterer, wichtiger Unterschied liegt in der Erweiterung des Kreises der Haftungsadressaten, da § 306 Abs. 1 KAGB neben den Prospektverantwortlichen und den Prospektveranlassern auch die Verwaltungsgesellschaft des Investmentfonds sowie denjenigen, der die Aktien oder Anteile im eigenen Namen gewerbsmäßig verkauft hat, als Anspruchsgegner vorsieht.

§ 306 Abs. 2 KAGB sieht einen Haftungsanspruch für Anleger wegen fehlerhafter wesentlicher Anlegerinformationen vor. Hierunter versteht das Gesetz, dass die Angaben in den wesentlichen Anlegerinformationen irreführend oder unrichtig sind oder den einschlägigen Stellen des Verkaufsprospekts widersprechen. Die Vollständigkeit der Informationen wird nicht verlangt, da dies dem Zweck der wesentlichen Anlegerinformationen, Anlageinteressenten in kurzer Form zu informieren, zuwiderliefe. Haftungsadressaten sind konsequenterweise nur die Verwaltungsgesellschaft des Fonds und der gewerbsmäßige Verkäufer der Fondsanteile, da mangels Verkaufsprospekt weder Prospektverantwortliche noch Prospektveranlasser existieren. Die Rechtsfolgen entsprechen denjenigen in § 306 Abs. 1 KAGB.

#### bb) *Haftungsbeschränkungen und Haftungsausschluss gemäß § 306 Abs. 3 KAGB*

In § 306 Abs. 3 KAGB wird die Haftung der gewerbsmäßigen Verkäufer auf die Fälle ihrer positiven Kenntnis und ihrer grob fahrlässigen Unkenntnis der Unrichtigkeit oder Unvollständigkeit des Verkaufsprospekts oder der Unrichtigkeit der wesentlichen Anlegerinformationen beschränkt. Die Anspruchsgegner tragen hierfür die Beweislast. Ferner werden die Haftungsansprüche aus § 306 Abs. 1 und 2 KAGB gegenüber allen Anspruchsgegnern bei Kenntnis des Anlegers von der Fehlerhaftigkeit im Zeitpunkt des Kaufes ausgeschlossen. Die Ansprüche sind außerdem ausgeschlossen bei fehlender haftungsbegründender Kausalität zwischen Prospekt oder wesentlichen Anlegerinformation und dem Erwerb der Fondsanteile oder Aktien. Auch hierfür tragen die Anspruchsgegner die Beweislast[535]

#### cc) *Erweiterung des Kreises der Haftungsadressaten gemäß § 306 Abs. 4 KAGB*

§ 306 Abs. 4 S. 1 KAGB erweitert den Kreis der Haftungsadressaten auf gewerbsmäßige Anlagevermittler und Personen, die Anteile oder Aktien im fremden Namen verkaufen. Zugleich beschränkt er deren Haftung ausschließlich auf Fälle positiver Kenntnis von der Fehlerhaftigkeit der Prospekt- oder Anlegerinformationen.

Ferner enthält § 306 Abs. 4 S. 2 KAGB einen Haftungsausschluss bezüglich der Ansprüche aus § 306 Abs. 1 und 2 KAGB gegen die in Abs. 4 S. 1 genannten Vermittler, bei Kenntnis des Käufers sowie bei mangelnder haftungsbegründender Kausalität von Verkaufsprospekt oder wesentlichen Anlegerinformationen für den Erwerb der Anteile oder Aktien. Hierfür tragen erneut die Antragsgegner die Beweislast.[536]

#### dd) *Haftung bei fehlendem Verkaufsprospekt gemäß § 306 Abs. 5 KAGB*

In § 306 Abs. 5 KAGB ist der Fall geregelt, dass die Veröffentlichung des Verkaufsprospekts entgegen den gesetzlichen Veröffentlichungspflichten unterlassen wird. In diesem Fall besteht ein Anspruch des Anlegers auf Übernahme der Anteile oder Aktien gegen Erstattung des Erwerbspreises sowie der

---

535 Vgl. den Wortlaut von § 306 Abs. 3 S. 2 Nr. 2 KAGB: „*Der Anspruch* […] *besteht nicht, wenn* […] *die Anteile oder Aktien nicht aufgrund des Verkaufsprospekts oder wesentlichen Anlegerinformationen erworben wurden.*“

536 Vgl. den Wortlaut von § 306 Abs. 4 S. 2 KAGB: „*Dies gilt nicht, wenn* […]“.

Erwerbskosten. Allerdings muss das Erwerbsgeschäft hierfür vor der Veröffentlichung eines Verkaufsprospekts und innerhalb von zwei Jahren nach dem ersten öffentlichen Anbieten oder Platzieren von Anteilen oder Aktien des Investmentvermögens abgeschlossen werden.

Ist der Anleger nicht mehr Inhaber der Fondsanteile, so kann er die Differenz zwischen Erwerbs- und Veräußerungspreis sowie Erstattung der Erwerbs- und Veräußerungskosten verlangen. Bei positiver Kenntnis des Erwerbers von der Veröffentlichungspflicht im Erwerbszeitpunkt sind die Ansprüche dieses Absatzes ausgeschlossen.

### *ee) Unwirksame Haftungsbeschränkung und sonstige Haftungsansprüche gemäß § 306 Abs. 6 KAGB*

§ 306 Abs. 6 KAGB, der inhaltlich § 16 WpPG sowie § 20 Abs. 6, § 21 Abs. 5 und § 22 Abs. 6 VermAnlG entspricht, schränkt die Privatautonomie dahingehend ein, dass die hier dargestellten Ansprüche aus § 306 Abs. 1, 2, 4 und 5 KAGB nicht im Voraus wirksam ermäßigt oder erlassen werden können. Im Nachhinein ist dies – etwa in Vergleichen – unproblematisch möglich.

Ferner enthält § 306 Abs. 6 KAGB die Konkurrenzregelung, dass weitergehende Ansprüche aus dem bürgerlichen Recht aufgrund von Verträgen oder unerlaubten Handlungen unberührt bleiben.

### *ff) Zwischenergebnis*

Zusammenfassend lässt sich festhalten, dass § 306 KAGB den Anlegerschutz durch Prospekthaftungsansprüche bei Anlagen in Investmentfonds regelt, ebenso wie die §§ 9 ff. WpPG dies bei Anlagen in Wertpapiere tun und die §§ 20 ff. VermAnlG bei Investitionen in sonstige Vermögensanlagen. Strukturell und inhaltlich ähnelt er dementsprechend den oben dargestellten Ansprüchen aus dem WpPG und dem VermAnlG.

Und ebenso wie die genannten Vorschriften stellt er die Kehrseite des informationsbasierten Anlegerschutzes dar: Verletzt die Anbieterseite ihre gesetzlichen Pflichten, den Interessenten bei einer Anlage in Investmentvermögen vorvertraglich durch Prospekte und wesentliche Anlegerinformationen fehlerfrei zu informieren, Informationsasymmetrien zu beheben und somit eine Basis für dessen sachkundige, seinen Interessen dienende Anlageentscheidung zu treffen, so haftet sie ihm für den hierdurch verursachten Schaden. Auch hier zeigt sich, dass der Prospekthaftungsanspruch auch der schadensersatzrechtlichen Absicherung des informationellen Anlegerschutzes dient.

Hier ist es ebenfalls sehr zu begrüßen, dass der Gesetzgeber sich entschieden hat, in § 168 KAGB die Pflicht zur parallelen Erstellung und Zugänglichmachung auf der Internetseite von Verkaufsprospekt und Kurzinformationsblatt (wesentliche Anlegerinformationen) zu regeln. Hiermit geht er wiederum auf die Probleme des *information overload* und *framing* ein und trägt dem Leitbild des *homo oeconomicus limitatus* Rechnung.[537]

#### d) Prospekthaftung bei verpackten Anlageprodukten für Kleinanleger und Versicherungsanlageprodukten nach der PRIIP-VO

Eine weitere dem Anlegerschutz dienende Anspruchsgrundlage für Schadensersatz findet sich in der EU-Verordnung über Basisinformationsblätter für verpackte Anlageprodukte für Kleinanleger und Versicherungsanlageprodukte (PRIIP-VO).[538] Durch diese EU-Verordnung wird ein EU-weit einheitlicher Standard für Basisinformationsblätter[539] über PRIIP[540] geschaffen, um deren Transparenz zu erhöhen und das Vertrauen der Kleinanleger in den Finanzmarkt zu fördern[541]. Auch die im KAGB geregelten und oben angesprochenen wesentlichen Anlegerinformationen für OGAW und AIF sind bis zum 31. Dezember 2021 auf Basisinformationsblätter nach der PRIIP-VO umzustellen.[542] Ferner sollen Hindernisse für den Binnenmarkt für Finanzprodukte und -dienstleistungen dadurch abgebaut werden, dass gleiche Wettbewerbsbedingungen zwischen den Mitgliedstaaten der Europäischen Union hergestellt werden.[543]

---

537 Eine vertiefte Diskussion der Vorschrift im Hinblick auf die Anwendbarkeit der bürgerlich-rechtlichen Prospekthaftung (im engeren und weiteren Sinne) neben dem spezialgesetzlichen Prospekthaftungsregime von § 306 KAGB sowie im Hinblick auf die Frage der Über- bzw. Rücknahme von Aktien und Anteilen an Personengesellschaften durch Investmentvermögen in gesellschaftsrechtlicher Hinsicht befindet sich weiter unten in der Arbeit, siehe D. III. 5.

538 Verordnung (EU) Nr. 1286/2014 des Europäischen Parlaments und des Rates vom 26. November 2014 über Basisinformationsblätter für verpackte Anlageprodukte für Kleinanleger und Versicherungsanlageprodukte.

539 In der Literatur wird auch der englische Begriff „*Key Information Documents*" oder seine Abkürzung „KID" verwendet. Zur Unterscheidung von PRIIP KID und UCITS KIID siehe oben Fußnote 400.

540 Diese Abkürzung leitet sich vom englischen Begriff für verpackte Anlageprodukte für Kleinanleger und Versicherungsanlageprodukte ab: „*Packaged Retail and Insurance-based Investment Products*" = PRIIP, vgl. Fußnote 402.

541 Erwägungsgrund (2) der PRIIP-VO.

542 Siehe oben D. II. 1. a) bb).

543 Erwägungsgrund (3) der PRIIP-VO.

Die Verordnung gilt seit dem 1. Januar 2018 unmittelbar in allen EU-Mitgliedstaaten,[544] ein Jahr später als ursprünglich vorgesehen, da das Europäische Parlament den Vorschlag der Europäischen Kommission für technische Regulierungsstandards zunächst zurückwiesen hatte und die Kommission daher mehr Zeit für die Erarbeitung eines neuen Vorschlags benötigte.[545]

#### *aa) Anwendungsbereich der PRIIP-VO gemäß Art. 1 und 2 PRIIP-VO*

Die Verordnung ist gemäß Art. 1 PRIIP-VO anzuwenden auf Basisinformationsblätter, die über verpackte Anlageprodukte für Kleinanleger und Versicherungsanlageprodukte informieren.

In Art. 2 Abs. 2 PRIIP-VO sind Produkte aufgezählt, für die die Verordnung nicht gilt, wie etwa Nichtlebensversicherungsprodukte (a), Risikolebensversicherungen (b) oder amtlich anerkannte betriebliche Altersversorgungssysteme (f).

Durch den Ausschluss von lediglich sieben Versicherungs- und Finanzprodukten ist der Anwendungsbereich der Verordnung bewusst weit gefasst, um der Heterogenität der Finanzprodukte in der Europäischen Union gerecht zu werden und Umgehungen der Verordnung zu verhindern.[546] Derivate, geschlossene und offene Investmentfonds sowie Instrumente, die von Zweckgesellschaften begeben werden, fallen hingegen in den Anwendungsbereich der PRIIP-VO.[547]

#### *bb) Pflicht zur Erstellung, Aktualisierung und Zurverfügungstellung des Basisinformationsblattes gemäß Art. 5 und 10 PRIIP-VO*

Art. 5 Abs. 1 PRIIP-VO enthält die Pflicht der PRIIP-Hersteller, vor dem Angebot des Anlageprodukts ein Basisinformationsblatt nach dieser Verordnung abzufassen und auf seiner Website zu veröffentlichen. Form, Inhalt und Gestaltung des KID werden in Art. 6 bis 8 PRIIP-VO vorgeschrieben.

Art. 10 Abs. 1 PRIIP-VO regelt die Pflicht der PRIIP-Hersteller, das KID regelmäßig zu überprüfen und soweit erforderlich zu ändern sowie die überarbeitete Version unverzüglich zur Verfügung zu stellen.

---

544 Siehe hierzu die Änderungsverordnung: Verordnung (EU) 2016/2340 des Europäischen Parlaments und des Rates vom 14.12.2016 zur Änderung der Verordnung (EU) Nr. 1286/2014 über Basisinformationsblätter für verpackte Anlageprodukte für Kleinanleger und Versicherungsanlageprodukte im Hinblick auf den Geltungsbeginn.

545 Vgl. hierzu BaFin Journal, Januar 2017, 10; zur PRIIP-VO siehe auch: *Litten*, DB 2016, 1679.

546 *Andresen/Gerold*, BaFin Journal, August 2015, 31, 32.

547 *Ibd.*

### *cc) Haftungsanspruch gemäß Art. 11 PRIIP-VO*

Der Prospekthaftungsanspruch ist in Art. 11 PRIIP-VO geregelt. Nach Abs. 1 haftet der PRIIP-Hersteller, wenn das KID oder seine Übersetzung irreführend oder ungenau ist oder nicht mit den einschlägigen Teilen der rechtlich verbindlichen vorvertraglichen oder vertraglichen Unterlagen oder nicht mit den Vorgaben zu Inhalt und Gestaltung des Basisinformationsblattes in Art. 8 PRIIP-VO übereinstimmt.

Nach Art. 11 Abs. 2 PRIIP-VO, der die Anspruchsgrundlage des Anlegers enthält, trifft den Kleinanleger die Beweislast für den von ihm erlittenen Verlust und für die Kausalität zwischen seinem Vertrauen auf das i.S.d. Abs. 1 fehlerhafte Basisinformationsblatt und seinem Verlust. Bezüglich der Übereinstimmung des Basisinformationsblattes mit der Verordnung soll nach Ansicht der BaFin eine Beweislastumkehr vorliegen: Hierfür sollen die Hersteller der PRIIP die Darlegungs- und Beweislast tragen.[548] Es ist allerdings unklar, woraus diese Beweislastumkehr abgeleitet wird. Der Wortlaut des Art. 11 PRIIP-VO bietet hierfür keinen Anhaltspunkt. Im Gegenteil erklärt Art. 11 Abs. 1 PRIIP-VO, dass alleine aufgrund des Basisinformationsblattes noch keine zivilrechtliche Haftung der PRIIP-Hersteller besteht, *„es sei denn"*, das KID oder seine Übersetzung sei irreführend, ungenau oder stimme nicht mit den vorgeschriebenen Unterlagen oder den Vorgaben des Art. 8 der Verordnung überein. Dieses Regel-Ausnahme-Verhältnis deutet jedoch auf eine Beweislast des Anspruchstellers hin, der die Fehlerhaftigkeit des Basisinformationsblattes beweisen muss, um die ausnahmsweise Haftung zu begründen.

Die Rechtsfolge besteht gemäß Art. 11 Abs. 2 PRIIP-VO darin, dass der Kleinanleger gemäß dem nationalen Recht Schadensersatz vom PRIIP-Hersteller fordern kann. Die vollständige Anspruchsgrundlage auf Schadensersatz lautet hier daher: Art. 11 Abs. 2 i.V.m. Abs. 1 PRIIP-VO i.V.m. nationalem Recht.[549]

Bezüglich der Begriffe *„Verlust"* und *„Schadensersatz"* ordnet Art. 11 Abs. 3 PRIIP-VO die Anwendung und Auslegung gemäß den einschlägigen

---

548 *Andresen/Gerold*, BaFin Journal, August 2015, 31, 36: *„Die Verordnung sieht hier eine Beweislastumkehr vor: Bei einem Rechtsstreit obliegt es dem Hersteller nachzuweisen, dass das Basisinformationsblatt mit der PRIIPs-Verordnung konform ist."* Hierauf verweist auch: *S. Frisch*, in: Derleder/Knops/Bamberger, Deutsches und europäisches Bank- und Kapitalmarktrecht, Bd. II, 3. Aufl. 2017, § 54 Rn. 13, S. 211.

549 Vgl. *S. Frisch*, in: Derleder/Knops/Bamberger, Deutsches und europäisches Bank- und Kapitalmarktrecht, Bd. II, § 54 Rn. 13, S. 211.

Bestimmungen des internationalen Privatrechts an, im Einklang mit dem geltenden nationalen Recht.

### *dd) Sonstige Haftungsansprüche und unwirksame Haftungsbeschränkungen gemäß Art. 11 Abs. 4 und 5 PRIIP-VO*

Art. 11 Abs. 4 PRIIP-VO regelt, dass weitergehende zivilrechtliche Haftungsansprüche im Einklang mit dem nationalen Recht unberührt bleiben.

Und Art. 11 Abs. 5 PRIIP-VO sieht vor, dass die Schadensersatzpflicht aus Art. 11 der VO nicht vertraglich eingeschränkt oder abbedungen werden darf.

### *ee) Zwischenergebnis*

Die EU-Haftungsregelung der PRIIP-VO weist Ähnlichkeiten zu den oben dargestellten deutschen Prospekthaftungsregimen im WpPG, VermAnlG und KAGB auf, die ihrerseits teilweise auf EU-Richtlinien zurückgehen oder durch deren Umsetzung geändert wurden.[550]

Auffällige Unterschiede bestehen etwa bei den Anforderungen an die Fehlerhaftigkeit des Informationsblattes: Nach Art. 11 Abs. 1 PRIIP-VO reicht es hierfür bereits, wenn das KID „*ungenau*" ist, während es in den einschlägigen Haftungsvorschriften für Kurzinformationsunterlagen im deutschen Recht, § 22 Abs. 1 Nr. 1 VermAnlG und § 306 Abs. 1 S. 1 KAGB, „*unrichtig*" sein muss. Ferner stellt die – allerdings zweifelhafte – Beweislastumkehr zugunsten des Anlegers in Art. 11 Abs. 2 PRIIP-VO einen Unterschied zum deutschen Recht dar, wo dies nicht vorgesehen ist. Auch die Abdingbarkeit ist in Art. 11 Abs. 5 PRIIP-VO ganz allgemein ausgeschlossen. Im deutschen Recht sind der Ausschluss und die Einschränkung des Prospekthaftungsanspruchs hingegen nur „*im Voraus*" nicht möglich, vgl. § 22 Abs. 6 S. 1 VermAnlG und § 306 Abs. 6 S. 1 KAGB.

Insgesamt scheint sich hieraus die Tendenz ablesen zu lassen, dass die PRIIP-Verordnung geringere Anforderungen an den Haftungsanspruch des Anlegers stellt als die deutschen Anspruchsgrundlagen, was für ein höheres Niveau des EU-Anlegerschutzes sprechen würde. Allerdings darf hierbei nicht übersehen werden, dass der Kleinanleger gemäß Art. 11 Abs. 2 PRIIP-VO „*gemäß nationalem Recht Schadensersatz*" fordern kann – und muss. Unstreitig kommt dem

---

550 Vgl. etwa den Einfluss der Prospektrichtlinie (2003/71/EG) auf das WpPG sowie der Richtlinie über Organismen für gemeinsame Anlagen in Wertpapiere OGAW IV (2009/65/EG) und der Richtlinie über die Verwalter alternativer Investmentfonds AIFMD (2011/61/EU) auf das VermAnlG und das KAGB.

nationalen Recht somit weiterhin erhebliche Bedeutung bei der Durchsetzung des EU-Prospekthaftungsanspruchs zu.[551]

Ferner wird erwartet, dass der deutsche Gesetzgeber die PRIIP-Verordnung zum Anlass nehmen wird, das deutsche Recht der Kurzinformationsblätter neu zu ordnen. Ziel der Neuregelung muss es sein, sicherzustellen, dass der Anleger pro Anlageprodukt nur ein Informationsblatt erhält und die Anbieterseite dementsprechend nur ein Informationsblatt pro Produkt erstellen muss.[552]

Im Hinblick auf eine Verbesserung des Anlegerschutzes ist es sehr zu begrüßen, dass Form und Inhalt des Basisinformationsblattes in Art. 6 bis 8 PRIIP-VO sowie in der Delegierten Verordnung der Kommission zur Ergänzung der PRIIP-VO[553] detailliert geregelt sind und den Erkenntnissen zu *information overload*[554] und zu *framing*[555] Rechnung getragen wird. Somit wird auch bei dieser weiten Klasse von Anlageprodukten (verpackte Anlageprodukte für Kleinanleger und Versicherungsanlageprodukte) das Anlegerleitbild des *homo oeconomicus limitatus* EU-weit berücksichtigt und zugrunde gelegt.

Weiterhin ist zu begrüßen, dass das Basisinformationsblatt gemäß Art. 8 Abs. 3 d) iii) PRIIP-VO eine Darstellung von Performanceszenarien enthält, die ebenfalls der übersichtlichen und verständlichen Information der Anleger sowie der verbesserten Vergleichbarkeit der Anlageprodukte dient. Ebenso müssen die wesentlichen Anlegerinformationen nach § 160 Abs. 2 Nr. 5 KAGB für offene Publikumsinvestmentvermögen sowie gemäß § 270 Abs. 1 i.V.m. § 166 Abs. 2 KAGB für geschlossene Publikums-AIF „gegebenenfalls“ Performanceszenarien

---

551 *Heiss*, in: Lorenz, Karlsruher Forum 2014: Anlegerschutz durch Haftung, VersR-Schriften 55, 2014, 41, 56 f.

552 *Andresen/Gerold*, BaFin Journal August 2015, 31, 36.

553 Delegierte Verordnung (EU) 2017/653 der Kommission vom 08.03.2017 zur Ergänzung der Verordnung (EU) Nr. 1286/2014 des Europäischen Parlaments und des Rates über Basisinformationsblätter für verpackte Anlageprodukte für Kleinanleger und Versicherungsanlageprodukte (PRIIP) durch technische Regulierungsstandards in Bezug auf die Darstellung, den Inhalt, die Überprüfung und die Überarbeitung dieser Basisinformationsblätter sowie die Bedingungen für die Erfüllung der Verpflichtung zu ihrer Bereitstellung.

554 Erwägungsgrund (15) Satz 1 PRIIP-VO: „*Kleinanleger sollen die für sie notwendigen Informationen erhalten, um eine fundierte Anlageentscheidungen* [sic!] *treffen und unterschiedliche PRIIP vergleichen zu können; sind diese Informationen jedoch nicht kurz und prägnant, so besteht die Gefahr, dass sie von den Kleinanlegern nicht genutzt werden.*“

555 Erwägungsgrund (17) Satz 2 PRIIP-VO: „*In jedem Informationsblatt sollte für die Punkte und die Überschriften dieser Punkte dieselbe Reihenfolge eingehalten werden.*“

enthalten. Das WpPG und das VermAnlG beinhalten keine entsprechenden Regelungen über die Darstellung von Performanceszenarien in ihren Informationsblättern. Hier ist *de lege ferenda* für die anstehende Neuordnung des Rechts der Kurzinformationsblätter zu fordern, dass künftige Kurzinformationsblätter für alle Klassen von Anlageprodukten eine einheitliche Pflicht zur Darstellung von Performanceszenarien enthalten.

Außerdem ist der Gesamtrisikoindikator gemäß Art. 8 Abs. 3 d) i) PRIIP-VO sehr positiv zu bewerten. Er fasst das Marktrisiko der Wertentwicklung der Anlagen, das Kreditrisiko des PRIIP-Herstellers und das Liquiditätsrisiko der Handelbarkeit des PRIIPs in einer graphischen Darstellung zusammen.[556] Auch die übersichtliche, leicht zu verstehende Form einer graphischen statt einer verbalen Darstellung der Risiken sowie ihre Zusammenfassung in einem Gesamtindikator trägt den rationalen Beschränkungen des *homo oeconomicus limitatus* Rechnung und sollte EU-weit verpflichtender Standard für alle Klassen von Anlageprodukten werden.

Zudem ist das Vorgehen der Europäischen Kommission positiv hervorzuheben, parallel zur und im Anschluss an die Entwicklung der Technischen Regulierungsstandards durch die *European Supervisory Authorities* (*ESA*) sogenannte Verbrauchertests zu den Vorgaben der Basisinformationsblätter durchzuführen und so eine empirische Entscheidungsgrundlage für die Standards zu schaffen.[557] Auf diese Weise lässt sich die Auswahl der Informationen und Darstellungsformen für die Basisinformationsblättern möglichst nah am realen Kleinanleger, seinem tatsächlichen Verhalten und seinen kognitiven Schwächen orientieren.[558] Die Ergebnisse der empirischen Studien und Tests haben Eingang

556 Erwägungsgrund (5) Satz 3 der Delegierten Verordnung (EU) 2017/653 der Kommission vom 08.03.2017 zur Ergänzung der Verordnung (EU) Nr. 1286/2014: „*Die wichtigsten Risiken sind Marktrisiko, Kreditrisiko und Liquiditätsrisiko. Damit Kleinanleger diese Risiken vollständig verstehen können, sollten die Risikoinformationen weitestgehend zusammengefasst und numerisch in Form eines Gesamtrisikoindikators, ergänzt durch hinreichende Erläuterungen, dargestellt werden.*"

557 Erwägungsgrund (33) Satz 2 PRIIP-VO: „*Die Kommission sollte die technischen Tätigkeiten der Europäischen Aufsichtsbehörden durch die Durchführung von Verbrauchertests zur Darstellung des von Europäischen Aufsichtsbehörden vorgeschlagenen Basisinformationsblatts ergänzen.*"

558 Erwägungsgrund (17) Satz 3 PRIIP-VO: „*Darüber hinaus sollten die Einzelheiten der Informationen, die das Basisinformationsblatt für die verschiedenen PRIIP enthalten muss, und die Darstellung dieser Informationen durch delegierte Rechtsakte weiter harmonisiert werden, die den vorhandenen und laufenden Untersuchungen des Verbraucherverhaltens, einschließlich der Ergebnisse von Tests, bei denen die Wirksamkeit*

in die Delegierte Verordnung der Europäischen Kommission zur Ergänzung der PRIIP-VO gefunden.[559] Auch dieses Vorgehen sollte zum Standard der Kapitalmarktgesetzgebung werden, um das Leitbild des *homo oeconomicus limitatus* in Bezug auf den jeweils zu regulierenden Bereich möglichst realitätsnah zu konkretisieren und die gesetzlichen Regelungen möglichst angemessen und effektiv gestalten zu können.

### *e) Haftung für fehlerhafte Angebotsunterlagen nach dem WpÜG*

Beim Schadensersatzanspruch für unrichtige oder unvollständige Angaben in übernahmerechtlichen Angebotsunterlagen handelt es sich nicht um einen Prospekthaftungsanspruch im engeren Sinne, da das betreffende Informationsmedium kein Prospekt oder Kurzinformationsblatt im engeren Sinne ist. Dennoch handelt es sich um einen vergleichbaren, spezialgesetzlich normierten Haftungsanspruch wegen fehlerhafter standardisierter Marktinformation.[560] Der wesentliche Unterschied zur Prospekthaftung besteht darin, dass es sich beim öffentlichen Erwerbsangebot i.S.d. WpÜG nicht lediglich um den Eintritt in eine Aktiengesellschaft handelt, sondern um den Austritt (Aktienverkauf an Bieter) bzw. um die Kombination von Eintritt und Austritt (Aktientausch) von Anlegeraktionären.[561]

Das Wertpapiererwerbs- und Übernahmegesetz (WpÜG) gibt den rechtlichen Rahmen für ein geordnetes, transparentes und faires öffentliches Übernahmeverfahren vor. Es ist anwendbar auf Angebote eines Bieters zum Erwerb von Wertpapieren einer Zielgesellschaft, die zum Handel an einem organisierten Markt zugelassen sind, § 1 Abs. 1 WpÜG. Das Gesetz bewegt sich im Schnittfeld von Gesellschafts- und Kapitalmarktrecht, da es zum einen dem

---

*verschiedener Arten der Darstellung von Informationen bei Verbrauchern geprüft wird, Rechnung tragen.*“

559 Siehe etwa Erwägungsgrund (12) der Delegierten Verordnung (EU) 2017/653 der Kommission vom 08.03.2017 zur Ergänzung der Verordnung (EU) Nr. 1286/2014: „*Verbrauchertests und Konsumforschung haben gezeigt, dass Kleinanleger monetäre Zahlen besser verstehen als Prozentzahlen. Geringe prozentuale Kostenunterschiede können große Unterschiede bei den vom Kleinanleger zu tragenden monetären Beträgen bedeuten. Daher sollte das Basisinformationsblatt sowohl prozentuale als auch monetäre Angaben zu den Gesamtkosten bezogen auf die empfohlene Haltedauer und kürzere Perioden enthalten.*“

560 Vgl. *Langenbucher*, in: Lorenz, Karlsruher Forum 2014: Anlegerschutz durch Haftung, VersR-Schriften 55, 2014, 5, 20.

561 *Noack/Holzborn*, in: Schwark/Zimmer, KMRK, WpÜG § 12 Rn. 1.

kapitalmarktrechtlichen Schutz der Marktteilnehmer im Allgemeinen und zum anderen (etwa durch das Pflichtangebot gemäß § 35 WpÜG) dem Schutz der Minderheitsaktionäre der Zielgesellschaft im Besonderen dient.[562]

Gemäß § 11 WpÜG ist der Bieter zur Erstellung und Veröffentlichung einer Angebotsunterlage verpflichtet. Dabei muss die Angebotsunterlage richtige und vollständige Angaben enthalten, die für den Aktionär der Zielgesellschaft wesentlich sind, um in Kenntnis der Sachlage über das Angebot entscheiden zu können. Bei Barangeboten stellt die Angebotsunterlage daher Informationen im Vorfeld einer Desinvestitionsentscheidung des Anlegeraktionärs zur Verfügung – spiegelbildlich zum Prospekt, der im Vorfeld einer Investitionsentscheidung den Anlageinteressenten informiert. Bei Tauschangeboten tauscht der Aktionär Aktien der Zielgesellschaft gegen Aktien der Bietergesellschaft und muss daher auf der informationellen Grundlage der Angebotsunterlage gleichzeitig eine Desinvestitions- und Investitionsentscheidung treffen.

Der Schadensersatzanspruch gemäß § 12 WpÜG wegen unvollständiger oder unrichtiger, für die Beurteilung des Angebots wesentlicher Angaben in der Angebotsunterlage enthält im Wesentlichen dieselben Haftungsvoraussetzungen wie die oben dargestellten Prospekthaftungsansprüche.

Zur Vermeidung von Wiederholungen und weil die Vorschrift weitgehend der wertpapierrechtlichen Prospekthaftung in §§ 9 ff. WpPG nachgebildet ist,[563] wird an dieser Stelle auf eine detailliertere Darstellung des § 12 WpÜG, seines Anwendungsbereiches, der Anspruchsberechtigten und -verpflichteten, der Anspruchsvoraussetzungen, des Anspruchsinhalts und der Rechtsfolgen, der Haftungsausschlussgründe, Verschuldensanforderungen und Beweislastverteilung sowie der Verjährungsregeln, der Unabdingbarkeit im Voraus, der Reichweite und der Konkurrenzen verzichtet.

## 4. Bürgerlich-rechtliche Prospekthaftung

Nach diesem Überblick über die spezialgesetzlich normierten Prospekthaftungsansprüche stellt sich die Frage nach dem Wesen und dem verbleibenden Anwendungsbereich der von der Rechtsprechung entwickelten bürgerlich-rechtlichen Prospekthaftung.

Die Rechtsfigur der bürgerlich-rechtlichen Prospekthaftung hat ihren Ursprung in den 1970er Jahren, als auf dem sogenannten grauen Kapitalmarkt

---

562 *Süßmann*, in: Assmann/Schütze/Buck-Heeb, Handbuch KapitalanlageR, § 15 Rn. 1.
563 *Wackerbarth*, in: MüKo AktG, Bd. VI, WpÜG § 12 Rn. 2.

Abschreibungsgesellschaften, meist in der Rechtsform der GmbH & Co. KG, an Popularität gewannen. Da noch kein spezialgesetzlicher Prospekthaftungstatbestand existierte, begegnete der unter anderem für Personengesellschaften zuständige II. Zivilsenat des BGH den bestehenden Missständen, indem er im Wege der Rechtsfortbildung die Prospekthaftung entwickelte.[564]

Die Haftung der Personengesellschaft selbst, also zumeist der Kommanditgesellschaft, schloss der BGH dabei von Anfang an aus Gründen des Bestands- und Gläubigerschutzes aus.[565] Ein „Windhundrennen" der Anleger um das Gesellschaftsvermögen sollte vermieden werden. Ferner würde eine Haftung der Publikumsgesellschaft der ständigen Rechtsprechung des BGH zu den Grundsätzen der fehlerhaften Gesellschaft widersprechen.[566]

Durch die bürgerlich-rechtliche Prospekthaftung soll ein sachgerechter und effektiver Anlegerschutz erreicht und gewährleistet werden. Denn sie bezieht Personen in die Haftung ein, die andernfalls keiner Haftung unterlägen, da den Anlegern in der Regel andere Personen als Vertragspartner gegenüberstehen, insbesondere Gesellschaften, bei denen keine natürliche Person unbeschränkt haftet. Dies gilt insbesondere für die bei (geschlossenen) Investmentfonds, vor allem Publikums-AIF, am weitesten verbreitete Rechtsform, die GmbH & Co. KG, die auch den Schwerpunkt der folgenden Betrachtung der bürgerlich-rechtlichen Prospekthaftung darstellt.

Unter den Begriff der bürgerlich-rechtlichen Prospekthaftung fallen die bürgerlich-rechtliche Prospekthaftung im engeren Sinne und im weiteren Sinne.

### *a) Bürgerlich-rechtliche Prospekthaftung im engeren Sine*

Die bürgerlich-rechtliche Prospekthaftung im engeren Sinne bezeichnet das ursprüngliche, durch richterliche Rechtsfortbildung entwickelte Rechtsinstitut. Da der Prospekt häufig die einzige oder zumindest die wichtigste Informationsquelle für Anleger ist, leitete der BGH hieraus ab, dass die Anleger den ihnen unbekannten Prospektverantwortlichen ein typisiertes Vertrauen bezüglich der Richtigkeit und Vollständigkeit der Prospektangaben entgegenbringen. Das Leitbild der Haftung für fehlerhafte Prospekte war hierbei das Verschulden bei Vertragsverhandlungen, die *culpa in contrahendo* (c.i.c.). Die bürgerlich-rechtliche

---

564 *Hanke*, BKR 2014, 441, 443 f.; *Schnauder*, NJW 2013, 3207 f.

565 St. Rspr. BGH, Urt. v. 14.12.1972, Az.: II ZR 82/70 = NJW 1973, 1604 = WM 1973, 863; BGH, Urt. v. 19.10.2010, Az.: XI ZR 376/09 = NZG 2011, 192 = NJW-RR 2011, 263.

566 Vgl. etwa OLG Hamm, Urt. v. 07.11.2011, Az.: I-8 U 51/11 und I-8 U 71/11, GWR 2012, 18.

Prospekthaftung im engeren Sinne ist selbst kein Fall der c.i.c., da diese die Inanspruchnahme persönlichen Vertrauens voraussetzt und Anleger mit den Prospektverantwortlichen in aller Regel keinen direkten, persönlichen Kontakt haben. Allerdings teilt sie mit ihr den Anknüpfungspunkt der Haftung, das vorvertragliche Vertrauen, und stellt somit gleichermaßen einen Fall der Vertrauenshaftung dar.[567]

Als Haftungsadressaten der ersten Reihe, denen der Anleger typischerweise sein Vertrauen entgegenbringt, werden neben den Herausgebern des Prospekts die Initiatoren, Gründer und Manager, die beherrschend etwa hinter der Publikums-KG und der Komplementär-GmbH stehen, angesehen.[568]

In umfangreicher Kasuistik erweiterte der BGH den Kreis der Prospektverantwortlichen auf die „Hintermänner" der zweiten Reihe, also auf „*Personen, die hinter der Gesellschaft stehen und auf ihr Geschäftsgebaren oder die Gestaltung des konkreten Anlagemodells besonderen Einfluss ausüben und deshalb Mitverantwortung tragen*"[569]. Indizien für die Stellung als Hintermann und für eine Einflussnahme auf die Konzeption des Anlagemodells können zum einen die gesellschaftsrechtliche Funktion sowie zum anderen ein erhebliches wirtschaftliches Eigeninteresse sein.[570] Ihre Stellung muss mit derjenigen der Geschäftsleitung vergleichbar sein.[571] Die Hintermänner haften aufgrund anonymen, abstrakten Vertrauens, sodass ihre Einflussnahme nicht notwendig erkennbar nach außen in Erscheinung treten musste.

In dritter Reihe kommen als Haftungsadressaten schließlich berufsmäßige Sachkenner, also Experten, Gutachter und Sachverständige in Betracht, die eine Garantenstellung in Bezug auf den Prospekt innehaben.[572] Sie haben keine der Geschäftsleitung ähnliche Schlüsselposition inne, besitzen jedoch eine allgemein

567 Vgl. *Becker*, in: Dauner-Lieb/Langen, NK zum BGB – Schuldrecht, § 311 Rn. 213; *Hoffmeyer*, NZG 2016, 1133 f.

568 St. Rspr. BGH, Urt. v. 24.04.1978, Az.: II ZR 172/76 = WM 1978, 705 = NJW 1978, 1625; BGH, WM 2012, 2147, 2152; BGH, NZG 2014, 1384; vgl. auch statt vieler *Becker*, in: Dauner-Lieb/Langen, NK zum BGB – Schuldrecht, § 311 Rn. 214; *Hanke*, BKR 2014, 441, 443; *Schnauder*, NJW 2013, 3207, 3208.

569 BGHZ 79, 337, 340 = NJW 1981, 1449; BGH, NJW-RR 2007, 1479 Rn. 11; BGH, NJW-RR 2008, 1365 Rn. 15; BGH, NJW 2012, 758 Rn. 17; jeweils m.w.N.

570 BGH, Urt. v. 07.09.2000, Az.: VII ZR 443/99 = BGHZ 145, 121, 127 = NJW 2001, 393; BGH, Urt. v. 08.12.2005, Az.: VII ZR 372/03 = WM 2006, 427, 428; BGH, Urt. v. 18.09.2012, Az.: XI ZR 344/11 = BKR 2012, 515.

571 BGH, NJW 2010, 1279 Rn. 13.

572 Vgl. z.B. *Hoffmeier*, NZG 2016, 1133, 1134.

anerkannte und herausgehobene berufliche oder wirtschaftliche Stellung oder besondere Kenntnisse und persönliche Zuverlässigkeit, etwa Wirtschaftsprüfer, Steuerberater oder Rechtsanwälte, die mit ihrem Einverständnis im Prospekt als Sachverständige genannt werden oder als solche Erklärungen abgeben. Sie schaffen einen zusätzlichen Vertrauenstatbestand, indem sie nach außen in Erscheinung treten und an der Prospektgestaltung mitwirken. Allerdings beschränkt sich ihre Haftung auf die von ihnen bewusst für den Prospekt abgegebenen Erklärungen oder Gutachten und bezieht sich nicht generell auf die Richtigkeit und Vollständigkeit aller wesentlichen Angaben im Prospekt.[573]

Auch der Prospektbegriff hat in der Rechtsprechung des BGH eine Erweiterung erfahren. Demnach können, unter Berücksichtigung der Umstände des jeweiligen Einzelfalls, auch prospektähnliche werbende Materialien als Prospekt angesehen und behandelt werden. So entschied der BGH im „Rupert Scholz"-Urteil[574], dass von einem ausdrücklich als „Emissionsprospekt" bezeichneten Druckwerk körperlich getrennte Schriftstücke Bestandteile eines Anlageprospekts sein können. Im entschiedenen Fall waren gemeinsam mit einem gesetzlich nicht regulierten „Emissionsprospekt" herausgegebene „Produktinformationen" sowie Sonderdrucke von Presseartikeln, die ebenfalls zusammen mit dem Emissionsprospekt vertrieben worden waren, im Wege der Gesamtbetrachtung als einheitlicher Prospekt im Sinne der bürgerlich-rechtlichen Prospekthaftung angesehen worden.[575]

### *b) Bürgerlich-rechtliche Prospekthaftung im weiteren Sinne*

Die bürgerlich-rechtliche Prospekthaftung im weiteren Sinne, teilweise auch als „uneigentliche" Prospekthaftung bezeichnet, beruht nicht auf dem abstrakten, typisierten Vertrauen in persönlich nicht bekannte Prospektverantwortliche, Hintermänner und Garanten in Bezug auf die Fehlerfreiheit des Prospekts. Vielmehr basiert sie auf konkretem Vertrauen und der Verletzung von Aufklärungspflichten im persönlichen, prospektgestützten Vertrieb von Finanzprodukten.[576]

---

573 BGH, Urt. v. 22.05.1980, Az.: II ZR 209/79, BGHZ 77, 172, 177 = NJW 1980, 1840, 1841; BGH, Urt. v. 06.03.2008, III ZR 298/05 = NJW-RR 2008, 1365 Rn. 18; BGH, Urt. v. 17.11.2011, Az.: III ZR 103/10 = WM 2012, 19 Rn. 20.

574 BGH, Urt. v. 17.11.2011, Az.: III ZR 103/10, BGHZ 191, 310 = NJW 2012, 758, 759 f.

575 Siehe hierzu auch: *Hanke*, BKR 2014, 441, 444; *Klöhn*, WM 2012, 97, 101 f.; *Langenbucher*, in: Lorenz, Karlsruher Forum 2014: Anlegerschutz durch Haftung, VersR-Schriften 55, 2014, 5, 23.

576 *Becker*, in: Dauner-Lieb/Langen, NK zum BGB – Schuldrecht, § 311 Rn. 213.

Hierbei knüpft sie an die vorvertraglichen Beziehungen des Anlegers an und stellt somit einen speziellen Anwendungsfall der c.i.c. nach §§ 280 Abs. 1, 311 Abs. 2 und 3, 241 Abs. 2 BGB dar.[577] Sie erfasst zwei verschiedene Haftungskonstellationen: die c.i.c.-Haftung in Zwei-Personen-Verhältnissen mit (späteren) Vertragspartnern gemäß §§ 280 Abs. 1, 311 Abs. 2, 241 Abs. 2 BGB und – unter strengeren Voraussetzungen – die c.i.c.-Haftung Dritter gemäß §§ 280 Abs. 1, 311 Abs. 3, 241 Abs. 2 BGB.[578] Die beiden Konstellationen betreffen somit verschiedene Kreise von Anspruchsgegnern und haben unterschiedliche Haftungsvoraussetzungen.

### *aa) Zwei-Personen-Verhältnis*

Im Zwei-Personen-Verhältnis haftet dem Anleger nach der Rechtsprechung des BGH derjenige, der Vertragspartner des Anlegers geworden ist oder hätte werden sollen.[579] In Betracht kommen als Haftungsverpflichtete daher zunächst die Gründungsgesellschafter, bei der Publikums-KG also die Gründungskomplementäre[580] oder -komplementärgesellschaften[581] sowie die Gründungskommanditisten[582]. Insoweit überschneidet sich die Haftung der bürgerlich-rechtlichen Prospekthaftung im weiteren Sinne mit der im engeren Sinne.[583]

Eine Haftung der Kommanditisten ist auch dann möglich, wenn sie erst nach der Gründungsphase beitreten, aber nicht lediglich kapitalistisch beteiligt sind, sondern Einfluss auf die Vertragsgestaltung, Beitrittsverhandlungen und Beitrittsabschlüsse haben.[584] Tritt ein Anleger hingegen rein kapitalistisch als Kommanditist der Gesellschaft bei, so gilt für ihn ein Haftungsprivileg, da er bei seinem Beitritt regelmäßig ebenso wenig ordnungsgemäß über die Risiken

577 Nach einer Ansicht in der Literatur lassen sich sowohl die bürgerlich-rechtliche Prospekthaftung im engeren als auch diejenige im weiteren Sinn unterschiedslos unter §§ 280 Abs. 1, 311 Abs. 2 und 3, 241 Abs. 2 BGB subsumieren, also ohne Differenzierung zwischen § 311 Abs. 2 und 3 BGB; vgl. *Ziegler*, DStR 2005, 30, 33 m.w.N.

578 *Becker*, in: Dauner-Lieb/Langen, NK zum BGB – Schuldrecht, § 311 Rn. 217; *Ellenberger*, Prospekthaftung im Wertpapierhandel, 2001, S. 100; *Nobbe*, WM 2013, 193, 202 f.

579 BGH, Urt. v. 23.04.2012, Az.: II ZR 211/09, NJW-RR 2012, 937, 939 = GWR 2012, 300.

580 BGH, Urt. v. 11.02.2014, Az.: II ZR 273/12, NZG 2014, 432.

581 OLG Hamm, Urt. v. 07.11.2011, Az.: I-8 U 51/11 und I-8 U 71/11, GWR 2012, 18.

582 BGH, Urt. v. 23.04.2012, Az.: II ZR 75/10, NJW-RR 2012, 1312.

583 Vgl. *Becker*, in: Dauner-Lieb/Langen, NK zum BGB – Schuldrecht, § 311 Rn. 220.

584 Vgl. BGH, Urt. v. 09.07.2013, Az.: II ZR 9/12, NJW-RR 2013, 1255, 1256; vgl. auch *Becker*, in: Dauner-Lieb/Langen, NK zum BGB – Schuldrecht, § 311 Rn. 219.

der Anlage aufgeklärt worden ist wie die nach ihm beitretenden Neugesellschafter: „*Es wäre deshalb unbillig, wenn bei dieser Sachlage die früher beigetretenen Anlagegesellschafter den später beigetretenen haften würden.*“[585]

Auch eine Haftung von Treuhandkommanditisten ist, wenn diese ihre Aufklärungspflicht verletzt haben, möglich, und zwar selbst dann, wenn sie nicht zu den Gründungskommanditisten gehören.[586]

Die Gründungsgesellschafter haften gemäß § 278 BGB auch für das Verschulden etwa eines Anlagevermittlers oder einer Vertriebs- und Vermittlungsgesellschaft als Erfüllungsgehilfen, wenn sie sich für die Vertragsverhandlungen mit dem Anleger eines Vertriebs bedienen, der gegenüber den Anlageinteressenten unrichtige oder unvollständige Angaben macht. Darüber hinaus haften die Gründungsgesellschafter auch für fehlerhafte Angaben der vom Vertrieb eingesetzten Untervermittler, wenn sie mit deren Einsatz rechnen mussten.[587]

Als Anspruchsberechtigte kommen nicht nur solche Anleger in Betracht, die (bei der Publikums-KG) den unmittelbaren Beitritt zur Gesellschaft durch vertragliche Beziehungen zu den Gründungsgesellschaftern vollziehen, sondern auch sogenannte Treugeberanleger. Diese erwerben zwar nur einen schuldrechtlichen Anspruch gegen den Treuhandkommanditisten, sollen aber nach dem Gesellschaftsvertrag wie unmittelbar beteiligte Kommanditisten behandelt werden.[588]

Problematisch ist die Rechtsfolge des Schadensersatzanspruchs aus bürgerlich-rechtlicher Prospekthaftung im Zwei-Personen-Verhältnis. Grundsätzlich ist der Anspruch gemäß § 249 Abs. 1 BGB auf Naturalrestitution gerichtet. Der Anleger ist also so zu stellen, als hätte er das Finanzprodukt, hier also die Fondsanteile, nie erworben.[589] Das würde bedeuten, dass der Anleger die Übernahme seiner Fondsanteile Zug um Zug gegen Erstattung seines Anlagebetrags und der Erwerbskosten verlangen kann. Doch eben dies ist bei Personengesellschaften – und somit beim häufigsten Praxisfall der Publikumskommanditgesellschaft – rechtlich sehr umstritten. Die Rechtsfolge stößt hier an personengesellschaftsrechtliche Grenzen des Bestands- und Gläubigerschutzes.

Als Lösung der Rechtsfolgenproblematik wird vorgeschlagen, dem geschädigten Anleger die Abwicklung der Mitgliedschaft nach den Regeln über den

585 BGH, Urt. v. 09.07.2013, Az.: II ZR 9/12, NJW-RR 2013, 1255, 1256.
586 *Ibd.*
587 BGH, Urt. v. 14.05.2012, Az.: II ZR 69/12 = NJW-RR 2012, 1316 = NZG 2012, 787.
588 BGH, NJW-RR 2012, 937, 938.
589 Vgl. *Nobbe*, WM 2013, 193, 204.

fehlerhaften Gesellschaftsbeitritt zu gestatten. Demnach hätte er das Recht, die Mitgliedschaft mit Wirkung für die Zukunft zu kündigen, mit der Folge, dass eine Bilanz zu erstellen und ein Auseinandersetzungsguthaben zu ermitteln wäre. Mit dieser Lösung kann der Vorrang der gesellschafterlichen Treuepflicht gegenüber den anderen Anlegern gewahrt und zugleich dem berechtigten Interesse des Einzelnen an einer Kompensation Rechnung getragen werden.[590]

*bb) Drei-Personen-Verhältnis*

Neben der soeben betrachteten Haftung der Vertragspartner des Anlegers nach §§ 280 Abs. 1, 311 Abs. 2, 241 Abs. 2 BGB erfasst die bürgerlich-rechtliche Prospekthaftung im weiteren Sinn wegen Verschuldens bei Vertragsschluss (c.i.c.) ausnahmsweise auch diejenigen Dritten, die gemäß § 311 Abs. 3 S. 1 BGB selbst nicht Vertragspartei werden sollen und darüber hinaus die Voraussetzungen des § 311 Abs. 3 S. 2 BGB erfüllen. Dies kann etwa die für den Vertragspartner auftretenden Vertreter, Vermittler oder Sachwalter betreffen,[591] in der Praxis also insbesondere Anlageberater und Anlagevermittler.[592] Sie müssen hierfür in besonderem Maße Vertrauen für sich in Anspruch nehmen und dadurch die Vertragsverhandlungen oder den Vertragsschluss erheblich beeinflussen oder ein mittelbares, eigenes wirtschaftliches Interesse am Geschäftsabschluss haben.

Ein eigenes wirtschaftliches Interesse ist nicht bereits dann gegeben, wenn der Vermittler oder Berater lediglich ein Interesse am Erhalt einer Provision hat. Vielmehr muss die wirtschaftliche Existenz des Dritten so eng mit dem Erfolg des Unternehmens verknüpft sein, dass er gleichsam in eigener Sache tätig ist.[593]

Das besondere persönliche Vertrauen muss dabei über das normale Verhandlungsvertrauen hinausgehen und der Dritte eine persönliche Gewähr für die Seriosität und ordnungsgemäße Vertragserfüllung übernehmen.[594] Dies ist vor allem dann der Fall, wenn der Vertreter über den Prospekt hinausgehende Zusagen macht oder eine Garantie für die Richtigkeit des Prospekts abgibt.[595]

Der Anknüpfungspunkt für die Prospekthaftung ist daher nicht die Verantwortung des Dritten für einen fehlerhaften Prospekt, sondern seine selbständige

590 Vgl. BGH, Urt. v. 19.11.2013, Az.: II ZR 383/12 = BGHZ 199, 104 = NZG 2013, 1422, 1426.
591 BGH, NJW-RR 2012, 937, 939.
592 *Nobbe*, WM 2013, 193, 203.
593 BGH, NJW-RR 2012, 937, 939.
594 BGH, NJW-RR 2012, 937, 939.
595 BGH, Urt. v. 18.06.2001, Az.: II ZR 248/99, NWJ-RR 2001, 1611, 1612.

Aufklärungspflicht aufgrund des von ihm persönlich in Anspruch genommenen Vertrauens, zu deren Erfüllung er sich des Prospekts bedient hat.[596]

Der Unterschied dieser bürgerlich-rechtlichen Prospekthaftung im weiteren Sinne von Dritten für Aufklärungsmängel im prospektgestützten Vertrieb zur allgemeinen Haftung für Aufklärungspflichtverletzungen im Kapitalanlagerecht besteht darin, dass der Anspruchsgegner hier zwar keine Prospektverantwortung trägt, aber dennoch für die Richtigkeit und Vollständigkeit des Prospekts haftet, wenn er ihn verwendet und sich zu eigen macht, ohne die Prospektmängel im persönlichen Gespräch mit dem Anleger anzusprechen und zu beheben.[597]

### *c) Stellungnahme*

Aufgabe der bürgerlich-rechtlichen Prospekthaftung war und ist es, Lücken des (spezial-)gesetzlichen Anlegerschutzes durch Haftung zu schließen. Seit der Entwicklung der bürgerlich-rechtlichen Prospekthaftung durch die Rechtsprechung in den 1970er Jahren hat der Gesetzgeber zahlreiche Prospekthaftungsansprüche in Spezialgesetzen normiert und den gesetzlichen Anlegerschutz durch Haftung somit stark erweitert. Entsprechend ist der Anwendungsbereich der bürgerlich-rechtlichen Prospekthaftung stetig verringert worden.

Parallel hierzu hat die Rechtsprechung Haftungsansprüche des Anlegers, insbesondere gegen Anlagevermittler und -berater, für die Verletzung von Aufklärungspflichten in Nicht-Beratungssituationen und die Verletzung von Beratungspflichten in Beratungssituationen entwickelt. Auch diese Entwicklung hat den Anwendungsbereich der bürgerlich-rechtlichen Prospekthaftung reduziert.

Die oben diskutierten gesetzlichen Prospekthaftungsnormen in WpPG, VermAnlG und KAGB sehen als Anspruchsgegner diejenigen vor, die für den Prospekt die Verantwortung übernommen haben, sowie diejenigen, von denen sein Erlass ausgeht. Insoweit wurden die durch die bürgerlich-rechtliche Prospekthaftung im engeren Sinne etablierten Haftungsadressaten der ersten und zweiten Reihe, die „Prospekterlasser“ oder „Prospektverantwortlichen“ (erste Reihe) sowie die „Prospektveranlasser“ (zweite Reihe), gesetzlich als Haftungsadressaten normiert. Es verbleibt somit ein selbständiger Anwendungsbereich der bürgerlich-rechtlichen Prospekthaftung im engeren Sinne in Bezug auf die Haftungsadressaten der dritten Reihe, die sogenannten „Garanten“.

---

596 BGH, Urt. v. 18.06.2001, Az.: II ZR 248/99, NWJ-RR 2001, 1611, 1612.

597 OLG Oldenburg, Urt. v. 11.09.2009, Az.: 11 U 75/08, NZG 2009, 1315; OLG Stuttgart, Urt. v. 12.05.2010, Az.: 3 U 200/09, NZG 2010, 995.

Die bürgerlich-rechtliche Prospekthaftung im weiteren Sinne richtet sich im Zwei-Personen-Verhältnis gegen die Vertragspartner des Anlegers oder gegen die Verhandlungspartner, mit denen letztlich doch kein Vertrag geschlossen wurde, also insbesondere gegen die Gründungsgesellschafter. Über § 278 BGB wird ihnen als Haftenden auch das Fehlverhalten von Vermittlungs- und Vertriebsbeauftragten zugerechnet. Daneben besteht nach der bürgerlich-rechtlichen Prospekthaftung im weiteren Sinne im Drei-Personen-Verhältnis ein Haftungsanspruch gegen Dritte, nämlich selbständige Vermittler und Berater, die entweder wirtschaftlich existentiell von der vermittelten Finanzanlage abhängen oder über den Prospekt hinausgehende Zusagen machen oder seine Fehlerfreiheit garantieren.

Diese Ansprüche der bürgerlich-rechtlichen Prospekthaftung im weiteren Sinne lassen sich allerdings im Vorfeld eines Vertragsschlusses mit Gründungsgesellschaftern (gleichgültig, ob der Anlagevertrag geschlossen wird oder nicht) oder in Nicht-Beratungssituationen mit Dritten auch als Ansprüche wegen Verletzung von vorvertraglichen Informationspflichten bzw. wegen einer Aufklärungspflichtverletzung aus „normaler" *culpa in contrahendo* gemäß §§ 280 Abs. 1, 311 Abs. 2 und 3, 241 Abs. 2 BGB darstellen. Sollte bereits ein Beratungsvertrag mit dem Gründer oder einem Vertreibenden konkludent geschlossen worden sein – und an diesen Vertragsschluss stellt die Rechtsprechung sehr niedrige Anforderungen, lediglich die Aufnahme eines Beratungsgesprächs – steht § 280 Abs. 1 BGB i.V.m. Beratungsvertrag als Anspruchsgrundlage für den Schadensersatzanspruch wegen Verletzung der Pflichten aus dem Beratungsvertrag zur Verfügung. Auch insoweit bedarf es keines Rückgriffs auf die bürgerlich-rechtliche Prospekthaftung im weiteren Sinne nicht.

Der einzig verbleibende Anwendungsfall der bürgerlich-rechtlichen Prospekthaftung im weiteren Sinne soll daher die Aufklärung des Anlegers unter Zuhilfenahme eines Prospekts sein, sowohl im Bereich vor dem (potentiellen) Abschluss eines Anlagevertrages als auch in Nicht-Beratungssituationen. Allerdings dürfte die Verwendung von Prospekten in diesen Situationen in der Praxis wohl der Regelfall sein, sodass bei Pflichtverletzungen hier (fast) immer eine bürgerlich-rechtliche Prospekthaftung im weiteren Sinne gegeben wäre – und somit die Ansprüche aus Verletzung einer Aufklärungspflicht oder eines Beratungsvertrages beinahe nie Anwendung fänden oder im Wege der Anspruchskonkurrenz parallel bestünden.

Umgekehrt dürften im Regelfall des persönlichen, prospektgestützten Vertriebs die meisten Beratungs- und Aufklärungspflichtverletzungen darin bestehen, dass ein Gründer, Berater oder Vermittler sich eines fehlerhaften Prospekts zur Erfüllung seiner Beratungs- und Aufklärungspflichten bedient, sich somit dessen Inhalt zu eigen macht und daher für die Fehlerhaftigkeit des Prospekts haftet. Die Verletzung seiner Beratungs- oder Aufklärungspflichten wird regelmäßig in der Verwendung eines fehlerhaften Prospekts bestehen.

Daneben sind noch Fälle denkbar, in denen ein Berater oder Vermittler einen fehlerfreien Prospekt verwendet, aber eine fehlerhafte Bewertung oder Empfehlung des Anlageprodukts in Bezug auf den konkreten Anlageinteressenten (etwa im Widerspruch zu dessen Anlagezielen oder Risikobereitschaft) abgibt oder falsche tatsachenbezogene Aussagen macht, die im Widerspruch zum korrekten Prospektinhalt stehen. Nur in diesen Fällen originärer, prospektunabhängiger Fehler in der Beratung oder Aufklärung verbliebe ein Anwendungsbereich für die von der Rechtsprechung entwickelten Haftungsansprüche aus Beratungs- und Aufklärungspflichtverletzung.

Insgesamt bleibt somit festzuhalten, dass der Anwendungsbereich der Fälle bürgerlich-rechtlicher Prospekthaftung sich zum größten Teil mit dem Anwendungsbereich der spezialgesetzlichen Haftungsnormen und der allgemeinen gesetzlichen c.i.c.-Haftung aus §§ 280 Abs. 1, 311 Abs. 2 und 3, 241 Abs. 2 BGB sowie mit dem Anwendungsbereich der von der Rechtsprechung entwickelten Ansprüche aus Beratungs- und Aufklärungspflichtverletzung überschneidet – und von diesen schwer abzugrenzen ist.

Aufgrund dieser Überschneidungen und unklaren Abgrenzung insbesondere im Bereich der bürgerlich-rechtlichen Prospekthaftung im weiteren Sinne wird zum Teil gefordert, diese Rechtsfigur aufzugeben.[598]

Gegen die Aufgabe der bürgerlich-rechtlichen Prospekthaftung spricht jedoch, dass der Kreis der Haftungsadressaten hier weiter ist als nach der spezialgesetzlichen sowie nach der allgemeinen c.i.c.- oder Vertragsverletzungshaftung. Zunächst haften im Rahmen der bürgerlich-rechtlichen Prospekthaftung im engeren Sinne, wie oben gezeigt, neben den Prospektverantwortlichen der ersten und den Hintermännern der zweiten Reihe auch die Experten und Sachwalter als Garanten der dritten Reihe. Darüber hinaus kommen seit der „Rupert Scholz“-Entscheidung des BGH[599] unter bestimmten Voraussetzungen auch Werbeträger als Haftungsadressaten in Betracht.[600]

---

598 *Ellenberger*, Prospekthaftung im Wertpapierhandel, 2001, S. 100 f.; *Ochs*, Die einheitliche kapitalmarktrechtliche Prospekthaftungstheorie, 2005, S. 20; *Schmitt*, DStR 2013, 1688, 1689 („*entbehrlich*“); *Schnauder*, NJW 2013, 3207, 3212 („*endgültig abgeschafft*“).

599 BGH, Urt. v. 17.11.2011, Az.: III ZR 103/10 = BGHZ 191, 310 = NJW 2012, 758, 759 f.

600 *Nobbe*, WM 2013, 193, 204.

Weiterhin spricht gegen die Aufgabe der bürgerlich-rechtlichen Prospekthaftung, dass auch der Prospektbegriff nach dem „Rupert Scholz"-Urteil wesentlich weiter ist als nach den spezialgesetzlichen Normen und unter Umständen auch körperlich vom Emissionsprospekt getrennte Produktinformationen und Sonderdrucke von Presseartikeln umfassen kann.[601] Auch insoweit hat die bürgerlich-rechtliche Prospekthaftung einen eigenen, weiteren Anwendungsbereich, aus dem sie nicht verdrängt werden sollte.

Zudem sind die spezialgesetzlichen Haftungsansprüche ausgeschlossen, wenn die Verantwortlichen die Fehlerhaftigkeit des Prospekts oder der Kurzinformation nicht kannten und die Unkenntnis nicht auf grober Fahrlässigkeit beruhte, vgl. § 12 Abs. 1 WpPG, § 20 Abs. 3 und 22 Abs. 3 VermAnlG, § 306 Abs. 3 S. 1 KAGB. Die bürgerlich-rechtliche Prospekthaftung erfasst hingegen auch Fälle einfacher Fahrlässigkeit, was ihren Anwendungsbereich wesentlich erweitert und eine deutliche Erleichterung für die anspruchsstellenden Anleger darstellt.[602]

Somit erscheint aus Gründen des effektiven Anlegerschutzes ein Festhalten am Rechtsinstitut der bürgerlich-rechtlichen Prospekthaftung als geboten. Insbesondere in den aufgezeigten Bereichen, in denen sie nicht von spezialgesetzlichen Prospekthaftungsansprüchen verdrängt ist, kann sie möglicherweise als ergänzender Auffangtatbestand ihren Zweck erfüllen und den Anlegerschutz erweitern und verbessern.[603] Diese Frage der Anwendbarkeit der bürgerlich-rechtlichen Prospekthaftung neben der spezialgesetzlichen Prospekthaftung wird im Anschluss bei der Betrachtung von § 306 KAGB intensiver zu diskutieren sein.

### 5. Anwendbarkeit der bürgerlich-rechtlichen Prospekthaftung neben § 306 KAGB

Die spezialgesetzliche Prospekthaftung in § 306 KAGB, die die aufsichtsrechtlichen Prospekt- und Informationspflichten haftungsrechtlich absichert, stellt Privatanlegern einen Schadensersatzanspruch wegen fehlerhafter oder fehlender Prospektangaben (Abs. 1) oder wegen irreführender, unrichtiger oder mit dem Prospekt unvereinbarer wesentlicher Anlegerinformationen (Abs. 2) zur Verfügung. In § 307 Abs. 1 und 2 KAGB sind entsprechend die Informationspflichten

---

601 *Nobbe*, WM 2013, 193, 204; siehe auch oben D. III. 4. a).

602 *Nobbe*, WM 2013, 193, 203.

603 Ähnlich: *Emmerich*, in: MüKo BGB, § 311 Rn. 144.

gegenüber semiprofessionellen und professionellen Anlegern geregelt, zu deren Absicherung § 307 Abs. 3 KAGB auf die (eingeschränkte) entsprechende Geltung der Haftung nach § 306 Abs. 1, 3, 4 und 6 KAGB verweist.

Die kapitalanlagerechtliche Prospekthaftung ist gemäß § 306 Abs. 3 S. 1 KAGB auf die Fälle positiver Kenntnis und grob fahrlässiger Unkenntnis der Unrichtigkeit oder Unvollständigkeit des Verkaufsprospekts oder der Unrichtigkeit der wesentlichen Anlegerinformationen beschränkt.[604] Darin liegt gegenüber der bürgerlich-rechtlichen Prospekthaftung für Vorsatz und jede Form der Fahrlässigkeit gemäß § 276 Abs. 1 S. 1 BGB eine deutliche Haftungsprivilegierung, die sich durch den komplementären Anlegerschutz der gesetzlichen Informationspflichten rechtfertigt.[605]

Die Prospekthaftung wirkt zum einen präventiv, indem sie die Anbieter von Kapitalanlagen als Anspruchsgegner der Haftung bereits bei der Erstellung und Verwendung von Anlegerinformation zu äußerster Sorgfalt und Vorsicht veranlasst. Weiterhin wirkt sie restitutiv, indem sie Anlegern die Möglichkeit gibt, erlittene Schäden ersetzt zu bekommen, sowie repressiv, indem Verwender für fehlerhafte Informationsmaterialien sanktioniert werden.[606]

Struktur und Inhalt des § 306 KAGB wurden bereits oben bei der Untersuchung spezialgesetzlicher Prospekthaftungsansprüche vergleichend dargestellt.[607] Im Folgenden sollen zwei umstrittene Aspekte der kapitalanlagerechtlichen Prospekthaftung diskutiert werden.

---

604 Für gewerbsmäßige Verkäufer und Vermittler ist die Haftung sogar auf die Fälle der positiven Kenntnis der Fehlerhaftigkeit der Informationsmaterialien beschränkt, § 306 Abs. 4 KAGB. Der Grund für diese Privilegierung dürfte wohl darin bestehen, dass Verkäufer und Vermittler keinen Einfluss auf den Prospektinhalt haben – im Gegensatz zu den nach § 306 Abs. 1 und 2 KAGB Haftenden. Eine Haftung auch für grob fahrlässige Unkenntnis wäre aus Anlegerschutzsicht ein Anreiz gewesen, sicherzustellen, dass Verkäufer und Vermittler sich intensiv mit den Verkaufsprospekten und wesentlichen Anlegerinformationen der von ihnen vertriebenen Investmentvermögen auseinandersetzen. Aus Sicht der Vertriebspraxis ist es – angesichts der hohen Anzahl der insbesondere von unabhängigen Vermittlern vertriebenen Investmentfonds – hingegen zu begrüßen, dass der Haftungsmaßstab hier nicht übermäßig streng gestaltet wurde.

605 *Hoffmeyer*, NZG 2016, 1133, 1135, 1139.

606 Siehe hierzu oben den Abschnitt zu *Private Enforcement*, der privatrechtlichen Durchsetzung aufsichtsgesetzlicher Pflichten, D. III. 1.

607 Siehe oben D. III. 3. c).

Zum einen stellt sich die Frage, ob oder inwieweit die von der Rechtsprechung entwickelte bürgerlich-rechtliche Prospekthaftung im engeren und weiteren Sinn nach §§ 280 Abs. 1, 311 Abs. 2 und 3, 241 Abs. 2 BGB neben der spezialgesetzlichen Prospekthaftung des KAGB Anwendung findet. Zum anderen wird die in § 306 Abs. 1 KAGB normierte Rechtsfolge der Rückübertragung von Anteilen kritisch aus Sicht des Personengesellschaftsrechts betrachtet und diskutiert.

Seit der Normierung des kapitalanlagerechtlichen Prospekthaftungsanspruchs für Privatanleger in § 306 KAGB wird diskutiert, ob die bürgerlich-rechtliche Prospekthaftung fortbesteht und inwieweit sie parallel zum KAGB oder außerhalb seines Geltungsbereiches noch Anwendung finden kann. Die Standpunkte bei der Beantwortung dieser Frage unterscheiden sich stark.

So wird etwa vertreten, dass durch die sukzessive Ausweitung der Regulierung und somit der Prospektpflicht auf Produkte des sogenannten grauen Kapitalmarktes sowie durch die entsprechend fortschreitende spezialgesetzliche Normierung von Prospekthaftungsansprüchen für die allgemeine bürgerlichrechtliche Prospekthaftung praktisch kein eigenständiger Anwendungsbereich verbleibe.[608] Denn die bürgerlich-rechtliche Prospekthaftung sei von der Rechtsprechung zur Schließung von Haftungslücken entwickelt worden, die nunmehr durch spezialgesetzliche Haftungsnormen geschlossen worden seien.

Dennoch, so die Gegenposition, ändere sich trotz scheinbar kaum verbleibender Anwendungsmöglichkeiten nichts an der Relevanz der bürgerlichrechtlichen Prospekthaftung.[609] Denn Ziel der gesetzgeberischen Maßnahmen sei stets eine Verbesserung des Anlegerschutzes gewesen und dieses Ziel lasse sich nur erreichen, wenn die allgemeine zivilrechtliche Prospekthaftung nicht zurückgedrängt, sondern vielmehr weiter gestärkt werde.[610]

Teilweise wird proklamiert, das Rechtsinstitut der bürgerlich-rechtlichen Prospekthaftung sei im Bereich der Kapitalmarktinformationen endgültig abgeschafft und seine Grundsätze kämen auch nicht zur Schließung von Haftungslücken in Betracht.[611] Insbesondere das KAGB stelle eine abschließende Regelung im Sinne einer Kodifikation dar und beanspruche nach dem Willen des Gesetzgebers eine Sperrwirkung gegenüber allen anderen Prospekthaftungsregeln im

608 *Assmann/Kumpan*, in: Assmann/Schütze/Buck-Heeb, Handbuch KapitalanlageR, § 5 Rn. 30 ff.

609 *Emmerich*, in: MüKo BGB, § 311 Rn. 144.

610 *Ibd.*

611 *Schnauder*, NJW 2013, 3207, 3212.

Fondsbereich. Allerdings sei eine Reaktivierung des abgeschafften Rechtsinstituts etwa für die Fälle irreführender Kapitalmarktinformationen außerhalb förmlicher Verkaufsprospekte als *„letzter Ausweg nicht ausgeschlossen“*.[612]

Demgegenüber wird vertreten, dass das Rechtsinstitut der bürgerlich-rechtlichen Prospekthaftung im engeren wie im weiteren Sinne außerhalb des Anwendungsbereiches der spezialgesetzlichen Prospekthaftung weiterhin Bestand habe.[613] Im Bereich der allgemein-zivilrechtlichen Prospekthaftung im engeren Sinne verbleibe angesichts der „Rupert Scholz“-Rechtsprechung des BGH ein eigener Anwendungsbereich aufgrund des wesentlich weiteren Prospektbegriffs, etwa bei Werbedokumenten, sowie aufgrund des weiteren Kreises der Haftungsadressaten, da hier auch Werbeträger als Haftende in Betracht kämen.[614] Für die bürgerlich-rechtliche Prospekthaftung im weiteren Sinne verbleibe ein eigener Anwendungsbereich in den Fällen, in denen Abschlussvertreter oder Anlagevermittler über den Prospekt hinaus besonderes Vertrauen für sich persönlich in Anspruch nähmen.[615]

Nach einer weiteren Ansicht ist wie folgt zu differenzieren: Die bürgerlich-rechtliche Prospekthaftung im engeren Sinne werde von § 306 KAGB verdrängt, während diejenige im weiteren Sinne ergänzend bestehen bleibe, soweit kein Konflikt mit § 306 KAGB bestehe.[616] Bei eigenständiger Fehlberatung über den Prospekt hinaus könne daher die bürgerlich-rechtliche Prospekthaftung im weiteren Sinne weiterhin neben dem KAGB Anwendung finden. Einen Vorschlag zur Abgrenzung der in diesem Sinne verstandenen bürgerlich-rechtlichen Prospekthaftung im weiteren Sinne zur Pflichtverletzung eines konkludent geschlossenen Beratungsvertrages bleibt diese Ansicht jedoch schuldig.

---

612 *Ibd.*; allerdings schlägt *Schnauder* eine Anwendung des geschäftsbesorgungsrechtlichen Pflichtenregimes nach §§ 675 ff. BGB auf die für die Prospektherausgabe maßgeblichen Personen vor sowie eine entsprechende Haftung für fahrlässig falsche Kapitalmarktinformation gemäß §§ 280 Abs. 1, 675 Abs. 1, 276 BGB.

613 *Nobbe*, WM 2013, 193, 201.

614 *Nobbe*, WM 2013, 193, 204.

615 *Ibd.*; allerdings vertrat *Nobbe* diese Ansicht, bevor das KAGB als abschließende Kodifizierung des Kapitalanlagerechts in Kraft trat. Und auch *Nobbe* erkennt das Argument an, dass (in Bezug auf § 20 VermAnlG) durch die Schaffung der spezialgesetzlichen Prospekthaftung eine Regelungslücke geschlossen wurde und die Anwendung der bürgerlich-rechtlichen Prospekthaftung im engeren Sinne insoweit obsolet geworden ist.

616 *Paul*, in: Weitnauer/Boxberger/Anders, KAGB Kommentar, § 306 Rn. 55.

### a) *Vergleich der bürgerlich-rechtlichen mit der spezialgesetzlichen Prospekthaftung gemäß § 306 KAGB*

Zur Beantwortung der Frage nach der Anwendbarkeit der bürgerlich-rechtlichen neben der spezialgesetzlichen Prospekthaftung gemäß § 306 KAGB müssen daher zunächst die Unterschiede der beiden Haftungsregime untersucht werden. Auf dieser Grundlage ist dann zu entscheiden, ob aus Gründen eines angemessenen und effektiven Anlegerschutzes am Rechtsinstitut der allgemein-zivilrechtlichen Prospekthaftung festzuhalten ist.

#### aa) *Kreis der Haftungsadressaten*

Der erste Unterschied der beiden Prospekthaftungsregime besteht im persönlichen Anwendungsbereich, genauer: im Kreis der Haftungsadressaten.

Der spezialgesetzliche Prospekthaftungsanspruch richtet sich gemäß § 306 Abs. 1 KAGB zunächst gegen die Verwaltungsgesellschaft,[617] gegen diejenigen, die daneben Prospektverantwortung übernommen haben (Prospektverantwortliche), und gegen diejenigen, von denen der Erlass des Prospekts ausgeht (Prospektveranlasser). Weiterhin wendet sich der Haftungsanspruch gegen diejenigen, die Anteile oder Aktien im eigenen Namen gewerbsmäßig verkauft haben, also Vertriebsorganisationen wie etwa Kreditinstitute.[618] Zudem bestimmt § 306 Abs. 4 KAGB als Anspruchsgegner diejenigen, die gewerbsmäßig den Verkauf der Anteile oder Aktien vermittelt oder sie im fremden Namen verkauft haben. Auch wenn der Wortlaut des Absatzes 4 nur von „Vermittlern" spricht, sind hierunter richtigerweise auch „Anlageberater" wie etwa anlageberatende Banken zu verstehen. Diese teleologische Auslegung ist geboten, um Zufälligkeiten und Abgrenzungsschwierigkeiten bei der Bestimmung der Haftungsadressaten auszuschließen und der Zielsetzung des KAGB, ein möglichst hohes Anlegerschutzniveau zu schaffen und den Bereich des Investmentrechts möglichst umfassend zu regeln, Rechnung zu tragen.[619] Insgesamt umfasst der durch das KAGB bestimmte Kreis der Prospekthaftungsadressaten somit die Verwaltungsgesellschaften und Fondsinitiatoren der ersten Reihe, die sogenannten Hintermänner

---

617 Gemäß § 17 Abs. 2 Nr. 2 KAGB kann sich der Anspruch somit gegen das Investmentvermögen selbst richten (Emittentenhaftung), wenn seine Rechtsform eine interne Verwaltung zulässt und die Geschäftsleitung des Investmentvermögens entscheidet, keine externe Kapitalverwaltungsgesellschaft zu bestellen (interne Kapitalverwaltungsgesellschaft).

618 *Hanke*, BKR 2014, 441, 446.

619 So auch *Hanke*, BKR 2014, 441, 446 f.

des Fonds der zweiten Reihe sowie die gewerblichen Veräußerer, Vermittler und Berater.

Die bürgerlich-rechtliche Prospekthaftung im engeren Sinne gemäß §§ 280 Abs. 1, 311 Abs. 2, 241 Abs. 2 BGB umfasst, wie oben dargestellt,[620] darüber hinaus auch die sogenannten Garanten als Anspruchsgegner der dritten Reihe. Als solche haften berufsmäßige Sachkenner, wie etwa Rechtsanwälte, Wirtschaftsprüfer oder Steuerberater, aufgrund des Vertrauens, das ihnen kraft ihres Amtes oder Berufes, ihrer fachlichen Sachkunde oder beruflichen Stellung entgegengebracht wird, für ihnen zurechenbare Erklärungen, wie beispielsweise gutachterliche Stellungnahmen oder Bestätigungen der Fehlerfreiheit der Anlegerinformationen.

Somit ist der in der spezialgesetzlichen Regelung des § 306 KAGB vorgesehene Kreis der Haftenden kleiner als der Kreis der Haftungsadressaten nach der bürgerlich-rechtlichen Prospekthaftung.

#### *bb) Prospektbegriffe*

Weiterhin ergibt sich ein Unterschied beim sachlichen Anwendungsbereich aufgrund unterschiedlicher Prospektbegriffe.

Nach dem Wortlaut des § 306 KAGB sind ausschließlich Verkaufsprospekte und wesentliche Anlegerinformationen Prospekte im haftungsrechtlichen Sinne, es gilt mithin der formale Prospektbegriff. Hiervon zu unterscheiden ist Werbung, die lediglich die geringeren Anforderungen des § 302 KAGB zu erfüllen hat.

Seit dem „Rupert Scholz"-Urteil des BGH[621] gilt für die bürgerlich-rechtliche Prospekthaftung hingegen ein weiter Prospektbegriff. Er umfasst im Einzelfall auch unter der Bezeichnung „Produktinformation" gemeinsam mit einem als solchen bezeichneten „Emissionsprospekt" herausgegebene Sonderdrucke von Presseartikeln als gegenständlich getrennte Bestandteile eines Anlageprospekts im haftungsrechtlichen Sinne.

Auch insoweit ergibt sich für die bürgerlich-rechtliche Prospekthaftung ein weiterer Anwendungsbereich als für die kapitalanlagerechtlich-spezialgesetzliche Prospekthaftung.

---

620 Siehe oben D. III. 4. a).

621 BGH, Urt. v. 17.11.2011, Az.: III ZR 103/10, BGHZ 191, 310 = NJW 2012, 758, 759 f.

### cc) *Verschuldensmaßstab*

Der dritte wesentliche Unterschied besteht im unterschiedlichen Verschuldensmaßstab, wie oben bereits gezeigt.[622] Nach § 306 Abs. 3 S. 1 KAGB ist die Haftung der Anspruchsgegner auf die Fälle positiver Kenntnis und grob fahrlässiger Unkenntnis der Fehlerhaftigkeit des Verkaufsprospekts oder der wesentlichen Anlegerinformationen beschränkt. Allerdings muss dies nicht der Anspruchsteller beweisen. Vielmehr besteht aufgrund der Beweislastumkehr in Absatz 3 eine Verschuldensvermutung, die der Anspruchsgegner widerlegen kann.[623] Nach dem Wortlaut des § 306 Abs. 3 KAGB („*Eine Gesellschaft, eine Person oder diejenige Stelle, welche die Anteile oder Aktien im eigenen Namen gewerbsmäßig verkauft hat* […]") ist nicht eindeutig, ob diese Haftungsprivilegierung nur für Verkäufer gilt (Gesellschaften, Personen und Stellen, die verkaufen – nach dieser Ansicht bezöge sich der Relativsatz auf alle drei vorgenannten Substantive)[624] oder für Verwaltungsgesellschaften, Prospektverantwortliche, Prospektveranlasser und gewerbsmäßige Verkäufer i.S.d. § 306 Abs. 1 S. 1 KAGB. Da es sich bei § 306 Abs. 3 KAGB nach der Regierungsbegründung um die Nachfolgeregelung zu § 127 Abs. 3 InvG a.F. handelt,[625] dessen Wortlaut insoweit eindeutig war, ist hier der zweiten Ansicht zu folgen.[626] Somit ist die Haftung aller Anspruchsgegner nach Absatz 3 auf Kennen und Kennenmüssen beschränkt. Ausnahme ist die Haftung der Abschlussvertreter und Anlagevermittler, die gemäß § 306 Abs. 4 KAGB auf die Fälle positiver Kenntnis der Fehlerhaftigkeit beschränkt ist.

Demgegenüber besteht im Rahmen der bürgerlich-rechtlichen Prospekthaftung entsprechend dem Grundsatz in § 276 Abs. 1 S. 1 BGB eine Haftung aller Anspruchsgegner für Vorsatz und jede Form der Fahrlässigkeit.
Somit besteht auch im Hinblick auf den Verschuldensmaßstab ein effektiverer Anlegerschutz nach dem BGB.

---

622 Siehe oben D. III. 5. a) cc).

623 *Assmann/Kumpan*, in: Assmann/Schütze/Buck-Heeb, Handbuch KapitalanlageR, § 5 Rn. 399.

624 So offenbar: *Hanke*, BKR 2014, 441, 447: „der jeweilige Verkäufer (§ 306 Abs. 3 KAGB)".

625 BT-Drs. 17/12294, S. 283.

626 So auch *Assmann/Kumpan*, in: Assmann/Schütze/Buck-Heeb, Handbuch KapitalanlageR, § 5 Rn. 399 und *Zingel*, in: Baur/Tappen/Mehrkhah, Investmentgesetze, Bd. III, § 306 Rn. 26.

#### *dd) Zwischenergebnis*

Im Hinblick auf die drei untersuchten Aspekte (i) Adressatenkreis der Haftung, (ii) Prospektbegriff und (iii) Verschuldensmaßstab, besteht somit nach der bürgerlich-rechtlichen Prospekthaftung ein weiterer und somit wirkungsvollerer Anlegerschutz als nach § 306 KAGB. Eine Haftung der Garanten sowie für bestimmte Werbeunterlagen und für einfache Fahrlässigkeit ist nur nach den von der Rechtsprechung entwickelten Grundsätzen der allgemeinen zivilrechtlichen Prospekthaftung möglich.

### *b) Abwägung*

Fraglich ist somit, ob aus Gründen eines möglichst lückenlosen Anlegerschutzes die Anwendung der bürgerlich-rechtlichen Prospekthaftung auch nach dem Inkrafttreten des KAGB im Juli 2013 weiterhin möglich sein sollte.

#### *aa) Parallele Anwendung der bürgerlich-rechtlichen Prospekthaftung im Anwendungsbereich des KAGB*

Zum einen ist es denkbar, die bürgerlich-rechtliche Prospekthaftung auch innerhalb des Anwendungsbereiches des KAGB, im Wege der Anspruchskonkurrenz parallel zum Gesetz anzuwenden. Zur alten Rechtslage nach § 127 InvG a.F. wurde diese Ansicht im Hinblick auf die bürgerlich-rechtliche Prospekthaftung im weiteren Sinne der Anlagevermittler und -berater für fehlerhafte Prospektangaben mit der Begründung vertreten, dass diese Haftung auf einer eigenständigen Pflichtverletzung beruht.[627] Allerdings spricht der Wille des Gesetzgebers gegen eine parallele Anwendung innerhalb des Anwendungsbereiches des KAGB. Denn ausweislich der Gesetzesmaterialien sollte mit dem KAGB eine Kodifikation des Kapitalanlagerechts, also ein in sich geschlossenes Regelwerk für Investmentfonds und ihre Manager, geschaffen und somit das Investmentrecht umfassend und abschließend reguliert werden.[628] Und da § 306 Abs. 4 i.V.m. Abs. 1 KAGB die Haftung der Abschlussvertreter, Anlagevermittler und nach richtiger Ansicht auch der Anlageberater regelt,[629] ist die gesetzliche Norm als *Lex specialis* zur bürgerlich-rechtlichen Prospekthaftung im weiteren Sinne zu verstehen, die dieselben Anspruchsgegner adressiert.

---

627 Vgl. *Hanke*, BKR 2014, 441, 448.
628 BT-Drs. 17/12294, S. 2 und 187.
629 So auch *Hanke*, BKR 2014, 441, 448.

Dasselbe gilt für die Haftungsansprüche gegen die Verwaltungsgesellschaft, Prospektverantwortliche und Prospektveranlasser, für die § 306 Abs. 1 und 2 KAGB insoweit die *Lex specialis* im Verhältnis zur bürgerlich-rechtlichen Prospekthaftung im engeren Sinne darstellt.

Zwar sind nach § 306 Abs. 6 S. 2 KAGB weitergehende Ansprüche, die sich aus den Vorschriften des bürgerlichen Rechts aufgrund von Verträgen oder unerlaubten Handlungen ergeben können, nicht ausgeschlossen. Es scheint daher zunächst so, als käme die bürgerlich-rechtliche Prospekthaftung, die häufig als Unterfall der c.i.c. bezeichnet und in § 311 Abs. 2 und 3 BGB – und somit im Vertragsrecht[630] – verortet wird, als solch ein weitergehender Anspruch aus Vertrag in Betracht. Jedoch stellt der Anspruch aus c.i.c. keinen Anspruch „aufgrund" eines Vertrages dar, sondern einen vertragsähnlichen Anspruch im vorvertraglichen Bereich aufgrund gewährten und in Anspruch genommenen Vertrauens. Ferner ist zumindest die bürgerlich-rechtliche Prospekthaftung im engeren Sinne kein Unterfall der c.i.c., da sie nicht auf konkretem, persönlichem Vertrauen basiert. Vielmehr beruht sie auf einer Verletzung von abstraktem, typisiertem Vertrauen gegenüber den Prospekterlassern und -veranlassern und ist somit eine Weiterentwicklung der c.i.c., die als eigenes Rechtsinstitut anzusehen ist und wohl nicht unter § 311 Abs. 2 oder 3 BGB subsumiert werden kann.[631] Außerdem würde eine Umgehung der abschließenden gesetzlichen Haftungsvoraussetzungen sowie der Haftungsbeschränkung auf positive Kenntnis in § 306 Abs. 4 S. 1 KAGB drohen, würde man die bürgerlich-rechtliche Prospekthaftung im weiteren Sinne parallel zum KAGB anwenden.

§ 306 KAGB schließt die Regelungslücke, zu deren Schließung die bürgerlichrechtliche Prospekthaftung von der Rechtsprechung entwickelt worden war. Für ihre parallele Anwendung besteht somit, soweit heute spezialgesetzliche Haftungsnormen nach dem KAGB existieren, kein Bedarf mehr.

Die Anwendung der bürgerlich-rechtlichen Prospekthaftung ist somit im Anwendungsbereich des KAGB nach dem *Lex specialis*-Grundsatz ausgeschlossen.[632]

---

630 Vgl. die Systematik des BGB: Buch 2, Abschnitt 3 „Schuldverhältnisse aus Verträgen" beginnt mit § 311.

631 Vgl. *Hoffmeyer*, NZG 2016, 1133, 1136.

632 So auch die h.M.: *Assmann/Kumpan*, in: Assmann/Schütze/Buck-Heeb, Handbuch KapitalanlageR, § 5 Rn. 409; *Grunewald*, in: MüKo HGB, Bd. III, § 161 Rn. 204; *Nobbe*, WM 2013, 193, 202; *Ellenberger*, Prospekthaftung im Wertpapierhandel, 2001, S. 107 (zur alten Rechtslage).

### bb) *Ergänzende Anwendung der bürgerlich-rechtlichen Prospekthaftung außerhalb des Anwendungsbereiches des KAGB*

Fraglich bleibt somit, ob die bürgerlich-rechtliche Prospekthaftung außerhalb des Anwendungsbereiches des KAGB, also in den Fällen, die nicht von den spezialgesetzlichen Normen erfasst sind, ergänzend Anwendung finden kann oder ob auch insoweit eine Sperrwirkung besteht.

Die Sperrwirkung gemäß § 306 Abs. 6 S. 2 KAGB (mit Ausnahme weitergehender vertraglicher oder deliktischer Ansprüche) kann sich nach Sinn und Zweck einer solchen Regelung nur auf konkurrierende Ansprüche innerhalb des Anwendungsbereiches des KAGB beziehen. Denn der Anwendungsbereich des KAGB bestimmt auch die Reichweite seiner Konkurrenzregelung.

Das KAGB dient der Etablierung eines Anlegerschutzes auf hohem Niveau.[633] Wie oben gezeigt, weist die spezialgesetzliche Prospekthaftung nach § 306 KAGB jedoch bei der sogenannten Garantenhaftung sowie bei Informationsmaterialien, die nicht den förmlichen Prospektbegriff erfüllen, Lücken auf. Aufgrund dieser Schutzlücken wäre der Anleger durch das KAGB im Ergebnis schlechtergestellt, wenn eine Anwendung der bürgerlich-rechtlichen Prospekthaftung auch außerhalb seines Anwendungsbereiches ausgeschlossen wäre. Dies widerspräche jedoch dem Ziel sowie Sinn und Zweck des KAGB, den Anlegerschutz zu fördern und zu verbessern.

Im Hinblick auf Verkaufsunterlagen, die keine Prospekte oder wesentliche Anlegerinformationen i.S.d. KAGB sind, jedoch den weiteren Prospektbegriff der Rechtsprechung zur bürgerlich-rechtlichen Prospekthaftung erfüllen, sollte Letztere zum Zwecke des Anlegerschutzes daher weiterhin anwendbar sein.

Im Hinblick auf die Dritthaftung der Garanten nach der bürgerlich-rechtlichen Prospekthaftung ergibt sich allerdings ein scheinbarer Wertungswiderspruch. Während Prospektverantwortliche und -veranlasser nach § 306 Abs. 3 KAGB lediglich für positive Kenntnis und grob fahrlässige Unkenntnis der Prospektfehler haften, würden Garanten gemäß § 276 Abs. 1 S. 1 BGB strenger, nämlich für Vorsatz und jede Form der Fahrlässigkeit haften. Doch dieser scheinbare Widerspruch löst sich bei genauer Betrachtung auf.[634]

Zum einen gilt für Prospekterlasser und -veranlasser zwar die soeben genannte Haftungsprivilegierung, doch dafür müssen sie die strengen Informationspflichten des KAGB erfüllen, die ebenfalls dem Anlegerschutz dienen. Garanten hingegen trifft keine gesetzliche Informationspflicht. Vielmehr treffen

633 Vgl. BT-Drs. 17/12294, S. 2 und 187.

634 Ausführlich hierzu *Hoffmeyer*, NZG 2016, 1133, 1137 ff.

sie freiwillig Aussagen in Bezug auf Prospektinhalte, für deren Richtigkeit sie folgerichtig einzustehen haben. Zum anderen haften Garanten nur so weit, wie ihr Gutachten, ihre Stellungnahme oder ihre Empfehlung reicht, und sie werden hierfür von ihren Auftraggebern entlohnt. Sie haben es also selbst in der Hand, durch die Bestimmung der Reichweite ihres Gutachtens oder ihrer Stellungnahme die Reichweite ihrer Haftung zu bestimmen. Ferner erhalten sie eine Entlohnung dafür, dass sie die Plausibilität oder Kohärenz des Prospekts oder die Qualität des Anlagekonzeptes als Experten bestätigen und somit für Anleger attraktiver machen.[635] Somit erscheint umgekehrt auch ihre Haftung hierfür angemessen. Ferner handelt es sich beim Maßstab des § 276 Abs. 1 S. 1 BGB nicht um eine verschärfte Haftung, sondern um den allgemeinen bürgerlich-rechtlichen Verschuldensmaßstab für Vorsatz und Fahrlässigkeit, der somit gewiss angemessen ist.

Im Ergebnis ist daher auch in Bezug auf Garanten nach dem Sinn und Zweck des KAGB, den Anleger zu schützen und ihn nicht schlechterzustellen als vor Inkrafttreten des KAGB, die bürgerlich-rechtliche Prospekthaftung anzuwenden.[636]

Bei teleologischer Betrachtung ist deshalb die bürgerlich-rechtliche Prospekthaftung außerhalb des Anwendungsbereiches des KAGB ergänzend anzuwenden. Zum einen ist sie nicht von der Sperrwirkung des KAGB betroffen, zum anderen ergeben sich durch ihre Anwendung keine Wertungswidersprüche und zum Dritten ist es das Ziel des KAGB den Anlegerschutz zu fördern und nicht ihn einzuschränken.

### *c) Stellungnahme*

Somit ist festzuhalten, dass die Anwendung der bürgerlich-rechtlichen Prospekthaftung innerhalb des Anwendungsbereiches des KAGB ausgeschlossen ist, außerhalb desselben jedoch ergänzend bestehen bleibt.

Das Rechtsinstitut der bürgerlich-rechtlichen Prospekthaftung besteht somit nicht nur grundsätzlich als „Reserveinstitut" zur Schließung denkbarer künftiger Haftungslücken fort. Vielmehr kann es bereits jetzt bei der Garantenhaftung und bestimmten Informationsmaterialien ergänzend zum KAGB angewendet werden.

---

635 *Schultheiß*, BKR 2015, 133, 134.

636 So auch *Hoffmeyer*, NZG 2016, 1133, 1139; *Schultheiß*, BKR 2015, 133, 137; a.A. *Schmitt*, DStR 2013, 1688, 1690.

Hierdurch bleibt es allerdings bei der viel diskutierten Situation, dass die spezialgesetzliche Prospekthaftung und die von der Rechtsprechung entwickelte bürgerlich-rechtliche Prospekthaftung nebeneinander bestehen. Somit ist das KAGB seinem eigenen Anspruch, das gesamte Recht der Investmentfonds abschließend zu regulieren, nicht vollständig gerecht geworden.

Es wäre somit aus Sicht des Anlegerschutzes *de lege ferenda* begrüßenswert, wenn die Garanten als Haftungsadressaten mit in die Regelung des § 306 Abs. 1 KAGB aufgenommen würden. Bei der Frage des Verschuldensmaßstabes für Garanten bestehen, wie dargelegt, gute Gründe, weiterhin die einfache Fahrlässigkeit für ein Verschulden ausreichen zu lassen. Ferner sollte der Prospektbegriff an die „Rupert Scholz"-Rechtsprechung des BGH angepasst und somit auf den materiellen Prospektbegriff erweitert werden.

Beides wäre der Rechtsklarheit zuträglich und würde die Parallelität von Gesetz und Richterrecht im Bereich der Prospekthaftung endgültig beenden. Dies würde zu einer Vereinfachung und zu mehr Transparenz sowohl für Anleger als auch für Garanten führen. Nicht zuletzt könnte sich das KAGB auf diesem Wege auch weiter seinem Ziel annähern, eine abschließende Regulierung des Investmentfondsrechts in einem „Kodex" herbeizuführen.

#### *d) Rechtsfolge des § 306 Abs. 1 KAGB bei Personengesellschaften*

Ein weiterer umstrittener Aspekt der Prospekthaftung betrifft die in § 306 Abs. 1 S. 1 und Abs. 2 S. 1 KAGB für sämtliche OGAW und AIF vorgesehene Rechtsfolge der Übernahme der Anteile oder Aktien gegen Erstattung des vom Anleger gezahlten Betrages.

##### *aa) Anwendbarkeit der Rechtsfolge auf die Investment-Kommanditgesellschaften?*

Durch das KAGB wurde im Investmentfondsrecht der Rechtsformzwang eingeführt. Im Bereich der geschlossenen inländischen Investmentvermögen sind gemäß § 139 KAGB nur noch die Investment-AG mit fixem Kapital (§§ 140 bis 148 KAGB) und die geschlossene Investment-KG (§§ 149 bis 161 KAGB) als Rechtsformen zugelassen, von denen die Letztere große praktische Bedeutung besitzt. Ferner ist gemäß § 17 Abs. 2 Nr. 2 KAGB bei interner Verwaltung durch die Komplementärin die Investment-KG selbst die Kapitalverwaltungsgesellschaft – und somit gemäß § 306 Abs. 1 S. 1 und Abs. 2 S. 1 KAGB die Anspruchsgegnerin, gegen die sich der Prospekthaftungsanspruch richtet. Auf diesem Wege wird allerdings die Emittentenhaftung eingeführt, die der BGH seit jeher aus gesellschaftsrechtlichen Gründen des Bestands- und Gläubigerschutzes ablehnt.[637] Bei Fehlen einer externen Kapitalverwaltungsgesellschaft trifft also das Investmentvermögen selbst gemäß § 306 Abs. 1 S. 1 und Abs. 2 S. 1 KAGB die Rechtsfolge, den vom Anleger gezahlten Betrag zu erstatten und seine Anteile zu übernehmen. Für die Personengesellschaft der Investment-KG bedeutet dies die Rücknahme des Kommanditanteils gegen Rückgewähr der Pflichteinlage.

Hierdurch ergibt sich jedoch ein Prinzipienkonflikt: Während das Kapitalanlagerecht insbesondere auf den Schutz der Anleger abzielt, bezweckt das Gesellschaftsrecht primär den Schutz der Gläubiger.[638] Der Gläubigerschutz wird durch den in der Rechtsfolge des § 306 KAGB angeordneten Abfluss von Gesellschaftsvermögen, unabhängig von den Vermögensverhältnissen der KG, jedoch geschwächt, da den Gläubigern Haftungsmasse entzogen wird.[639]

Weiterhin ist problematisch, dass das Recht der Personengesellschaften keine „Anteile" im engeren Sinne kennt.[640] Über Kommanditanteile kann somit nicht wie über Wertpapiere verfügt werden. Die Gesellschaft kann daher grundsätzlich auch keine Anteile übernehmen oder Inhaberin eigener Anteile werden.[641] Dies stünde zudem im Widerspruch zur Lehre vom fehlerhaften Verband.[642] Die im KAGB normierte Rechtsfolge passt somit zwar auf die für geschlossene Investmentvermögen ebenfalls zugelassene Rechtsform der Investment-AG – nicht jedoch auf die wesentlich weiter verbreitete Investment-KG.

Zudem verstößt die Rechtsfolge des § 306 KAGB gegen den gesellschaftsrechtlichen Gleichbehandlungsgrundsatz. Denn wenn Anleger in einem „Windhundrennen" ihre Einlagen zurückfordern und sich somit diejenigen vorrangig aus dem Gesellschaftsvermögen bedienen können, die als Erste ihre Titel erlangt haben, stellt diese zeitliche Reihenfolge der Rechtsdurchsetzung eine Ungleichbehandlung der Gesellschafter dar.[643]

Diese Problematik der insoweit für Personengesellschaften unpassenden Rechtsfolgen wurde bereits 1978 in Bezug auf einen Gesetzesentwurf über den Vertrieb von Anteilen an Vermögensanlagen[644] sowie bei § 13a

637 St. Rspr. des BGH beginnend mit Urt. v. 14.12.1972, NJW 1973, 1604.
638 Etwa *Schnauder*, NJW 2013, 3207, 3210.
639 *Schnauder*, NJW 2013, 3207, 3210; *Ziegler*, DStR 2005, 30, 32.
640 *Schnauder*, NJW 2013, 3207, 3210; *Ulmer*, BB 1978, 461, 464; *Ziegler*, DStR 2005, 30, 32 f.
641 *Ziegler*, DStR 2005, 30, 32.
642 *Schnauder*, NJW 2013, 3207, 3210.
643 *Schnauder*, NJW 2013, 3207, 3210.Ibd
644 Entwurf eines Gesetzes über den Vertrieb von Anteilen an Vermögensanlagen, BT-Drs. 8/1405.

VerkProspG[645] diskutiert. Man bezeichnete diese Rechtsfolgenregelung als „*tiefgreifende Einbrüche in das Personengesellschaftsrecht*“[646]. Dennoch fand die Thematik in den Gesetzgebungsmaterialien zum KAGB keinerlei Beachtung.

### *bb) Stellungnahme*

Fraglich ist zunächst, wie mit der Rechtsfolge des § 306 Abs. 1 S. 1 und Abs. 2 S. 1 KAGB im Hinblick auf die gemäß § 17 Abs. 2 Nr. 2 KAGB intern verwaltete geschlossene Investment-KG *de lege lata* umzugehen ist.

Die gewünschte Folge besteht einerseits darin, dass der Anleger die Rechte aus seiner Kommanditistenstellung nicht mehr ausüben kann und seine Gesellschafterstellung endet, und andererseits darin, dass der austretende Gesellschafter den von ihm bei Eintritt in die Gesellschaft geleisteten Anlagebetrag, also die Pflichteinlage, zurückerhält. Entgangener Gewinn bleibt ihm nach der Zielvorgabe des § 306 KAGB hingegen verwehrt. Zugleich müssen jedoch die gesellschaftsrechtliche Lehre der fehlerhaften Gesellschaft und der Grundsatz des Gläubigerschutzes so weit wie möglich gewahrt werden.

Um diesen widerstreitenden Zielen möglichst weitgehend Rechnung zu tragen, ist – gegen den Wortlaut des Gesetzes – ein Recht zur „Austrittskündigung“ des Anlagekommanditisten zu bejahen.[647]

Allerdings ist *de lege ferenda* eine Anpassung der Rechtsfolgenregelung in § 306 Abs. 1 S. 1 und Abs. 2 S. 1 KAGB zu fordern. Es ist jeweils eine ausdrückliche Ausnahme von der angeordneten Rechtsfolge für gemäß § 17 Abs. 2 Nr. 2 KAGB intern verwaltete geschlossene Investmentkommanditgesellschaften nach §§ 149 bis 161 KAGB mit dem Inhalt aufzunehmen, dass bei ihnen an die Stelle des Anspruchs auf „*Übernahme der Anteile* [...] *gegen Erstattung des* [...] *gezahlten Betrages*“ ein Recht zur Austrittskündigung des Käufers und ein Anspruch auf Erstattung des vom Käufer gezahlten Betrages treten.

Durch eine entsprechende Änderung des KAGB könnte diese bei der spezialgesetzlichen Prospekthaftung bereits seit den 1970er Jahren bestehende Diskussion beendet und der hier auftretende Konflikt zwischen Gesellschafts- und Investmentrecht beigelegt werden.

645 *F.A. Schäfer*, ZGR 2006, 40.

646 *Ulmer*, BB 1978, 461, 461.

647 *F.A. Schäfer*, ZGR 2006, 40, 56, 75 f.; *Fleischer*, BKR 2004, 339, 345 Fn. 109 m.w.N.; *Ulmer*, BB 1978, 461.

## 6. Vertragliche und deliktische Haftungsansprüche

Wie bereits gezeigt, können Anlegern gegenüber Emittenten bei unterlassenen, verzögerten oder falschen Ad-hoc-Informationen spezialgesetzlich normierte oder – in beschränktem Umfang – ergänzend bürgerlich-rechtliche Haftungsansprüche zustehen. Gegenüber Prospektverantwortlichen, -veranlassern und -garanten sowie gegenüber Gründungsgesellschaftern und Vertriebsdienstleistern können ihnen spezialgesetzliche Prospekthaftungsansprüche oder solche aus bürgerlich-rechtlicher Prospekthaftung zustehen.

Im Folgenden sollen allgemeine zivilrechtliche Haftungsansprüche von Anlegern gegen Finanzdienstleister betrachtet werden, die aufgrund der Verletzung vorvertraglicher oder vertraglicher Pflichten sowie wegen der Verletzung von Schutzgesetzen oder vorsätzlicher sittenwidriger Schädigung entstehen. Diese Kategorie von Ansprüchen richtet sich ausschließlich gegen diejenigen, die direkten Kontakt mit Anlegern haben, insbesondere Vermögensverwalter, Anlageberater, Anlagevermittler und lediglich ausführende Institute, mithin gegen die mit dem Vertrieb von Finanzprodukten betrauten Dienstleister.

Während oben bereits im Rahmen der Darstellung des Anlegerschutzes durch Information die grundlegende BGH-Rechtsprechung zu Informationspflichten in Beratungssituationen und in Nicht-Beratungssituationen diskutiert wurde, soll hier der Anlegerschutz durch Haftung bei Verletzung dieser Informationspflichten betrachtet werden.

Hierzu wird zunächst ein kurzer Überblick über die vertragsrechtlichen und deliktsrechtlichen Schadensersatzansprüche der Anleger wegen Verletzung von Informations-, Aufklärungs- und weiteren Pflichten durch Finanzdienstleister gegeben (nachfolgend a)). Außerdem ist zu klären, ob aufsichtsrechtliche Normen als Schutzgesetze im deliktsrechtlichen Sinn anzusehen sind und unter welchen Umständen Haftungsansprüche wegen vorsätzlicher sittenwidriger Schädigung in Betracht kommen (nachfolgend b)). Im Anschluss wird die Frage diskutiert, welches Verhältnis zwischen den aufsichtsrechtlich normierten Pflichten der Finanzdienstleister und ihren vertraglichen Pflichten gegenüber Kunden besteht (nachfolgend c)).

### *a) Vertragstypen, Pflichten und Haftungsansprüche*

Die hier darzustellenden Haftungsansprüche des Anlegers sind solche wegen Verletzung von Leistungs- oder Schutzpflichten im Rahmen vertraglicher Schuldverhältnisse gemäß §§ 280 Abs. 1, 311 Abs. 1, 241 Abs. 2, 249 ff. BGB oder wegen Verletzung von Pflichten in dem dem Vertragsschluss vorgelagerten Vertrauensbereich gemäß §§ 280 Abs. 1, 311 Abs. 2, 241 Abs. 2, 249 ff. BGB (*culpa in contrahendo*). Sie werden im Folgenden anhand der vier grundlegenden Typen von Verträgen zwischen Finanzdienstleister und Kunde im Kapitalanlagebereich dargestellt: Vermögensverwaltung, Anlageberatung, Anlagevermittlung und reine Ausführungsgeschäfte.

### *aa) Vermögensverwaltungsvertrag*

Bei der Vermögensverwaltung (im Aufsichtsrecht „Finanzportfolioverwaltung" genannt, vgl. § 64 Abs. 3, 7 und 8 WpHG n.F.) gibt der Anleger dem Verwalter zu Beginn des Vertragsverhältnisses eine verbindliche inhaltliche Richtlinie für Investitionsentscheidungen vor, überträgt ihm einen zu verwaltenden Betrag und delegiert die Anlageentscheidungen zugleich an ihn. Die einzelnen, konkreten Anlageentscheidungen trifft in der Folge also der Vermögensverwalter und nicht der Kunde.[648]

Es muss somit vor Aufnahme der Verwaltungstätigkeit ein Gespräch stattfinden, in dem der Verwalter vom Anlageinteressenten dessen Anlageziele und Risikobereitschaft sowie Vorkenntnisse und finanzielle Risikotragfähigkeit erfragt. Darüber hinaus gibt der Anleger dem Vermögensverwalter einen verbindlichen Rahmen für dessen Ermessensentscheidungen vor.[649] Typischerweise legen die Vertragsparteien hier fest, aus welchen Anlageklassen und in welcher anteiligen Höhe derselben sich das Depot zusammensetzen soll, wie das Risiko gestreut werden soll und ob es weitere Anlagepräferenzen des Anlegers zu berücksichtigen gilt. Solche Präferenzen können etwa bevorzugte Investitionen in bestimmte Branchen oder der Ausschluss bestimmter Branchen sein, z.B. nach religiösen, ethischen oder weltanschaulichen Kriterien der Ausschluss von Investitionen in Waffen-, Erdöl-, Alkohol-, Tabak- oder Fleischproduzenten. Ähnlich wie im Anlageberatungsgespräch muss der Verwalter auch hier dem Kunden die möglichen Auswirkungen der von ihm vorgegebenen Richtlinie erklären und ihn durch anleger- und objektgerechte, vollständige und inhaltlich korrekte Informationen und sachkundige Bewertung derselben in die Lage versetzen, eine sachgerechte Grundentscheidung zu treffen, die seinen persönlichen Anlagezielen und seiner Risikobereitschaft entspricht. Dieses Gespräch muss jedoch nicht bei jeder einzelnen Anlageentscheidung erneut geführt werden, sondern zunächst zu Beginn des Vertragsverhältnisses, um den verbindlichen Rahmen für die gesamte Vermögensverwaltung festzulegen. Ändern sich wesentliche

648 Vgl. zur Vermögensverwaltung: *Zoller*, Haftung bei Kapitalanlagen, § 5 Rn. 4 ff.

649 BGH, Urt. v. 02.05.2002, Az.: III ZR 100/01, NJW 2002, 2556 = ZIP 2002, 1586 = BKR 2002, 538.

Parameter beim Anleger, etwa in Bezug auf Anlageziele, Risikobereitschaft oder finanzielle Verhältnisse, so sollte die Richtlinie z.B. in einem Jahresgespräch entsprechend angepasst werden.

Aus diesem Inhalt des Vermögensverwaltungsvertrages ergeben sich vier Bereiche, in denen Pflichtverletzungen auftreten und dementsprechende Haftungsansprüche entstehen können:[650]

Zunächst stellt sich die Frage, ob der Vermögensverwalter beim (anfänglichen) Beratungsgespräch ordnungsgemäß informiert und aufgeklärt hat, beispielsweise über Risiken. Hiervon hängt es ab, ob die Richtlinie für alle weiteren, delegierten Investitionsentscheidungen entsprechend den Anlagezielen und der tatsächlichen Risikobereitschaft des Anlegers zustande gekommen ist.

Der nächste Bereich möglicher Pflichtverletzungen betrifft die Ausübung der Vermögensverwaltungstätigkeit. Hier ist zu fragen, ob der Verwalter die Anlageentscheidungen entsprechend den Vorgaben des Anlegers getroffen hat.[651]

Weiter lässt sich fragen, ob der Verwalter angemessen auf Marktsituationen reagiert und entsprechend investiert oder deinvestiert hat. Zudem fällt in diesen Bereich die Frage, ob der Vermögensverwalter seine eigenen Interessen über die des Kunden gestellt hat, beispielsweise sein Interesse, hohe Gebühren durch häufige Depotumschichtungen zu generieren (sogenanntes *Churning* oder „Spesenreiterei").

Zuletzt ist der Bereich laufender Berichterstattung an den Anleger zu nennen. Hier stellt sich die Frage, ob der Kunde bei rechtzeitiger, korrekter und vollständiger Information schadensreduzierend in die Vermögensverwaltung eingegriffen hätte.

Ferner ist zu beachten, dass – neben den allgemeinen Verhaltensregeln für Wertpapierdienstleister in § 63 WpHG n.F. – die aufsichtsrechtliche Regulierung der Verhaltenspflichten der Finanzportfolioverwaltung in § 64 Abs. 3, 7 und 8 WpHG n.F. normiert ist.

### *bb) Anlageberatungsvertrag*

Im Folgenden wird das Anlageberatungsverhältnis beleuchtet. Hierbei werden zunächst die von der Rechtsprechung formulierten Anforderungen an das Zustandekommen des Beratungsvertrages sowie an die vertraglichen Pflichten der Berater skizziert (nachfolgend (1)). Im Anschluss wird ein kurzer Blick auf die am 3. Januar 2018 in Kraft getretenen Änderungen des WpHG in

---

650 Vgl. *Zoller*, Haftung bei Kapitalanlagen, § 5 Rn. 7 f.

651 BGH, BKR 2002, 538.

Bezug auf die neu eingeführten oder verschärften aufsichtsrechtlichen Pflichten der Anlageberater und ihre mögliche haftungsrechtliche Relevanz geworfen (nachfolgend (2)).

### *(1) Vertragliche Pflichten nach der Rechtsprechung*

Die Anlageberatung stellt den Schwerpunkt der umfangreichen haftungsrechtlichen Rechtsprechung im Kapitalanlagerecht dar. Der Grund hierfür ist zum einen, dass zwischen Anleger und Anlageberater kein dritter Finanzintermediär steht, so dass die Annahme eines vertraglichen Schuldverhältnisses leicht zu bejahen ist – im Gegensatz zum Verhältnis des Anlegers zu den Emittenten.[652] Zum anderen treffen den Anlageberater zahlreiche Pflichten, deren (vermeintlich) ordnungsgemäße Erfüllung zumeist dokumentiert wird. Bei Fehlschlagen der Investition kann somit den Gerichten von enttäuschten Anlegern die entsprechende Dokumentation zur Überprüfung vorgelegt werden.[653]

Wie bereits erwähnt, wird von der Rechtsprechung der konkludente Abschluss eines Beratungsvertrages bereits dann angenommen, wenn ein Anlageinteressent an einen Anlageberater herantritt oder umgekehrt der Berater an den Kunden herantritt, um über die Anlage eines Geldbetrages beraten zu werden bzw. zu beraten.[654] Bereits mit Beginn des Beratungsgesprächs kommt also der Anlageberatungsvertrag zustande.

Die grundlegenden Pflichten des Beraters aus dem Anlageberatungsvertrag hat der BGH in der bekannten Bond-Entscheidung[655] entwickelt, der jeweils konkrete Inhalt und Umfang der Beratungspflichten ist jedoch stets vom Einzelfall abhängig.

Der Berater hat nach der Rechtsprechung grundsätzlich die Pflicht zur anlegergerechten und objektgerechten Beratung. Anlegergerecht ist die Beratung, wenn die empfohlene Anlage auf die individuellen Anlageziele, Risikobereitschaft, Vorkenntnisse und finanziellen Verhältnisse des Kunden zugeschnitten ist. Objektgerecht ist sie, wenn sie sich auf die jeweiligen Eigenschaften und Risiken der empfohlenen Anlage bezieht, wobei der BGH zwischen allgemeinen Risiken der Gesamtwirtschaft (z.B. Konjunktur) und speziellen Risiken des

652 Vgl. *Langenbucher*, in: Lorenz, Karlsruher Forum 2014: Anlegerschutz durch Haftung, VersR-Schriften 55, S. 5, 25.

653 *Zoller*, Haftung bei Kapitalanlagen, § 1 Rn. 1.

654 BGH, Urt. v. 06.07.1993, Az.: XI ZR 12/93 („Bond"), BGHZ 123, 126 = NJW 1993, 2433 = WM 2013, 1455.

655 *Ibd.*

konkreten Investitionsobjekts (z.B. Kurs-, Zins- und Währungsrisiken) unterscheidet. Hierbei muss die Beratung sorgfältig und inhaltlich korrekt sowie für den Anleger verständlich und vollständig sein.

Weiterhin muss der Berater den Kunden zeitnah über alle Umstände informieren, die wesentliche Bedeutung für dessen Investition haben können. Hierzu muss er Veröffentlichungen in der Wirtschaftspresse auswerten und den Anleger über negative Berichterstattung informieren.[656] Er muss zudem jede Kapitalanlage, die er empfehlen will, mit üblichem kritischem Sachverstand prüfen, eine bloße Plausibilitätsprüfung genügt nicht.[657] Ist der Berater hierzu mangels eigener Informationen nicht in der Lage, so muss er dies seinem Kunden offenlegen.

Verletzt der Berater eine der soeben genannten vertraglichen Pflichten, so kann dem Anleger ein Schadensersatzanspruch gemäß §§ 280 Abs. 1, 249 ff. BGB zustehen. Je nach Gestaltung des konkreten Vertrages kann es sich bei der Anlageberatung um einen unentgeltlichen Auftrag gemäß §§ 662 ff. BGB oder um einen entgeltlichen Geschäftsbesorgungsvertrag gemäß § 675 BGB, zumeist in der Form des Dienstvertrages nach den §§ 611 ff. BGB oder – weniger häufig –, wenn ein Erfolg geschuldet ist, in der Form eines Werkvertrages nach den §§ 631 ff. BGB, handeln.[658] Die Haftungsfreistellung für die Erteilung von Rat als Gefälligkeit gemäß § 675 Abs. 2 BGB ist beim Beratungsvertrag nicht einschlägig, da der Rat hier die Hauptpflicht des Anlageberatungsvertrages darstellt und sich somit die Verantwortlichkeit aus dem Vertragsverhältnis ergibt, mithin ein Ausnahmefall des Absatzes 2 gegeben ist. Das Verschulden wird gemäß § 280 Abs. 1 S. 2 BGB widerlegbar vermutet. Probleme ergeben sich in der Praxis insbesondere beim Mitverschulden gemäß § 254 BGB, der Feststellung des Schadens und der haftungsbegründenden Kausalität.

### *(2) Neuerungen bei den aufsichtsrechtlichen Pflichten für Anlageberater*

Durch die zweite EU-Finanzmarktrichtlinie (MiFID II) und die delegierte Verordnung der Kommission[659] sowie die Umsetzung der MiFID II im WpHG, in

656 BGH, Urt. v. 05.11.2009, Az.: III ZR 302/08, NJW-RR 2010, 349.

657 BGH, Urt. v. 07.01.2008, Az.: XI ZR 89/07, BKR 2008, 520.

658 *Bamberger*, in: Derleder/Knops/Bamberger, Deutsches und europäisches Bank- und Kapitalmarktrecht, Bd. II, § 52 Rn. 11.

659 Delegierte Verordnung (EU) 2017/565 der Kommission vom 25.04.2016 zur Ergänzung der Richtlinie 2014/65/EU des Europäischen Parlaments und des Rates in Bezug auf die organisatorischen Anforderungen an Wertpapierfirmen und die Bedingungen für die Ausübung ihrer Tätigkeit sowie in Bezug auf die Definition bestimmter Begriffe für die Zwecke der genannten Richtlinie.

Kraft getreten am 3. Januar 2018, wurden einige Neuerungen für die Anlageberatung eingeführt.

Wie bisher muss der Berater den Kunden im Rahmen des Beratungsgesprächs über seine Vorkenntnisse und Erfahrungen, seine finanziellen Verhältnisse und Verlusttragfähigkeit sowie seine Anlagenziele und Risikobereitschaft befragen, § 64 Abs. 3 S. 1 WpHG n.F. Bei Wertpapierdienstleistern, die Anlageberatung erbringen, hat der Berater gemäß § 64 Abs. 4 WpHG n.F. dem Privatkunden vor Vertragsschluss nun eine Erklärung über die Geeignetheit der Empfehlung (Geeignetheitserklärung) zur Verfügung zu stellen.[660] Die EU-weit harmonisierte Geeignetheitserklärung ersetzt das bisherige Beratungsprotokoll des § 34 Abs. 2a WpHG a.F. und muss außer der Protokollierung des Beratungsgesprächs auch die Erklärung des Beraters enthalten, inwiefern die Beratung auf die Risikopräferenzen, Anlageziele und sonstigen Merkmale des Kunden abgestimmt ist und die empfohlenen Produkte demnach für ihn geeignet sind.[661]

Ferner wurden in § 83 Abs. 3 und Abs. 8 WpHG n.F. Aufzeichnungs- und Aufbewahrungspflichten eingeführt: Seit dem 3. Januar 2018 müssen Wertpapierdienstleister für Zwecke der Beweissicherung die Inhalte bestimmter[662] Telefonate und elektronischer Kommunikation aufzeichnen (sogenanntes *Taping*) und fünf Jahre aufbewahren. Insbesondere sind diejenigen Teile der Gespräche und elektronischen Kommunikation aufzuzeichnen, in denen die Risiken, die Ertragschancen oder die Ausgestaltung von Finanzinstrumenten oder Wertpapierdienstleistungen erörtert werden.[663]

Zudem wurden Verschärfungen bei der Offenlegung von Zuwendungen (*Inducements*) in § 70 WpHG n.F. eingeführt.[664] So sind Wertpapierdienstleister gemäß § 70 Abs. 1 S. 1 Nr. 2 WpHG n.F. jetzt verpflichtet, Existenz, Art und Umfang sowie Art und Weise der Berechnung der Zuwendung dem Kunden vor Erbringung der Dienstleistung in umfassender, zutreffender und verständlicher Weise nicht nur „deutlich", sondern „unmissverständlich" offenzulegen. Außerdem ist nun eine nachträgliche Offenlegungspflicht gegenüber dem Kunden für

660 Gemäß § 64 Abs. 4 S. 3 WpHG wird das Nähere durch Art. 54 Abs. 12 der Delegierten VO 2017/565 geregelt, die den Begriff „Eignungsbericht" verwendet.

661 Siehe hierzu auch *Buck-Heeb*, Kapitalmarktrecht, Rn. 895 ff. sowie *Roth/Blessing*, CCZ 2016, 258.

662 Siehe vertiefend hierzu *Roth/Blessing*, CCZ 2017, 8, 9 f.

663 Weiterführend hierzu *Roth/Blessing*, CCZ 2017, 8.

664 Weiterführend hierzu *Roth/Blessing*, CCZ 2017, 163.

den Fall festgelegt, dass der Wertpapierdienstleister den Umfang der Zuwendungen vorab noch nicht bestimmen konnte, § 70 Abs. 1 S. 3 WpHG n.F.

Auch die Kostentransparenz wurde durch § 63 Abs. 7 WpHG n.F. und den daneben anwendbaren Art. 50 der Delegierten Verordnung zur MiFID II erhöht. Nunmehr sind sämtliche Kosten und Nebenkosten in einer Zusammenfassung darzustellen, um es dem Kunden zu ermöglichen, die Gesamtkosten sowie die kumulative Wirkung der Kosten auf die Rendite der Anlage zu verstehen.

Weiterhin hat der Berater dem Anleger rechtzeitig vor Vertragsschluss ein kurzes und leicht verständliches Informationsblatt bezüglich der empfohlenen Produkte zur Verfügung zu stellen, § 64 Abs. 2 WpHG n.F.

Die allgemeinen Verhaltensregeln für Wertpapierdienstleister in § 63 WpHG n.F. werden für die Anlageberatung durch die besonderen Verhaltensregeln in § 64 Abs. 1 bis 3 WpHG n.F. ergänzt.

Kurz erwähnt sei noch die „Unabhängige Honorar-Anlageberatung", deren besondere Verhaltenspflichten in § 64 Abs. 5 und 6 WpHG n.F. normiert sind und die neben die allgemeinen Verhaltenspflichten treten, § 64 Abs. 5 S. 6 WpHG n.F. Diese Vorschrift wird ergänzt durch Art. 52 und 53 der Delegierten VO 2017/565. Diese Form der Anlageberatung soll die Unabhängigkeit des Beraters und seine volle Loyalität gegenüber den Interessen des Kunden dadurch sicherstellen, dass der Kunde ein Honorar als Entgelt für die Beratung bezahlt und der Berater keinerlei nichtmonetäre Zuwendungen von Dritten annehmen darf und monetäre Zuwendungen an den Kunden auskehren muss.

Ob diese aufsichtsrechtlichen Pflichten des Anlageberaters Inhalt des Beratungsvertrages werden oder ob sie eine „Ausstrahlungswirkung" auf den Vertrag besitzen und den Kunden somit bei schuldhafter Verletzung einer der genannten Pflichten grundsätzlich ein vertraglicher Schadensersatzanspruch zusteht, ist umstritten.[665] Jedenfalls ein deliktsrechtlicher Haftungsanspruch wegen vorsätzlicher sittenwidriger Schädigung gemäß § 826 BGB oder wegen Verletzung eines Schutzgesetzes gemäß § 823 Abs. 2 BGB ist denkbar. Für § 826 BGB muss die Sittenwidrigkeit positiv festgestellt werden, für § 823 Abs. 2 BGB die (auch) drittschützende Wirkung und somit die Schutzgesetzeigenschaft jeder der genannten Regelungen einzeln überprüft werden.

Die Ziele der genannten Maßnahmen, etwa die Protokollierung der Geeignetheit der Empfehlungen, die Sicherung von Beweismaterial durch *Taping* und die strengere Offenlegung von Zuwendungen und Gesamtkosten, sind im Hinblick auf Fehlberatungen in der Vergangenheit und die empfindlichen Verluste,

---

665 Siehe vertiefend hierzu die Diskussion unter Zweiter Teil D. III. 6. c).

die teils die private Altersvorsorge betrafen, für unerfahrene Privatanleger zu begrüßen. Es bleibt allerdings abzuwarten, ob die sehr detaillierten und umfangreichen Regelungen einen effektiveren Anlegerschutz oder aber eine Reduzierung der Beratungsangebote bewirken.

### *cc) Anlagevermittlungsvertrag*

Beim Anlagevermittlungsvertrag ist der Pflichtenumfang des Finanzdienstleisters, im Vergleich zu Vermögensverwaltung und Anlageberatung, wiederum geringer. Der Vermittler schuldet dem Anleger keine sachkundigen, auf den Anleger zugeschnittenen Anlagebewertungen und -empfehlungen, sondern lediglich die Information über Umstände, die für die Investitionsentscheidung des Anlageinteressenten von besonderer Bedeutung sind.[666] Aus diesem Grund wird der bürgerlich-rechtliche Anlagevermittlungsvertrag[667] vom BGH regelmäßig als Auskunftsvertrag qualifiziert.[668]

Häufig ist der Anlagevermittler selbständiger Handelsvertreter, der für die erfolgreiche Vermittlung von Anlageprodukten von kapitalsuchenden Fonds selbst oder von dazwischengeschalteten Vertriebsgesellschaften Provisionen erhält.[669]

Zwischen Anleger und Vermittler wird nach ständiger Rechtsprechung konkludent ein Auskunftsvertrag geschlossen, der haftungsrechtliche Folgen hat, *„wenn der Interessent deutlich macht, dass er, auf eine bestimmte Anlageentscheidung bezogen, die besonderen Kenntnisse und Verbindungen des Vermittlers in Anspruch nehmen will und der Anlagevermittler die gewünschte Tätigkeit beginnt. Ein solcher Vertrag verpflichtet den Vermittler zu richtiger und vollständiger Information über diejenigen tatsächlichen Umstände, die für den Anlageentschluss des Interessenten von besonderer Bedeutung sind.“*[670]

Weiterhin muss der Anlagevermittler das Konzept der Kapitalanlage einer wirtschaftlichen Plausibilitätskontrolle unterziehen.[671] Hierzu muss er

---

666 BGH, Urt. v. 30.10.2014, Az.: III ZR 73/12, NJW-RR 2014, 307 = BKR 2015, 250.

667 Der BGH unterscheidet den Anlagevermittlungsvertrag nach bürgerlichem Recht von der Anlagevermittlung in § 2 Abs. 3 Nr. 4 WpHG a.F. (entspricht § 2 Abs. 8 Nr. 4 WpHG n.F.) und § 1 Abs. 1a S. 2 Nr. 1 KWG, siehe BGH, BKR 2015, 250, 1. Leitsatz.

668 BGH, BKR 2015, 250, 252.

669 *Zoller*, Haftung bei Kapitalanlagen, § 5 Rn. 11.

670 St. Rspr. des Dritten Zivilsenats, vgl. BGH, Urt. v. 13.05.1993, Az.: III ZR 25/92, NJW-RR 1993, 1114; BGH, Urt. v. 13.01.2000, Az.: III ZR 62/99, NJW-RR 2000, 998; BGH, Urt. v. 11.09.2003, Az.: III ZR 381/02, NJW-RR 2003, 1690; BGH, Urt. v. 19.10.2006, Az.: III ZR 122/05, NJW-RR 2007, 348.

671 BGH, NJW-RR 2000, 998.

überprüfen, ob der entsprechende Prospekt ein schlüssiges Gesamtbild des Anlageobjekts zeichnet. Auch die sachliche Richtigkeit und Vollständigkeit der Prospektangaben muss er, soweit ihm das mit zumutbarem Aufwand möglich ist, prüfen. Auch wenn die Anforderungen an den Vermittler hier nicht überspannt werden dürfen, sollten ihm jedenfalls Ungereimtheiten und innere Widersprüche im Prospekt auffallen.

Letztlich bestimmt das Auftreten des Vermittlers am Markt, wie weit seine Ermittlungs- und Aufklärungspflichten gehen. Je mehr Vertrauen er dadurch in Anspruch nimmt, dass er seine Fachkompetenz in seinem Marktauftritt darstellt, einen desto strengeren Maßstab legt die Rechtsprechung an seine Sachkunde und Kenntnisse. Hiervon macht der III. Zivilsenat des BGH lediglich dann eine Ausnahme, wenn der Vermittler dem Interessenten vor der Anlageentscheidung seine nur unzureichenden Kenntnisse offenlegt, entgegen seinem Auftreten am Markt.[672] Dieser Fall dürfte in der Praxis allerdings selten sein.

Bei schuldhafter Verletzung einer der oben genannten Pflichten kann der Anleger vom Anlagevermittler Schadensersatz gemäß §§ 280 Abs. 1, 311 Abs. 1, 276, 249 ff. BGB verlangen.

Für Anlagevermittler, die Wertpapierdienstleister sind, finden zudem die Pflichten zur Einholung einer Selbstauskunft über das Vermögen und Einkommen des Anlageinteressenten bei der Vermittlung von Vermögensanlagen und Wertpapieren gemäß §§ 65 und 65 a WpHG n.F. Anwendung.

### *dd) Ausführungsvertrag* – Execution Only

Beim reinen Ausführungsvertrag (*execution only*) treffen den Finanzdienstleister die geringsten Pflichten. Hier muss er weder konkrete Anlageentscheidungen für den Anleger treffen noch sachkundige Empfehlungen aussprechen noch vollständige und richtige Informationen bezüglich ausgewählter Anlageoptionen vermitteln. Aus diesem Grund sind die beratungsfreien reinen Ausführungsverträge auf Geschäfte mit nicht-komplexen Anlageprodukten beschränkt.[673]

Der Anleger informiert sich hier selbst und entscheidet auch selbst, zu welchem Zeitpunkt er welche Investition in welches Produkt in welcher Höhe vornimmt. Dem Dienstleister obliegt nur noch die Ausführung des erteilten Auftrages. Bei diesem Vertrag beschränkt sich die Pflicht des Dienstleisters also auf die technisch korrekte Durchführung eines konkreten Investitionsauftrages,

672 *Zoller*, Haftung bei Kapitalanlagen, § 5 Rn. 15.

673 *Buck-Heeb*, Kapitalmarktrecht, Rn. 874 ff.

meist einer Wertpapiertransaktion, den der Kunde in der Regel von seinem Computer über das Internet erteilt.

Dieser Vertragstyp wird von sogenannten Direktbanken oder Discount-Brokern angeboten, die üblicherweise bereits bei Aufnahme der Geschäftsbeziehung klarstellen, dass sie ihre Dienste nur erfahrenen und gut informierten Anlegern anbieten und lediglich zur Übersendung von Informationsbroschüren, nicht jedoch zu individueller Beratung bereit sind.[674]

Ein Schadensersatzanspruch des Anlegers entsteht hier also nur bei schuldhafter Verletzung der Ausführungspflicht durch den Finanzdienstleister, wenn also etwa eine Order nicht oder nicht zum gewünschten Zeitpunkt ausgeführt wurde und hierdurch ein Schaden entsteht.

### *b) Deliktsrechtliche Haftungsansprüche*

Neben spezialgesetzlichen, vertragsähnlichen und vertraglichen Haftungsansprüchen des Anlegers können auch deliktsrechtliche Schadensersatzansprüche bestehen. Als deliktische Haftungsadressaten kommen sowohl die mit der Emission und dem Vertrieb der Kapitalanlage als auch die mit der Beratung und Vermittlung betrauten Personen in Betracht.[675] Da die Verletzung eines Rechtsguts oder absoluten Rechts in der Regel nicht vorliegen wird, ist § 823 Abs. 1 BGB regelmäßig nicht einschlägig. Allerdings kommen § 823 Abs. 2 BGB i.V.m. einem Schutzgesetz sowie § 826 BGB in Betracht, da diese Vorschriften das Vermögen schützen.[676]

Für die Haftung nach § 823 Abs. 2 BGB ist ein Schutzgesetz notwendig. Eine Rechtsnorm stellt dann ein Schutzgesetz dar, wenn sie zumindest auch den Schutz Einzelner oder einzelner Personenkreise bezweckt und nach dem Inhalt und Zweck des Gesetzes einen Schadensersatzanspruch zugunsten eines Einzelnen gewollt oder zumindest mitgewollt hat.[677] Die Schutzgesetzeigenschaft ist für jede Vorschrift gesondert zu ermitteln. Bei kapitalmarktrechtlichen Vorschriften

674 Vgl. etwa BGH, Urt. v. 19.03.2013, Az.: XI ZR 431/11, NJW 2013, 3293 = BKR 2013, 248; BGH, Urt. v. 04.03.2014, Az.: XI ZR 313/12, BKR 2014, 203.

675 *Seibert*, Recht der Kapitalanlageberatung und -vermittlung, S. 29 Rn. 4.

676 Siehe etwa *Spindler*, in: Langenbucher/Bliesener/Spindler, Bankrechts-Kommentar, WpHG §§ 63 ff. Rn. 353, 356 ff.; *Seiler/Geier*, in: Schimansky/Bunte/Lwowski, Bankrechts-Handbuch, Vor § 104 Rn. 112.

677 Vgl. etwa BGH, Urt. v. 19.07.2004, Az.: II ZR 218/03, NJW 2004, 2664, 2665 („Infomatec I"); BGH, Urt. v. 22.06.2010, Az.: VI ZR 212/09, NJW 2010, 3651, 3652 f. („Phoenix").

kann dies der Fall sein, bei strafrechtlichen Normen ist es häufig der Fall. So ist etwa in den Fällen, in denen sich Verwalter, Berater oder Vermittler wegen Betruges, Kapitalanlagebetruges oder Untreue gemäß §§ 263, 264a, 266 StGB strafbar machen, ihre deliktische Haftung wegen Verletzung eines Schutzgesetzes regelmäßig zu bejahen.

Daneben kommt eine Haftung wegen vorsätzlicher sittenwidriger Schädigung nach § 826 BGB in Betracht. Bei dieser Anspruchsgrundlage steht nicht die vorsätzliche Schädigung, sondern das Unwerturteil eines Verhaltens, das gegen das Anstandsgefühl aller billig und gerecht Denkenden verstößt, im Vordergrund.[678] Für den Schädigungsvorsatz im Sinne des § 826 BGB lässt die Rechtsprechung ein leichtfertiges Handeln des Schädigers ausreichen, wenn dieser die Schädigung des Anlegers in Kauf genommen hat.[679] Der Vorsatz bezüglich der dem Sittenwidrigkeitsurteil zugrunde liegenden Tatsachen[680] wird bereits bejaht, wenn sich der Schädiger der Erkenntnis der Sittenwidrigkeit des eigenen Tuns verschließt, indem er Berufspflichten grob fahrlässig bzw. in bedenken- und gewissenloser Weise verletzt.[681] Schwer zu erbringen ist häufig der Nachweis der haftungsbegründenden Kausalität sowie des Bestehens eines konkreten Schadens.[682]

Problematisch und umstritten ist die Frage, ob und inwieweit aufsichtsrechtliche Normen des Kapitalmarkt- und Kapitalanlagerechts Schutzgesetze i.S.d. § 823 Abs. 2 BGB darstellen und somit ihre Verletzung zu einer deliktischen Haftung führt.[683]

---

678 *Zoller*, Haftung bei Kapitalanlagen, § 13 Rn. 7.

679 BGH, Urt. v. 06.05.2008, Az.: XI ZR 56/07, BGHZ 176, 281 = NJW 2008, 2245, 2249.

680 Nach st. Rspr. muss sich der Vorsatz bei § 826 BGB lediglich auf die dem Sittenwidrigkeitsurteil zugrundeliegenden Tatsachen, jedoch nicht auf das Sittenwidrigkeitsurteil selbst erstrecken, siehe etwa *Wagner*, in: MüKo BGB, Bd. VII, § 826 Rn. 34.

681 BGH, Urt. v. 11.09.2012, Az.: VI ZR 92/11, NZG 2012, 1303, 1305; BGH, Urt. v. 03.12.2013, NJW 2014, 1098, 1100.

682 Siehe hierzu etwa *Buck-Heeb*, Kapitalmarktrecht, Rn. 447

683 Beispielsweise bei vorsätzlich falschen ad-hoc-Mitteilungen wird der Schutzgesetzcharakter der §§ 97, 98 WpHG n.F. sowie die Einschlägigkeit von § 826 BGB bejaht, BGH, Urt. v. 19.07.2004, Az.: II ZR 217/03, NJW 2004, 2668 = ZIP 2004, 1604 = BKR 2004, 403; siehe auch *Adams*, BKR 2009, 277; *Fleischer*, DB 2004, 2031; *Spindler*, WM 2004, 2089.

### c) *Verhältnis von Aufsichtsrecht und zivilrechtlichen Haftungsansprüchen*

Das Kapitalanlagerecht ist Objekt einer doppelten rechtlichen Durchdringung. Dies könnte weitreichende Folgen für den Schutz des Anlegers durch Haftungsansprüche haben.

Zum einen ist es Gegenstand aufsichtsrechtlicher Normen, die zumeist auf europarechtlichen Richtlinien basieren und sich schnell fortentwickeln. So wurden die Verhaltenspflichten für Wertpapierdienstleister zum 3. Januar 2018 durch das Zweite Finanzmarktnovellierungsgesetz (2. FiMaNoG)[684] neu in Abschnitt 11 in den §§ 63 ff. WpHG n.F. gefasst. Das 2. FiMaNoG diente der Umsetzung der zweiten EU-Finanzmarktrichtlinie (MiFID II)[685] in deutsches Recht.

Zum anderen entwickelt die Rechtsprechung immer differenziertere Pflichten im zivilrechtlichen Verhältnis zwischen Anleger und kapitalanlagerechtlichem Ansprechpartner im Rahmen der oben betrachteten Vermögensverwaltungs-, Anlageberatungs-, Anlagevermittlungs- und reinen Ausführungsverträge.

Das Verhältnis des Aufsichtsrechts zum zivilrechtlichen Anlagerecht wird kontrovers diskutiert. Dabei werden für die dogmatische Herleitung und Einordnung sowie die Rechtsnatur der zivilrechtlichen Auswirkungen der allgemeinen WpHG-Verhaltensregeln in § 63 WpHG n.F. sowie der besonderen Verhaltensnormen für Anlageberater in § 64 Abs. 1 bis 4 WpHG n.F., für Honorar-Anlageberater in § 64 Abs. 5 und 6 WpHG n.F., für Finanzportfolioverwalter (also Vermögensverwalter) in § 64 Abs. 3, 7 und 8 WpHG n.F. sowie bei der Vermittlung von Vermögensanlagen in § 65 WpHG n.F. verschiedene Ansätze vertreten.[686] Die Bestimmung des Verhältnisses des gesetzlichen Aufsichtsrechts zum vertraglichen Anlagerecht wirkt sich auf den Inhalt der oben genannten Vertragstypen und auf die Reichweite der aus den Pflichtverletzungen resultierenden vertraglichen sowie der möglicherweise aus den Schutzgesetzverletzungen resultierenden deliktischen Haftungsansprüche aus.[687] Im Folgenden sollen

684 Zweites Gesetz zur Novellierung von Finanzmarktvorschriften aufgrund europäischer Rechtsakte vom 23.06.2017, BGBl. 2017, Teil I, S. 1693.

685 Richtlinie 2014/657EU des Europäischen Parlaments und des Rates vom 15.05.2014 über Märkte für Finanzinstrumente sowie zur Änderung der Richtlinien 2002/92/EG und 2011/61/EU (MiFID II).

686 *Rothenhöfer*, in: Schwark/Zimmer, KMRK, WpHG Vor §§ 63 ff. Rn. 10 ff.

687 Vgl. etwa *Hannöver/Walz*, in: Schimansky/Bunte/Lwowski, Bankrechts-Handbuch, § 110 Rn. 96 f.

daher die wichtigsten Positionen und Argumente hierzu betrachtet werden und soll dazu kritisch Stellung genommen werden.

### *aa) Doppelnatur der Verhaltenspflichten des WpHG*

Einer Literaturansicht nach handelt es sich bei den Verhaltenspflichten der §§ 63 ff. WpHG n.F. um Normen mit einer zivil- und öffentlich-rechtlichen Doppelnatur.[688] Diese Normen sollen demnach sowohl dem Schutz der Funktionsfähigkeit der Kapitalmärkte und des Systems der Wertpapierdienstleistungen (funktioneller Anlegerschutz) als auch dem Schutz des individuellen Anlegers (individueller Anlegerschutz) dienen. Das Pflichtenprogramm des Wertpapierdienstleisters sei daher öffentlich-rechtlicher Natur gegenüber der Aufsichtsbehörde und zivilrechtlicher Natur gegenüber dem Vertragspartner, also dem Anleger, inhaltlich jedoch identisch.[689] Somit stellt sich den Vertretern dieser Ansicht nicht vorrangig die Frage, ob die §§ 63 ff. WpHG n.F. Schutzgesetze i.S.d. § 823 Abs. 2 BGB sind – denn unter Zugrundelegung ihrer Auffassung sind diese Normen bereits als zwingende Mindestanforderungen an die Neben- und Schutzpflichten des Wertpapierdienstleisters Inhalt des jeweiligen Vertrages geworden[690] und eröffnen somit bei ihrer Verletzung den vorvertraglichen sowie den vertraglichen Schadensersatzanspruch nach § 280 Abs. 1 BGB. Als weitere Folge dieses Standpunktes müsste der BGH auch Fragen der zivilrechtlichen Anwendung der Wohlverhaltenspflichten dem Gerichtshof der Europäischen Union vorlegen.[691]

Gegen die These von der Doppelnatur der Wohlverhaltensregeln sprechen jedoch insbesondere die Gesetzesmaterialien zum Finanzmarktrichtlinie-Umsetzungsgesetz (FRUG), die klar zum Ausdruck bringen, dass das WpHG ausschließlich aufsichtsrechtlich sanktionierte Pflichten der Wertpapierdienstleistungsunternehmen enthält, und die immer wieder den aufsichtsrechtlichen Charakter der Verhaltenspflichten betonen.[692] Weiterhin könne aufgrund

---

688 Vgl. zum WpHG a.F. *Köndgen*, JZ 2012, 260, 261; *Möllers*, in: KölnKomm WpHG, 2. Aufl. 2014, § 31 Rn. 10 ff.; *Roth*, ZBB 2012, 429, 435 f.; *Veil*, ZBB 2008, 34, 40 m.w.N.; *Weichert/Wenninger*, WM 2007, 627, 635.

689 *Köndgen*, JZ 2012, 260, 261; *Möllers*, in: KölnKomm WpHG, § 31 Rn. 22.

690 Zur alten Rechtslage des § 31 Abs. 4 und 5 WpHG-E etwa *Weichert/Wenninger*, WM 2007, 627, 635.

691 *Köndgen*, JZ 2012, 260, 262; *Möllers*, in: KölnKomm WpHG, § 31 Rn. 12; *Roth*, ZBB 2012, 429, 436.

692 Bericht des Finanzausschusses des Deutschen Bundestags, BT-Drs. 16/4899, S. 12; Regierungsbegründung, BT-Drs. 16/4028, S. 53, 68; so auch: *Rothenhöfer*, in: Schwark/Zimmer, KMRK, WpHG Vor §§ 63 ff. Rn. 9.

mangelnder Zuständigkeit des EU-Gesetzgebers kein doppelter öffentlich- und zivilrechtlicher Charakter bestehen.[693] Die Finanzmarktrichtlinien (MiFID I und II) – und somit auch ihre Umsetzung im WpHG – basierten auf der Grundfreiheit des Niederlassungsrechts, die in Art. 49 ff. AEUV primärrechtlich geregelt ist. Für die zwischen Wertpapierdienstleistern und Kunden bestehenden zivilrechtlichen Geschäftsbesorgungs- und Kommissionsverträge sei hingegen keine Zuständigkeit der EU gegeben.[694] Somit könne dieser zivilrechtliche Bereich auch nicht identisch mit dem Aufsichtsrecht reguliert werden.

#### *bb) Unmittelbare Geltung der Finanzmarktrichtlinien kraft Vollharmonisierung*

Nach einer anderen Ansicht wirken die EU-rechtlichen Finanzmarktrichtlinien unmittelbar auf die vertragsrechtlichen Verhältnisse der Wertpapierdienstleister mit ihren Kunden. Da das EU-Recht eine Vollharmonisierung[695] bewirke, sei nicht nur das Aufsichtsrecht des WpHG, sondern auch das Zivilrecht von MiFID I und II erfasst.[696] Daher dürften die zivilrechtlichen Pflichten sowie die zivilrechtliche Haftung der Finanzdienstleister zumindest nicht über ihre in den Finanzmarktrichtlinien verankerten aufsichtsrechtlichen Pflichten hinausgehen, eine Lockerung sei hingegen möglich.[697] Es bestehe insoweit ein Gleichlauf von Aufsichts- und Zivilrecht. Ein Gleichlauf sei auch wünschenswert, damit die regulierten Wertpapierdienstleister nicht einem doppelten Pflichtenregime, einerseits öffentlich-rechtlich und andererseits zivilrechtlich, unterliegen.[698]

Hierfür spricht zunächst, dass der EU-Gesetzgeber das Ziel der Vereinheitlichung der Pflichten der Wertpapierdienstleister verfolgt. Dieses Ziel kann sowohl über das öffentliche Recht als auch über das Zivilrecht erreicht werden. Beschränkt man nun die Wirkung der Richtlinien auf den öffentlich-rechtlichen

---

693 *Spindler*, in: Langenbucher/Bliesener/Spindler, Bankrechts-Kommentar, WpHG § 63 Rn. 14.

694 *Assmann*, ZBB 2008, 21, 30; *Spindler*, in: Langenbucher/Bliesener/Spindler, Bankrechts-Kommentar, WpHG § 63 Rn. 12; *Veil*, ZBB 2008, 34, 41.

695 Teilweise auch als „Maximalharmonisierung“ bezeichnet, vgl. *Grigoleit*, ZHR 177 (2013), 264, 271 Fn. 16.

696 *Herresthal*, ZBB, 2012, 89, 94 ff.; *ders.*, WM 2012, 2261, 2263 ff.; *Mülbert*, ZHR 172 (2008), 170, 183 ff.; *ders.*, WM 2007, 1149, 1157; *Leuering/Zetzsche*, NJW 2009, 2856, 2859.

697 *Herresthal*, ZBB 2009, 348, 352 Fn. 50; vgl. auch *Rothenhöfer*, in: Schwark/Zimmer, KMRK, WpHG Vor §§ 63 ff. Rn. 14, der diese Ansicht berichtet, selbst jedoch ablehnt.

698 *Mülbert*, ZHR 172 (2008), 170, 183.

Bereich, so könnten das funktionelle Ziel der Regulierung sowie die EU-weite Harmonisierung über das Zivilrecht ausgehebelt werden.[699]

Allerdings sprechen mehrere Gründe gegen diese Sichtweise: Zunächst greift auch hier der bereits genannte Einwand, dass die EU keine Kompetenz zur Vereinheitlichung des Zivilrechts besitzt. Eine zwangsweise Erfassung desselben von EU-Recht ist daher nicht von ihrer Zuständigkeit gedeckt.

Ferner spricht dagegen, dass der EU-Gesetzgeber das Rechtsinstrument der Richtlinie zur Regulierung der Verhaltenspflichten von Wertpapierdienstleistern gewählt hat. Bei Richtlinien steht es den Mitgliedstaaten nach dem Grundsatz der Zielverbindlichkeit grundsätzlich frei, Form und Mittel der Richtlinienumsetzung selbst zu wählen (Art. 288 AEUV), solange dabei die Grundsätze der Wirksamkeit der Regelung (Effektivität) und der Gleichwertigkeit mit der Durchsetzung nationalen Rechts (Äquivalenz) gewahrt bleiben.[700] Eine Umsetzung der Finanzmarktrichtlinien ausschließlich im nationalen Aufsichtsrecht – bei Wahrung des *effet utile* und der Äquivalenz – ist daher zulässig. Auch ist ein absoluter Gleichklang von Aufsichts- und Vertragsrecht nicht notwendig, um die Einhaltung der EU-rechtlichen Gebote der Effektivität und Äquivalenz sicherzustellen.[701] Somit ist eine unmittelbare Wirkung der Finanzmarktrichtlinien auf die zivilrechtlichen Pflichten und die Haftung von Finanzdienstleistern, gleichsam neben den Regelungen des WpHG, nicht angezeigt.

Ferner ist es dogmatisch kaum zu begründen, wie eine europarechtliche Richtlinie die inhaltliche Mindest- oder Maximalgrenze der vertraglichen Pflichten und der Haftung einer zivilrechtlichen Vereinbarung bestimmen und somit Vertragsinhalt werden kann, ohne dass die Vertragsparteien sie privatautonom darin aufgenommen haben.[702]

---

699 So noch berichtet von *Koch*, in: Schwark/Zimmer, KMRK, 4. Aufl. 2010, WpHG § 31a Rn. 60 m.w.N.; heute jedenfalls abgelehnt von *Rothenhöfer*, in: Schwark/Zimmer, KMRK, 5. Aufl. 2020, WpHG Vor §§ 63 ff. Rn. 14: „*Weiter wird in den Erwägungsgründen nicht dargelegt, ob dass der europäische Gesetzgeber eine Vereinheitlichung des Zivilrechts anstrebt.*"

700 *Spindler*, in: Langenbucher/Bliesener/Spindler, Bankrechts-Kommentar, WpHG § 63 Rn. 16.

701 EuGH, Urt. v. 30.05.2013 – C-604/11, NZG 2013, 786 Rn. 57 – Genil 48 und Comercial Hostelera de Grandes Vinos; *Grigoleit*, ZHR 177 (2013), 264, 275; *Möllers/Poppele*, ZGR 2013, 437, 469; vgl. auch *Langenbucher*, in: Lorenz, Karlsruher Forum 2014: Anlegerschutz durch Haftung, VersR-Schriften 55, S. 5, 26 f.

702 A.A. *Grigoleit*, ZHR 177 (2013), 264, 271, der vorschlägt, die Bindungswirkung methodisch durch „*richtlinienkonforme Konkretisierung einer Generalklausel*" nach §§ 133, 157, 241 Abs. 2 BGB umzusetzen.

### cc) *Ausstrahlungswirkung der WpHG-Verhaltenspflichten auf das zivilrechtliche Verhältnis*

Anderer Auffassung nach besteht dogmatisch betrachtet weder eine doppelte Rechtsnatur der Verhaltensnormen des WpHG noch gelten sie unmittelbar im vertraglichen Bereich aufgrund einer Vollharmonisierungswirkung des EU-Rechts. Stattdessen wird eine Ausstrahlungswirkung der §§ 63 ff. WpHG n.F. dergestalt angenommen, dass die wertpapierhandelsrechtlichen Verhaltensvorschriften als Mindeststandard bei der Auslegung und Konkretisierung der vertraglichen und vorvertraglichen Pflichten des Finanzdienstleisters und somit als Mindestinhalt der zivilrechtlichen Haftung herangezogen werden können.[703] Teilweise wird die Ausstrahlungswirkung auch als Obergrenze der zivilrechtlichen Haftung verstanden, sodass zivilrechtliche Sanktionen nur dann auf der Rechtsfolgenseite erfolgen dürfen, wenn die Verletzung einer aufsichtsrechtlichen Pflicht durch den Finanzdienstleister gegeben ist.[704]

Nach der ersten Sichtweise könnten Zivilgerichte bei der Auslegung anlagerechtlicher Verträge und bei der Entscheidung über darin enthaltene Informations- und Beratungspflichten nicht geringere Pflichten als die im WpHG vorgegebenen annehmen, wohl aber bei entsprechender Parteivereinbarung strengere Pflichten bejahen.[705] Nach der zweiten Sichtweise würden die Normen der §§ 63 ff. WpHG n.F. den Zivilgerichten die Pflichten der Finanzdienstleister vorgeben, sodass deren zivilrechtliche Schadensersatzhaftung auf die Fälle der Verletzung dieser Pflichten begrenzt wäre.

Gerade wenn die Vertragsparteien die Aufklärungs- und Beratungspflichten nicht im Einzelnen geregelt haben, könnten Zvilgerichte zur Konkretisierung des Vertragsinhaltes – und somit der Haftung – auf das vom Gesetzgeber im WpHG vorgegebene Regelungsmodell und aufsichtsrechtliche Grundsätze zurückgreifen.[706] Hierfür könnte der Inhalt der konkludenten Willenserklärung des Finanzdienstleisters normativ aus der Sicht des Erklärungsempfängers so ausgelegt werden, dass dieser erwarte, dass die gesetzlichen Vorgaben des WpHG eingehalten werden. Vom Empfängerhorizont aus betrachtet würden die aufsichtsrechtlichen Pflichten somit Vertragsgegenstand. Der öffentlich-rechtliche Charakter der Normen spreche nicht gegen eine derartige Ausstrahlung über

---

703 *Rothenhöfer*, in: Schwark/Zimmer, KMRK, WpHG Vor §§ 63 ff. Rn. 13.

704 Vgl. *Grigoleit*, ZHR 177 (2013), 264, 270.

705 *Spindler*, in: Langenbucher/Bliesener/Spindler, Bankrechts-Kommentar, WpHG § 63 Rn. 14.

706 *Rothenhöfer*, in: Schwark/Zimmer, KMRK, WpHG Vor §§ 63 ff. Rn. 13.

die richterliche Auslegung der Willenserklärungen bei der Rechtsanwendung, da das Aufsichtsrecht grundsätzlich dieselben Interessenkonflikte wie das Zivilrecht zu lösen und regeln bezwecke. Weiterhin gewähre die Ausstrahlung – im Gegensatz zu den Lehren von der Doppelnatur und von der Vollharmonisierung – die Flexibilität, jenseits der Mindest- bzw. Maximalgrenze von den Aufsichtsregeln abzuweichen, wenn dies von den Vertragsparteien gewollt ist.[707] Ferner biete eine so verstandene Ausstrahlung den Vorteil, dass die Kundenkategorisierung in § 67 WpHG n.F. eine Differenzierung der zivilrechtlichen Pflichten des Finanzdienstleisters, abgestuft nach der Schutzbedürftigkeit der Kunden, erlaubt.[708]

Die Frage, ob die Wohlverhaltensnormen der §§ 63 ff. WpHG n.F. neben ihrer Ausstrahlungswirkung auf die vertraglichen Verhältnisse auch Schutzgesetzcharakter im deliktsrechtlichen Sinne des § 823 Abs. 2 BGB besitzen, ist nach dieser Ansicht differenziert für jede einzelne Vorschrift, unter Berücksichtigung der jeweiligen Entstehungsgeschichte und des jeweiligen europarechtlichen Hintergrunds, zu beantworten.[709]

#### *dd) Rein öffentlich-rechtlicher Normcharakter ohne zivilrechtliche Wirkungen*

Zuletzt besteht die Auffassung, dass die Verhaltensnormen des WpHG rein öffentlich-rechtlicher Natur sind, ausschließlich dem funktionellen Schutz des Marktes dienen und daher lediglich öffentlich-rechtliche Pflichten der Wertpapierdienstleister und Befugnisse der Aufsicht begründen. Nach dieser Auffassung gehen von den §§ 63 ff. WpHG n.F. keine Wirkungen auf das zivilrechtliche Verhältnis zwischen Finanzdienstleister und Anleger aus, weder als inhaltliche Pflichten der Verträge noch als Schutzgesetze.[710] Demnach bestehen für Anleger grundsätzlich auch keine vertraglichen oder deliktischen Haftungsansprüche bei Verletzung dieser Normen durch Dienstleister – es sei denn die gesetzlichen Pflichten sind auch privatautonom zwischen den Parteien vereinbart worden oder es liegt eine vorsätzliche sittenwidrige Schädigung vor.

---

707 *Ibd.*

708 *Seibert*, Recht der Kapitalanlageberatung und -vermittlung, S. 34 Rn. 3.

709 *Seibert*, Recht der Kapitalanlageberatung und -vermittlung, S. 34 Rn. 3 m.w.N.; *Veil*, ZBB 2008, 34, 40; *Weichert/Wenninger*, WM 2007, 627, 635.

710 *Mülbert*, WM 2007, 1149, 155; vgl. *Rothenhöfer*, in: Schwark/Zimmer, KMRK, WpHG Vor §§ 63 ff. Rn. 9; *Spindler*, in: Langenbucher/Bliesener/Spindler, Bankrechts-Kommentar, WpHG § 63 Rn. 19.

Für diese Ansicht spricht zunächst, dass die Wohlverhaltenspflichten der §§ 63 ff. WpHG n.F. trotz ihrer Detailliertheit und hohen Regelungsdichte keine eigene, spezialgesetzlich normierte Anspruchsgrundlage für Schadensersatz von Anlegern wegen der Verletzung der vorgenannten Pflichten enthalten. Vielmehr sind ausschließlich aufsichtsbehördliche Sanktionen vorgesehen, etwa die allgemeinen Anordnungsbefugnisse der BaFin in § 6 WpHG n.F. sowie die weitreichenden Bußgeldvorschriften in § 120 WpHG n.F. und die Befugnisse zur Bekanntmachung von Maßnahmen (*naming and shaming*)[711] in §§ 123 ff. WpHG n.F. Hieraus wird teilweise gefolgert, dass die aufsichtsrechtlichen Normen haftungsrechtlich nicht relevant seien.[712]

Weiterhin spricht für diese Ansicht, dass der Gesetzgeber schon früh das ausschließlich öffentliche Interesse an der Aufstellung und Überwachung der Verhaltensregeln geäußert und dabei betont hat, neben dem Funktionsschutz von Börse und Wertpapiermarkt sei durch die Regelung gerade nicht der Individualschutz der Anleger bezweckt.[713] Auch später verfolgte der Gesetzgeber diese Linie und stellte beim FRUG erneut klar, dass das WpHG im Allgemeinen ausschließlich aufsichtsrechtlich sanktionierte Pflichten der Wertpapierdienstleister normiere, zudem erklärte er für einzelne Normen des WpHG, dass durch sie zivilrechtliche Pflichten nicht begründet würden.[714]

Ferner lässt sich die Rechtsprechung des BGH dahingehend verstehen, dass die WpHG-Verhaltenspflichten eigenständige aufsichtsrechtliche Regeln ohne Einfluss auf zivilrechtliche Schadensersatzansprüche des Anlegers darstellen. Denn bereits zur Rechtslage vor der ersten Finanzmarktrichtlinie MiFID I und dem FRUG betonte der BGH in einer Grundsatzentscheidung[715] im Jahr 2008 in Bezug auf § 32 Abs. 2 Nr. 1 WpHG a.F.[716], dass eine allgemeine deliktische Haftung für primäre Vermögensschäden vom BGB grundsätzlich nicht vorgesehen

---

711 Vgl. *Buck-Heeb*, Kapitalmarktrecht, Rn. 1228 ff.

712 Vgl. *Langenbucher*, in: Lorenz, Karlsruher Forum 2014: Anlegerschutz durch Haftung, VersR-Schriften 55, S. 5, 26.

713 Siehe Beschlussempfehlung und Bericht des Finanzausschusses des Deutschen Bundestags zum Entwurf des Zweiten Finanzmarktförderungsgesetzes im Jahr 1994, BT-Drs. 12/7918, S. 97.

714 Bericht des Finanzausschusses des Deutschen Bundestags zum Entwurf des Finanzmarktrichtlinie-Umsetzungsgesetzes im Jahr 2007, BT-Drs. 16/4899, S. 12; Regierungsbegründung zu § 31 Abs. 8 WpHG, BT-Drs. 16/4028, S. 65.

715 BGH, Urt. v. 19.02.2008, Az.: XI ZR 170/07, NJW 2008, 1734 = BKR 2008, 294 = ZIP 2008, 873.

716 § 32 Abs. 2 Nr. 1 WpHG in der Fassung vom 09.09.1998.

sei. Entsprechend verneinte er die Schutzgesetzeigenschaft der aufsichtsrechtlichen WpHG-Vorschriften im deliktsrechtlichen Sinne des § 823 Abs. 2 BGB, um eine systemwidrig weite deliktische Vermögensschadenshaftung zu vermeiden. Weiterhin betonte er, eine Schadensersatzhaftung des Wertpapierdienstleisters als Vertreter könne nur im außergewöhnlichen Falle der vorsätzlichen sittenwidrigen Schädigung des Anlegers nach § 826 BGB in Betracht kommen. Entsprechend entschied der BGH in der Folge gegen die Schutzgesetzeigenschaft des § 34a Abs. 1 S. 1 WpHG a.F.[717] und des § 20a Abs. 1 Nr. 1 WpHG a.F.[718].

Auch nach Umsetzung der MiFID I durch das FRUG hielt der BGH an der Rechtsprechung fest, dass die Verhaltens-, Organisations- und Transparenzpflichten des WpHG ausschließlich öffentlich-rechtlicher Natur seien und daher keine Wirkung auf das zivilrechtliche Schuldverhältnis zwischen Wertpapierdienstleistungsunternehmen und ihren Kunden hätten.[719] Zur Begründung verwies er darauf, dass der deutsche Gesetzgeber sich entschlossen habe, die MiFID I nicht auf der zivilrechtlichen, sondern auf der aufsichtsrechtlichen Ebene umzusetzen. Somit seien auch die Regelungen, die die Verhaltenspflichten der Wertpapierdienstleister gegenüber ihren Kunden normieren, aufsichtsrechtliche Vorschriften, die ausschließlich öffentlich-rechtliche Pflichten und deren Aufsicht durch staatlichen Behörden zum Gegenstand hätten, jedoch keine unmittelbaren Rechte und Pflichten im Verhältnis zu den Kunden.[720] Zudem verwies der BGH auf den in den Materialien zum FRUG dokumentierten Willen des Gesetzgebers, Normen mit ausschließlich aufsichtsrechtlichem Charakter zu schaffen.[721] Als weiteren Beleg für den öffentlich-rechtlichen Charakter der §§ 31 ff. WpHG a.F. nannte der BGH die Zuständigkeit der Bundesanstalt für Finanzdienstleistungsaufsicht (BaFin), die Aufsicht durch hoheitlichen Zwang auszuüben, und verwies ferner darauf, dass die BaFin ihre Aufgaben gemäß § 4 Abs. 4 FinDAG ausschließlich im öffentlichen Interesse wahrnehme.[722]

717 BGH, Urt. v. 22.06.2010, Az.: VI ZR 212/09, BGHZ 186, 58 = NJW 2010, 3651 = NZG 2010, 1071.

718 BGH, Urt. v. 13.12.2011, Az.: XI ZR 51/10, NJW 2012, 1800 = EWiR 2012, 159 = GWR 2012, 132.

719 BGH, Urt. v. 17.09.2013, Az.: XI ZR 332/12, BKR 2014, 32, 33 = NZG 2013, 1226 = ZIP 2013, 2001.

720 BGH, BKR 2014, 32, 34.

721 BGH, BKR 2014, 32, 34 mit Verweis auf den Bericht des Finanzausschusses des Deutschen Bundestags zum Entwurf des Finanzmarktrichtlinie-Umsetzungsgesetzes, BT-Drs. 16/4899, S. 12 sowie auf die Regierungsbegründung, BT-Drs. 16/4028, S. 53, 68.

722 BGH, BKR 2014, 32, 34.

Der BGH führte weiterhin aus, dass die in dem Verfahren streitgegenständliche Norm des § 31d WpHG a.F. auch nicht im Wege einer Ausstrahlungswirkung eine eigenständige schuldrechtliche Aufklärungspflicht des Finanzdienstleisters begründen könne. Zwar sei es möglich, dass die Wohlverhaltenspflichten, soweit sie auch eine anlegerschützende Funktion besitzen, für Inhalt und Reichweite vertraglicher und vorvertraglicher Aufklärungs- und Beratungspflichten von Bedeutung sind, darüber hinaus komme ihnen aber keine eigenständige schadensersatzrechtliche Bedeutung zu.[723]

Auch sei § 31d WpHG a.F. kein Schutzgesetz i.S.d. § 823 Abs. 2 BGB. Zwar dienten die Wohlverhaltenspflichten auch dem Anlegerschutz, jedoch sei die weitere notwendige Voraussetzung nicht erfüllt, dass die Schaffung eines individuellen Schadensersatzanspruchs sinnvoll und im Lichte des haftungsrechtlichen Gesamtsystems tragbar erscheine. Hierzu müsse unter Berücksichtigung des gesamten Regelungszusammenhangs geprüft werden, ob der Gesetzgeber an die Verletzung des geschützten Interesses eine deliktische Einstandspflicht sowie alle damit zugunsten des Geschädigten gegebenen Beweiserleichterungen habe knüpfen wollen. Eine solche Absicht des Gesetzgebers sei hier nicht ersichtlich, da ausschließlich aufsichtsrechtliche Regelungen gewollt gewesen seien, ohne zivilrechtliche Auswirkungen. Das Verhältnis zwischen Finanzdienstleistern und Kunden sei nicht Regelungsgegenstand der Vorschrift, die als objektive Verbotsnorm (Verbot der Annahme und Gewährung von Zuwendungen von Dritten bzw. an Dritte im Zusammenhang mit Wertpapierdienstleistungen) ausgestaltet sei.[724]

Auch die EU-Finanzmarktrichtlinie (MiFID I) und die zugehörige Durchführungsrichtlinie würden nicht die Schaffung schuldrechtlicher Aufklärungspflichten des Finanzdienstleisters gegenüber seinen Kunden gebieten. Vielmehr erforderten sie ausschließlich eine innerstaatliche Umsetzung in Form eines Aufsichtssystems durch staatliche Behörden.[725] Diese Sichtweise teilten auch der Gerichtshof der Europäischen Union[726] und die Europäische Kommission[727]. Und da es keine EU-rechtliche Regelung gebe, sei es Aufgabe

723 BGH, BKR 2014, 32, 34.

724 BGH, BKR 2014, 32, 34.

725 BGH, BKR 2014, 32, 35.

726 EuGH, Urt. v. 30.05.2013 – C-604/11, ECLI:EU:C:2013:344 – Genil 48 und Comercial Hostelera de Grandes Vinos.

727 Europäische Kommission v. 08.12.2010, Public Consultation, Review of the Markets in Financial Instruments Directive (MiFID), S. 63.

der mitgliedstaatlichen Rechtsordnungen, die zivilrechtlichen Folgen eines Verstoßes gegen die Vorschrift des § 31d WpHG a.F. festzulegen. Hierbei müssten lediglich die Grundsätze der Äquivalenz und Effektivität beachtet werden.[728]

Die Regierungsbegründung[729] des zweiten Finanzmarktnovellierungsgesetzes[730] zur Umsetzung der zweiten Finanzmarktrichtlinie (MiFID II)[731], das in weiten Teilen am 3. Januar 2018 in Kraft getreten ist, enthält keine Hinweise auf eine Änderung des gesetzgeberischen Willens. Die Wohlverhaltenspflichten sind nun im neuen 11. Abschnitt in den §§ 63 ff. WpHG n.F. normiert und zur Verbesserung der Übersichtlichkeit neu nummeriert worden. Allerdings enthält weder die MiFID II noch die Regierungsbegründung zum WpHG n.F. einen Hinweis darauf, dass den Verhaltenspflichten der Wertpapierdienstleister nunmehr außer der aufsichtsrechtlichen auch eine zivilrechtliche Dimension zukommen soll. Somit kann argumentiert werden, dass die genannten Normen daher auch weiterhin ausschließlich öffentlich-rechtlicher Natur sind und deshalb weder das EU-Recht noch das WpHG n.F. nach Umsetzung der zweiten Finanzmarktrichtlinie eine Änderung der Rechtsprechung erfordern. Die öffentlich-rechtlichen Verhaltenspflichten der Wertpapierdienstleister begründen nach dieser Ansicht daher auch weiterhin keine vertraglichen Pflichten im zivilrechtlichen Verhältnis zwischen Finanzdienstleister und Kunden und besitzen auch keine Schutzgesetzeigenschaft im deliktsrechtlichen Sinne des § 823 Abs. 2 BGB.

Als weiteres Argument für die ausschließlich öffentlich-rechtliche Natur der WpHG-Verhaltenspflichten wird die fehlende Einzelfallbezogenheit des Aufsichtsrechts angeführt. Bei einer unmittelbaren Geltung der aufsichtsrechtlichen Vorschriften im vertraglichen Bereich oder bei einer generellen Ausstrahlungs- oder Konkretisierungswirkung fehle es weitgehend an der Möglichkeit notwendiger einzelfallbezogener Differenzierungen der zivilrechtlichen Pflichten durch Auslegung der Parteierklärungen nach §§ 133, 157 BGB. Zudem könne dogmatisch nicht überzeugend dargelegt werden, auf welchem Wege die aufsichtsrechtlichen Normen unmittelbarer Inhalt privatrechtlicher Verträge werden sollten.[732]

---

728 BGH, BKR 2014, 32, 35.

729 BT-Drs. 18/10936 v. 23.01.2017.

730 Zweites Gesetz zur Novellierung von Finanzmarktvorschriften (FiMaNoG II) aufgrund europäischer Rechtsakte vom 23.06.2017, BGBl. 2017, Teil I, S. 1693.

731 Richtlinie 2014/65/EU des Europäischen Parlaments und des Rates vom 15.05.2014 über Märkte für Finanzinstrumente sowie zur Änderung der Richtlinien 2002/92/EG und 2011/61/EU (MiFID II).

732 *Seibert*, Recht der Kapitalanlageberatung und -vermittlung, S. 36 Rn. 7.

Als weiterer Beleg für die These der mangelnden Schutzgesetzeigenschaft und der mangelnden zivilrechtlichen Wirkung der WpHG-Normen im Allgemeinen kann die Einführung und Begründung einer Ausnahmevorschrift angesehen werden. In der Gesetzesbegründung zu § 31 Abs. 3a WpHG a.F. (Pflicht, das Produktinformationsblatt zur Verfügung zu stellen) im Jahr 2011 hob der Gesetzgeber ausdrücklich hervor, dass diese Vorschrift anlegerschützende Wirkung im Sinne eines Schutzgesetzes nach § 823 Abs. 2 BGB habe und somit einen deliktischen Schadensersatzanspruch eröffne.[733] Im Umkehrschluss hierzu lässt sich folgern, dass die übrigen Verhaltensnormen keine Schutzgesetze i.S.d. § 823 Abs. 2 BGB darstellen und ihre Verletzung nicht zu zivilrechtlichen Schadensersatzansprüchen führen soll.

### *ee) Stellungnahme*

Die Rechtsnatur der Verhaltensnormen in §§ 63 ff. WpHG n.F. wirkt sich in mehrfacher Hinsicht auf den Schutz des Anlegers aus. Je nachdem, welche der genannten Ansicht man vertritt, können die normierten Verhaltenspflichten den Inhalt der vorvertraglichen und vertraglichen Pflichten der Finanzdienstleister gegenüber ihren Kunden bestimmen (Doppelnatur der gesetzlichen Normen oder unmittelbare Geltung der Finanzmarktrichtlinien kraft Vollharmonisierung) oder zumindest prägen (Ausstrahlungswirkung) und somit auch die Reichweite der (vor-)vertraglichen Schadensersatzansprüche der Anleger bestimmen. Weiterhin können sie Schutzgesetze im deliktsrechtlichen Sinn darstellen, bei deren Verletzung ein Schadensersatzanspruch gemäß § 823 Abs. 2 BGB eröffnet ist.

Zunächst spricht gegen die These von der öffentlich- und zivilrechtlichen Doppelnatur der §§ 63 ff. WpHG, dass dem deutschen Recht eine solche Zwitterstellung von Normen grundsätzlich fremd ist. Der Prozessvergleich gilt als Ausnahme von dieser Regel.[734] Darüber hinaus fehlt es dem EU-Richtlinien-Gesetzgeber an der Kompetenz für die Regelung zivilrechtlicher Verträge im Bereich der Geschäftsbesorgung. Würde man den WpHG-Vorschriften, die der Umsetzung von EU-Finanzmarktrichtlinien dienen, jedoch neben der aufsichtsrechtlichen auch eine zivilrechtliche Natur beimessen, so würde sich das in nationales Recht umgesetzte EU-Recht unmittelbar, ohne entsprechende Zuständigkeit der EU, auf das Zivilrecht auswirken. Dies würde das Kompetenzgefüge

---

733 Vgl. den Entwurf des Anlegerschutz- und Funktionsverbesserungsgesetzes (AnsFuG), BR-Drs. 584/10, S. 26.

734 Vgl. *Rothenhöfer*, in: Schwark/Zimmer, KMRK, WpHG Vor §§ 63 ff. Rn. 11 m.w.N.

zwischen den Gesetzgebern auf der Ebene der Europäischen Union und auf der mitgliedstaatlichen Ebene unterlaufen.[735]

Gegen die Auffassung, die Finanzmarktrichtlinien würden kraft Vollharmonisierung unmittelbar die zivilrechtlichen Pflichten und die zivilrechtliche Haftung der Wertpapierdienstleister erfassen und somit einen vollständigen Gleichlauf von Aufsichts- und Zivilrecht herstellen, spricht zunächst das gewählte Rechtsinstrument der EU-Richtlinie (MiFID I und II). Nach der Konzeption der europäischen Rechtsakte in Art. 288 AEUV ist eine unmittelbare Wirkung von Richtlinien – soweit sie rechtzeitig und vollständig in nationales Recht umgesetzt werden – nicht vorgesehen. Richtlinien müssen gemäß Art. 288 Abs. 3 AEUV vom Mitgliedstaat in nationales Recht umgesetzt werden, wobei nach dem Grundsatz der Zielverbindlichkeit dabei lediglich das zu erreichende Ziel der Richtlinie verbindlich ist, die Wahl der Mittel und Form der Umsetzung hingegen frei. Die Verordnung hat dagegen gemäß Art. 288 Abs. 2 AEUV allgemeine und unmittelbare Geltung in jedem Mitgliedstaat und ist in allen ihren Teilen verbindlich. Hätte der EU-Gesetzgeber also eine unmittelbare Geltung seiner Finanzmarktregulierung auch im Zivilrecht der Mitgliedstaaten erreichen wollen, so hätte er das Instrument der Verordnung als Rechtsakt wählen müssen, nicht die Richtlinie. Allerdings fehlt der Europäischen Union nach dem Prinzip der begrenzten Einzelermächtigung die Zuständigkeit für die Regelung der geschäftsbesorgungsvertraglichen Beziehungen. Für den Erlass der Finanzmarktrichtlinien konnte sie sich hingegen auf die Niederlassungsfreiheit gemäß Art. 49 ff. AEUV stützen. Die unmittelbare Geltung oder Wirkung einer Richtlinie an einem rechtzeitig und ordnungsgemäß erlassenen Umsetzungsakt eines Mitgliedstaates vorbei, sogar gegen den im Umsetzungsakt ausgedrückten Willen des Gesetzgebers eines Mitgliedstaates, ist hingegen nicht zulässig und verletzt zudem den Grundsatz der Subsidiarität. Auch die richtlinienkonforme Auslegung mitliedstaatlicher Gesetze führt zu keinem anderen Ergebnis, wenn das nationale Gesetz rein aufsichtsrechtlichen Charakter besitzt, wie hier das WpHG. Da die zweite EU-Finanzmarktrichtlinie (MiFID II) in der Bundesrepublik Deutschland fristgerecht und vollständig durch das zweite Finanzmarktnovellierungsgesetz umgesetzt wurde und der deutsche Gesetzgeber hierbei nicht den Willen zur Regelung auch der zivilrechtlichen Verhältnisse der Finanzdienstleister mit ihren Kunden zum Ausdruck gebracht hat, besteht nach dem Grundsatz der Subsidiarität kein Raum für eine unmittelbare Wirkung der Richtlinie neben dem WpHG. Es bleibt somit bei der Frage, welches Verhältnis

735 Ähnlich: *Grigoleit*, ZHR 177 (2013), 264, 279.

des WpHG zu den vertragsrechtlichen Beziehungen zwischen Wertpapierdienstleistern und Anlegern besteht.

Es spricht, wie gezeigt, vieles dafür, dass die Wohlverhaltenspflichten der §§ 63 ff. WpHG n.F. ausschließlich öffentlich- und aufsichtsrechtlicher Natur sind und die zivilrechtliche Haftung demgegenüber autonom ist. Allerdings wäre eine Ausstrahlungswirkung der aufsichtsrechtlichen Verhaltensnormen auf die vertraglichen Verhältnisse zwischen Finanzdienstleister und Anleger grundsätzlich wünschenswert, um Wertungswidersprüche und eine Verdoppelung der Pflichten für Wertpapierdienstleister zu vermeiden.

Die oft zitierte Ausstrahlungswirkung der gesetzlichen Verhaltenspflichten besteht darin, dass die Rechtsprechung sich gemäß §§ 133, 157 BGB bei der Auslegung von Willenserklärungen in Geschäftsbesorgungsverträgen zwischen Wertpapierdienstleistern und Anlegern, bei der Ausfüllung inhaltlicher Vertragslücken, bei der Konkretisierung vager vertraglicher Aufklärungspflichten sowie zur Konkretisierung der generalklauselartigen Pflicht zur anleger- und objektgerechten Beratung nach der Bond-Rechtsprechung an den §§ 63 ff. WpHG n.F. als unverbindlichem Maßstab und Regelungsmodell orientiert.[736] Dieses Vorgehen entspricht der gängigen Rechtsprechungspraxis des BGH, der *„kapitalmarktrechtliche Regeln als unverbindliche Argumentationstopoi zur Bekräftigung bzw. Ergänzung zivilrechtlicher Begründungsmuster"*[737] heranzieht. Als Beleg hierfür können mehrere Entscheidungen des BGH gesehen werden, die besagen, dass die Verhaltensregeln des WpHG zwar *„in erster Linie aufsichtsrechtlicher Natur"* seien, *„aber auch anlegerschützende Funktion und damit Bedeutung für Inhalt und Umfang vor- und nebenvertraglicher Pflichten"* hätten.[738] Die „Bedeutung" des WpHG ist demnach die eines unverbindlichen Regelungsmodells, das für die Konkretisierung von Umfang und Inhalt der (vor-) vertraglichen Pflichten Orientierung bietet.

In einer weiteren Entscheidung bediente sich der BGH eines Prinzips des Aufsichtsrechts, um den konkreten Inhalt eines Anlageberatungsvertrages zu bestimmen: *„den nunmehr im Bereich des – aufsichtsrechtlichen – Kapitalanlagerechts nahezu flächendeckend vom Gesetzgeber verwirklichten Transparenzgedanken hinsichtlich der Zuwendungen Dritter auch bei der Bestimmung des*

---

736 So auch *Grigoleit*, ZHR 177 (2013), 264, 279 f.

737 *Grigoleit*, ZHR 177 (2013), 264, 270 m.w.N.

738 BGH, Urt. v. 05.10.1999, Az.: XI ZR 296/98, BGHZ 142, 345, 356; BGH, Urt. v. 08.05.2001, Az.: XI ZR 192/00, BGHZ 147, 343, 348; BGH, Urt. v. 19.12.2006, Az.: XI ZR 56/05, BGHZ 170, 226, 232.

*Inhalts des Beratungsvertrages zu berücksichtigen, weil der Anleger nunmehr für die Bank erkennbar eine entsprechende Aufklärung im Rahmen des Beratungsvertrages erwarten kann (§§ 133, 157 BGB)*“[739]. Hier bediente sich der BGH zwar nicht einer konkreten aufsichtsrechtlichen Vorschrift, wohl aber des aufsichtsrechtlichen Transparenzprinzips, um den Inhalt eines Kapitalanlage-Beratungsvertrages zu bestimmen.

Eine verbindliche Ausstrahlung in der Form, dass die Verhaltenspflichten des WpHG von der Rechtsprechung als zwingender Mindeststandard oder als zwingende Obergrenze auf die vorvertraglichen und vertraglichen Informationspflichten angewendet werden, ist *de lege lata* nach Ansicht des BGH nicht möglich. Hierbei kann er sich darauf berufen, dass der Gesetzgeber, wie bereits dargelegt, keine zivilrechtliche Wirkung der aufsichtsrechtlichen Regeln intendiert hat. Dies gilt auch nach der aktuellen Umsetzung der MiFID II durch das 2. FiMaNoG. Zum anderen hat der BGH immer wieder seine Sichtweise bekräftigt, dass die Verhaltens-, Organisations- und Transparenzpflichten des WpHG ausschließlich öffentlich-rechtlicher Natur sind. Aus diesem Grund „*wirken* [sie] *auf das zivilrechtliche Schuldverhältnis zwischen Wertpapierdienstleistungsunternehmen und Kunde nicht ein*“.[740] Ferner erkennt der BGH die Vorschriften des WpHG auch nicht als Schutzgesetze i.S.d. § 823 Abs. 2 BGB an, sodass auch in dieser Hinsicht keine verbindliche Ausstrahlung gegeben ist.[741]

Somit ist vom grundsätzlich autonomen Charakter der zivilrechtlichen Haftung auszugehen, einen Ausstrahlungsautomatismus des Aufsichtsrechts gibt es nicht.[742] Daher ist es auch konsequent, in den einzelnen aufsichtsrechtlichen Vorschriften keine Schutzgesetze i.S.d. § 823 Abs. 2 BGB zu sehen. Eine graduelle Annäherung zwischen den aufsichtsrechtlichen Pflichten und der zivilrechtlichen Haftung ergibt sich jedoch zum einen daraus, dass Finanzdienstleistungsunternehmen die aufsichtsrechtlichen Informationspflichten des WpHG gegenüber ihren Kunden ohnehin als Mindeststandard verwenden werden, um aufsichtsbehördlichen Sanktionen zu entgehen.[743] Zum anderen orientiert sich die Rechtsprechung bei der Auslegung der Geschäftsbesorgungsverträge zwischen

---

739 BGH, Urt. v. 03.06.2014, Az.: XI ZR 147/12, BGHZ 201, 310 = BKR 2014, 370.

740 BGH, Urt. v. 17.09.2013, Az.: XI ZR 332/12, NZG 2013, 1226, 1227.

741 Vgl. in Bezug auf § 31d WpHG a.F. ebenfalls BGH, Urt. v. 17.09.2013, Az.: XI ZR 332/12, NZG 2013, 1226, 1228.

742 So auch *Assmann*, FS U.H. Schneider, 2011, S. 37, 47; *Grigoleit*, ZHR 177 (2013), 264, 280; *Langenbucher*, FS Hopt, Bd. II, 2010, S. 2175, 2187.

743 *Grigoleit*, ZHR 177 (2013), 264, 280.

Finanzdienstleistern und Anlegern am WpHG-Pflichtenkanon als unverbindlicher Richtschnur, ohne einen zwingenden Mindestinhalt oder eine zwingende Obergrenze der Haftung daraus abzuleiten.

### d) *Zwischenergebnis*

Die vertraglichen und deliktischen Schadensersatzansprüche der Anleger gegen Finanzdienstleister stellen, neben der kapitalmarktrechtlichen Informationshaftung und der Prospekthaftung, eine wichtige Säule des Anlegerschutzes durch Haftung dar.

Zunächst lassen sich die Verträge zwischen Anlegern und Finanzdienstleistern nach den Pflichten der Dienstleister in Vermögensverwaltungs-, Anlageberatungs-, Anlagevermittlungs- und reine Ausführungsverträge unterteilen. Für die Verletzung vorvertraglicher und vertraglicher Pflichten stehen dem Anleger grundsätzlich Schadensersatzansprüche nach bürgerlichem Recht gemäß §§ 280 Abs. 1, 311 Abs. 1 und 2, 241 Abs. 2, 249 ff. BGB zu.

Ferner können dem Anleger auch deliktsrechtliche Ansprüche wegen Verletzung eines Schutzgesetzes gemäß § 823 Abs. 2 BGB zustehen. Hierfür ist es allerdings notwendig, dass die jeweilige Vorschrift als Schutzgesetz mit auch individualschützender Funktion anerkannt ist. Für die Wohlverhaltenspflichten der §§ 63 ff. WpHG n.F. ist dies von der Rechtsprechung (zu den §§ 31 ff. WpHG a.F.) abgelehnt worden. Für die strafrechtlichen Vorschriften zum Betrug, Kapitalanlagebetrug oder zur Untreue gemäß §§ 263, 264a, 266 StGB wird dies hingegen bejaht. Weiterhin kommen Schadensersatzansprüche wegen vorsätzlicher sittenwidriger Schädigung gemäß § 826 BGB in Betracht. Die Voraussetzungen hierfür sind streng, bei einer vorsätzlichen Verwirklichung der genannten Straftatbestände jedoch regelmäßig erfüllt.

Das Verhältnis der aufsichtsrechtlich normierten Verhaltenspflichten der Finanzdienstleister in den EU-Finanzmarktrichtlinien und im WpHG zu ihren vertraglichen Pflichten und ihrer (vor-) vertraglichen Haftung ist sehr umstritten. Richtigerweise sind die Thesen von der öffentlich- und zivilrechtlichen Doppelnatur der WpHG-Vorschriften, von der unmittelbaren Wirkung der Finanzmarktrichtlinien auf das zivilrechtliche Verhältnis kraft Vollharmonisierung sowie von der verbindlichen Ausstrahlungswirkung der öffentlich-rechtlichen Normen als zwingendem Mindeststandard oder Obergrenze der zivilrechtlichen Haftung der Finanzdienstleister abzulehnen. Es besteht lediglich eine schwache Ausstrahlungswirkung dergestalt, dass Finanzdienstleister in der Praxis die aufsichtsrechtlichen Informationspflichten gegenüber ihren Kunden als Mindeststandards einhalten werden, um öffentlich-rechtliche Sanktionen zu vermeiden. Außerdem nutzt die Rechtsprechung den Pflichtenkanon des WpHG als unverbindliche Orientierung bei der Auslegung zivilrechtlicher Verträge zwischen Finanzdienstleistern und Anlegern sowie bei der Konkretisierung der generalklauselartigen Pflicht zur anleger- und objektgerechten Beratung nach der Bond-Rechtsprechung des BGH. Somit wirkt sich das Aufsichtsrecht des WpHG nur mittelbar auf den Anlegerschutz durch Haftungsansprüche aus.

## 7. Zwischenergebnis zum Anlegerschutz durch Haftung

Der Schutz der Anleger durch Haftungsansprüche ist vielseitig. Zum einen umfasst er eine Vielzahl verschiedenartiger Anspruchsgrundlagen, spezialgesetzliche wie auch vertragliche, vorvertragliche und deliktsrechtliche. Zum anderen richten sich diese Ansprüche gegen eine Vielzahl verschiedener Anspruchsgegner: bei der allgemeinen Kapitalmarktinformationshaftung gegen Emittenten, bei der Prospekthaftung gegen Prospektverantwortliche, Prospektveranlasser, Prospektgaranten, Gründungsgesellschafter, Verkäufer und Vermittler sowie bei der zivilrechtlichen Haftung von Finanzintermediären gegen Vermögensverwalter, Anlageberater, Anlagevermittler und rein ausführende Institute.

Der Anlegerschutz durch Haftung dient zunächst dem Zweck der individuellen Schadenskompensation, daneben aber auch der Prävention durch Abschreckung. Darüber hinaus können die Schadensersatzansprüche von Anlegern dazu dienen, aufsichtsrechtliche Normen durchzusetzen, Emittenten, Prospektverantwortliche und Finanzintermediäre zur Befolgung aufsichtsrechtlich vorgeschriebener Verhaltensnormen anzuhalten, und damit als Ergänzung des öffentlich-rechtlichen Sanktionsinstrumentariums fungieren (*private enforcement*).

Für die Haftung bei fehlerhafter Kapitalmarktinformation wegen unterlassener, verzögerter oder unwahrer Ad-hoc-Mitteilungen ist festzuhalten, dass vorrangig die spezialgesetzlichen Haftungsnormen der §§ 97, 98 WpHG n.F. eingreifen. Bürgerlich-rechtliche Anspruchsgrundlagen treten lediglich als Ergänzung hinzu und sind durch das Gesetz auf vertragliche Ansprüche und solche wegen vorsätzlicher unerlaubter Handlungen begrenzt. Die Rechtsprechung ist hier bei der Bejahung von Schutzgesetzen i.S.d. § 823 Abs. 2 BGB sowie bei der Annahme vorsätzlicher sittenwidriger Schädigung i.S.d. § 826 BGB zurückhaltend, um nicht das vom Gesetzgeber vorgegebene deliktsrechtliche System des primär rechtsgüterbezogenen Schutzes zu unterlaufen.

Bei der Prospekthaftung ist die Rechtslage unübersichtlicher. Das zunächst von der Rechtsprechung entwickelte Rechtsinstitut der Prospekthaftung hat mittlerweile in einige kapitalmarktrechtliche Spezialgesetze Einzug gehalten. So finden sich spezialgesetzliche Prospekthaftungsnormen in WpPG, VermAnlG, KAGB sowie der PRIIP-Verordnung der Europäischen Union. Darüber hinaus betrifft der Haftungsanspruch im WpÜG für fehlerhafte Angebotsunterlagen ebenfalls standardisierte Marktinformationen und ist daher mit der Prospekthaftung vergleichbar. Daneben besteht die von der Rechtsprechung entwickelte bürgerlich-rechtliche Prospekthaftung im engeren und im weiteren Sinne fort. Hier stellt sich eine Reihe von Rechtsfragen, von der Haftung der Prospektgaranten bis zu den einschlägigen Anspruchsgrundlagen für die Verletzung von typisiertem, abstraktem Vertrauen bei der bürgerlich-rechtlichen Prospekthaftung im engeren Sinne sowie für die Verletzung konkret in Anspruch genommenen Vertrauens bei der bürgerlich-rechtlichen Prospekthaftung im weiteren Sinne im Zwei- und im Drei-Personen-Verhältnis. Von besonderer Bedeutung ist jedoch die Frage nach der Anwendbarkeit der bürgerlich-rechtlichen Prospekthaftung neben den spezialgesetzlichen Prospekthaftungsnormen.

Weiterhin stehen Anlegern vertragliche und deliktische Haftungsansprüche gegen Finanzintermediäre, namentlich Vermögensverwalter, (Honorar-)Anlageberater, Anlagevermittler und rein ausführende Institute, zur Verfügung. Deren Tätigkeit ist durch aufsichtsrechtliche Verhaltensnormen reguliert, insbesondere durch die EU-Finanzmarktrichtlinien (MiFID I und II) und ihre Umsetzung in den Verhaltenspflichten für Wertpapierdienstleistungsunternehmen im WpHG. Aus diesem Grund wird intensiv diskutiert, ob die aufsichtsrechtlichen Regeln in den Finanzmarktrichtlinien und im WpHG eine Geltung oder Ausstrahlungswirkung auf die vertraglichen Beziehungen zwischen Anlegern und Wertpapierdienstleistern haben. Richtigerweise wird man eine solche unmittelbare Geltung ebenso wie eine unmittelbare Ausstrahlung ablehnen müssen. Die aufsichtsrechtlichen Regelungen sind rein aufsichtsrechtlicher Natur. Einfluss auf die zivilrechtlichen Beziehungen erhalten sie nur dadurch, dass sich die Rechtsprechung zur Auslegung von Verträgen und zur Konkretisierung der vertraglichen Informationspflichten – und bei deren Verletzung zur Feststellung von Schadensersatzansprüchen der Anleger – an ihnen als unverbindlichem Regelungs- und Wertungsmodell orientiert.

Als Zwischenergebnis lässt sich somit festhalten, dass der Anlegerschutz durch Haftungsansprüche im deutschen Recht breit aufgestellt ist. Er stützt sich auf zahlreiche unterschiedliche Anspruchsgrundlagen und erfasst zahlreiche verschiedene Anspruchsgegner. Um die Klarheit der Rechtslage, die Rechtssicherheit und somit auch die Effektivität des Anlegerschutzes durch Haftung weiter zu verbessern, ist es jedoch notwendig, einzelne Ansprüche klarer voneinander abzugrenzen. Insbesondere bei der Prospekthaftung ist die Rechtslage komplex und unübersichtlich und bedarf weiterer Klärung durch den Gesetzgeber.

In Bezug auf das der Strategie des Anlegerschutzes durch Haftungsansprüche zugrundeliegende Anlegerleitbild gilt grundsätzlich das für den Anlegerschutz durch Information Gesagte, da die Haftungsansprüche auch der Absicherung der Informationsansprüche dienen. Somit geht auch die Anlegerschutzstrategie der Haftung von einem weitgehend rationalen Anleger aus, der auf der Basis fehlerfreier Informationen vernünftige Investitionsentscheidungen treffen kann, und ist somit dem Spektrum optimistisch bis kritisch rational-effizienter Modelle zuzuordnen. Erhält der Anleger jedoch unrichtige oder unvollständige Informationen, entbehren seine Anlageentscheidungen einer geeigneten Grundlage und er kann ggf. den Ersatz des hierdurch entstandenen Schadens verlangen.

Die Kritik am bestehenden Anlegerschutzrecht, die mit der Weiterentwicklung des Anlegerleitbildes vom *homo oeconomicus classicus* zum *homo oeconomicus limitatus* einhergeht, bezieht sich primär, wie oben dargestellt, auf Aspekte wie Inhalt, Umfang, Gestaltung, Standardisierung, Vergleichbarkeit und Vermittlung von Anlegerinformationen. Die Erkenntnisse der Kognitionspsychologie über die Beschränkungen der Rationalität und die Manipulierbarkeit von Anlegern müssen *de lege ferenda* daher in erster Linie bei der Regulierung der Informationspflichten Berücksichtigung finden. Auf dieser Ebene ist den Defiziten der Anleger durch Anpassung der gesetzlichen Regelung der Anlegerinformation Rechnung zu tragen. Der Anlegerschutz durch Haftung passt sich reflexartig an die jeweils geltenden Informationspflichten an und sichert diese ab. Somit dient die Schutzstrategie der Haftungsansprüche neben der Kompensation von Schäden insbesondere dem Ziel, den informationsbasierten und somit minimalinvasiven und autonomiefördernden Anlegerschutz effektiv durchzusetzen und zu sichern.

## IV. Anlegerschutz durch Aufsicht

Der Schutz der Anleger durch das Aufsichtsrecht weist eine große Bandbreite gesetzlicher Pflichten und Vorgaben, Gebote und Verbote sowie behördlicher Aufgaben und Befugnisse auf. Die detaillierte Regulierung der verschiedenen Bereiche des Kapitalmarktes, wie etwa der Märkte für Wertpapiere, für Vermögensanlagen oder für Investmentvermögen, gibt den Akteuren jeweils einen präzise bestimmten Rahmen vor, innerhalb dessen sie handeln können und müssen. Die Einhaltung dieser zahlreichen und teilweise komplexen Regeln wird durch staatliche Aufsichtsbehörden überwacht und ggf. mithilfe von Sanktionen durchgesetzt.

Im Folgenden werden zunächst überblicksartig einige wichtige gesetzliche Vorschriften insbesondere des WpHG und des KAGB zur Regulierung der sowohl für individuelle Anleger als auch gesamtwirtschaftlich wichtigen Märkten für Wertpapiere und Investmentvermögen betrachtet.

Im zweiten Schritt werden Aufgaben und Befugnisse der Bundesanstalt für Finanzdienstleistungsaufsicht, in überwachender und ahnender Funktion, aufgezeigt. Besonderes Augenmerk wird dabei auf zwei verhältnismäßig neue Instrumente des aufsichtsgesetzlichen und des aufsichtsbehördlichen Anlegerschutzes gerichtet: Zum einen wird das Produktzulassungsverfahren (*Product Governance*) und zum anderen die Möglichkeit behördlicher Produktinterventionen dargestellt und diskutiert.

## 1. Schutz durch aufsichtsgesetzliche Pflichten und Sanktionen

Der Gesetzgeber hat in den verschiedenen Bereichen des Kapitalmarktrechts den jeweiligen Akteuren durch gesetzliche Verbote, Pflichten und Sanktionen einen aufsichtsrechtlichen Handlungsrahmen auferlegt, der dem funktionalen und individuellen Schutz der Anleger dient. An dieser Stelle sollen nur die Eckpunkte dieses Anlegerschutzes durch aufsichtsrechtliche Regulierung aufgezeigt werden.

### *a) Vorbehalt der Erlaubnis oder Registrierung*

Zunächst gilt gemäß § 32 Abs. 1 KWG für die Erbringer von Finanzdienstleistungen, zu denen auch Wertpapierdienstleistungsunternehmen i.S.d. § 2 Abs. 10 WpHG gehören, sowie gemäß § 20 Abs. 1 S. 1 i.V.m. § 17 Abs. 1 KAGB für Kapitalverwaltungsgesellschaften von Investmentvermögen ein grundsätzliches Tätigkeitsverbot mit Erlaubnisvorbehalt. Wer also professionell Finanzdienstleistungen wie etwa Anlagevermittlung, Anlageberatung oder Finanzportfolioverwaltung (§ 1 Abs. 1a S. 2 Nrn. 1, 1a und 3 KWG) oder die Verwaltung von Investmentvermögen durch Portfoliomanagement oder Risikomanagement erbringen will, bedarf der vorherigen schriftlichen Erlaubnis der Bundesanstalt für Finanzdienstleistungsaufsicht (BaFin).

Finanzanlagenvermittler und Honorar-Finanzanlagenberater, die im Rahmen der Bereichsausnahme des § 2 Abs. 6 S. 1 Nr. 8 KWG ausschließlich zu bestimmten Finanzanlageprodukten Beratung und Vermittlung zwischen Kunden und Anbietern betreiben, bedürfen stattdessen gemäß § 34f bzw. § 34h GewO einer gewerberechtlichen Erlaubnis der zuständigen Industrie- und Handelskammer sowie einer Registrierung im Vermittlerregister nach § 11a GewO.

Für Kapitalverwaltungsgesellschaften (KVG) sogenannter „kleiner" Spezial- und Publikums-AIF mit einem verwalteten Vermögen unterhalb bestimmter Schwellenwerte, weiterhin für interne KVG von Mini-AIF und

Bürgerbeteiligungsgesellschaften sowie für KVG von Venture-Capital-Fonds und Sozialfonds besteht keine Pflicht, eine BaFin-Erlaubnis nach § 32 KWG zu beantragen. Das KAGB sieht für diese Verwaltungsgesellschaften in § 44 Abs. 1 KAGB die Möglichkeit einer bloßen Registrierung bei der BaFin vor. Die genannten KVG können sich freiwillig im Wege eines „Opt-in" vollumfänglich dem KAGB unterwerfen. Tun sie dies nicht, so sind sie zur Registrierung verpflichtet.[744]

Wird die erforderliche Erlaubnis nicht eingeholt oder die Registrierung nicht vorgenommen und werden dennoch Finanzdienstleistungen erbracht oder es wird dennoch Kapitalverwaltung betrieben, so handelt es sich um unerlaubte Geschäfte bzw. unerlaubte Investmentgeschäfte, gegen die gemäß § 37 KWG bzw. gemäß §§ 15 und 16 KAGB eingeschritten werden kann. Ferner ist beides als Vergehen mit bis zu fünf Jahren Freiheitsstrafe oder Geldstrafe gemäß § 54 KWG bzw. gemäß § 339 KAGB strafbar.[745] Ferner stellt das Erbringen einer Finanzanlagenvermittlung oder Finanzanlagenberatung nach §§ 34f oder 34h GewO ohne die erforderliche gewerberechtliche Erlaubnis gemäß § 144 GewO eine Ordnungswidrigkeit dar, die mit einer Geldbuße bis zu 50.000 Euro geahndet werden kann.

Nach der gesetzlichen Regelung darf in der Bundesrepublik Deutschland somit kein Dienstleistungs- oder Vertriebsunternehmen für Wertpapiere und Finanzprodukte (Vermittlung, Beratung, Vermögensverwaltung) und kein Fondsverwalter (KVG) auf dem Markt tätig werden, ohne zuvor eine Erlaubnis staatlicher Aufsichtsbehörden eingeholt oder eine Registrierung vorgenommen zu haben. Diese Pflicht ist straf- bzw. bußgeldbewehrt. Die Differenzierung in KWG-Volllizenz und KAGB-Registrierung der BaFin sowie GewO-Lizenz der IHK trägt dabei der unterschiedlichen wirtschaftlichen Bedeutung und den damit verbundenen Risiken verschiedener Kapitalmarktakteure Rechnung. Durch diesen sanktionsbewehrten Erlaubnis- und Registrierungsvorbehalt sichert der Gesetzgeber die staatliche Kontrolle über die auf dem Markt tätigen Akteure und fördert damit sowohl den Schutz der individuellen Anleger als auch des Kapitalmarktes als Institution.

---

744 *Boxberger*, GWR 2013, 415, 416.
745 Vgl. *Klinger*, NZWiSt 2014, 370.

### b) Weitere zwingende Pflichten nach dem WpHG und KAGB

Für sämtliche professionellen Kapitalmarktakteure gelten bei der Ausübung ihrer jeweiligen Tätigkeit eine ganze Reihe zwingender, sanktionsbewehrter aufsichtsrechtlicher Pflichten. Hier sollen einige der wichtigsten Pflichten des WpHG und KAGB beispielhaft genannt werden.

#### aa) Aufsichtsrechtliche Vorgaben im WpHG

Zu den wertpapierrechtlichen Pflichten zählen etwa die Mitteilungs-, Veröffentlichungs- und Übermittlungspflichten gemäß §§ 33 ff., 40, 41, 43 Abs. 2 WpHG bei Veränderung des Stimmrechtsanteils, die (Groß-)Anleger und Emittenten treffen. Nach dem in § 33 Abs. 1 S. 1 WpHG niedergelegten Transparenzgebot ist jeder Anleger, der durch Erwerb, Veräußerung oder auf sonstige Weise bestimmte Schwellenwerte an Stimmrechten eines Inlandsemittenten berührt, verpflichtet, diese Tatsache sowie die Höhe seines Stimmrechtsanteils schriftlich dem betroffenen Emittenten sowie der BaFin innerhalb von vier Handelstagen mitzuteilen. Nach dieser Anzeige durch den Meldepflichtigen ist der Emittent seinerseits verpflichtet, unverzüglich, spätestens drei Handelstage nach Zugang, die Mitteilung zu veröffentlichen und dem Unternehmensregister zur Speicherung zu übermitteln, § 40 Abs. 1 S. 1 WpHG. Gleichzeitig mit der Veröffentlichung hat der Emittent diese ebenfalls der BaFin mitzuteilen, § 40 Abs. 2 WpHG. Die Mitteilungspflicht nach § 33 WpHG trifft somit Großanleger und soll in Verbindung mit der Veröffentlichungs- und Übermittlungspflicht der Emittenten Transparenz der Beteiligungsverhältnisse an börsennotierten Gesellschaften schaffen und somit das Vertrauen aller Anleger sowie die Funktionsfähigkeit des Kapitalmarktes insgesamt stärken. Zudem wirkt die Information aller Handelsteilnehmer über größere Stimmrechtsbeteiligungen präventiv gegen den Missbrauch von Insiderwissen, da die Zusammensetzung des Aktionärskreises wesentlichen Einfluss auf die Kursentwicklung und die weitere wirtschaftliche Entwicklung von Emittenten haben kann.[746]

Weiterhin sind die wertpapierhandelsrechtlichen Zulassungsfolgepflichten der Emittenten zu erwähnen. Diese Pflichten stellen eine gesetzliche Folge der Zulassung der Wertpapiere zum Börsenhandel dar und sind in den §§ 48 ff. WpHG geregelt. Hier ist insbesondere das Gleichbehandlungsgebot in § 48 Abs. 1 Nr. 1 WpHG hervorzuheben: Danach hat der Emittent alle Wertpapierinhaber

---

746 *Buck-Heeb*, Kapitalmarktrecht, Rn. 694; Regierungsbegründung zum Zweiten Finanzmarktförderungsgesetz (2. FMFG), BT-Drs. 12/6679, S. 33, 52.

unter gleichen Voraussetzungen gleich zu behandeln. Es wird als inhaltlich identisch mit dem aktienrechtlichen Gleichbehandlungsgebot in § 53a AktG angesehen.[747] Nach § 48 Abs. 1 Nr. 2 WpHG trifft den Emittenten ferner die Pflicht, Wertpapierinhabern sämtliche zur Ausübung ihrer Rechte notwendigen Einrichtungen und Informationen öffentlich zur Verfügung zu stellen. Ein Verstoß gegen § 48 Abs. 1 Nr. 2 WpHG stellt nach § 120 Abs. 2 Nr. 11 WpHG eine Ordnungswidrigkeit dar. Laut den Überschriften des 7. Abschnitts sowie des § 48 WpHG dienen diese aufsichtsrechtlichen Pflichten des Emittenten gegenüber den Wertpapierinhabern der Wahrnehmung ihrer Rechte aus Wertpapieren und somit dem Anlegerschutz.

Die Verhaltens-, Organisations- und Transparenzpflichten der §§ 63 ff. WpHG begründen Pflichten für Wertpapierdienstleistungsunternehmen. § 63 WpHG enthält allgemeine Verhaltensregeln für Wertpapierdienstleister gegenüber ihren Kunden, etwa die Interessenwahrungspflicht in Abs. 1 und die Pflicht zur Darlegung von Interessenkonflikten gemäß Abs. 2. § 63 Abs. 3 WpHG statuiert die Pflicht der Dienstleistungsunternehmen, die Vergütung und Bewertung der Mitarbeiter nicht so zu gestalten, dass hierdurch Anreize gesetzt werden, nicht im bestmöglichen Interesse des Kunden zu handeln. Dies stellt eine interne Organisationspflicht der Wertpapierdienstleister dar, die jedoch letztlich den Kunden zugutekommt.[748] Die Pflichten zu redlicher, eindeutiger, rechtzeitiger und verständlicher Information der Kunden finden sich in § 63 Abs. 6 ff. WpHG. Verstöße gegen die meisten dieser Pflichten sind bußgeldbewehrte Ordnungswidrigkeiten gemäß § 120 Abs. 8 Nrn. 27-33 WpHG. § 64 WpHG enthält ferner besondere Verhaltensregeln, die Wertpapierdienstleister bei der Erbringung von Anlageberatung (Abs. 1 bis 4), unabhängiger Honorar-Anlageberatung (Abs. 5 und 6) sowie bei der Finanzportfolioverwaltung (Abs. 3, 7, 8) gegenüber ihren Kunden zu erfüllen haben. Auch Verstöße gegen die gesetzlichen Pflichten bei der Anlageberatung, der unabhängigen Honorar-Anlageberatung sowie der Finanzportfolioverwaltung stellen gemäß § 120 Abs. 8 Nrn. 35-45 WpHG Ordnungswidrigkeiten dar, die mit Bußgeldern geahndet werden können. Das gesetzliche Schutzniveau der (Honorar-)Anlageberatung und Finanzportfolioverwaltung ist aufgrund der zusätzlichen Regelung spezieller sanktionsbewehrter Pflichten somit besonders hoch.

Allgemeine und besondere Organisationspflichten der Wertpapierdienstleister sind darüber hinaus in § 80 WpHG geregelt und betreffen insbesondere

747 *Buck-Heeb*, Kapitalmarktrecht, Rn. 792.
748 *Buck-Heeb*, Kapitalmarktrecht, Rn. 858 f.

die Compliance-Organisation, deren Einzelheiten in Art. 22 der Delegierten Verordnung (EU) 2017/565[749] geregelt sind, sowie die Vermeidung von Interessenkonflikten. Auch hier handelt es sich um Anforderungen an die interne Organisation der Unternehmen, die aber letztlich dem Ziel des Anlegerschutzes dienen. Eine Bußgeldbewehrung ist für Verstöße gegen diese Pflichten in § 120 WpHG nicht vorgesehen. Wird jedoch wiederholt und dauerhaft gegen diese Organisationsvorschriften verstoßen, so kann die BaFin gemäß § 35 Abs. 2 Nr. 6 KWG die Erlaubnis nach § 32 KWG, Bankgeschäfte zu betreiben, entziehen. Ferner kann dem Compliance-Beauftragten eine strafrechtliche Garantenstellung zukommen und ihm somit eine strafrechtliche Verfolgung wegen Unterlassens drohen.[750]

Für die Verletzung der Organisationspflichten nach § 80 WpHG sollte *de lege ferenda* in § 120 WpHG ein Ordnungswidrigkeitstatbestand mit entsprechender Sanktion durch Geldbuße eingeführt werden. Zum einen ist nicht ersichtlich, aus welchem Grund die Verletzung dieser Organisationspflichten im Unterschied zu den sonstigen Pflichten des WpHG nicht als Ordnungswidrigkeit mit einem Bußgeld geahndet werden sollte, da letztlich alle der genannten Pflichten – unmittelbar oder mittelbar – dem Schutz der Anleger dienen. Zum anderen könnte eine Geldbuße dazu dienen, bei nur einmaligen oder nur vorübergehenden Verstößen als milderes Mittel und gleichsam als „Warnschuss" der BaFin vor dem Entzug der KWG-Lizenz zum Einsatz zu kommen.

Die Finanzberichtspflichten nach §§ 114 ff. WpHG stellen weitere wesentliche wertpapierhandelsrechtliche Pflichten der Emittenten dar. Gemäß §§ 114, 115, 117 Nr. 1 WpHG müssen Inlandsemittenten von Wertpapieren einen Jahresfinanzbericht, einen Halbjahresfinanzbericht und ggf. einen Konzernabschluss erstellen. Das Unterlassen oder das verspätete Zur-Verfügung-Stellen der Finanzberichte ist gemäß § 120 WpHG eine Ordnungswidrigkeit. Die Finanzberichte bilden für Anleger und Anlageinteressenten eine wichtige Informationsquelle im Hinblick auf die Vermögens-, Finanz- und Ertragslage des Emittenten. Diese gesetzliche, bußgeldbewehrte Pflicht, das wirtschaftliche Informationsbedürfnis

---

749 Delegierte Verordnung (EU) 2017/565 der Kommission vom 25.04.2016 zur Ergänzung der Richtlinie 2014/65/EU des Europäischen Parlaments und des Rates in Bezug auf die organisatorischen Anforderungen an Wertpapierfirmen und die Bedingungen für die Ausübung ihrer Tätigkeit sowie in Bezug auf die Definition bestimmter Begriffe für die Zwecke der genannten Richtlinie.

750 BGH, Urt. v. 17.07.2009, Az.: 5 StR 394/08 = BGHSt 54, 44; vgl. auch *Buck-Heeb*, Kapitalmarktrecht, Rn. 949.

der potentiellen und tatsächlichen Anleger durch entsprechende Berichte zu befriedigen, dient somit sowohl dem Anlegerschutz durch Information als auch dem Anlegerschutz durch zwingende aufsichtsrechtliche Normen.

### *bb) Aufsichtsrechtliche Vorgaben im KAGB*

Auch im KAGB sind zahlreiche zwingende und sanktionsbewehrte Pflichten enthalten, von denen im Folgenden die wichtigsten dargelegt werden sollen.

§ 26 KAGB enthält die allgemeinen Verhaltensregeln für Kapitalverwaltungsgesellschaften, wie etwa diejenige in Abs. 1, dass die KVG ausschließlich im Interesse der Anleger handelt. Weitere allgemeine Regeln finden sich in Abs. 2, beispielsweise die Ehrlichkeit, Sachkenntnis, Sorgfalt, Gewissenhaftigkeit und Redlichkeit der Verwaltungstätigkeit (Nr. 1) betreffend oder die Vermeidung von Interessenkonflikten (Nr. 3) sowie die Verpflichtung, im besten Interesse der verwalteten Investmentvermögen oder der Anleger und der Integrität des Marktes zu handeln (Nr. 2), alle regulatorischen Anforderungen an die Geschäftstätigkeit zu erfüllen (Nr. 5) und alle Anleger fair zu behandeln (Nr. 6). Eine Verletzung dieser Pflichten stellt gemäß § 340 Abs. 2 Nr. 5 KAGB eine Ordnungswidrigkeit dar, die gemäß § 340 Abs. 7 Nr. 1 KAGB gegenüber einer natürlichen Person mit einer Geldbuße bis zu 5 Millionen Euro und gegenüber einer juristischen Person oder einer Personenvereinigung über diesen Betrag hinaus mit einer Geldbuße bis zu 10 % des jährlichen Gesamtumsatzes geahndet werden kann.

Weiterhin sind in den auf § 26 KAGB folgenden Vorschriften zahlreiche zwingende Pflichten für Kapitalverwaltungsgesellschaften zu diesen Themenkomplexen detailliert geregelt: Interessenkonflikte (§ 27), Organisationspflichten (§ 28), Risikomanagement (§ 29) und Liquiditätsmanagement (§ 30). Verstöße gegen die meisten dieser Pflichten stellen wiederum gemäß § 340 Abs. 2 Nrn. 6 bis 9 KAGB Ordnungswidrigkeiten dar, die nach § 340 Abs. 7 Nrn. 1 und 2 mit Geldbußen bis zu 5 Millionen bzw. 1 Million Euro und gegenüber juristischen Personen und Personenvereinigungen mit Geldbußen bis zu 10 % bzw. 2 % des jährlichen Gesamtumsatzes geahndet werden können.

Ferner bestehen für alle Kapitalverwaltungsgesellschaften gemäß § 34 KAGB Anzeigepflichten gegenüber der BaFin über alle wesentlichen Vorgänge in der KVG, die für ihre Erlaubnis relevant sein könnten. § 35 KAGB enthält zudem Meldepflichten für AIF-Verwaltungsgesellschaften gegenüber der BaFin über die wichtigsten Märkte und Instrumente, auf bzw. mit denen sie für den AIF handelt, sowie über die größten Risiken und Konzentrationen jedes verwalteten AIF. Bei Verstößen hiergegen handelt es sich gemäß § 340 Abs. 2 Nrn. 10 bis 12

KAGB um Ordnungswidrigkeiten, die mit Geldbußen gemäß § 340 Abs. 7 Nr. 1 und 2 KAGB in der oben genannten Höhe sanktioniert werden können.

Zudem bestehen gemäß §§ 44 bis 48a KAGB als Folge einer KAGB-Registrierung von AIF-Kapitalverwaltungsgesellschaften spezielle Berichtspflichten gegenüber der Bundesanstalt.

Darüber hinaus können auch der Rechtsform- und Typenzwang (*numerus clausus*) von Investmentvermögen und ihren Verwaltungsgesellschaften,[751] die institutionelle Trennung von Fondsverwaltung durch (interne oder externe) KVG und Fondsbewahrung durch Verwahrstellen[752] sowie die inhaltliche Reglementierung der Anlagepolitik, vor allem bei offenen Publikums-Investmentvermögen (§§ 199 bis 260 KAGB),[753] als Instrumente gesetzlicher Regulierung des Fondsmarktes im Rahmen der Strategie Anlegerschutz durch Aufsichtsrecht eingestuft werden.

### c) *Produktzulassungsverfahren* – Product Governance

Ein relativ neues Instrument des Anlegerschutzes durch Aufsichtsrecht stellt die gesetzliche Pflicht der Hersteller und Vertreiber von Finanzinstrumenten zur Durchführung eines unternehmensinternen Produktfreigabeverfahrens dar. Zweck der Regelung ist es, den Anleger dadurch zu schützen, dass Anlageprodukte, die nicht im Interesse der anvisierten Zielgruppe von Anlegern sind, den Markt erst gar nicht erreichen.[754] Überlegungen zur Einführung eines „Finanz-TÜV", also einer staatlichen Marktzugangskontrolle für Anlageprodukte, wurden von der EU-Kommission im Vorfeld der MiFID II verworfen.[755] Stattdessen entschied sich der EU-Gesetzgeber in der MiFID II für eine anbieterinterne Genehmigungspflicht für neue Anlageprodukte.

Durch das Kleinanlegerschutzgesetz von 2015[756] waren bereits Regelungen für ein Produktfreigabeverfahren sowie für eine Zielmarktbestimmung in den §§ 33b bis d WpHG a.F. eingeführt worden. Diese hatten vorübergehend Geltung bis zum Ablauf der Umsetzungsfrist für die Zweite Finanzmarktrichtlinie am 3.

---

751 Vgl. *Buck-Heeb/Poelzig*, BKR 2017/485, 488; *Emde/Dreibus*, BKR 2013, 89; *Wallach*, RdF 2013, 92.

752 Siehe hierzu *Burgard/Heimann*, WM 2014, 821, 826; *Emde/Dreibus*, BKR 2013, 89, 97.

753 *Emde/Dreibus*, BKR 2013, 89, 96; *van Kann/Redeker/Keiluweit*, DStR 2013, 1483, 1486 f.

754 *Busch*, WM 2017, 409.

755 *Möllers/Poppele*, ZGR 2013, 437, 464 m.w.N.

756 Kleinanlegerschutzgesetz vom 03.07.2015, BGBl. 2015, Teil I, S. 1114.

Januar 2018. Seither regeln § 63 Abs. 4 und 5 WpHG n.F. (Verhaltenspflichten) sowie § 80 Abs. 9 bis 13 WpHG n.F. (Organisationspflichten) das Produktfreigabeverfahren in Umsetzung der Art. 16 und 24 der MiFID II.

Die Regeln des Produktfreigabeverfahrens betreffen zum einen den Hersteller von Anlageprodukten, also das „*Wertpapierdienstleistungsunternehmen, das Finanzinstrumente zum Verkauf (an Kunden) konzipiert*", wie der fast übereinstimmende Wortlaut von § 63 Abs. 4 und § 80 Abs. 9 WpHG n.F. sowie Art. 16 und 24 der MiFID II definiert. Zum anderen beziehen sie sich auf den Vertrieb, also die Unternehmen, die die Vermarktung und das Angebot der Finanzinstrumente betreiben.

### *aa) Pflichten des Herstellers*

Die *Product Governance*[757] ist zweistufig: Auf der ersten Stufe sind die Pflichten des Herstellers angesiedelt. Grundsätzlich muss der Hersteller gemäß § 63 Abs. 4 WpHG n.F. dafür sorgen, dass die von ihm konzipierten Finanzinstrumente den Bedürfnissen eines bestimmten Zielmarktes entsprechen und die Vertriebsstrategie mit diesem Zielmarkt vereinbar ist. Darüber hinaus muss er zumutbare Vorkehrungen treffen, um zu gewährleisten, dass das Finanzinstrument auch tatsächlich an den definierten Zielmarkt vertrieben wird.

Nach § 80 Abs. 9 S. 1 WpHG n.F. muss der Hersteller ein Verfahren für die Freigabe jedes einzelnen Finanzinstruments unterhalten, betreiben und überprüfen. Hierfür muss er zunächst innerhalb der Kundengattung, für die er das jeweilige Finanzinstrument konzipiert, einen bestimmten Zielmarkt festlegen, § 80 Abs. 9 S. 2 WpHG n.F. Dabei muss er den Anlagehorizont der Kunden sowie deren Verlusttragfähigkeit berücksichtigen.[758] Ferner muss er eine Risikobewertung des Zielmarktes vornehmen, § 80 Abs. 2 S. 3 WpHG n.F. Zudem muss das Unternehmen sicherstellen, dass die beabsichtigte Vertriebsstrategie dem Zielmarkt entspricht, § 80 Abs. 9 S. 4 WpHG n.F. Der Hersteller des Anlageprodukts ist außerdem gemäß § 80 Abs. 11 S. 1 WpHG n.F. verpflichtet, allen Vertriebsunternehmen „*sämtliche erforderliche und sachdienliche Informationen*" zum

---

757 *Product Governance* wird teilweise auch als „Produktdesign" bezeichnet, da die Wertpapierunternehmen ihre Finanzprodukte so konzipieren, also „designen" müssen, dass sie den Bedürfnissen und Charakteristika eines bestimmten Zielmarktes innerhalb der anvisierten Kundenkategorie entsprechen, siehe *Möllers/Poppele*, ZGR 2013, 437, 453.

758 *Buck-Heeb*, CCZ 2016, 2 mit Verweis auf die Regelung in § 33 Abs. 3b S. 3 WpHG a.F.

Produkt und zum Produktfreigabeverfahren, inklusive Zielmarkt, zur Verfügung zu stellen.

#### *bb) Pflichten des Vertriebs*

Auf der zweiten Stufe der *Product Governance*-Regelungen des WpHG finden sich die Pflichten der Vertriebsunternehmen. Zunächst ist der Vertrieb verpflichtet, das angebotene oder empfohlene Anlageprodukt zu verstehen, § 63 Abs. 5 S. 1 WpHG n.F. Er muss ferner eine Beurteilung der Vereinbarkeit des Finanzprodukts mit den Bedürfnissen der Kunden vornehmen und sicherstellen, dass er nur dann Finanzinstrumente anbietet oder empfiehlt, wenn dies im Interesse des Kunden liegt, § 63 Abs. 5 S. 2 WpHG n.F. Nach § 80 Abs. 11 S. 2 WpHG n.F. sind Vertriebsunternehmen, die Finanzinstrumente nicht selbst konzipieren, verpflichtet, angemessene Vorkehrungen vorzuhalten, um sich die sachgerechten Informationen des Herstellers i.S.d. Abs. 11 S. 1 zu verschaffen, sowie die Merkmale und den Zielmarkt des Produkts zu verstehen. Zudem ist der Vertrieb gemäß § 80 Abs. 10 WpHG n.F. verpflichtet, die von ihm angebotenen oder vermarkteten Anlageprodukte regelmäßig zu überprüfen und hierbei alle Ereignisse zu berücksichtigen, die wesentlichen Einfluss auf mögliche Zielmarktrisiken haben könnten. Auch die Einschätzung, ob das Finanzinstrument den Bedürfnissen des definierten Zielmarktes entspricht und ob die beabsichtigte Strategie zur Erreichung des Zielmarktes weiterhin geeignet ist, muss regelmäßig neu getroffen werden. Nach § 80 Abs. 12 und 13 WpHG n.F. sind die Wertpapierdienstleistungsunternehmen zur Einrichtung entsprechender Compliance-Funktionen und zu regelmäßigen Überprüfungen verpflichtet.[759]

#### *cc) Sanktionen*

Verstöße gegen die meisten der genannten Pflichten aus § 63 Abs. 4 und § 80 Abs. 9 bis 11 WpHG n.F. stellen gemäß § 120 Abs. 8 Nr. 30 sowie Nrn. 106 bis 109 WpHG n.F. Ordnungswidrigkeiten dar, die gemäß § 120 Abs. 20 WpHG n.F. mit Geldbuße geahndet werden können. Die Geldbuße kann grundsätzlich bis zu 5 Millionen Euro betragen, gegenüber juristischen Personen und Personenvereinigungen darüber hinaus bis zu 10 % des Gesamtumsatzes des vorangegangenen Geschäftsjahres. Über die genannten Beträge hinaus kann sich die Geldbuße bis auf das Zweifache des aus dem Verstoß gezogenen wirtschaftlichen Vorteils

---

759 Vertiefend zum Aspekt der Compliance: *Buck-Heeb*, CCZ 2016, 2, 3 ff.

belaufen, wobei der wirtschaftliche Vorteil erzielte Gewinne und vermiedene Verluste umfasst; er kann geschätzt werden.

*dd) Stellungnahme*

Beim Produktzulassungsverfahren handelt es sich um ein gesetzliches Anlegerschutzinstrument, das dem Spektrum der gemäßigt-paternalistischen Maßnahmen zuzuordnen ist. Es vertraut nicht auf die Effizienz der Märkte und insbesondere nicht auf die Rationalität der Anleger wie etwa die Instrumente des informationsbasierten Anlegerschutzes. Es sieht auch keine nachträgliche Produktkontrolle durch staatliche Gerichte aufgrund gesetzlicher Schadensersatzansprüche für geschädigte Anleger vor.

Vielmehr handelt es sich um eine präventive Maßnahme, die verhindern soll, dass solche Finanzinstrumente konzipiert und angeboten werden, die nicht den Interessen der Anleger dienen oder nicht auf ihre Bedürfnisse ausgerichtet sind. Hierdurch wird die Auswahl des Anlegers an Anlageprodukten von vornherein beschnitten. Insofern handelt es sich um eine paternalistische Maßnahme, da sie die Wahlmöglichkeiten des Anlegers beschränkt, ihm in Bezug auf das verhinderte Produkt die Entscheidung nimmt und verhindern will, dass er sich selbst schädigt. Das Produktzulassungsverfahren geht also von der beschränkten Rationalität und von möglichen Urteilsverzerrungen des Anlegers aus und basiert somit auf dem Anlegerleitbild des *homo oeconomicus limitatus*. Allerdings handelt es sich um eine Maßnahme des „gemäßigten", „liberalen" oder „weichen" Paternalismus, da der Gesetzgeber diese präventive Produkt- und Marktzugangskontrolle nicht durch staatliche Behörden – wie es der von der Europäischen Kommission verworfene Vorschlag eines staatlichen „Finanz-TÜV" vorgesehen hatte – durchführen lässt, sondern durch unternehmensinterne Verfahren.[760]

Auch alternative, weitergehende Maßnahmen werden diskutiert, so etwa der Vorschlag, dass sich Hersteller vertraglich von Vertriebsunternehmen zusagen lassen müssen, dass diese bestimmte Produkte nur an „adäquate Kunden" verkaufen werden.[761] Denkbar ist hier auch eine Pflicht zur Vereinbarung von Vertragsstrafen für den Fall der Zuwiderhandlung. Diskutiert wird weiterhin der Vorschlag, dass Hersteller solchen Vertreibern, die die *Product*

760 *Möllers/Poppele*, ZGR 2013, 437, 464 m.w.N.

761 So etwa die Überlegungen der International Organization of Securities Commissions (IOSCO) zu strukturierten, komplizierten Anlageprodukten, vgl. *Buck-Heeb*, CCZ 2016, 2, 10.

*Governance*-Regeln nicht einhalten, ihre Finanzinstrumente nicht mehr zum Vertrieb überlassen dürfen.[762] Schließlich besteht der Vorschlag, dass komplizierte Anlageprodukte nur noch von solchen Vertriebsunternehmen angeboten werden dürfen, die zusätzliche Qualifikationen erworben und somit eine besondere Kompetenz hierfür nachgewiesen haben.[763]

All diese deutlich in die Vertragsfreiheit eingreifenden Vorschläge wurden nicht umgesetzt. Vielmehr hat der Gesetzgeber für die Hersteller und den Vertrieb von Finanzinstrumenten gesetzliche Pflichten zur Einrichtung, Durchführung und Überprüfung eines zweistufigen unternehmensinternen Produktfreigabeverfahrens und die wichtigsten inhaltlichen Kriterien hierfür geschaffen. Er hat ferner die Pflicht zur Einrichtung entsprechender Compliance-Funktionen normiert. Verstöße gegen diese Pflichten sind als Ordnungswidrigkeiten mit hohen Geldbußen bedroht.

Diese aufsichtsrechtlichen, bußgeldbewehrten Pflichten der Hersteller und des Vertriebs von Finanzinstrumenten, ihre Produkte mit Blick auf die Interessen, Bedürfnisse und Anforderungen des jeweils definierten Zielmarktes zu konzipieren und zu vertreiben, führen somit zu einer Produktkontrolle durch die Wertpapierunternehmen selbst. Der Staat kontrolliert unmittelbar durch seine Aufsichtsbehörden lediglich die Einhaltung der oben genannten gesetzlichen Pflichten, während die Anlageprodukte selbst somit nur mittelbar kotrolliert werden. Dies führt mittelbar zu „Produktverboten", da Finanzinstrumente, die den Anforderungen nicht genügen, *ex ante* keinen Marktzugang erhalten.

Angesichts dieser Regelung der *Product Governance* wird teilweise die Frage gestellt, ob hiermit nicht ein „Zuviel" an Regulierung erreicht ist.[764] Andere Autoren sehen hierin keine Beschränkung der Vertragsfreiheit, sondern vielmehr die Wiederherstellung ihrer Grundvoraussetzung, der Entscheidungsfreiheit.[765] Durch das Produktzulassungsverfahren wird die Wahlfreiheit des Anlegers zwar *ex ante* und präventiv beschränkt und hierin ist in der Tat eine paternalistische Maßnahme zu sehen. Allerdings handelt es sich um ein verhältnismäßiges, insbesondere um das – im Vergleich zu den anderen diskutierten Maßnahmen – mildeste Instrument zur Einführung einer Marktzugangs- oder *ex ante*-Produktkontrolle.

---

762 *Buck-Heeb*, CCZ 2016, 2, 10.
763 *Ibd.*
764 *Ibd.*
765 *Möllers/Poppele*, ZGR 2013, 437, 463.

### d) Zwischenergebnis

Der Schwerpunkt der Betrachtung liegt hier auf der Strategie des Anlegerschutzes durch aufsichtsrechtliche Regulierung, insbesondere durch sanktionsbewehrte Pflichten und Verbote in WpHG und KAGB. Es handelt sich hierbei um eine Strategie, die mit paternalistischen Instrumenten und Maßnahmen operiert, da der Staat hier aktiv durch detaillierte Regelung konkreter Pflichten in den Bereich der wirtschaftlichen Betätigungsfreiheit sowie durch mittelbare Marktzugangskontrollen in die Entscheidungsfreiheit der Anleger eingreift.

Der Gesetzgeber hat durch zahlreiche gesetzliche Pflichten einen engen aufsichtsrechtlichen Rahmen für Aktivitäten verschiedener Akteure des Kapitalmarktes, etwa Emittenten, Vertriebsdienstleister und Großanleger sowie Kapitalverwaltungsgesellschaften und Verwahrstellen, geschaffen. Diese Pflichten reichen vom Erfordernis der Erlaubnis oder Registrierung von Finanzdienstleistern über Mitteilungs- und Veröffentlichungspflichten bis zu Verhaltens-, Organisations- und Transparenzpflichten sowie Finanzberichtspflichten. Ferner zählen hierzu Anzeige- und Berichtspflichten sowie die detaillierte inhaltliche Regulierung der zulässigen Anlagepolitik bestimmter Investmentvermögen. Besonderes Augenmerk verdient zudem das gesetzlich vorgeschriebene unternehmensinterne Produktzulassungsverfahren, die sogenannte *Product Governance*, die auf dem Leitbild des *homo oeconomicus limitatus* basiert.

Die Verletzung dieser gesetzlichen Pflichten kann je nach Bedeutung als Ordnungswidrigkeit mit Geldbuße oder als strafrechtliches Vergehen mit Geld- oder Freiheitsstrafe geahndet werden. Durch dieses strafbewehrte und somit zwingende System aufsichtsrechtlicher Pflichten wird ein verlässlicher rechtlicher Rahmen für Akteure und Aktivitäten auf den regulierten Kapitalmärkten geschaffen. Dies dient der Stabilität und Integrität des Kapitalmarktes und somit sowohl dem funktionalen Schutz der Institution als auch dem individuellen Schutz der einzelnen Anleger.

Allerdings bedarf dieser Rechtsrahmen der Überwachung, und die Pflichten und Sanktionen müssen durchgesetzt werden. Hierfür sind Behörden mit entsprechenden gesetzlich geregelten Aufgaben und Befugnissen und entsprechender finanzieller und personeller Ausstattung notwendig. Auf die Rolle der aufsichtsbehördlichen Überwachung und Maßnahmen, insbesondere durch die Bundesanstalt für Finanzdienstleistungsaufsicht, wird im Folgenden eingegangen.

## 2. Schutz durch aufsichtsbehördliche Überwachung und Maßnahmen

Um Anleger wirksam zu schützen, muss die Einhaltung der aufsichtsrechtlichen Vorschriften überwacht und ggf. durchgesetzt werden. Die behördliche Aufsicht über die Kapitalmärkte ist in Deutschland in einem dreistufigen System organisiert. Die Bundesanstalt für Finanzdienstleistungsaufsicht (BaFin/Bundesanstalt) ist als oberste Aufsichtsbehörde bundesweit für die Aufsicht über den börslichen und außerbörslichen Handel mit Kapitalmarktprodukten zuständig. Auf der zweiten Stufe sind die obersten Landesbehörden als spezielle Börsenaufsicht zuständig für die Überwachung der ordnungsgemäßen Abwicklung des börslichen Handels. Auf der dritten Stufe führen die Börsen selbst die Marktaufsicht mittels sogenannter Handelsüberwachungsstellen durch.[766]

Auf EU-Ebene sind in der Folge der Finanzkrise auf die Empfehlungen des De-Larosière-Berichts von 2009[767] hin zwei weitere Ebenen der Finanzaufsicht hinzugekommen. Zum einen wurde der Europäische Ausschuss für Systemrisiken (European Systemic Risk Board, ESRB)[768] geschaffen, um potentielle Risiken für die Finanzmarktstabilität zu überwachen und zu bewerten sowie um frühzeitige Warnungen und Empfehlungen für Maßnahmen zur Eindämmung dieser Risiken auszusprechen.

Des Weiteren wurde das Europäische Finanzaufsichtssystem (European System of Financial Supervision, ESFS) eingerichtet, das aus der Zusammenarbeit nationaler Finanzaufsichtsbehörden mit den drei neu geschaffenen Europäischen Aufsichtsbehörden (European Supervisory Authorities, ESA) besteht. Für die Kapitalmarktaufsicht ist die Europäische Wertpapieraufsichtsbehörde (European Securities and Markets Authority, ESMA) mit Sitz in Paris zuständig. Die anderen beiden Europäischen Aufsichtsbehörden sind die Europäische Bankaufsichtsbehörde (European Banking Authority, EBA) mit Sitz in Paris (der Sitz wurde 2019 wegen des „Brexit" von London nach Paris verlegt) und die Europäische Aufsichtsbehörde für das Versicherungswesen und die betriebliche

---

766 *Buck-Heeb*, Kapitalmarktrecht, Rn. 1254 ff.

767 The High-Level Group on Financial Supervision in the EU vom 25.02.2009, https://ec.europa.eu/economy_finance/publications/pages/publication14527_en.pdf; zuletzt abgerufen am 12.09.2021.

768 Verordnung (EU) Nr. 1092/2010 des Europäischen Parlaments und des Rates vom 24.11.2010 über die Finanzaufsicht der Europäischen Union auf Makroebene und zur Errichtung eines Europäischen Ausschusses für Systemrisiken.

Altersversorgung (European Insurance and Occupational Pensions Authority, EIOPA) mit Sitz in Frankfurt am Main.

Aufgabe der Europäischen Aufsichtsbehörden ist es, die Qualität und Kohärenz der nationalen Aufsicht zu verbessern. Es soll ein integriertes Netzwerk nationaler Aufsichtsbehörden, die miteinander sowie mit den Aufsichtsbehörden der Europäischen Union kooperieren, geschaffen werden.[769] Es handelt sich daher bei der ESMA um eine Kooperationsstelle und Aufsicht der Aufsichtsbehörden. Direkte Aufsichtsfunktionen gegenüber Marktakteuren nimmt sie hingegen nur vereinzelt wahr, wie etwa die Aufsicht über Ratingagenturen.[770]

### *a) Überblick über Aufgaben und Befugnisse der Bundesanstalt in der Wertpapieraufsicht*

Die BaFin führt als zentrale Allfinanzaufsichtsbehörde die Aufsicht über Banken, Versicherungen und den Wertpapierhandel in der Bundesrepublik Deutschland. Ihre Aufgaben und Befugnisse im Bereich der Wertpapieraufsicht ergeben sich insbesondere aus dem WpHG, der MAR, dem KAGB, dem WpPG, dem WpÜG, dem VermAnlG sowie dem Finanzdienstleistungsaufsichtsgesetz (FinDAG).[771]

#### *aa) Aufgaben der Überwachung*

Zu den wichtigsten Aufgaben nach der MAR zählt die Überwachung des Wertpapierhandels zur Verhinderung von verbotenen Insidergeschäften (Art. 14 MAR), der Ad-hoc-Mitteilungspflicht (Art. 17 MAR), der Einhaltung des Verbots der Marktmanipulation (Art. 15 i.V.m. Art. 12 MAR) sowie der Eigengeschäfte von Führungskräften (*Directors' Dealings* oder *Managers' Transactions*) (Art. 19 MAR).

Nach dem WpHG gehören die Überwachung der Mitteilungs- und Veröffentlichungspflichten bei Veränderungen bedeutender Stimmrechtsanteile an börsennotierten Gesellschaften gemäß §§ 33 ff. WpHG n.F. sowie die Überwachung der Einhaltung der Verhaltensregeln von Wertpapierdienstleistern nach §§ 63 ff. WpHG n.F. zu den zentralen Aufgaben der Bundesanstalt. Diese Überwachung

---

769 *Assmann/Buck-Heeb*, in: Assmann/Schütze/Buck-Heeb, Handbuch KapitalanlageR, § 1 Rn. 64.

770 *Assmann/Buck-Heeb*, in: Assmann/Schütze/Buck-Heeb, Handbuch KapitalanlageR, § 1 Rn. 64a.

771 Ein guter Überblick über die Aufgaben der BaFin findet sich auch unter: https://www.bafin.de/DE/DieBaFin/AufgabenGeschichte/Wertpapieraufsicht/wertpapieraufsicht_node.html; zuletzt abgerufen am 12.09.2021.

führt die BaFin sowohl an Börsen als auch an multilateralen Handelssystemen i.S.d. §§ 72 ff. WpHG n.F. durch, nicht jedoch im Freiverkehr, der von der zuständigen Börsenaufsichtsbehörde überwacht wird, § 48 Abs. 2, 3 i.V.m. § 3 Abs. 1 BörsG.[772]

Zu den Aufgaben der BaFin, die sich aus weiteren Gesetzen ergeben, gehört insbesondere die Aufsicht über Kapitalverwaltungsgesellschaften und Investmentvermögen im Bereich der Investmentfonds nach § 5 Abs. 1 KAGB.

Nach § 13 Abs. 1 WpPG ist die BaFin zudem zuständig für die Billigung von Prospekten für Wertpapiere, die öffentlich angeboten werden oder zum Handel an einem organisierten Markt zugelassen werden sollen.

Darüber hinaus ist die Bundesanstalt nach § 4 WpÜG für die Missstandsaufsicht und Missstandsbekämpfung bei öffentlichen Angeboten und Unternehmensübernahmen zuständig.[773]

Weiterhin übt sie nach § 3 VermAnlG die Aufsicht über das Angebot von Vermögensanlagen aus. Sie ist hierbei unter anderem zuständig für die Billigung von Verkaufsprospekten nach § 8 VermAnlG. Des Weiteren fungiert sie gemäß § 14 Abs. 1 VermAnlG als Hinterlegungsstelle für Verkaufsprospekte und Informationsblätter über Vermögensanlagen.[774]

Die BaFin fungiert gemäß § 4b FinDAG auch als Beschwerdestelle für Kunden beaufsichtigter Institute und Unternehmen, soweit in den jeweiligen Aufsichtsgesetzen kein spezielles Beschwerdeverfahren geregelt ist. Dasselbe Beschwerderecht steht auch qualifizierten Einrichtungen nach § 3 Abs. 1 S. 1 Nr. 1 UKlaG zu, etwa Verbraucherverbänden. Die Beschwerdeführer können Beschwerde wegen behaupteter Verstöße gegen Vorschriften einlegen, deren Einhaltung die BaFin überwacht.

Seit dem 1. Januar 2017 hat die Bundesanstalt gemäß § 4d FinDAG ferner ein System für sogenannte *Whistleblower* eingerichtet, für die Meldung potentieller oder tatsächlicher Verstöße gegen deutsche und EU-Gesetze (im materiellen Sinne), über die die BaFin die Aufsicht führt und deren Verstöße sie zu ahnden hat. Anonyme Meldungen sind möglich, Belohnungen sind nicht vorgesehen.[775] Nach § 4d Abs. 6 FinDAG dürfen *Whistleblower* wegen einer Meldung weder arbeits- oder strafrechtlich zur Verantwortung gezogen werden noch

---

772 *Buck-Heeb*, Kapitalmarktrecht, Rn. 1195.

773 *Buck-Heeb*, Kapitalmarktrecht, Rn. 1196 und 1214.

774 Siehe https://www.bafin.de/DE/DieBaFin/AufgabenGeschichte/Wertpapieraufsicht/wertpapieraufsicht_node.html; zuletzt abgerufen am 20.10.2020.

775 Siehe zum Thema „*Whistleblowing*" ebenfalls *Poelzig*, NZG 2016, 492, 494 f.

zivilrechtlich zum Ersatz von Schäden herangezogen werden – es sei denn, die Meldung ist vorsätzlich oder grob fahrlässig unwahr abgegeben worden.

### *bb) Befugnisse zu Anordnungen und Maßnahmen*

Die BaFin ist aber nicht nur für die Überwachung der Kapitalmärkte zuständig, sondern auch für die Anordnung aufsichtsrechtlicher Maßnahmen aufgrund entsprechender Befugnisse.

Die verwaltungsrechtlichen Befugnisse der BaFin nach dem WpHG ergeben sich zum einen aus der Generalbefugnis des § 6 Abs. 1 WpHG und zum anderen aus den speziellen Befugnissen gegenüber Marktteilnehmern, insbesondere nach § 6 Abs. 3 ff. WpHG.

Nach der Generalklausel und Auffangbefugnis des § 6 Abs. 1 WpHG hat die BaFin Missständen entgegenzuwirken und ist zur Verhinderung und Beseitigung von Missständen befugt, geeignete und erforderliche Anordnungen zu treffen. Nach § 6 Abs. 2 WpHG überwacht sie zudem die Einhaltung der Verbote und Gebote des WpHG und ist auch hierbei berechtigt, Anordnungen zu deren Durchsetzung zu treffen. Zu diesen Anordnungen gehört gemäß § 6 Abs. 2 S. 4 WpHG etwa die vorübergehende Untersagung und Aussetzung des Handels mit einzelnen oder mehreren Finanzinstrumenten. Der Katalog möglicher Anordnungen in Abs. 2 ist nicht abschließend.[776]

In den Einzelbefugnissen gemäß § 6 Abs. 3 ff. WpHG sind zahlreiche Maßnahmen genannt, die die Bundesanstalt zur Erfüllung ihrer Aufgaben anordnen darf. Beispielsweise sei hier die Befugnis nach Absatz 3 genannt, von jedermann Auskünfte zu verlangen sowie Personen zu laden und zu vernehmen. Nach Absatz 11 hat sie ferner während der üblichen Arbeitszeit das Recht, Geschäftsräume zu betreten, sowie nach Absatz 12 (mit richterlicher Anordnung oder bei Gefahr in Verzug) Durchsuchungs- und Beschlagnahmerechte in Geschäfts- und Wohnräumen bei Verdacht auf einen Verstoß gegen Art. 14 MAR (Insiderhandelsverbot) oder Art. 15 MAR (Marktmissbrauchsverbot). Zuletzt sei in dieser lediglich beispielhaften Aufzählung die Befugnis der BaFin genannt, gemäß Absatz 8 gegen eine Person für einen Zeitraum von bis zu zwei Jahren ein Berufsverbot zu verhängen.

Weiterhin ist die Bundesanstalt gemäß §§ 123 ff. WpHG sowie nach § 18 Abs. 3 WpPG n.F. berechtigt, Anordnungen, die sie wegen Verstößen gegen Verbote oder Gebote getroffen hat, auf ihrer Internetseite bekannt zu machen (*Naming and Shaming*) – soweit eine solche Bekanntmachung zur Beseitigung

---

776 *Buck-Heeb*, Kapitalmarktrecht, Rn. 1203.

oder Verhinderung von Missständen geboten und erforderlich ist. Die Untersagung oder Aussetzung des Handels gemäß § 6 Abs. 2 S. 4 WpHG muss die BaFin nach § 123 Abs. 1 S. 2 WpHG unverzüglich auf ihrer Internetseite veröffentlichen.[777] Bei Verstößen gegen bestimmte Transparenzpflichten des WpHG (etwa Stimmrechtsmitteilungspflichten gemäß §§ 21 ff. WpHG) ist die Bundesanstalt gemäß § 124 WpHG verpflichtet, getroffene Maßnahmen und Sanktionen unter Nennung des Namens des Betroffenen unverzüglich auf ihrer Internetseite zu veröffentlichen. Hierbei hat sie auch nicht bestandskräftige Entscheidungen zu veröffentlichen, muss auf diese Tatsache allerdings gemäß § 124 Abs. 2 S. 2 WpHG hinweisen. Eine weitere Pflicht der BaFin zu *Naming and Shaming* besteht nach § 125 WpHG bei bestimmten Verstößen gegen die MAR sowie gegen die Verordnung über die Transparenz von Wertpapierfinanzierungsgeschäften[778]. Hier müssen alle Entscheidungen über Maßnahmen oder Sanktionen unverzüglich und für fünf Jahre auf der Internetseite der BaFin veröffentlicht werden. Das Gleiche gilt gemäß § 126 WpHG bei Verstößen gegen die Finanzmarktverordnung[779] (Markets in Financial Instruments Regulation, MiFIR).[780]

Gemäß § 121 WpHG i.V.m. § 36 Abs. 1 Nr. 1 OWiG ist die Bundesanstalt zudem als sachlich zuständige Verwaltungsbehörde befugt zur selbständigen Verfolgung und Ahndung von Ordnungswidrigkeiten. Hierbei bestehen ihre Befugnisse sowohl gegenüber Emittenten und Wertpapierdienstleistern als auch gegenüber jedermann. Gegenüber einer juristischen Person oder Personenvereinigung kann sie auch Verbandsgeldbußen verhängen, § 120 Abs. 17 ff. WpHG.[781] Erhärtet sich hingegen der Verdacht, dass eine Straftat nach § 119 WpHG vorliegt, so ist die BaFin gemäß § 11 S. 1 WpHG verpflichtet, straftatbegründende Tatsachen bei der zuständigen Staatsanwaltschaft anzuzeigen. Gemäß § 122 WpHG wird sie am Strafverfahren beteiligt und ihr werden diesbezügliche Mitteilungen gemacht.

---

777 Vgl. *Buck-Heeb*, Kapitalmarktrecht, Rn. 1228 f m.w.N.

778 Verordnung (EU) 2015/2365 des Europäischen Parlaments und des Rates vom 25.11.2015 über die Transparenz von Wertpapierfinanzierungsgeschäften und der Weiterverwendung sowie zur Änderung der Verordnung (EU) Nr. 648/2012.

779 Verordnung (EU) Nr. 600/2014 des Europäischen Parlaments und des Rates vom 15.05.2014 über Märkte für Finanzinstrumente und zur Änderung der Verordnung (EU) Nr. 648/2012.

780 Zur Erweiterung der Aufsichts- und Ermittlungsbefugnisse, Verschärfung der Sanktionen und obligatorischen Bekanntmachung durch die BaFin seit Juli 2016 siehe *Poelzig*, NZG 2016, 492.

781 Vgl. *Poelzig*, NZG 2016, 492, 496 f.

Zur Erfüllung ihrer Aufgaben als Aufsichtsbehörde über Kapitalverwaltungsgesellschaften und Investmentvermögen nach § 5 Abs. 1 KAGB hat die BaFin gemäß § 5 Abs. 6 S. 1, 2, 8 und Abs. 6a S. 2 KAGB ebenfalls Generalbefugnisse zum Erlass von Anordnungen und Maßnahmen inne. Mit diesen setzt sie die Einhaltung des KAGB und der aufgrund des KAGB erlassenen Rechtsverordnungen, die Einhaltung der Anlagebedingungen, Satzungen und Gesellschaftsverträge sowie die Einhaltung der PRIIP-Verordnung (EU) Nr. 1286/2014 durch.

Ferner stehen der Bundesanstalt im Bereich der KAGB-Aufsicht weitere Aufklärungs- und Sanktionsbefugnisse zu, von denen hier wiederum nur einige wenige beispielhaft genannt werden sollen. Zu den Ermittlungsbefugnissen gehört etwa, dass die BaFin bei Vorliegen bestimmter Anhaltspunkte Auskünfte einholen, die Vorlage von Unterlagen und die Überlassung von Kopien fordern sowie Personen laden und vernehmen darf, § 5 Abs. 6 S. 3 Nr. 1 KAGB. Weiterhin dürfen Bedienstete der Bundesanstalt nach § 16 Abs. 2 und 3 KAGB bei der Verfolgung unerlaubter Investmentgeschäfte unter bestimmten Voraussetzungen Prüfungen in den Räumen des betreffenden Unternehmens vornehmen und hierzu die Räume betreten, besichtigen und durchsuchen sowie Personen durchsuchen. Nach § 16 Abs. 4 KAGB dürfen sie hierbei zudem Gegenstände sicherstellen, die als Beweismittel von Bedeutung sein könnten.

Als Sanktion kann die Bundesanstalt gemäß § 5 Abs. 6a S. 3 Nr. 1 KAGB etwa die Vermarktung, den Vertrieb oder den Verkauf eines verpackten Anlage- oder Versicherungsanlageprodukts für Kleinanleger (PRIIP) bei Verstößen gegen bestimmte Vorschriften der EU-PRIIP-Verordnung vorübergehend oder dauerhaft untersagen. Bei unerlaubtem Investmentgeschäft, also beim Betreiben der kollektiven Vermögensverwaltung ohne die erforderliche Registrierung oder Erlaubnis, kann die BaFin gemäß § 15 Abs. 2 Nr. 1 KAGB als Sanktionsmaßnahmen die sofortige Einstellung des Geschäftsbetriebs und die unverzügliche Abwicklung der Geschäfte anordnen. Nach Nr. 2 und Nr. 3 kann sie ferner Weisungen für die Abwicklung erlassen sowie eine geeignete Person als Abwickler bestellen. Darüber hinaus kann sie in den Fällen des § 39 Abs. 3 KAGB die Erlaubnis aussetzen oder aufheben. Gemäß § 40 KAGB kann die Bundesanstalt zudem die Abberufung der Geschäftsleiter verlangen und ihnen ein Tätigkeitsverbot auferlegen (Abs. 1) sowie die Organbefugnisse der abberufenen Geschäftsleiter auf einen Sonderbeauftragten übertragen, bis ein neuer Geschäftsleiter bestellt ist (Abs. 2).

Es besteht des Weiteren die Befugnis zur Veröffentlichung von Warnungen auf der Internetseite der BaFin gemäß § 5 Abs. 6a S. 3 Nr. 4 KAGB. Außerdem macht die Bundesanstalt gemäß § 7a Abs. 1 S. 1 KAGB sofort vollziehbare Maßnahmen auf ihrer Internetseite bekannt, sofern dies geboten ist. Dies gilt auch für sofort vollziehbare Maßnahmen, die noch nicht bestandskräftig sind, allerdings mit entsprechendem Hinweis, § 7a Abs. 1 S. 2 KAGB. Die Maßnahmen der sofortigen Einstellung des Geschäftsbetriebs und der unverzüglichen Abwicklung der Geschäfte gemäß § 15 Abs. 2 S. 1 Nrn. 1 bis 3 KAGB kann die Bundesanstalt ebenfalls bekannt machen, § 15 Abs. 2 S. 2 Hs. 1 KAGB.

Zuletzt sei hier erwähnt, dass die Bundesanstalt auch bei der Aufsicht über Kapitalverwaltungsgesellschaften und Investmentvermögen gemäß § 340 Abs. 7 ff. KAGB zur Ahndung von Ordnungswidrigkeiten mit Geldbußen – auch Verbandsgeldbußen – zuständig und befugt ist.

### *b) Stellungnahme*

Der funktionale Schutz der Anleger durch behördliche Aufsicht ist vielseitig. In der dreistufigen Struktur der Aufsichtsbehörden in der Bundesrepublik spielt die BaFin als bundesweit zuständige Aufsicht über den börslichen und außerbörslichen Handel mit Kapitalmarktprodukten die zentrale Rolle.

Die Bundesanstalt hat eine große Bandbreite unterschiedlicher Aufgaben zu bewältigen. Ihre Aufsichtstätigkeit deckt Kapitalmärkte für verschiedene Finanzinstrumente und -produkte ab, wie etwa Wertpapiere, Anteile an Investmentfonds und Vermögensanlagen. Zudem bekämpft die BaFin Marktmissbrauch, wie z.B. Insidergeschäfte und Marktmanipulationen. Weiterhin ist sie zuständig als Hinterlegungsstelle und für die Genehmigung von Verkaufs-, Angebots- und Zulassungsprospekten. Sie überwacht auch öffentliche Angebote zum Erwerb von börsengehandelten Wertpapieren einer Zielgesellschaft. Ferner fungiert sie als Beschwerdestelle für Kunden und Verbraucherverbände sowie als Annahmestelle für Meldungen sogenannter *Whistleblower*.

Zur Durchsetzung der aufsichtsrechtlichen Gebote und Verbote kommen ihr weitreichende Befugnisse zu. Diese umfassen zum einen Aufklärungs- und Ermittlungstätigkeiten bis hin zum Durchsuchungs- und Beschlagnahmerecht. Zum anderen umfassen die Sanktionsbefugnisse das Ahnden von Ordnungswidrigkeiten gegenüber natürlichen Personen mit Geldbußen bis zu 2 Millionen Euro und bei Verbandsgeldbußen bis zu 10 Millionen Euro oder bis zu 5 % des Gesamtumsatzes des vergangenen Geschäftsjahres. Die BaFin ist auch befugt, andere Sanktionen zu verhängen, bis hin zu der sofortigen Einstellung des Geschäftsbetriebs, der Aufhebung der Erlaubnis zur Verwaltung eines Investmentvermögens oder dem Auferlegen eines Tätigkeitsverbots für Geschäftsleiter oder andere Verantwortliche.

Die Bundesanstalt trägt bei dieser Vielzahl an und Vielseitigkeit von Aufgaben und Befugnissen eine große Verantwortung für den funktionalen Anlegerschutz.

Sie sichert durch ihre Überwachung und Maßnahmen die Einhaltung der Gebote und Verbote des Kapitalmarktrechts und bietet somit Gewähr für die Integrität, Transparenz und Stabilität der Finanzmärkte in der Bundesrepublik Deutschland. Gemäß § 4 Abs. 4 FinDAG nimmt sie ihre Aufgaben und Befugnisse ausschließlich im öffentlichen Interesse wahr, sodass ein unmittelbarer Individualschutz der Anleger durch die Tätigkeit der BaFin zu verneinen ist. Das weiterentwickelte Anlegerleitbild des *homo oeconomicus limitatus* spielt hier daher eine untergeordnete Rolle, denn der Schutz des Vertrauens individueller Anleger in die Funktionsfähigkeit der Märkte stellt lediglich einen „Rechtsreflex" der Aufsicht durch die Bundesanstalt dar.[782] Auch in der Funktion als Beschwerdeannahmestelle für Kunden ist kein individueller Schutz der Anleger zu sehen. Die von Kunden beaufsichtigter Institute und Unternehmen gemeldeten Sachverhalte werden von der BaFin ausschließlich auf ihre aufsichtsrechtliche Relevanz hin geprüft und ggf. werden dem betreffenden Unternehmen gegenüber Aufklärungs- und Sanktionsmaßnahmen ergriffen. Über den Ausgang dieser Auseinandersetzung darf die Bundesanstalt die Beschwerdeführer allerdings nicht informieren, da hierfür eine gesetzliche Schweigepflicht gilt.[783] Ein unmittelbarer Schutz des individuellen Anlegers ist somit beim Beschwerdesystem gerade nicht intendiert und nicht gegeben.

Ferner sei erwähnt, dass die Bundesanstalt nicht steuerfinanziert ist, sondern eigene Einnahmen in Form von Gebühren, Erstattungen und Umlagen (§§ 14 ff. FinDAG) der beaufsichtigten Unternehmen generiert.[784] Diese Kosten werden von den an den Kapitalmärkten tätigen Unternehmen wiederum in Form von Gebühren und Honoraren auf die Kunden umgelegt, sodass die Anleger letztlich die Kosten ihres Schutzes selbst tragen.

### *c) Produktintervention*

Bereits durch das Kleinanlegerschutzgesetz von 2015 war die Befugnis der BaFin zur Produktintervention in § 4b WpHG a.F. eingeführt worden.[785]

---

782 *Augsberg*, in: Ehlers/Fehling/Pünder, Bes. VerwR Bd. 1, § 34 Rn. 8; *Buck-Heeb*, Kapitalmarktrecht, Rn. 1245.

783 https://www.bafin.de/DE/Verbraucher/BeschwerdenStreitschlichtung/BeiBaFinbeschweren/BeiBaFinbeschweren_node.html; zuletzt abgerufen am 12.09.2021.

784 Siehe https://www.bafin.de/DE/DieBaFin/GrundlagenOrganisation/Finanzierung/finanzierung_node.html; zuletzt abgerufen am 12.09.2021.

785 *Buck-Heeb*, Kapitalmarktrecht, Rn. 1220.

Seit dem 3. Januar 2018 sind die Befugnisse der ESMA, der EBA und der Bundesanstalt, die Vermarktung, den Vertrieb oder den Verkauf eines Finanzinstruments zu verbieten oder zu beschränken, gemäß Art. 40 bis 42 MiFIR unmittelbar anwendbares Recht i.V.m. § 15 WpHG n.F. Die Vorschriften der Art. 40 ff. MiFIR werden durch die Art. 19 ff. der Delegierten VO 2017/567[786] konkretisiert.

Die Befugnisse der BaFin aus Art. 42 MiFIR gelten gemäß § 15 Abs. 1 S. 1 Hs. 2 WpHG n.F. i.V.m. § 18 Abs. 2 VermAnlG entsprechend für Vermögensanlagen i.S.d. § 1 Abs. 2 VermAnlG.

Gemäß Art. 42 Abs. 2 S. 2 MiFIR kann die zuständige nationale Aufsichtsbehörde – sofern die Voraussetzungen des Abs. 2 S. 1 erfüllt sind – Produktverbote auch präventiv verhängen, also bevor ein Finanzinstrument vermarktet, vertrieben oder verkauft wird. Ein derartiges Markteintrittsverbot durch die BaFin war bisher nicht möglich.[787]

Ein Produktverbot kann von der Bundesanstalt entweder in der Form eines individuellen Verwaltungsaktes gegenüber einem bestimmten Marktteilnehmer oder als Allgemeinverfügung ohne bestimmten Adressatenkreis ergehen.[788]

Der Vollständigkeit halber sei hier noch darauf hingewiesen, dass in § 314 KAGB ebenfalls eine Befugnis der Bundesanstalt normiert ist, zum Schutz der Anleger geeignete und erforderliche Maßnahmen zu ergreifen, einschließlich der Untersagung des Vertriebs von Anteilen oder Aktien Alternativer Investmentvermögen (AIF). Nach § 314 Abs. 1 Nr. 6 i.V.m. § 26 KAGB ist eine derartige Untersagung bereits bei einem Verstoß gegen die allgemeinen Verhaltenspflichten für Kapitalverwaltungsgesellschaften (KVG) möglich. Im Unterschied zum Produktinterventionsrecht nach Art. 40 ff. MiFIR ermächtigt § 314 KAGB ausschließlich die BaFin, nicht die EU-Behörden ESMA und EBA. Ferner erfasst die Befugnis nach § 314 KAGB lediglich die Untersagung des Vertriebs von AIF-Anteilen oder -Aktien, während andere Finanzprodukte nicht erfasst sind. Der Ermessensspielraum der BaFin in Bezug auf das Vorliegen der Voraussetzungen einer Untersagung erscheint recht weit: Ein Verstoß einer KVG „*gegen sonstige Vorschriften dieses Gesetzes*“, wie etwa die allgemeinen Verhaltensregeln gemäß

---

786 Delegierte Verordnung (EU) 2017/567 der Kommission vom 18.05.2016 zur Ergänzung der Verordnung (EU) Nr. 600/2014 des Europäischen Parlaments und des Rates im Hinblick auf Begriffsbestimmungen, Transparenz, Portfoliokomprimierung und Aufsichtsmaßnahmen zur Produktintervention und zu den Positionen.

787 *Buck-Heeb*, BKR 2017, 89, 92; *Buck-Heeb/Poelzig*, BKR 2017, 485, 493.

788 *Buck-Heeb*, BKR 2017, 89, 92.

§ 26 KAGB, kann grundsätzlich für eine Untersagungsverfügung ausreichen. Selbstverständlich steht die Rechtmäßigkeit der Untersagung unter dem Vorbehalt der Verhältnismäßigkeit der Maßnahme, also ihrer Geeignetheit und ihrer Erforderlichkeit zum Schutz der Anleger.

*aa) Frühere Produktverbote*

So umstritten die Befugnis zur Produktintervention in WpHG und MiFIR einerseits waren,[789] so wenig neu sind staatliche Produktverbote andererseits. Denn es finden sich bereits vor Inkrafttreten von § 4b WpHG a.F. im Jahr 2015[790] und von Art. 42 MiFIR im Januar 2018 Beispiele für Produktverbote durch Behörden, Gesetzgeber und Rechtsprechung.

Schon nach dem BörsG i.d.F. von 1998 sowie seit 2002 nach § 37g WpHG a.F. (heute in § 100 WpHG n.F. geregelt) war das Bundesministerium der Finanzen (BMF) befugt, durch Rechtsverordnung Verbote in Bezug auf Finanztermingeschäfte zu erlassen.[791] Voraussetzung hierfür war und ist die Erforderlichkeit des Verbotes zum Schutz der Anleger. Von dieser Befugnis machte das BMF bislang keinen Gebrauch, sodass die Vorschrift bereits als „toter Buchstabe“ bezeichnet wurde.[792]

Allerdings machte die BaFin im September 2008 erstmalig Gebrauch von ihrer Interventionsbefugnis und erließ eine Allgemeinverfügung mit dem Verbot ungedeckter Leerverkäufe in Aktien von elf Banken und Versicherungen. Sie handelte hierbei auf Basis der umstrittenen Ermächtigungsgrundlage des § 4 Abs. 1 WpHG a.F.[793]

Seit November 2012 besteht zudem ein unmittelbares europarechtliches Verbot ungedeckter Leerverkäufe in Aktien, von Staatsanleihen der EU-Mitgliedstaaten sowie von ungedeckten *Credit Default Swaps* (CDS, Kreditausfallversicherungen) auf solche Staatsanleihen, Art. 12 bis 14 LeerverkaufsVO.[794] Darüber hinaus enthalten die Art. 20 bis 23 LeerverkaufsVO Ermächtigungsgrundlagen für die nationalen zuständigen Behörden, weitere Beschränkungen

789 Vgl. zur Diskussion etwa *Buck-Heeb*, BKR 2017, 89; *Cahn/Müchler*, BKR 2013, 45; *Schäfer*, in: Brömmelmeyer/Ebers/Sauer, FS Schwintowski, S. 345.

790 *Becker/Yoo*, BaFin Journal, Juli 2015, 10.

791 *Schäfer*, in: Brömmelmeyer/Ebers/Sauer, FS Schwintowski, S. 345, 346.

792 *Buck-Heeb*, BKR 2017, 89, 91.

793 *Ludewig*, BaFin Journal, Dezember 2010, 4, 5; *Schäfer*, in: Brömmelmeyer/Ebers/Sauer, FS Schwintowski, S. 350.

794 Verordnung (EU) Nr. 236/2012 des Europäischen Parlaments und des Rates vom 14.03.2012 über Leerverkäufe und bestimmte Aspekte von Credit Default Swaps.

von Leerverkäufen anzuordnen, und Art. 28 enthält Eingriffsbefugnisse der ESMA.[795]

Im Juli 2016 kündigte die BaFin im Rahmen einer Anhörung an, eine Allgemeinverfügung nach § 4b Abs. 1 WpHG a.F. mit einem Verbot sogenannter „Bonitätsanleihen" (Kreditderivate in Form von *credit linked notes*) erlassen zu wollen. Sie beabsichtige, deren Vermarktung, Vertrieb und Verkauf an Privatkunden zu verbieten. Allerdings reagierte die Finanzbranche mit einer freiwilligen Selbstverpflichtung, Bonitätsanleihen nicht mehr an Privatkunden zu vertreiben. Die BaFin sah daher vom Erlass der Allgemeinverfügung ab.[796]

Am 8. Mai 2017 erließ die BaFin eine Allgemeinverfügung gemäß § 4b Abs. 1 WpHG a.F., mit der sie die Vermarktung, den Vertrieb und den Verkauf sogenannter Differenzgeschäfte (*contracts for difference*, CFDs) an Privatkunden insoweit untersagte, wie diese Finanzgeschäfte eine Nachschusspflicht für Privatkunden begründen können.[797]

Ferner erließ die BaFin am 18. Februar 2019 eine Allgemeinverfügung mit dem Verbot der Begründung oder Erhöhung von Netto-Leerverkaufspositionen in Aktien der Wirecard AG.[798]

Darüber hinaus bestehen gesetzliche Regelungen, die man als „beschränkte Produktverbote" bezeichnen könnte. So sind etwa reine Ausführungsgeschäfte gemäß § 63 Abs. 11 WpHG n.F. auf *„nicht komplexe Finanzinstrumente"* beschränkt. Komplexe Finanzinstrumente können Anleger hingegen nur im Rahmen einer Anlageberatung (§ 64 Abs. 1 bis 6 WpHG n.F.) oder eines beratungsfreien Geschäfts (§ 63 Abs. 10 WpHG n.F.) erwerben. Weiterhin besteht nach § 1 Abs. 6 KAGB ein Verbot des Vertriebs von Anteilen an Spezial-AIF an Kleinanleger, sie dürfen nur von professionellen und semiprofessionellen Anlegern erworben werden. Auch hierin liegt ein beschränktes gesetzliches Produktverbot.[799] In beiden Fällen handelt es sich um Beschränkungen des Vertriebs, das eine Mal wird eine spezielle Vertriebsform (*execution only*) für bestimmte Finanzprodukte (komplexe Finanzinstrumente), das andere Mal wird der

795 Vertiefend zu Leerverkäufen und Kreditderivaten *F. Schäfer*, in: Assmann/Schütze/Buck-Heeb, Handbuch KapitalanlageR, § 21 m.w.N.

796 *Schäfer*, in: Brömmelmeyer/Ebers/Sauer, FS Schwintowski, S. 345, 351.

797 *Schäfer*, in: Brömmelmeyer/Ebers/Sauer, FS Schwintowski, S. 345, 352.

798 Vgl. Mitteilung der BaFin vom 18.02.2019, abrufbar unter: https://www.bafin.de/SharedDocs/Veroeffentlichungen/DE/Meldung/2019/meldung_190218_Allg_Vfg_Wirecard_Verbot_Leerverkaufspositionen.html; zuletzt abgerufen am 12.09.2021.

799 So auch: *Buck-Heeb*, BKR 2017, 89, 90; *Schäfer*, in: Brömmelmeyer/Ebers/Sauer, FS Schwintowski, S. 345.

Vertrieb eines bestimmten Produkts (Anteile an Spezial-AIF) an eine bestimmte Anlegergruppe (Kleinanleger) ausgeschlossen. In beiden Fällen beschränkt das Gesetz die Auswahl des Anlegers.

Zuletzt wird die Rechtsprechung des BGH zum CMS Spread Ladder Swap,[800] wie bereits erörtert, von Teilen der Literatur als „faktisches Produktverbot" bezeichnet. Der XI. Zivilsenat hätte durch seine Forderung, dass bei hochkomplexen Finanzprodukten *„der Kunde im Hinblick auf das Risiko des Geschäfts im Wesentlichen den gleichen Kenntnis- und Wissensstand hat wie die ihn beratende Bank*"[801], die Anforderungen an die Beratung derart hoch angesetzt, dass dies in der Praxis nicht zu erfüllen sei und somit einem Produktverbot gleichkomme.

### *bb) Voraussetzungen der Produktintervention nach Art. 42 MiFIR*

Die Voraussetzungen für eine behördliche Produktintervention sind in Art. 40 MiFIR für die Europäische Kapitalmarktaufsicht ESMA, in Art. 41 MiFIR für die Europäische Bankenaufsicht EBA sowie in Art. 42 MiFIR für die zuständigen nationalen Behörden (in der Bundesrepublik also für die BaFin) geregelt.

Zunächst zu den Eingriffsvoraussetzungen für die zuständigen nationalen Behörden. Gemäß Art. 42 Abs. 2 Unterabs. 1 lit. a Ziff. i) MiFIR muss sich die BaFin für das Ergreifen einer Verbots- oder Beschränkungsmaßnahme *„begründetermaßen vergewissert*" haben, dass ein Finanzinstrument, eine strukturierte Einlage, eine Tätigkeit oder eine Praxis *„erhebliche Bedenken für den Anlegerschutz aufwirft*".

Weiterhin können von der BaFin Produktverbote und -beschränkungen erlassen werden, wenn von einem Finanzinstrument, einer strukturierten Einlage oder einer Tätigkeit oder Praxis *„eine Gefahr für das ordnungsgemäße Funktionieren und die Integrität der Finanz- oder Warenmärkte oder in mindestens einem Mitgliedstaat für die Stabilität des gesamten Finanzsystems oder eines Teils davon*" ausgeht, Art. 42 Abs. 2 Unterabs. 1 lit. a Ziff. i) Hs. 2 MiFIR.

Zudem ist nach Art. 42 Abs. 2 Unterabs. 1 lit. a Ziff. ii) MiFIR eine Produktintervention der Bundesanstalt möglich, wenn *„ein Derivat negative Auswirkungen auf den Preisbildungsmechanismus in den zugrunde liegenden Märkten hat*".

Die erste oben genannte Voraussetzung betrifft somit sowohl den individuellen als auch den funktionalen Anlegerschutz, während sich die anderen Eingriffsvoraussetzungen vorrangig auf den institutionell-funktionellen Anlegerschutz beziehen.

---

800 BGH, Urt. v. 22.03.2011, Az.: XI ZR 33/10, NJW 2011, 1949.
801 BGH, NJW 2011, 1949, Ls. 2.

Die weiteren Voraussetzungen der Art. 42 Abs. 2 Unterabs. 1 lit. b) bis f) MiFIR müssen für eine Produktintervention der BaFin gemeinsam mit einer der Voraussetzungen in lit. a) kumulativ erfüllt sein. Um den Rahmen der vorliegenden Betrachtung nicht zu sprengen, soll hier lediglich noch auf das Erfordernis der Verhältnismäßigkeit der Maßnahme eingegangen werden.

Nach Art. 42 Abs. 2 Unterabs. 1 lit. c) MiFIR muss die Interventionsmaßnahme verhältnismäßig sein, gemessen an der Art der Risiken, dem Kenntnisniveau der betreffenden Anleger oder Marktteilnehmer und der wahrscheinlichen Wirkung der Maßnahme auf Marktteilnehmer und Anleger. Ferner muss die Produktintervention als staatlicher Eingriff nach den allgemeinen verfassungsrechtlichen Maßstäben geeignet, erforderlich und zumutbar sein. Von besonderer Bedeutung ist dabei die Erforderlichkeit der Produktintervention, also die Frage, ob nicht mildere, aber ebenso effektive Mittel zur Verfügung stehen, um das Ziel des Anlegerschutzes zu erreichen. Fraglich dürfte insoweit sein, ob nicht regelmäßig als milderes Mittel ein Bußgeld der BaFin gemäß § 120 Abs. 8 Nr. 40 WpHG n.F. gegenüber dem betreffenden Wertpapierdienstleister in Betracht kommt, wegen Verletzung der Pflicht, Kunden nur solche Finanzinstrumente zu empfehlen oder Geschäfte im Rahmen der Vermögensverwaltung zu tätigen, die nach den eingeholten Informationen für den Kunden geeignet sind, § 64 Abs. 3 S. 2 WpHG n.F.[802] Als weitere mildere Mittel werden Warnungen der BaFin vor Finanzprodukten, ein Verbot lediglich des Vertriebs eines Anlageprodukts oder im Falle von Allgemeinverfügungen (wie bei der Bonitätsanleihe, siehe oben) Eingrenzungen auf einzelne Finanzinstrumente innerhalb einer bestimmten Anlageklasse oder auf konkrete, näher bestimmte Gruppen von Privatanlegern diskutiert.[803] Hier stellt sich wiederum die Frage nach der Notwendigkeit einer weiteren Ausdifferenzierung der tatsächlich heterogenen, im Gesetz aber pauschalisierten Gruppe von Privatanlegern im WpHG n.F., zumindest zum Zwecke einer „erforderlichen“ Allgemeinverfügung.[804]

Nach Art. 40 MiFIR kann auch die Europäische Wertpapier- und Marktaufsichtsbehörde ESMA vorübergehend Vermarktung, Vertrieb oder Verkauf insbesondere von Finanzinstrumenten verbieten oder beschränken. Hierfür müssen die in Art. 40 Abs. 2 Unterabs. 1 lit. a) bis c) MiFIR genannten Voraussetzungen kumulativ erfüllt sein.

---

802 Vgl. *Buck-Heeb*, BKR 2017, 89, 93.

803 *Buck-Heeb*, BKR 2017, 89, 93 m.w.N.

804 *Ibd.*

Die erste Voraussetzung ist – beinahe wortgleich mit der eben genannten Befugnisnorm für nationale Aufsichtsbehörden in Art. 42 Abs. 2 Unterabs. 1 lit. a) Ziff. i) MiFIR –, dass die Maßnahme „*erheblichen Bedenken hinsichtlich des Anlegerschutzes*“ begegnen muss. Alternativ muss die Maßnahme „*einer Gefahr für das ordnungsgemäße Funktionieren und die Integrität der Finanz- oder Warenmärkte oder für die Stabilität des gesamten Finanzsystems in der Union oder eines Teils davon*“ begegnen. Im Gegensatz zur Ermächtigungsgrundlage für einzelstaatliche Behörden in Art. 42 MiFIR erfordert ein Eingreifen der europäischen Aufsichtsbehörde nach Art. 40 MiFIR, entsprechend ihrem supranationalen Charakter, eine Gefahr nicht nur für einzelne Mitgliedstaaten, sondern für die gesamte Union oder einen Teil davon.

Zusätzlich ist es für ein Eingreifen der ESMA erforderlich, dass die regulatorischen Anforderungen des Unionsrechts die Gefahr nicht abwenden (lit. b) und dass eine oder mehrere zuständige nationale Aufsichtsbehörden entweder keine Maßnahmen ergriffen haben, um der Bedrohung zu begegnen, oder die Maßnahmen der Bedrohung nicht gerecht werden (lit. c). Die Ermächtigung der ESMA, Produktinterventionen vorzunehmen, gilt somit nur unter der Voraussetzung, dass das Aufsichtsrecht selbst nicht zur Gefahrabwendung ausreicht und dass nationale Aufsichtsbehörden entweder nicht oder nicht ausreichend effektiv tätig geworden sind. Es handelt sich somit um eine subsidiäre Befugnis der ESMA.

Nach Art. 40 Abs. 2 Unterabs. 2 MiFIR kann die ESMA entsprechende Maßnahmen auch vorsorglich aussprechen, bevor ein Finanzinstrument vermarktet, vertrieben oder verkauft wird.

Im Hinblick auf die hier besonders interessierende Voraussetzung des Anlegerschutzes besteht ein inhaltlicher Gleichlauf zwischen der Ermächtigungsnorm für die ESMA und der für die mitgliedstaatlichen Aufsichtsbehörden: Es müssen erhebliche Bedenken in Bezug auf den Anlegerschutz bestehen.

Zur Beantwortung der Frage, wann eine Erheblichkeit der Bedenken gegeben ist, sieht Art. 19 Abs. 2 der Delegierten Verordnung 2017/567 der Kommission[805] eine Aufzählung von 21 Faktoren und Kriterien in Bezug auf die ESMA-Befugnisse vor sowie Art. 21 Abs. 2 derselben VO eine Enumeration von 22 Faktoren und Kriterien, die den mitgliedstaatlichen Aufsichtsbehörden zur

805 Delegierte Verordnung (EU) 2017/567 der Kommission vom 18.05.2016 zur Ergänzung der Verordnung (EU) Nr. 600/2014 des Europäischen Parlaments und des Rates im Hinblick auf Begriffsbestimmungen, Transparenz, Portfoliokomprimierung und Aufsichtsmaßnahmen zur Produktintervention und zu den Positionen.

Konkretisierung dienen. Diese Kriterien beziehen sich unter anderem auf das Finanzinstrument selbst (z.B. Art. 21 Abs. 2 lit. a, d, e, f, h, i) sowie auf das Ausmaß möglicher negativer Auswirkungen (lit. b). Zudem wird auf die Art der involvierten Kunden abgestellt (lit. c). Dies dient dem individuellen Anlegerschutz. Es finden die Anlegerkategorien der Kleinanleger, der professionellen Kunden sowie der geeigneten Gegenparteien Berücksichtigung, ferner die Qualifikation und einschlägigen Erfahrungen der Kunden mit ähnlichen Finanzprodukten, die wirtschaftliche Situation und die finanziellen Kernziele der Kunden sowie die Frage, ob das Finanzprodukt an Kunden außerhalb des im Rahmen des Produktzulassungsverfahrens ausgewählten Zielmarktes verkauft wird oder ob der Markt nicht angemessen ermittelt wurde. An dem zuletzt genannten Kriterium zeigt sich das Zusammenspiel der parallel eingeführten Instrumente des unternehmensinternen Produktzulassungsverfahrens (*Product Governance*) und der staatlichen Produktintervention: Wird das Zulassungsverfahren innerhalb des Unternehmens nicht ordnungsgemäß durchgeführt, kann dies „erhebliche Bedenken" hinsichtlich des Anlegerschutzes bewirken, was wiederum zur Befugnis staatlicher Behörden führen kann, Produktinterventionen vorzunehmen und Vermarktung, Verkauf und Vertrieb der betroffenen Finanzprodukte zu beschränken oder zu verbieten.

Zudem sei auf die Ermächtigungsgrundlage für Produktinterventionen der EBA für bestimmte strukturierte Einlagen bei *„erheblichen Bedenken hinsichtlich des Anlegerschutzes"* in Art. 41 MiFIR hingewiesen, die parallel zu Art. 40 MiFIR aufgebaut ist. Auf sie soll hier nicht näher eingegangen werden.

Die ESMA und die EBA (bei strukturierten Einlagen) haben darüber hinaus gemäß Art. 43 MiFIR bei Maßnahmen der zuständigen nationalen Aufsichtsbehörden die Rolle eines Vermittlers und Koordinators inne. So geben sie eine Stellungnahme ab, in der sie erklären, ob das Verbot oder die Beschränkung der mitgliedstaatlichen Behörde gerechtfertigt und verhältnismäßig ist. Diese Stellungnahme wird auf der Website der ESMA bzw. der EBA veröffentlicht.

### *cc) Rechtsfolgen eines Produktverbots*

Die erste Folge der Erfüllung der tatbestandlichen Voraussetzungen der Art. 40 bis 42 MiFIR ist die Eröffnung eines Ermessensspielraums der jeweiligen Behörde. Sie ist nicht gesetzlich verpflichtet, eine Interventionsmaßnahme zu ergreifen, vielmehr *„kann"* sie Vermarktung, Vertrieb und Verkauf beschränken oder verbieten.

Die weiteren aufsichtsrechtlichen Folgen eines Verstoßes gegen eine Produktintervention sind im WpHG n.F. geregelt. Vermarktet, verkauft oder vertreibt ein

Wertpapierdienstleister beschränkte oder verbotene Produkte vorsätzlich oder leichtfertig entgegen einer vollziehbaren Produktintervention von ESMA, EBA oder BaFin, so begeht er gemäß § 120 Abs. 9 Nrn. 28, 29, 30 WpHG n.F. eine Ordnungswidrigkeit.

Diese kann nach § 120 Abs. 20 WpHG n.F. mit einer Geldbuße bis zu 5 Millionen Euro geahndet werden. Juristischen Personen und Personenvereinigungen gegenüber kann sie darüber hinaus bis zu 10 % des Gesamtumsatzes des letzten Geschäftsjahres ausmachen. Über beide Beträge hinaus kann sich die Geldbuße auf bis das Zweifache des aus dem Verstoß gezogenen wirtschaftlichen Vorteils (erzielte Gewinne und vermiedene Verluste) belaufen.

Eine weitere Folge besteht darin, dass ESMA, EBA oder BaFin ihre jeweiligen Beschlüsse zu Produktinterventionen gemäß Art. 40 Abs. 5, Art. 41 Abs. 5 und Art. 42 Abs. 5 MiFIR auf ihrer Website bekanntgeben. In dieser Mitteilung erläutert die jeweilige Behörde die Details des Verbots oder der Beschränkung. Weiterhin nennt sie einen Zeitpunkt, zu dem die Maßnahmen wirksam werden. Das Verbot oder die Beschränkung gelten erst dann, wenn die Maßnahmen wirksam geworden sind.

Weiterhin werden die zivilrechtlichen Folgen von Produktinterventionen diskutiert.[806] Der Vorschlag des Bundesrates, die Nichtigkeit oder ggf. ein Rücktrittsrecht für solche Rechtsgeschäfte anzuordnen, die unter Verstoß gegen eine Produktinterventionsmaßnahme der BaFin abgeschlossen werden,[807] wurde von der Bundesregierung aus Gründen der Rechtssicherheit verworfen.[808] Eine Nichtigkeit gemäß § 134 BGB wegen Verstoßes gegen ein gesetzliches Verbot lässt sich aus Maßnahmen der Produktintervention jedenfalls nicht ableiten.[809]

Als weitere zivilrechtliche Folge kommen Schadensersatzansprüche in Betracht, sowohl für Auskunfts- und Beratungsverträge, die nach einem entsprechenden Verbot geschlossen werden, als auch für solche Verträge, die bereits vor einer Produktintervention abgeschlossen wurden.[810]

Als Anspruchsgrundlage für Schadensersatzansprüche des Anlegers gegenüber dem Anlageberater wegen Verletzung der Pflicht zur anlegergerechten und anlagegerechten Beratung ist § 280 Abs. 1 BGB unter Berücksichtigung der Bond-Rechtsprechung des BGH. Problematisch ist hier die Bestimmung des

---

806 Vgl. *Buck-Heeb*, BKR 2017, 89, 94; *Gerding*, BKR 2017, 441, 444.

807 BT-Drs. 18/3994, S. 63 (Stellungnahme des Bundesrates), S. 71.

808 BT-Drs. 18/3994, S. 81.

809 So auch *Buck-Heeb*, BKR 2017, 89, 94; *Cahn/Müchler*, BKR 2013, 45, 54.

810 Hierzu vertiefend: *Gerding*, BKR 2017, 441, 443 ff.

Schadens gemäß §§ 249 ff. BGB und somit die Frage, ob der Anleger als Naturalrestitution die Rückabwicklung des Vertrages verlangen kann. Wenn ihm eine ungeeignete Anlage empfohlen wurde, besteht der Schaden im Erwerb der Anlage. Selbst bei objektiver Äquivalenz von Leistung und Gegenleistung kann der Anleger dadurch einen Vermögensschaden erleiden, dass die Leistung für seine Zwecke nicht voll brauchbar ist.[811]

Ein deliktsrechtlicher Schadensersatzanspruch gemäß § 823 Abs. 2 BGB wegen Schutzgesetzverletzung ist wohl zu verneinen. Art. 40 bis 42 MiFIR enthalten lediglich die entsprechenden Ermächtigungsgrundlagen und Eingriffsbefugnisse für Interventionen, jedoch keine Gebote oder Verbote. Somit liegt grundsätzlich schon kein Schutzgesetz i.S.d. § 823 Abs. 2 BGB vor. Allerdings kann bei Allgemeinverfügungen im Einzelfall diskutiert werden, ob sie ein Schutzgesetz darstellen.[812]

Die strengen Voraussetzungen des Schadensersatzanspruchs wegen vorsätzlicher sittenwidriger Schädigung gemäß § 826 BGB dürften in aller Regel, auch bei Verwendung irreführender Bezeichnungen in der Anlageberatung, nicht erfüllt sein.[813]

#### *dd) Stellungnahme*

Die durch das Kleinanlegerschutzgesetz und die MiFIR eingeführte Möglichkeit zur behördlichen Produktintervention stellt ein Instrument des aufsichtsrechtlichen Anlegerschutzes dar, das nicht völlig neu, jedoch einschneidend und weitreichend ist.

Es handelt sich um einen gezielten staatlichen Eingriff in einen ohnehin streng regulierten und überwachten Markt. Eine supranationale oder eine nationale Behörde kann bei Vorliegen erheblicher Bedenken in Bezug auf den Anlegerschutz und unter Berücksichtigung der Verhältnismäßigkeit den Vertrieb eines Finanzprodukts beschränken oder verbieten und das Produkt somit letztlich vom Kapitalmarkt nehmen. Die Rechtfertigung des staatlichen Markteingriffs erfolgt durch das Argument, dass diese einschneidende Maßnahme zum Schutz und Wohle des Anlegers erforderlich ist.

Dieser Ansatz des Anlegerschutzes ist den paternalistischen Modellen zuzuordnen und die aufsichtsbehördliche Produktintervention ist als eine der schärfsten Sanktionen paternalistischer Prägung anzusehen. Die Auswahlmöglichkeiten

---

811 BGH, Urt. v. 08.03.2005, Az.: XI ZR 170/04, NJW 2005, 1579, 1580.

812 *Buck-Heeb*, BKR 2017, 89, 95.

813 So auch *Buck-Heeb*, BKR 2017, 89, 95.

des Anlegers werden durch Verbotseingriff des Staates beschränkt, um Anlageinteressenten vor falschen Entscheidungen zu bewahren und somit letztlich vor sich selbst zu schützen.

Als Kritik an der Produktintervention lässt sich vortragen, dass es sich beim Kapitalmarkt- und Kapitalanlagerecht, wie gezeigt, um einen Rechts- und Wirtschaftsbereich handelt, der ohnehin sehr stark reguliert ist und strenger Überwachung durch Behörden unterliegt. Daher könnte fraglich sein, ob es in diesem Bereich eines die Privatautonomie derart stark beschneidenden Instruments bedarf. Zudem wird als grundsätzliche Kritik an staatlicher Produkt- oder Qualitätskontrolle angeführt, dass keine Behörde den Wert (und somit die Qualität) eines Finanzinstruments besser einschätzen könne als der Markt. Staatliche Qualitätskontrolle sei daher überflüssig, kostspielig und verschwende Steuergelder.[814]

Befürworter des Ansatzes der Produktintervention verweisen hingegen auf die durch Forschungsergebnisse der *Behavioral Finance* belegten systematischen Rationalitätsbeschränkungen von Anlegern, insbesondere von Klein- oder Privatanlegern.[815] Aufgrund dieser Defizite sei die umfassende und verständliche Information des Anlegers sowie das Zur-Verfügung-Stellen von Haftungsansprüchen für einen effektiven Anlegerschutz nicht immer ausreichend. Die Möglichkeit zur Modifikation der Entscheidungssituation[816] durch staatlichen Eingriff und die hierdurch bezweckte Reduzierung der Komplexität der Entscheidungsumgebung[817] sei bisweilen erforderlich, um Anleger wirksam schützen zu können. Produktverbote schränkten nicht die Vertragsfreiheit ein, sondern stellten nur deren Grundvoraussetzung, nämlich die Entscheidungsfreiheit, wieder her.[818]

Bei der Produktintervention handelt es sich in der Tat um ein scharfes Schwert: Durch die unmittelbare Intervention einer staatlichen Aufsichtsbehörde wird ein Finanzprodukt vom Markt genommen und werden somit die Auswahlmöglichkeiten des Anlageinteressenten beschränkt.

Man mag kritisieren, dass es sich um eine paternalistische Maßnahme handelt, die von einem pessimistischen Anlegerbild ausgeht. Jedoch ist zum einen

---

814 Vgl. die Zusammenfassung der Implikationen der Effizienzhypothese (ECMH) für die Kapitalmarktregulierung bei *Klöhn*, ZHR 177 (2013), 349, 358.

815 Vgl. *Gerding*, BKR 2017, 441, 442 m.w.N.

816 *Ibd.*

817 *Bechtold*, Die Grenzen des zwingenden Vertragsrechts, 2010, S. 64.

818 *Möllers/Poppele*, ZGR 2013, 437, 463.

die Bezeichnung als „paternalistisch", so sie denn als Kritik gemeint ist, noch kein Argument. Zum anderen kann sich die skeptische bis pessimistische Sichtweise auf die beschränkte Rationalität des Anlegers auf die Ergebnisse der *Behavioral Finance*-Forschung berufen. Weiterhin kann sie sich auf die Erfahrungen der Finanzkrise stützen, in der irrationale Anlageentscheidungen – auch wenn sie unter anderem aufgrund von Fehlberatungen getroffen wurden – massenhaft zu Tage getreten sind. Beides, die *Behavioral Finance*-Forschung sowie die Erfahrungen der Finanzkrise, haben wesentlich zum Anlegerleitbild des *homo oeconomicus limitatus* beigetragen, dem durch die Maßnahme der Produktintervention ebenfalls Rechnung getragen wird.

Zudem ist zu berücksichtigen, dass Produktinterventionen seitens der zuständigen nationalen Behörden verhältnismäßig sein müssen, Art. 42 Abs. 2 Unterabs. 1 lit. c) MiFIR. Sie unterliegen den verfassungsrechtlichen Grenzen der Geeignetheit, Erforderlichkeit und Zumutbarkeit. Darüber hinaus muss das verfolgte Ziel ein verfassungsrechtlich legitimes sein, was beim Anlegerschutz der Fall ist. Durch den EU- und verfassungsrechtlichen Maßstab der Verhältnismäßigkeit wird zum einen gewährleistet, dass der staatliche Eingriff in den Markt dem Schutze und Wohle des Anlegers dient, und zum anderen, dass er in einem angemessenen Verhältnis zum Risiko des Produkts steht.

Behördliche Produktinterventionen sind somit eine sinnvolle Ultima Ratio des Anlegerschutzes,[819] etwa wenn Marktversagen auftritt. Gelangt ein Finanzinstrument, dessen Risiken als hochbedenklich für den Anlegerschutz eingestuft werden, auf den Finanzmarkt und können die Anforderungen des EU-Aufsichtsrechts den Risiken nicht ausreichend begegnen und ist auch eine stärkere Aufsicht oder Durchsetzung der bestehenden Anforderungen nicht ausreichend (Art. 42 Abs. 2 lit. b) MiFIR), so ist es durchaus sachgerecht, wenn das Produkt – unter Berücksichtigung des Grundsatzes der Verhältnismäßigkeit – beschränkt oder verboten wird.

Produktinterventionen sind daher im Einzelfall und nach Ausschöpfung aller anderen Möglichkeiten zu begrüßen.

## 3. Zwischenergebnis zum Anlegerschutz durch Aufsicht

Die Aufsicht stellt neben der Information und der Haftung die dritte große Säule des Anlegerschutzes dar.

819 Vgl. Diskussionsbericht, ZHR 177 (2013), 344, 348.

Bei der Strategie des Anlegerschutzes durch Aufsicht obliegt es in erster Linie den (supra-) staatlichen Behörden ESMA, EBA und BaFin durch Überwachung und Maßnahmen zum Schutz des Anlegers tätig zu werden – im Gegensatz zur Informationsstrategie, bei der es die Emittenten und der Vertrieb sind, die den Anlageinteressenten Informationen zur Verfügung stellen und vermitteln müssen, sowie im Gegensatz zur Haftungsstrategie, bei der die Anleger aktiv werden müssen, um ihre Schadensersatzansprüche geltend zu machen und ggf. gerichtlich durchzusetzen.

Beim Anlegerschutz durch Aufsichtsrecht bestimmt der Gesetzgeber durch die Festlegung der Pflichten der Akteure die rechtlichen Rahmenbedingungen für Kapitalmarktaktivitäten, z.B. in WpHG, VermAnlG und KAGB. Dabei normiert er inhaltliche Anforderungen an die zu entwickelnden, zu handelnden und zu verwaltenden Finanzinstrumente und Anlageprodukte. Ferner bestimmt er die Überwachungsaufgaben der Aufsichtsbehörden und schafft Befugnisnormen und Ermächtigungsgrundlagen für Ermittlungsmaßnahmen, aufsichtsrechtliche Anordnungen und das Verhängen von Sanktionen. Innerhalb der verfassungsrechtlichen Grenzen – insbesondere der Verhältnismäßigkeit – steht es dem Gesetzgeber dabei frei, diese Normen zu gestalten sowie ggf. zum Schutz des Anlegers in den Markt einzugreifen.

Die Pflichten haben ein weites Spektrum, zu dem etwa Mitteilungspflichten bestimmter Anleger, Verhaltens-, Organisations- und Transparenzpflichten von Finanzintermediären sowie Anzeige-, Veröffentlichungs- und Berichtspflichten von Emittenten gehören. Diese Regelungen bedürfen der Aufsicht, d.h. der Überwachung und im Fall von Verstößen der Durchsetzung mittels Sanktionen, um ihre ordnende und schützende Wirkung entfalten zu können. Die Aufsicht wird in Deutschland vornehmlich durch die BaFin ausgeübt, darüber hinaus auf EU-Ebene durch die ESMA und die EBA. Die Bundesanstalt überwacht die Einhaltung der gesetzlichen Pflichten, indem sie z.B. Erlaubnisse erteilt, Registrierungen vornimmt, Mitteilungen entgegennimmt, als Hinterlegungsstelle und Beschwerdestelle dient, Prospekte billigt sowie marktmissbräuchliches Verhalten aufdeckt und bekämpft. Bei Verdacht auf Verstöße der Marktakteure gegen aufsichtsrechtliche Pflichten stehen der BaFin zunächst weitreichende Ermittlungs- und Aufklärungsbefugnisse zu. Darüber hinaus verfügt sie über Sanktionsbefugnisse und kann beispielsweise Ordnungswidrigkeiten selbständig verfolgen und mit Geldbußen ahnden. Ferner kann sie z.B. die Erlaubnis zum Betreiben von kollektiver Vermögensverwaltung aussetzen oder aufheben sowie die Abberufung von Geschäftsleitern verlangen und diesen ein Tätigkeitsverbot auferlegen. Insgesamt steht den Aufsichtsbehörden somit ein breites, weitreichendes und auch scharfes Instrumentarium zur Verfügung, um die Einhaltung des rechtlichen Rahmens zu kontrollieren und durchzusetzen.

Ein Schwerpunkt der Betrachtungen zum Aufsichtsrecht waren die relativ neuen Instrumente des Produktzulassungsverfahrens und der Produktintervention. Bei dem Produktzulassungsverfahren setzt der Gesetzgeber auf unternehmensinterne Kontrollverfahren. Deren Einrichtung, Durchführung und Überprüfung unterliegen wiederum der Aufsicht staatlicher Behörden. Bei dem Instrument der Produktintervention hingegen hat sich der Gesetzgeber bei erheblichen Bedenken für den Anlegerschutz direkte behördliche Eingriffe in den Markt vorbehalten, um den Vertrieb von Produkten zu beschränken oder zu verbieten und auf diese Weise Anleger zu schützen.

Der Anlegerschutz durch Aufsichtsrecht ist dem Spektrum paternalistischer Ansätze zuzuordnen, denen ein kritisch-pessimistisches Bild der beschränkten Anlegerrationalität und der eingeschränkten Markteffizienz zugrunde liegt. Insoweit basiert er auch auf dem Anlegerleitbild des *homo oeconomicus limitatus*. Dies äußert sich etwa in der Pflicht zur unternehmensinternen Marktzugangskontrolle für Anlageprodukte sowie in der Befugnis zu Direktinterventionen in den Markt. Denn diese Maßnahmen begrenzen die Auswahl der Finanzinstrumente, die den Anlageinteressenten zur Verfügung stehen, und stellen einen staatlichen Eingriff in den Markt dar. Dieser wird auch als Einflussnahme des Staates zur Verringerung der Entscheidungskomplexität zu Gunsten der Anleger, die Rationalitätsbeschränkungen und Urteilsverzerrungen unterliegen, bewertet.

Insgesamt hat der Gesetzgeber im Aufsichtsrecht der Kapitalmärkte, wie oben dargelegt, eine hohe Regulierungs- und Kontrolldichte geschaffen, auf EU- ebenso wie auf nationaler Ebene. Damit zieht er wohl auch die Lehren aus der Politik der Deregulierung der Finanzmärkte in den 1990er und 2000er Jahren, die die negativen Effekte der Finanzkrise ab 2007 verschärfte,[820] und betreibt daher gewissermaßen eine Politik der Re-Regulierung. Er kann sich bei seiner Skepsis bezüglich der Rationalität der Anleger und der Effizienz der Märkte, die aus der Detailliertheit der Regulierung und dem teils invasiven Charakter der Maßnahmen spricht, auf die negativen Erfahrungen der Finanzkrise ab 2007 stützen sowie auf die schlechten Entscheidungen der Anleger, die die Krise verschärften und die These vom *homo oeconomicus limitatus* untermauern.

---

820 Vgl. *Giannone/Lenza/Reichlin*, IMF Economic Review 59 (ECARES 2010), 17 f.: „[…] *mechanisms which make deregulated markets more vulnerable*“, abrufbar unter: https://www.oecd.org/eco/growth/46418753.pdf; zuletzt abgerufen am 12.09.2021.

Der Gesetzgeber verfolgt mit der aufsichtsgesetzlichen Regulierung und behördlichen Überwachung der Kapitalmärkte das Ziel des institutionellen Anlegerschutzes zur Stärkung der Stabilität, Integrität und Transparenz der Kapitalmärkte auf wirksame Weise. Der individuelle Anlegerschutz wird hier lediglich reflexartig bewirkt, sodass das Anlegerleitbild des *homo oeconomicus limitatus* eine untergeordnete Rolle spielt.

Zusammenfassend handelt es sich beim Anlegerschutz durch Aufsicht um eine notwendige Strategie, die grundlegende Funktionen erfüllt: Durch das Aufsichtsrecht wird der Ordnungs- und Bezugsrahmen der Kapitalmärkte, durch seine Überwachung und Durchsetzung die Voraussetzung für Integrität und Stabilität geschaffen – und somit das Vertrauen der Anleger in die Funktionsfähigkeit der Kapitalmärkte ermöglicht und gestärkt.

# Dritter Teil: Zusammenfassung in Thesen und Schlussbetrachtung

Den Abschluss der Arbeit bilden die folgende Zusammenfassung der Ergebnisse in Thesen sowie eine Schlussbetrachtung in Form eines Fazits der Untersuchung und eines Ausblicks.

# A. Zusammenfassung in Thesen

Die Ergebnisse der Arbeit lassen sich thesenartig wie folgt zusammenfassen.

*Zu A. Anlegerschutz und Funktionen des Anlegerschutzrechts*

1. Der Begriff des Anlegerschutzes ist nicht eindeutig definiert. Er basiert auf der Annahme einer strukturellen Unterlegenheit des (potentiellen) Anlegers gegenüber den Anbietern von Kapitalanlagemöglichkeiten aufgrund einer Informationsasymmetrie zu Lasten des Anlageinteressenten.
2. Die Behandlung dieses Informationsungleichgewichts und das Erreichen weiterer, ergänzender Schutzziele sind Gegenstand des Anlegerschutzrechts.
3. Dem Anlegerschutzrecht liegt dabei eine Vorstellung von den Eigenschaften, Fähigkeiten und Kenntnissen des zu schützenden Anlegers zugrunde, das Anlegerleitbild.
4. Das Anlegerschutzrecht erfüllt zwei Funktionen: Es dient dem Funktionsschutz der Kapitalmärkte und dem Individualschutz der Anleger.

*Zu A. I. Funktionaler Schutz – Schutz der Kapitalmärkte*

5. Der Funktionsschutz der Kapitalmärkte ist ein wesentliches Ziel ihrer gesetzlichen Regulierung und stellt Anlegerschutz im weiteren Sinne dar. Ziel ist es, die Funktionsfähigkeit der Kapitalmärkte zu gewährleisten und sie als Zugang zu Eigen- und Fremdkapital für Unternehmen zu sichern. Hiervon hängt die Finanzierung der Realwirtschaft ab und somit das Wirtschaftswachstum und die Schaffung und Sicherung von Arbeitsplätzen.
6. Bedingung und Maßstab der Funktionsfähigkeit von Kapitalmärkten ist ihre Effizienz. Es wird zwischen allokativer, operationeller, institutioneller und informationeller Effizienz unterschieden.
7. Die Funktionsfähigkeit der Kapitalmärkte sichert die effiziente Finanzierung von Unternehmen und maximiert somit den gesellschaftlichen Nutzen von Kapitalanlagen. Hiervon hängt auch die Funktionsfähigkeit wirtschaftlicher und sozialer Institutionen ab, wie etwa der privaten, betrieblichen oder berufsständischen Altersversorgung.

*Zu A. II. Individueller Schutz – Schutz des einzelnen Anlegers*

8. Die zweite wesentliche Funktion des Anlegerschutzrechts ist der individuelle Anlegerschutz. Der Individualschutz besitzt zwei Dimensionen: Als dienender Individualschutz stellt er ein Instrument zum Schutz der

Funktionsfähigkeit der Kapitalmärkte dar und als Individualschutz im engeren Sinne dient er dem Schutz der Anleger um ihrer selbst willen.

9. Beim dienenden Individualschutz werden die Anleger geschützt, um ihren Rückzug – und somit den Abzug von Liquidität – von den Kapitalmärkten zu verhindern und so die Funktionsfähigkeit und Effizienz der Kapitalmärkte zu sichern.
10. Der Individualschutz im engeren Sinne adressiert Defizite von Anlageentscheidungen auch dann, wenn sie für die Funktionsfähigkeit der Kapitalmärkte irrelevant sind, also ausschließlich Interessen individueller Anleger betreffen, oder wenn die Maßnahmen und Rechtsfolgen über das für den Kapitalmarktschutz notwendige Maß hinausgehen.

*Zu B. Anlegerleitbild in Gesetzgebung und Rechtsprechung*

11. Das Anlegerleitbild ist die entweder ausdrücklich definierte oder implizit vorausgesetzte Vorstellung von den Fähigkeiten, Erfahrungen, Kenntnissen und vom Verhalten sowie von den Stärken und Schwächen eines typischen Anlegers, die der Gesetzgebung und Rechtsprechung im Kapitalmarkt- und Kapitalanlagerecht zugrunde liegt.
12. Das Leitbild des Anlegers ist ausschlaggebend dafür, ob und inwieweit Anleger von Gesetzgebung und Rechtsprechung als schutzbedürftig angesehen werden und welche Strategien und Instrumente gewählt werden, um sie zu Anlageentscheidungen zu befähigen, sie vor Fehlentscheidungen zu schützen und ihnen Kompensationsansprüche zu gewähren. Das Anlegerleitbild ist somit zugleich Maßstab und Richtschnur für die wertungskonsistente Fortbildung geltenden Anlegerschutzrechts.
13. Nach dem Schrifttum existiert kein einheitliches, allgemein anerkanntes Anlegerbild. In Gesetzgebung, Rechtsprechung und Schrifttum bestehen unterschiedliche Definitionen und Vorstellungen von der Charakteristik typischer Anleger und das Anlegerleitbild ist in mehrere konkretisierte, verschieden definierte Anlegerbilder aufgeteilt.

*Zu B. I. Gesetzgeberische Anlegerkategorien im Recht der Europäischen Union und der Bundesrepublik Deutschland*

14. Aus den differenzierten, legaldefinierten Anlegerkategorien der Gesetzgebung kann auf die verschiedenen Anlegerbilder und aus diesen letztlich mittelbar auf das zugrundeliegende Anlegerleitbild der Gesetzgebung geschlossen werden.
15. Im Prospektrecht, im Wertpapierhandelsrecht und im Investmentrecht existiert kein einheitlicher Anlegerbegriff. Es werden legaldefinierte

Anlegerkategorien verwendet, die anhand qualitativer und quantitativer Kriterien eine Abstufung der Schutzbedürftigkeit verschiedener Anlegergruppen und eine entsprechende Abstufung der Pflichten der Gegenseite vorsehen. Durch diese Art der differenzierten Typisierung wird ein effizientes System der angemessenen und zielgerichteten Anlegerinformationen und Verhaltenspflichten geschaffen, das Transaktionskosten reduziert und eine Bevormundung von weniger schutzbedürftigen Anlegern vermeidet.

16. Im Marktmissbrauchsrecht (MAR) verwendet der Verordnungsgeber den auslegungsbedürftigen Rechtsbegriff des „verständigen Anlegers" als typisierenden Anlegerbegriff in der Definition des zentralen Begriffs der „Insiderinformation".
17. Der Anlegerbegriff im europäischen und (weitgehend europarechtlich vorgegebenen) deutschen Kapitalmarktrecht ist fragmentiert. Der Gesetzgeber geht weder von einem einheitlichen Anlegerleitbild aus noch verwendet er eine einheitliche Gesetzgebungstechnik bei der Verwendung von Anlegerbegriffen.
18. Die Anlegerkategorie des Privatkunden (§ 67 Abs. 3 WpHG n.F.) oder Privatanlegers (§ 1 Abs. 19 Nr. 31 KAGB) ist nicht positiv definiert, sondern dient als Auffangkategorie und ist daher äußerst weit und heterogen. *De lege ferenda* ist daher eine weitere Differenzierung zwischen unterschiedlich schutzwürdigen Anlegergruppen innerhalb der Auffangkategorie der Privatkunden/-anleger zu fordern. Die vom deutschen Gesetzgeber geschaffenen Kategorien des semiprofessionellen Anlegers in § 1 Abs. 19 Nr. 33 KAGB sowie des sogenannten qualifizierten Privatanlegers in § 262 Abs. 2 S. 1 KAGB können dabei als Vorbild einer weiteren Ausdifferenzierung dienen.
19. Der Gesetzgeber hat bislang kein klar umrissenes Anlegerleitbild bestimmt. *De lege ferenda* ist die positive Formulierung eines grundlegenden, für das gesamte Kapitalmarktrecht einheitlichen Leitbildes des Privatanlegers zu fordern.

*Zu B. II. Anlegerbilder in der Rechtsprechung*

20. In der Rechtsprechung findet sich ebenfalls keine einheitliche oder eindeutige Definition eines übergeordneten Anlegerleitbildes oder eines konkreten Anlegerbildes des Privatanlegers. Der BGH verwendet in seinen Entscheidungen auf den jeweiligen Einzelfall bezogene, verschiedene Anlegerbegriffe, an die er unterschiedliche Anforderungen stellt.
21. Im Prospektrecht stellt der BGH auf einen „durchschnittlichen" Anleger ab. Dieser wird nicht einheitlich definiert: beim Anleger als Adressat eines

Börsenzulassungsprospekts legt der BGH andere Anforderungen an die Kenntnisse und Fähigkeiten zugrunde (BGH, II. Senat – „BuM“) als beim Anleger als Adressat eines Verkaufs- oder Angebotsprospekts (BGH, XI. Senat – „WBG Leipzig West“).

22. In der Rechtsprechung zur Anlageberatung nimmt der BGH in der Bond-Entscheidung zunächst keinerlei Typisierung oder gar Definition des ratsuchenden Anlegers vor, sondern stellt für eine anleger- und objektgerechte Beratung auf den jeweiligen Einzelfall ab. In späteren Entscheidungen zur Anlageberatung legen mehrere Zivilsenate eine typisierende Betrachtungsweise des Anlegers zugrunde.
23. Der „verständige Anleger“ des Marktmissbrauchsrechts (in Art. 7 Abs. 4 MAR normiert) wird von der Rechtsprechung in Abgrenzung zum spekulativen Anleger als vernünftiger Anleger ausgelegt, der börsenkundig ist, die verfügbaren Informationen kennt sowie rational und kritisch handelt.
24. Es wäre begrüßenswert, wenn die Rechtsprechung innerhalb der Kategorie der Privatanleger Fallgruppen verschiedener Anlegertypen mit unterschiedlichen Schutzniveaus entwickelt und somit Orientierung für die in dieser Arbeit *de lege ferenda* geforderte Ausdifferenzierung der Anlegerkategorie des Privatanlegers/-kunden durch den Gesetzgeber bietet.

*Zu C. I. Literaturdebatte über die Anlegerbilder de lege lata*

25. In der akademischen Debatte der Anlegerleitbilder spielen insbesondere zwei Aspekte eine wesentliche Rolle: der Zusammenhang von ökonomisch-juristischen Denkschulen mit gesetzgeberischen Zielen und Instrumenten sowie der Einfluss des Zwecks einer gesetzlichen Regelung auf die Bestimmung des Anlegerbildes.
26. Die ökonomisch-juristischen Denkschulen greifen zur Bestimmung des Anlegerleitbildes grundsätzlich auf das Bild des *homo oeconomicus* zurück. Dieses stammt aus der Mikroökonomie, in der es ein Bündel bestimmter Annahmen (rationaler Akteur, der relevante Informationen kennt und verarbeitet, stabile Präferenzen hat und den eigenen Nutzen maximierende Entscheidungen trifft) in theoretischen Modellen ist und als solches zunächst kein Leitbild einer gesetzlichen Regelung darstellt. Als abstrakte Grundannahme über menschliches Verhalten und bestimmte Eigenschaften erfüllt es in den Wirtschaftswissenschaften eine ähnliche Funktion wie das Anlegerleitbild in der Rechtswissenschaft und kann daher als Orientierung dienen. Allerdings handelt es sich – im Gegensatz zu den theoretischen Modellen der Mikroökonomie – beim Gegenstand von Gesetzgebung und Rechtsprechung, die von der Rechtswissenschaft begleitet, analysiert

und beraten werden, letztlich um reale Menschen, sodass der *homo oeconomicus* hier nicht unkritisch übernommen werden darf.

27. Im Kapitalmarktrecht lassen sich grundsätzlich drei ökonomisch-juristische Denkschulen unterscheiden: Die liberale geht von effizienten Märkten und rationalen Anlegern aus; die vermittelnde geht zwar grundsätzlich auch von Markteffizienz und Anlegerationalität aus, allerdings sind die Vertreter dieser Denkschule kritisch in Bezug auf die Spiegelung theoretischer Annahmen in der Praxis und versuchen durch Berücksichtigung empirischer Ergebnisse ihre Annahmen der Realität anzunähern; und zuletzt die paternalistische, die weder von effizienten Märkten noch von (vollständig) rationalen Anlegern ausgeht. Jede dieser Denkschulen steht im Kontext einer politisch-weltanschaulichen Haltung und legt eine gewisse Auswahl legislativer Instrumente nahe: die liberale präferiert Transparenz- und Vertriebsvorschriften, die vermittelnde Vertriebs- und Beratungsregeln und die paternalistische Produkt- und Vertriebsverbote.
28. In Bezug auf die These, das Anlegerbild sei immer auch abhängig vom Zweck einer gesetzlichen Regelung, ist festzuhalten, dass es in verschiedenen Teilbereichen des Kapitalmarkt- und Kapitalanlagerechts (allgemeine kapitalmarktbezogene Informationen, Anlegeraufklärung, Anlageberatung und Vermögensverwaltung) unterschiedliche Anlegerbilder gibt, die mit dem Regelungszweck der jeweils einschlägigen Gesetze korrespondieren. Allerdings ist fraglich, ob der jeweilige Zweck eines Gesetzes das Anlegerbild bedingt oder nicht vielmehr differenzierte Anlegerbilder zu verschiedenen Gesetzeszwecken führen.

*Zu C. II. Ansatzpunkte eines Anlegerleitbildes de lege ferenda*

29. Die Weiterentwicklung des Anlegerleitbildes ist die entscheidende Stellschraube zur Verbesserung der Effektivität und Angemessenheit des Anlegerschutzes *de lege ferenda*. Für die Diskussion der Weiterentwicklung des Anlegerleitbildes und des Anlegerschutzes gibt es zwei wesentliche Anknüpfungspunkte: den Anleger als Verbraucher und eine Orientierung am Verbraucherleitbild sowie die empirischen Erkenntnisse der *Behavioral Finance* über Rationalitätsdefizite des Anlegers.
30. Eine allgemeine Anwendung des Verbraucherschutzrechts *de lege lata* auf Anleger ist abzulehnen. Eine Anlage in Finanzprodukte ist nicht vergleichbar mit dem Erwerb von flüchtigen Konsumgütern und die situative Schutzbedürftigkeit bei einer bewussten Investitionsentscheidung nicht vergleichbar mit einer möglicherweise spontanen Kaufentscheidung über

Verbrauchsgüter. Auch *de lege ferenda* ist eine Orientierung des Anlegerleitbildes am Verbraucherleitbild, das stark situativ geprägt ist, abzulehnen.

31. Die klassische Kapitalmarkttheorie geht von der *Efficient Capital Market Hypothesis* (ECMH, Effizienzhypothese) sowie von der Modellannahme des *homo oeconomicus* aus. Beides wird durch die Ergebnisse der *Behavioral Finance*-Forschung in Frage gestellt. Der Teilbereich *Investor Psychology* der *Behavioral Finance* untersucht das Entscheidungsverhalten von Anlegern bei Kapitalanlagen und belegt empirisch, dass die Annahmen stets rationalen, nutzenmaximierenden Verhaltens und stabiler Präferenzen nicht zutreffen und das Bild des *homo oeconomicus* daher mit dem Verhalten realer Anleger nicht übereinstimmt. Hauptursachen der systematischen Abweichung von rationalem Verhalten sind sogenannte *heuristics and biases* (Heuristiken und kognitive Verzerrungen). Fraglich ist, ob das Anlegerleitbild der Gesetzgebung diesen Forschungserkenntnissen entsprechend formuliert werden sollte, um einen verbesserten und dem empirisch nachgewiesenen Anlegerverhalten angemessenen Anlegerschutz zu ermöglichen.
32. Es bestehen sowohl grundsätzliche als auch konkrete Zweifel an der Übertragbarkeit der Ergebnisse der *Behavioral Finance*-Forschung in die Gesetzgebungspraxis (sogenannte *economic transplants*).
33. Die Übertragung der Erkenntnisse der *Behavioral Finance*-Forschung in die europäische und deutsche Gesetzgebung ist möglich und sinnvoll und kann anhand von Beispielen belegt werden.

*Zu C. III. Der homo oeconomicus limitatus als Anlegerleitbild de lege ferenda*

34. Die Finanzmarktkrise ab 2007 hat die Hypothese effizienter, sich selbst regulierender Märkte erschüttert. Ebenso begründen die Erkenntnisse der Forschungsrichtung *Behavioral Finance* in zunehmendem Maße Zweifel an der Brauchbarkeit des *homo oeconomicus* für die Zwecke mikroökonomischer Modelle sowie für eine Orientierung des Anlegerschutzrechts daran. Für einen radikalen Paradigmenwechsel weg von den herrschenden ökonomischen Kapitalmarkt- und Entscheidungstheorien fehlt es bislang an einer wissenschaftlich ausreichend fundierten und kohärenten neuen ökonomischen Theorie auf diesen Gebieten. Daher wird etwa die herrschende *Rational Choice*-Entscheidungstheorie um die bislang gewonnenen zusätzlichen Erkenntnisse und Elemente der *Behavioral Finance* erweitert und somit fortentwickelt. Für die umsichtige Übertragung von *economic transplants* in die Rechtswissenschaft, Rechtsprechung und insbesondere Gesetzgebung in diesem Bereich bedeutet dies, dass eine allumfassende Regulierung des Kapitalmarktrechts im Sinne eines neuen Anlegerschutzrechts nicht nötig

erscheint, in belegten Fällen von Marktversagen und Anlegerirrationalitäten jedoch gesetzliche Regulierung und staatliche Interventionen zulässig sein müssen.

35. Die Weiterentwicklung des Anlegerleitbildes darf weder vom *homo oeconomicus classicus*, also dem Bild des perfekt rationalen Anlegers, noch von seinem Gegenteil, dem vollständig irrationalen oder hilfsbedürftigen Anleger, der staatlich-paternalistischer Fürsorge bedarf, ausgehen. Das Anlegerleitbild ist an dem um die Erkenntnisse der *Behavioral Finance* erweiterten Bild des traditionellen *homo oeconomicus*, dem *homo oeconomicus limitatus*, zu orientieren, dem eingeschränkt rationalen Anleger. Als Grundlage hierfür dient das Konzept der *bounded rationality*, das als Akteur einen „*choosing organism of limited knowledge and ability*" annimmt. Dieses fortentwickelte Anlegerleitbild berücksichtigt die empirisch belegten Beschränkungen der Kenntnisse und Erkenntnis- und Entscheidungsfähigkeiten realer Anleger und rückt das Leitbild für Gesetzgebung und Rechtsprechung somit näher an die zu schützenden realen Anleger heran.
36. Im Anlegerschutzrecht sollte künftig, basierend auf dem Anlegerleitbild des *homo oeconomicus limitatus*, so lange und so weit vom rationalen Verhalten des Anlegers ausgegangen werden, bis eine systematische Abweichung hiervon wissenschaftlich belegt ist. Es besteht weiterer interdisziplinärer Forschungsbedarf, um den zu schützenden realen Anleger besser verstehen zu lernen, das Anlegerleitbild entsprechend anzupassen und ihn durch hieran anknüpfende Strategien in Gesetzgebung und Rechtsprechung besser schützen zu können. *De lege ferenda* ist zu fordern, dass der Gesetzgeber das Anlegerleitbild konkret formuliert und sich bei der Gesetzgebung daran orientiert. Für Gesetzgebungsprojekte im Kapitalmarkt- und Anlegerschutzrecht sollen wissenschaftliche Gutachten in Auftrag gegeben werden, die das Anlegerverhalten im zu regelnden Teilgebiet untersuchen, ein konkretes Anlegerbild ableiten und entsprechende Maßnahmen zum Schutz der Anleger vorschlagen. Die gesetzgeberischen Maßnahmen können auf dieser Grundlage realitätsnäher, effektiver und angemessener gestaltet werden. Dem demokratisch legitimierten Gesetzgeber steht dabei ein weiter Entscheidungsspielraum zu, die aus der Gewaltenteilung abgeleitete Einschätzungsprärogative.

*Zu D. Strategien des Anlegerschutzes*

37. Zum Schutz des Anlegers bestehen mehrere Strategien, die sich gegenseitig ergänzen. Die Entscheidung, auf welcher Schutzstrategie der Schwerpunkt liegen sollte, hängt insbesondere davon ab, welches Anlegerleitbild man

favorisiert und welche Rolle der Staat im Verhältnis zur Wirtschaft und zu seinen Bürgern spielen sollte. Vertreter eines am *homo oeconomicus classicus* angelehnten Leitbildes werden eher auf die Strategie des informationsbasierten Anlegerschutzes setzen, Vertreter des *homo oeconomicus limitatus* eher auf den Schutz durch Aufsichtsrecht und -behörden. Ebenso werden Vertreter eines liberalen „Nachtwächterstaates" minimalinvasive Strategien wie den Schutz durch zivilrechtliche Haftungsansprüche bevorzugen und Vertreter einer Form des Paternalismus eher zwingende Aufsichtsgesetze und behördliche Interventionen wie Produktverbote. Nach der hier vertretenen vermittelnden Position, die von der beschränkten Rationalität der Anleger ausgeht und eine kritische Haltung gegenüber der Annahme perfekter Effizienz der Märkte einnimmt, wird sowohl gegen staatliche Bevormundung als auch gegen reines *laissez faire* und für einen angemessenen Einsatz aller zur Verfügung stehenden Strategien plädiert. Den Schwerpunkt sollten modifizierte Informationen und eine effektive Aufsicht sowie langfristig eine Verbesserung der finanziellen Bildung darstellen.

*Zu D. I. Anlegerschutz durch finanzielle Bildung*

38. Die finanzielle Bildung der Bevölkerung im Allgemeinen sowie der Privatanleger im Besonderen stellt eine langfristige und grundlegende Strategie des Anlegerschutzes dar. Die Vermittlung von Grundkenntnissen über Entscheidungsprozesse, Heuristiken und Urteilsverzerrungen sowie von finanzieller Allgemeinbildung (*financial literacy*) könnte die Qualität individueller Anlageentscheidungen von Privatanlegern mittel- bis langfristig verbessern. Hierdurch würde sowohl der individuelle als auch der funktionale Anlegerschutz gefördert, da mit verbesserter Qualität individueller Anlageentscheidungen auch das Vertrauen in die Integrität und Funktionsfähigkeit der Kapitalmärkte insgesamt gestärkt würde. Finanzbildung sollte in den Pflichtfachunterricht an Schulen integriert werden. Die Bildungs- und Informationsmaßnahmen sollten wissenschaftlich begleitet werden. So könnten ihre Auswirkungen auf die Qualität von Investitionsentscheidungen von Privatanlegern überprüft und entsprechende Rückschlüsse und Empfehlungen für die Politik daraus abgeleitet werden.

*Zu D. II. Anlegerschutz durch Information*

39. Die zentrale Schutzstrategie ist die des informationsbasierten Anlegerschutzes, also gesetzlicher Informationspflichten für Emittenten und Vertrieb von Anlageprodukten. Informationspflichten erfüllen den Zweck, Informationsasymmetrien zu beheben oder zu reduzieren, also Kunden vor Abschluss

eines Vertrages mit professionellen Anbietern von Finanzdienstleistungen bestmöglich zu informieren, um damit das auf Kundenseite bestehende Informationsdefizit auszugleichen und sie so vor nachteiligen Geschäften zu schützen. Das Informationsmodell basiert auf dem traditionellen Anlegerleitbild des *homo oeconomicus classicus*, der rationale Anlageentscheidungen trifft, sofern er über die hierfür erforderlichen Informationen verfügt. Das Modell bietet für den Gesetzgeber die Möglichkeit, ausgehend vom weiterentwickelten Anlegerleitbild des *homo oeconomicus limitatus* durch Regulierung der Art, des Umfangs und der Darstellung (Gestaltung, Standardisierung, Vergleichbarkeit) der Informationen wissenschaftlich belegte Rationalitätsbeschränkungen, Heuristiken und Urteilsverzerrungen der Anleger zu berücksichtigen und zu adressieren.

40. Die Informationspflichten werden zum einen von der Gesetzgebung vorgegeben. Hierzu gehören allgemeine Kapitalmarktinformationen, die alle Kapitalmarktakteure betreffen und daher durch Veröffentlichung bekannt zu machen sind (etwa Ad-hoc-Publizität bezüglich Insiderinformationen, Art. 17 MAR). Weiter betreffen die gesetzlichen Pflichten solche Informationen, die Anlageinteressenten zur Verfügung zu stellen und zu veröffentlichen sind, etwa in den Vorschriften über Wertpapierprospekte (ProspVO und WpPG) und Informationsblätter (WpHG und VermAnlG) sowie Verkaufsprospekte und wesentliche Anlegerinformationen (KAGB).
41. Ein Teil der genannten Informationen ist in Form sogenannter Kurzinformationsblätter zusammenzufassen. Ihr Zweck ist es, die Anlageinteressenten kurz, übersichtlich und leicht verständlich über das jeweilige Anlageprodukt zu informieren und die Vergleichbarkeit verschiedener Anlageprodukte zu verbessern. Der Gesetzgeber adressiert hiermit die kognitiven Themen des *information overload*, des *framing* und insgesamt der *bounded ability*. Denselben Zweck verfolgt auf EU-Ebene die Verordnung über Basisinformationsblätter für verpackte Anlageprodukte für Kleinanleger und Versicherungsanlageprodukte (PRIIP-VO). Die Verordnung regelt EU-weit Format und Inhalt der sogenannten Basisinformationsblätter (*Key Information Documents* oder *KIDs*).
42. *De lege ferenda* ist zu fordern, dass eine einheitliche gesetzliche Pflicht zur Erstellung, Billigung (durch die BaFin) und Veröffentlichung von Kurzinformationsblättern, parallel zum jeweiligen Prospekt, für jede Art von Anlageprodukten (Wertpapiere, Vermögensanlagen, Anteile an Investmentfonds und PRIIPs) eingeführt wird. Ferner ist zu fordern, dass es hierbei eine Pflicht zur einheitlichen Darstellung von Performanceszenarien

des jeweiligen Anlageprodukts für alle Arten von Kurzinformationsblättern geben wird.

43. Die Informationspflichten in Beratungssituationen gehen auf die Rechtsprechung zurück. Der BGH entwickelte 1993 im Bond-Urteil die Grundsätze der anlegergerechten und der objektgerechten Beratung, die heute in § 64 WpHG n.F. normiert sind. Im Rückvergütungs-Urteil von 2006 entschied der BGH, dass anlageberatende Banken verpflichtet sind, potentielle Interessenkonflikte, insbesondere bei verdeckten Rückvergütungszahlungen durch Dritte, offenzulegen. Dies ist heute normiert in § 70 WpHG n.F. Im „CMS Spread Ladder Swap"-Urteil von 2011 entschied der BGH schließlich, dass Banken in der Anlageberatung bei hochkomplexen Produkten gewährleisten müssten, dass der Anleger im Wesentlichen den gleichen Kenntnis- und Wissensstand hat wie die ihn beratende Bank.
44. Darüber hinaus hat die Rechtsprechung für Nicht-Beratungssituationen Fallgruppen von Aufklärungspflichten für Kreditinstitute entwickelt, die sich am Grad der Informations- und somit Schutzbedürftigkeit des Anlageinteressenten orientieren. Dogmatisch betrachtet handelt es sich dabei um vorvertragliche Informationspflichten aus dem vertragsähnlichen Schuldverhältnis der *culpa in contrahendo*, §§ 311 Abs. 2, 241 Abs. 2 BGB.
45. Das Informationsmodell stellt eine effektive, minimalinvasive und die Privatautonomie fördernde Strategie des Anlegerschutzes dar, die es beizubehalten und weiterzuentwickeln gilt. Sie beseitigt oder reduziert die Informationsasymmetrie zwischen Anleger und Anbieter und schafft somit eine Informationsgrundlage für die Willensbildung und Investitionsentscheidung des Anlegers. Dem Leitbild des *homo oeconomicus limitatus* entsprechend muss das Informationsmodell künftig allerdings die kognitiven Beschränkungen und Rationalitätsmängel des Anlegers in höherem Maße berücksichtigen. Einen vielversprechenden Ansatz hierfür stellen etwa die Kurzinformationsblätter dar, die insbesondere die Probleme des *information overload*, des *framing* und der *bounded rationality* insgesamt adressieren können. Es gilt daher, unter Berücksichtigung der Forschungsergebnisse zu kognitiven Beschränkungen, Heuristiken und Manipulationsmöglichkeiten, die Anlegerinformationen entsprechend anzupassen und zu gestalten.

*D. III. Anlegerschutz durch Haftungsansprüche*

46. Die Strategie des Anlegerschutzes durch Haftungsansprüche dient sowohl dem Zweck der individuellen Schadenskompensation als auch der Prävention durch Abschreckung. Darüber hinaus können Schadensersatzansprüche von Anlegern dazu dienen, aufsichtsrechtliche Normen durchzusetzen,

indem sie Emittenten, Prospektverantwortliche und Finanzintermediäre zur Befolgung aufsichtsrechtlich vorgeschriebener Verhaltensnormen anhalten. Auf diese Weise fungieren sie als Ergänzung des öffentlich-rechtlichen Sanktionsinstrumentariums (*private enforcement*).

47. Der Anlegerschutz durch Haftungsansprüche ist breit aufgestellt. Er stützt sich auf zahlreiche unterschiedliche Anspruchsgrundlagen (spezialgesetzliche Kapitalmarktinformationshaftung, spezialgesetzliche Prospekthaftung, bürgerlich-rechtliche Prospekthaftung sowie vertragliche und deliktische Haftung nach dem BGB) und erfasst zahlreiche verschiedene Anspruchsgegner (Emittenten, Prospektverantwortliche, Prospektveranlasser, Prospektgaranten, Gründungsgesellschafter, Verkäufer sowie Vermögensverwalter, Anlageberater, Anlagevermittler und rein ausführende Institute). Um die Klarheit der Rechtslage, die Rechtssicherheit und somit auch die Effektivität des Anlegerschutzes durch Haftung zu verbessern, ist es notwendig, die Anwendungsbereiche einzelner Ansprüche klarer voneinander abzugrenzen. Dies gilt insbesondere für die Prospekthaftung, bei der die Rechtslage durch das Nebeneinander spezialgesetzlicher und bürgerlich-rechtlicher Ansprüche komplex und unübersichtlich ist. Dies bedarf weiterer Klärung durch den Gesetzgeber. Nach der hier vertretenen Ansicht ist ein Festhalten am Rechtsinstitut der bürgerlich-rechtlichen Prospekthaftung als ergänzendem Auffangtatbestand grundsätzlich geboten.
48. Der Strategie des Anlegerschutzes durch Haftungsansprüche liegt dasselbe Anlegerleitbild wie dem Anlegerschutz durch Information zugrunde, da die Haftungsansprüche auch der Absicherung der Informationsansprüche dienen. Sie geht somit vom *homo oeconomicus classicus* aus, der auf der Basis fehlerfreier Informationen grundsätzlich vernünftige Investitionsentscheidungen trifft. Erhält der Anleger jedoch unrichtige oder unvollständige Informationen, entbehren seine Entscheidungen einer geeigneten Grundlage und können zu verlustbringenden Investitionen führen, für die er ggf. Schadensersatz verlangen kann.
49. Die Kritik am bestehenden Anlegerschutzrecht, die mit der Weiterentwicklung des Anlegerleitbildes vom *homo oeconomicus classicus* zum *homo oeconomicus limitatus* einhergeht, bezieht sich primär, wie oben dargestellt, auf Aspekte wie Inhalt, Umfang, Gestaltung, Standardisierung, Vergleichbarkeit und Vermittlung von Anlegerinformationen. Die Erkenntnisse der Kognitionspsychologie über die Beschränkungen der Rationalität und die Manipulierbarkeit von Anlegern müssen *de lege ferenda* deshalb in erster Linie bei der Regulierung der Informationspflichten Berücksichtigung finden. Die Schutzstrategie der Haftungsansprüche dient daher neben

der Kompensation von Schäden insbesondere dem Ziel, den informationsbasierten Anlegerschutz effektiv durchzusetzen. Der Anlegerschutz durch Haftung passt sich dabei reflexartig an die jeweils geltenden Informationspflichten an, bei deren Verletzung er eingreift. Auf diese Weise dient er auch der Durchsetzung der an die Anforderungen des weiterentwickelten Anlegerleitbildes des *homo oeconomicus limitatus* angepassten Informationspflichten.

*ZuD. IV. Anlegerschutz durch Aufsicht*

50. Der Schutz durch Aufsicht stellt neben dem Schutz durch Information und dem Schutz durch Haftung die dritte große Säule des Anlegerschutzes dar. Die gesetzliche Regulierung und die behördliche Überwachung der Kapitalmärkte verfolgen das Ziel des institutionellen Anlegerschutzes durch Stärkung der Stabilität, Integrität und Transparenz der Kapitalmärkte. Der individuelle Anlegerschutz wird hier lediglich reflexartig bewirkt. Das Anlegerleitbild des *homo oeconomicus limitatus* spielt hier daher eine untergeordnete Rolle.
51. Der Anlegerschutz durch Aufsicht operiert mit gesetzlichen Pflichten und Sanktionen, insbesondere in WpHG und KAGB. Der Gesetzgeber setzt der wirtschaftlichen Betätigungsfreiheit durch die teils sehr detaillierte Regelung konkreter Pflichten einen engen Rahmen und greift durch mittelbare Marktzugangskontrollen in die Entscheidungsfreiheit der Anleger ein. Die Verletzung der gesetzlichen Pflichten wird, je nach ihrer Bedeutung, als Ordnungswidrigkeit mit Geldbuße oder als strafrechtliches Vergehen mit Geld- oder Freiheitsstrafe geahndet. Durch dieses strafbewehrte und somit zwingende System aufsichtsrechtlicher Pflichten wird ein verlässlicher rechtlicher Rahmen für Akteure und Aktivitäten auf den regulierten Kapitalmärkten geschaffen.
52. Beim Produktzulassungsverfahren nach §§ 63 Abs. 4, 5 und 80 Abs. 9 bis 13 WpHG n.F. handelt es sich um ein präventives Anlegerschutzinstrument, das verhindern soll, dass solche Finanzinstrumente konzipiert und angeboten werden, die nicht den Interessen der Anleger dienen oder nicht auf ihre Bedürfnisse ausgerichtet sind. Es beschränkt die Wahlmöglichkeiten des Anlegers, nimmt ihm in Bezug auf das verhinderte Produkt die Entscheidung und will verhindern, dass er sich selbst schädigt – und ist somit dem Spektrum paternalistischer Maßnahmen zuzuordnen. Das Produktzulassungsverfahren geht also von der beschränkten Rationalität und von möglichen Urteilsverzerrungen des Anlegers aus und basiert somit zumindest auf dem Anlegerleitbild des *homo oeconomicus limitatus.* Allerdings handelt es sich um eine Maßnahme des „gemäßigten“, „liberalen“ oder „weichen“ Paternalismus, da der Gesetzgeber diese präventive Produkt- und Marktzugangskontrolle nicht durch staatliche Behörden – wie es

der von der Europäischen Kommission verworfene Vorschlag eines staatlichen „Finanz-TÜV“ vorgesehen hatte – durchführen lässt, sondern durch unternehmensinterne Verfahren. Es stellt ein verhältnismäßiges, insbesondere das – im Vergleich zu anderen diskutierten Maßnahmen – mildeste Instrument zur Einführung einer Marktzugangs- oder *ex ante*-Produktkontrolle dar.

53. Zum anderen operiert der Anlegerschutz durch Aufsicht mit der behördlichen Überwachung der Einhaltung aufsichtsrechtlicher Pflichten und mit ihrer Durchsetzung mittels Sanktionen. Die Aufsichtsbehörden (ESMA, EBA und BaFin) haben eine große Bandbreite unterschiedlicher Aufgaben zu bewältigen. Zur Durchsetzung der aufsichtsrechtlichen Gebote und Verbote kommen ihnen weitreichende Befugnisse zu. Insbesondere die BaFin trägt eine große Verantwortung für den funktionalen Anlegerschutz in Deutschland. Ihre zahlreichen und vielseitigen Aufgaben und Befugnisse nimmt sie gemäß § 4 Abs. 4 FinDAG ausschließlich im öffentlichen Interesse wahr. Ein unmittelbarer Individualschutz der Anleger durch die Tätigkeit der BaFin ist daher zu verneinen. Das weiterentwickelte Anlegerleitbild des *homo oeconomicus limitatus* spielt hier eine untergeordnete Rolle, denn der Schutz des Vertrauens individueller Anleger in die Funktionsfähigkeit der Märkte stellt lediglich einen „Rechtsreflex“ der Aufsicht dar.

54. Die behördliche Produktintervention durch ESMA, EBA oder BaFin ist ein Instrument des aufsichtsbehördlichen Anlegerschutzes, das nicht völlig neu, aber einschneidend ist. Es handelt sich dabei um einen gezielten staatlichen Eingriff in einen ohnehin streng regulierten und überwachten Markt. Bei Vorliegen erheblicher Bedenken in Bezug auf den Anlegerschutz und unter Berücksichtigung der Verhältnismäßigkeit können ESMA, EBA oder BaFin in ihrem jeweiligen Zuständigkeitsbereich den Vertrieb eines Finanzprodukts beschränken oder verbieten und das Produkt somit letztlich vom Kapitalmarkt nehmen. Die aufsichtsbehördliche Produktintervention ist als eine der schärfsten Sanktionen paternalistischer Prägung im deutschen Anlegerschutzrecht anzusehen. Die Auswahlmöglichkeiten des Anlegers werden durch den Verbotseingriff des Staates beschränkt, um ihn vor falschen Entscheidungen zu bewahren und ihn somit letztlich vor sich selbst zu schützen. Behördliche Produktinterventionen sind eine sinnvolle Ultima Ratio des Anlegerschutzes, etwa wenn Marktversagen auftritt.

55. Der Anlegerschutz durch Aufsicht stellt eine notwendige Strategie dar, die grundlegende Funktionen erfüllt. Durch das Aufsichtsrecht wird der Ordnungsrahmen der Kapitalmärkte, durch seine Überwachung und Durchsetzung die Voraussetzung für Integrität und Stabilität geschaffen – und somit das Vertrauen der Anleger in die Funktionsfähigkeit der Kapitalmärkte ermöglicht und gestärkt.

# B. Schlussbetrachtung – Fazit und Ausblick

Die vorliegende Untersuchung hat offenbart, dass dem deutschen Anlegerschutzrecht in Gesetzgebung, Rechtsprechung und Literatur kein einheitliches oder klar definiertes Anlegerleitbild zugrunde liegt. Sie hat ferner gezeigt, dass die konkretisierten gesetzlichen Anlegerkategorien und die in der Rechtsprechung entwickelten Anlegerbilder zwar fragmentiert sind, sich insgesamt jedoch am *homo oeconomicus* orientieren, einem in der neoklassischen Wirtschaftstheorie und Entscheidungstheorie verwendeten Schema von Modellannahmen über menschliches Verhalten. Weiterhin hat die Arbeit gezeigt, dass die Erkenntnisse der *Behavioral Finance*-Forschung belegen, dass die für theoretische Modelle verwendeten Annahmen des *homo oeconomicus* sich mit dem Urteils- und Entscheidungsverhalten realer Anleger nicht decken. Vielmehr weichen reale Anleger systematisch und somit vorhersehbar von den Annahmen der stabilen Präferenzen, der Maximierung des Eigennutzes, der rein rationalen Entscheidungsfindung sowie der unbegrenzten Informationsaufnahme und -verarbeitung ab. Um einen möglichst wirksamen und angemessenen Privatanlegerschutz zu erreichen, sollte das Leitbild des zu schützenden Anlegers den realen Anleger möglichst genau abbilden. *De lege ferenda* wird daher das weiterentwickelte Anlegerleitbild des *homo oeconomicus limitatus* vorgeschlagen, des beschränkt rationalen Anlegers. Dieses Leitbild berücksichtigt die Erkenntnisse der *Behavioral Finance*-Forschung, indem es so lange und so weit von den tradierten Annahmen des *homo oeconomicus classicus* ausgeht, bis diese durch wissenschaftliche Belege widerlegt, beschränkt oder erweitert werden.

Die Arbeit hat ferner die vier wesentlichen Strategien des Anlegerschutzes – Schutz durch finanzielle Bildung, Schutz durch Information, Schutz durch Haftung und Schutz durch Aufsicht – im Hinblick darauf untersucht, inwiefern sie eng an den Annahmen des *homo oeconomicus classicus* orientiert sind oder ob sie bereits Elemente des *homo oeconomicus limitatus* reflektieren oder künftig reflektieren sollten. Im Ergebnis hat die Untersuchung hierzu gezeigt, dass Erkenntnisse, die Bestandteile des weiterentwickelten Leitbildes sind, teilweise bereits Berücksichtigung in der Gesetzgebung finden. Wo immer es für eine Verbesserung des Anlegerschutzes in den untersuchten Strategien notwendig und angemessen erscheint, unterbreitet die Arbeit Vorschläge für Änderungen und Anpassungen *de lege ferenda* und nimmt dabei Stellung zu den aufgeworfenen Rechtsfragen.

Das vorgeschlagene Anlegerleitbild wirkt sich insbesondere auf die Instrumente des informationsbasierten Privatanlegerschutzes aus. Denn hier stehen die Fragen der Informationssuche, -aufnahme und -verarbeitung sowie der Urteils- und Entscheidungsfindung der Anleger im Zentrum der Strategie. Mit der Einführung von Kurzinformationsblättern, die kurze, übersichtliche, leicht verständliche und mit anderen Anlageprodukten vergleichbare Informationen enthalten, wurde bereits ein richtiger Weg eingeschlagen. Den empirisch belegten Rationalitätsbeschränkungen und Urteilsverzerrungen der Anleger wird hier durch die Reduzierung, Gestaltung und Standardisierung der Informationen Rechnung getragen. Diesen Weg gilt es in Zukunft konsequent zu verfolgen. In der Europäischen Union sollte künftig eine einheitliche Gestaltung der Kurzinformationsblätter für alle Anlageprodukte, die Privatanlegern offenstehen, geregelt werden, um so das parallele Nebeneinander unterschiedlicher Anforderungen an Informationsblätter auf nationaler und EU-Ebene zu beenden.

Auch mit dem Vorgehen der Europäischen Kommission im Vorfeld des Erlasses ihrer Delegierten Verordnung zu den Technischen Regulierungsstandards zum neuen Basisinformationsblatt für PRIIPs (*Packaged Retail and Insurance-based Investment Products*) wurde ein zukunftsweisender Weg eingeschlagen. Der europäische Gesetzgeber berücksichtigte bei der Konzeption des Basisinformationsblattes verhaltensökonomische Erkenntnisse, indem die Kommission parallel zur und im Anschluss an die Entwicklung der Technischen Regulierungsstandards durch die *European Supervisory Authorities* sogenannte Verbrauchertests zu den Vorgaben der Basisinformationsblätter durchführen ließ, um so eine empirische Entscheidungsgrundlage für die Standards zu schaffen. Durch die Berücksichtigung der Ergebnisse dieser empirischen Studien und Tests konnte der EU-Gesetzgeber die Kriterien für die Auswahl, Darstellung und Standardisierung von Informationen in den Basisinformationsblättern möglichst nah am realen Privatanleger, seinem tatsächlichen Verhalten und seinen kognitiven Schwächen orientieren. Dieses Vorgehen sollte künftig zum Standard der Anlegerschutzgesetzgebung werden, um das Leitbild des *homo oeconomicus limitatus* in Bezug auf den jeweils zu regulierenden Bereich möglichst realitätsnah zu konkretisieren und die gesetzlichen Regelungen daran auszurichten.

Durch eine Förderung der finanziellen Bildung in Schule und Gesellschaft könnte der Anlegerschutz mittel- bis langfristig und auf grundsätzliche Weise verbessert werden. Denn die Vermittlung von Kenntnissen über Finanzmärkte, Finanzmarktakteure und Finanzmarktprodukte, ihre Charakteristika, Chancen, Risiken und Kosten sowie über die Eignung verschiedener Anlageprodukte für unterschiedliche Grade an Erfahrung, Vorkenntnissen und Risikotragfähigkeit könnte sowohl die Qualität individueller Anlageentscheidungen verbessern als auch das Vertrauen in die Integrität und Funktionsfähigkeit der Kapitalmärkte insgesamt stärken. Da es Zweifel an der Effektivität von Maßnahmen der finanziellen Bildung und Information gibt, sollten diese zudem wissenschaftlich begleitet und ihre Auswirkungen etwa durch Beobachtungen und Befragungen systematisch quantifiziert, analysiert und evaluiert werden, beispielsweise durch das *International Network on Financial Education* (INFE) der Organisation für wirtschaftliche Zusammenarbeit und Entwicklung (OECD) und die *Global Partnership for Financial Inclusion* (GPFI) der G20. Auf diese Weise können – nach dem Vorbild der OECD/INFE-Datenbank zu evaluierten Initiativen zur finanziellen Allgemeinbildung von Erwachsenen – weitere Datenbanken mit systematisch ermittelten empirischen Werten zum kurz-, mittel- und langfristigen Einfluss von Finanzbildungsmaßnahmen in Schule und Gesellschaft auf die Qualität der Investitionsentscheidungen von Privatanlegern sowie auf das Vertrauen in die Finanzmärkte angelegt werden. Diese Datenbanken und Analysen sowie die darauf basierenden Empfehlungen könnten der künftigen Gesetzgebung in der Europäischen Union sowie auf nationaler Ebene zur Verfügung stehen und würden so der realitätsnahen Konkretisierung des Anlegerleitbildes des *homo oeconomicus limitatus* als Fundament dienen.

Darüber hinaus besteht weiterer interdisziplinärer Forschungsbedarf, etwa in den Neurowissenschaften, der Psychologie und den Wirtschaftswissenschaften, um den zu schützenden Privatanleger noch besser verstehen zu lernen. Denn mit den psychologisch-empirischen Methoden der *Behavioral Finance* können begrenzt rationale Verhaltensweisen von Marktteilnehmern zwar belegt und dargestellt werden, die Ursachen der beobachtbaren Verhaltensweisen können so jedoch nicht erklärt werden. Insbesondere die schnell fortschreitende Erforschung des menschlichen Gehirns mithilfe bildgebender Verfahren bringt stetig neue Erkenntnisse über neuronal ablaufende Entscheidungsprozesse. Diese Erkenntnisse werden im Forschungsgebiet *Neurofinance* im Hinblick auf Anlageentscheidungen untersucht und im Sinne einer Paradigmenerweiterung in die Theorien der Finanzmarktforschung integriert. Das jüngste Gebiet der Finanzmarktforschung stellt der Bereich *Emotional Finance* dar. Hier wird der Einfluss unbewusster, verdrängter Emotionen, wie etwa Phantasien und Ängste, auf das Investitionsverhalten von Marktteilnehmern mit den Methoden der Psychoanalyse untersucht. Ein ebenfalls junger und vielversprechender Ansatz der Wirtschaftswissenschaften ist es, durch die Anwendung der Spieltheorie irrationales menschliches Verhalten zu erklären. Durch die stetige Berücksichtigung von Forschungsergebnissen verschiedener wissenschaftlicher Disziplinen kann das Verhalten der Marktteilnehmer immer besser beschrieben, erklärt und verstanden werden – und entsprechend das Anlegerleitbild für die Gesetzgebung im Sinne einer dynamischen, wissenschaftsbasierten Gesetzgebung (*science-based lawmaking*) weiterentwickelt und präzisiert werden. Die staatlichen Anlegerschutzstrategien sind am fortentwickelten Anlegerleitbild auszurichten, um Fehlanreize zu vermeiden und um insgesamt eine stetige Verbesserung der Wirksamkeit und Angemessenheit des Anlegerschutzes zu erreichen.

# Literaturverzeichnis


*Adams, Michael*, Haftung auf Schadensersatz für fehlerhafte Kapitalmarktinformation, BKR 2009, 277-283.

*Anderson, Anders E. S.*, All Guts, No Glory: Trading and Diversification among Online Investors, European Financial Management 13 (2007), 448-471.

*Andresen, Stefan/Gerold, Ursula*, Basisinformationsblatt, PRIIPs-Verordnung: Neuer EU-weiter Standard der Produktinformationen für Verbraucher, BaFin Journal August 2015, 31-36.

*Ariely, Dan*, Predictably irrational: the hidden forces that shape our decisions, New York 2010.

*Armbrüster, Christian*, Kapitalanleger als Verbraucher? Zur Reichweite des europäischen Verbraucherschutzrechts, ZIP 2006, 406-415.

*Assmann, Heinz-Dieter*, Die Umsetzung der Richtlinie über Märkte für Finanzinstrumente 2007, ZBB 2008, 21-32.

*Assmann, Heinz-Dieter*, Das Verhältnis von Aufsichtsrecht und Zivilrecht im Kapitalmarktrecht, in: Festschrift für Uwe H. Schneider, Köln 2011, S. 37-56.

*Assmann, Heinz-Dieter/Schütze, Rolf/Buck-Heeb, Petra* (Hrsg.), Handbuch des Kapitalanlagerechts, 5. Aufl., München 2020.

*Assmann, Michael*, Konzeptionelle Grundlagen des Anlegerschutzes, ZBB 1989, 49-63.

*Aurich, Bastian*, Neues Maßnahmenpaket für den grauen Kapitalmarkt, GWR 2014, 295-298.

*Barber, Brad M./Odean, Terrance*, Trading is Hazardous to Your Wealth: The Common Stock Investment Performance of Individual Investors, The Journal of Finance 55 (2000), 773-806.

*Barberis, Nicholas/Thaler, Richard H.*, A Survey of Behavioral Finance, in: Constantinides, G.M., Harris, M. und Stulz, R.M. (Hrsg.), Handbook of the Economics of Finance, Bd. I, 1. Aufl., Amsterdam 2003, S. 1053-1128.

*Baumann, Antje*, Anmerkung zum Urteil des BGH vom 22.3.2011, Az. XI ZR 33/10 – Zu den Aufklärungspflichten der Bank bei Empfehlung eines CMS Spread Ladder Swap-Vertrags, EWiR 2011, 407-408.

*Baumbach, Adolf/Hopt, Klaus J.* (Hrsg.), Handelsgesetzbuch, Beck'sche Kurz-Kommentare, 40. Aufl., München 2021.

*Baums, Theodor/Möller, Matthias*, Venture-Capital: US-amerikanisches Modell und deutsches Aktienrecht, in: Corporations, Capital Markets and Business in the Law, liber amicorum Richard M. Buxbaum, London, The Hague und

Boston 2000, S. 33-88; Abdruck auch in: *Baums, Theodor*, Beiträge zum Recht der Unternehmensfinanzierung, Tübingen 2016, S. 243-303.

*Baums, Theodor* (Hrsg.), Bericht der Regierungskommission Corporate Governance. Unternehmensführung – Unternehmenskontrolle – Modernisierung des Aktienrechts, Köln 2001 (= BT-Drs. 14/7515).

*Baums, Theodor*, Haftung wegen Falschinformation des Sekundärmarktes, ZHR 167 (2003), 139-192.

*Baums, Theodor/Kiem, Roger*, Die Investmentaktiengesellschaft mit veränderlichem Kapital, Festschrift für Walther Hadding zum 70. Geburtstag am 8. Mai 2004, Berlin 2004, S. 741-758; Abdruck auch in: *Baums, Theodor*, Beiträge zum Recht der Unternehmensfinanzierung, Tübingen 2016, S. 304-321.

*Baums, Theodor/Keinath, Astrid/Gajek, Daniel*, Fortschritte bei Klagen gegen Hauptversammlungsbeschlüsse? Eine empirische Studie, ZIP 2007, 1629-1649.

*Baums, Theodor*, Eigenkapital: Begriff, Aufgaben, Sicherung, ZHR 175 (2011), 160-209.

*Baums, Theodor/Drinhausen, Florian/Keinath, Astrid*, Anfechtungsklagen und Freigabeverfahren. Eine empirische Studie, ZIP 2011, 2329-2352.

*Baur, Jürgen/Tappen, Falko/Mehrkhah, Elnaz/Behme, Caspar* (Hrsg.), Investmentgesetze Bd. III, §§ 214-360 KAGB, 4. Aufl., Berlin 2020.

*Bechtold, Stefan*, Die Grenzen zwingenden Vertragsrechts. Ein rechtsökonomischer Beitrag zu einer Rechtsetzungslehre des Privatrechts, Tübingen 2010.

*Becker, Gary S.*, The Economic Approach to Human Behavior, Chicago 1976.

*Becker, Gary S.*, Nobel Lecture: The Economic Way of Looking at Behavior, The Journal of Political Economy 101 (1993), Nr. 3, S. 385-409.

*Becker, Gary S./Becker, Guity Nashat*, The Economics of Life, New York 1997.

*Benartzi, Shlomo/Thaler, Richard H.*, Naive Diversification Strategies in Defined Contribution Saving Plans, The American Economic Review 91 (2001), S. 79-98.

*Bickenbach, Christian*, Die Einschätzungsprärogative des Gesetzgebers, Analyse einer Argumentationsfigur in der (Grundrechts-)Rechtsprechung des Bundesverfassungsgerichts, Tübingen 2014.

*Bikhchandani, Sushil/Sharma, Sunil*, Herd Behavior in Financial Markets: A Review, IMF Working Paper 00/48 (2000).

*Bödeker, Vinzenz*, Anlegerschutz und „Grauer Kapitalmarkt" – Ein Überblick über die jüngsten Aktivitäten des Gesetzgebers, GWR 2011, 278-282.

*Bogdandy, Armin von*, Gubernative Rechtsetzung. Eine Neubestimmung der Rechtsetzung und des Regierungssystems unter dem Grundgesetz in der Perspektive gemeineuropäischer Dogmatik, Tübingen 2000.

*Bolodeoku, Ige Omotayo*, Corporate Governance in the New Information and Communication Age: An Interrogation of the Rational Apathy Theory, Journal of Corporate Law Studies 7 (2007), 109-141.

*Boxberger, Lutz*, Regulierung „light" unter dem KAGB-Regime, GWR 2013, 415-418.

*Buck-Heeb, Petra*, Vom Kapitalanleger- zum Verbraucherschutz – Befund und Auswirkungen auf das Recht der Anlageberatung, ZHR 176 (2012), 66-95.

*Buck-Heeb, Petra*, Verhaltenspflichten beim Vertrieb – Zwischen Paternalismus und Schutzlosigkeit der Anleger, ZHR 177 (2013), 310-343.

*Buck-Heeb, Petra*, Compliance bei vertriebsbezogener Product Governance – Neuerungen durch die MiFID II bzw. das Kleinanlegerschutzgesetz, CCZ 2016, 2-10.

*Buck-Heeb, Petra*, Aufsichtsrechtliches Produktverbot und zivilrechtliche Rechtsfolgen – Der Anleger zwischen Mündigkeit und Schutzbedürftigkeit, BKR 2017, 89-99.

*Buck-Heeb, Petra/Poelzig, Dörte*, Die Verhaltenspflichten (§§ 63 ff. WpHGn.F.) nach dem 2. FiMaNoG – Inhalt und Durchsetzung, BKR 2017, 485-495.

*Buck-Heeb, Petra*, Kapitalmarktrecht, 11. Aufl., Heidelberg 2020.

*Busch, Danny*, Product Governance und Produktintervention unter MiFID II/ MiFIR, WM 2017, 409-420.

*Buxbaum, Hannah L.*, The Private Attorney General in a Global Age: Public Interests in Private International Antitrust Litigation, Yale Journal of International Law 26 (2001), 219-263.

*Bülow, Peter*, Ein neugefasster § 13 – überwiegende Zweckbestimmung, WM 2014, 1-4.

*Cahn, Andreas/Müchler, Henny*, Produktintervention nach MiFID II – Eingriffsvoraussetzungen und Auswirkungen auf die Pflichten des Vorstands von Wertpapierdienstleistungsunternehmen, BKR 2013, 45-55.

*Camerer, Colin/Issacharoff, Samuel/Loewenstein, George/O'Donoghue, Ted/ Rabin, Matthew*, Regulation for Conservatives: Behavioral Economics And The Case For "Asymmetric Paternalism", University of Pennsylvania Law Review 151 (2003), 1211-1254.

*Chater, Nick/Huck, Steffen/Inderst, Roman*, Consumer Decision-Making in Retail Investment Services: A Behavioural Economics Perspective, Final Report, November 2010.

*Clouth, Peter*, Anlegerschutz – Grundlagen aus Sicht der Praxis, ZHR 177 (2013), 212-263.

*Damrau, Jan*, Selbstregulierung im Kapitalmarktrecht: Eine rechtsökonomische Analyse der Normsetzung der deutschen Börsen und ihrer Träger, Berlin 2003 (zugl. Diss. Göttingen, 2003).

*Dauner-Lieb, Barbara/Langen, Werner* (Hrsg.), Nomos Kommentar, BGB, Bd. II – Schuldrecht, 4. Aufl., Baden-Baden 2021.

*Daxhammer, Rolf J./Facsar, Máté*, Behavioral Finance, Konstanz und München 2018.

*De Meza, David/Irlenbusch, Bernd/Reyniers, Diane*, Financial Services Authority – Financial Capability: A Behavioral Economics Perspective, 2008.

*Derleder, Peter/Knops, Kai-Oliver/Bamberger, Heinz Georg* (Hrsg.), Deutsches und europäisches Bank- und Kapitalmarktrecht, Bd. II, 3. Aufl., Berlin und Heidelberg 2017.

*Deutsche Bundesbank*, Finanzielle Integration und Risikoteilung in der EWU – Längerfristige Entwicklungstendenzen und Auswirkungen der Finanzkrise, Monatsbericht Dezember 2009, S. 37-51.

Deutsche Bundesbank, Anlegerverhalten in Theorie und Praxis, Monatsbericht Januar 2011, S. 45-58.

*Dichtl, Erwin/Issing, Otmar* (Hrsg.), Vahlens Großes Wirtschaftslexikon, 2. Aufl., München 1994.

*Dreher, Meinrad*, Der Verbraucher – Das Phantom in den opera des europäischen und deutschen Rechts?, JZ 1997, 167-178.

*Duve, Christian/Keller, Moritz*, MiFID: Die neue Welt des Wertpapiergeschäfts, Lernen Sie Ihre Kunden kennen – Kundenklassifikation und -information, BB 2006, 2425-2432.

*Ehlers, Dirk/Fehling, Michael/Pünder, Hermann* (Hrsg.), Besonderes Verwaltungsrecht, Bd. I, Öffentliches Wirtschaftsrecht, 4. Aufl., Heidelberg 2019.

*Eidenmüller, Horst*, Der homo oeconomicus und das Schuldrecht: Herausforderungen durch Behavioral Law and Economics, JZ 2005, 216-224.

*Eidenmüller, Horst*, Liberaler Paternalismus, JZ 2011, 814-821.

*Ellenberger, Jürgen*, Die neuere Rechtsprechung des Bundesgerichtshofes zu Aufklärungs- und Beratungspflichten bei der Anlageberatung, WM Sonderbeilage Nr. 1 zu Heft 15/2001, 2-16.

*Ellenberger, Jürgen*, Prospekthaftung im Wertpapierhandel, Berlin und New York 2001 (zugl. Diss. Marburg 2000).

*Ellenberger, Jürgen/Clouth, Peter*, Praktikerhandbuch Wertpapier- und Derivatgeschäft, 5. Aufl., Heidelberg 2018.

*Emmenegger, Sigrid,* Gesetzgebungskunst. Gute Gesetzgebung als Gegenstand einer legislativen Methodenbewegung in der Rechtswissenschaft um 1900 – Zur Geschichte der Gesetzgebungslehre, Tübingen 2006.

*Emde, Thomas/Dreibus, Alexandra,* Der Regierungsentwurf für ein Kapitalanlagegesetzbuch, BKR 2013, 89-102.

*Emde, Thomas/Dornseifer, Frank/Dreibus, Alexandra,* Kapitalanlagegesetzbuch Kommentar, 2. Aufl., München 2019.

*Fama, Eugene F.,* Efficient Capital Markets, A Review of Theory and Empirical Work, Journal of Finance 25 (1970), 383-417.

*Fischhoff, Baruch/Beyth, Ruth,* "I knew it would happen": Remembered Probabilities of Once-Future Things, Organizational Behavior and Human Performance 13 (1975), 1-16.

*Fleischer, Holger,* Prospektpflicht und Prospekthaftung für Vermögensanlagen des Grauen Kapitalmarkts nach dem Anlegerschutzverbesserungsgesetz, BKR 2004, 339-347.

*Fleischer, Holger,* Zur deliktsrechtlichen Haftung der Vorstandsmitglieder für falsche Ad-hoc-Mitteilungen, DB 2004, 2031-2036.

*Fleischer, Holger/Zimmer, Daniel* (Hrsg.), Beitrag der Verhaltensökonomie (Behavioral Economics) zum Handels- und Wirtschaftsrecht, Frankfurt a.M. 2011.

*Freitag, Robert,* Die „Investmentkommanditgesellschaft" nach dem Regierungsentwurf für ein Kapitalanlagegesetzbuch, NZG 2013, 329-336.

*Früh, Andreas,* Zur Bankenhaftung bei Immobilien-Kapitalanlagen – Zugleich eine Besprechung des Urteils des OLG Karlsruhe vom 27.8.1998, ZIP 1999, 701-705.

*Fuchs, Andreas,* Wertpapierhandelsgesetz (WpHG), Kommentar, 2. Aufl., München 2016.

*Gerding, Martin,* Die Ungleichbehandlung der betroffenen Anleger als Folge einer Produktintervention nach Art. 42 MiFIR, BKR 2017, 441-447.

*Giannone, Domenico/Lenza, Michele/Reichlin, Lucrezia,* Market Freedom and the Global Recession, IMF Economic Review 59, Working Papers ECARES 2010 (ssrn.1623862).

*Gigerenzer, Gerd/Todd, Peter M./ABC Research Group* (Hrsg.), Simple Heuristics That Make Us Smart, Oxford 1999.

*Gilovich, Thomas/Griffin, Dale/Kahneman, Daniel,* Heuristics and Biases: The Psychology of Intuitive Judgment, Cambridge 2002.

*Glaser, Markus/Weber, Martin,* Overconfidence and Trading Volume, The Geneva Risk and Insurance Review 32 (2007), 1-36.

*Glaser, Markus/Langer, Thomas/Reynders, Jens/Weber, Martin*, Framing Effects in Stock Market Forecasts: The Difference Between Asking for Prices and Asking for Returns, Review of Finance 11 (2007), 325-357.

*Grigoleit, Christoph*, Anlegerschutz – Produktinformationen und Produktverbote, ZHR 177 (2013), 264-309.

*Gromb, Denis/Vayanos, Dimitri*, Limits of Arbitrage: The State of the Theory, Annual Review of Financial Economics 2 (2010), 251-275.

*Grossman, Sanford J./Stiglitz, Joseph E.*, On the Impossibility of Informationally Efficient Markets, The American Economic Review 70 (1980), 393-408.

*Groß, Wolfgang*, Kapitalmarktrecht, Kommentar zum Börsengesetz, zur Börsenzulassungs-Verordnung und zum Wertpapierprospektgesetz, 7. Aufl., München 2020.

*Grundmann, Stefan*, Wohlverhaltenspflichten, interessenkonfliktfreie Aufklärung und MIFID II – Jüngere höchstrichterliche Rechtsprechung und Reformschritte in Europa, WM 2012, 1745-1755.

*Hanke, Stefan*, Überblick über die Prospekthaftung bei geschlossenen Fonds nach dem Inkrafttreten des KAGB, BKR 2014, 441-448.

*Hayek, Friedrich v.*, The Use of Knowledge in Society, The American Economic Review 35 (1945), 519-530.

*Herfeld, Catherine*, The potentials and limitations of rational choice theory: an interview with Gary Becker, Erasmus Journal for Philosophy and Economics 5 (2012), 73-86.

*Herresthal, Carsten*, Die Weiterentwicklung des informationsbasierten Anlegerschutzes in der Swap-Entscheidung des BGH als unzulässige Rechtsfortbildung, ZIP 2013, 1049-1057.

*Herresthal, Carsten*, Die Grundlage und Reichweite von Aufklärungspflichten beim Eigenhandel mit Zertifikaten – zugleich eine Besprechung von BVerfG 1 BvR 2514/11, BGH XI ZR 182/10 und BGH XI ZR 178/10, ZBB 2012, 89-106.

*Herresthal, Carsten*, Die Rechtsprechung zu Aufklärungspflichten bei Rückvergütungen auf dem Prüfstand des Europarechts, WM 2012, 2261-2267.

*Herring, Frank/Loff, Detmar*, Die Verwaltung alternativer Investmentvermögen nach dem KAGB-E, DB 2012, 2029.

*Hirshleifer, David*, Investor Psychology and Asset Pricing, Journal of Finance 56 (2001), 1533-1597.

*Hoffman, Moshe/Yoeli, Erez*, Hidden Games – The Surprising Power of Game Theory to Explain Irrational Human Behavior, New York 2022.

*Hoffmeyer, Hannes*, Gesetzesnamen als Etikettenschwindel? Konsequenzen der ausgeweiteten spezialgesetzlichen Prospekthaftung für die Ansprüche von Anlegern, NZG 2016, 1133-1139.

*Hopt, Klaus J.*, 50 Jahre Anlegerschutz und Kapitalmarktrecht: Rückblick und Ausblick, WM 2009, 1873-1881.

*Hopt, Klaus J.*, Die Haftung für Kapitalmarktinformationen – Rechtsvergleichende, rechtsdogmatische und rechtspolitische Überlegungen, WM 2013, 101-112.

*Hopt, Klaus J.*, Kapitalanlegerschutz im Recht der Banken: gesellschafts-, bank- und börsenrechtliche Anforderungen an das Beratungs- und Verwaltungsverhalten der Kreditinstitute, München 1975 (zugl. Habil. München 1973 unter dem Titel: Anlegerschutz beim Wertpapiergeschäft der Kreditinstitute).

*Hopt, Klaus J.*, Vom Aktien- und Börsenrecht zum Kapitalmarktrecht? Teil 1: Der international erreichte Stand des Kapitalmarktrechts, ZHR 140 (1976), 201-235.

*Hopt, Klaus J.*, Vom Aktien- und Börsenrecht zum Kapitalmarktrecht? Teil 2: Die deutsche Entwicklung im internationalen Vergleich, ZHR 141 (1977), 389-441.

*Hopt, Klaus J.*, Inwieweit empfiehlt sich eine allgemeine gesetzliche Regelung des Anlegerschutzes? Gutachten G zum 51. DJT 1976 (Stuttgart), München 1976.

*Holzborn, Timo/Israel, Alexander*, Das Anlegerschutzverbesserungsgesetz – Die Veränderungen im WpHG, VerkProspG und BörsG und ihre Auswirkungen in der Praxis – WM 2004, Heft 40, 1958-1956.

*Jolls, Christine/Sunstein, Cass R./Thaler, Richard H.*, A Behavioral Approach to Law and Economics, Stanford Law Review 50 (1998), 1471-1550.

*Kahneman, Daniel/Tversky, Amos*, Prospect Theory: An Analysis of Decision under Risk, Econometrica 47 (1979), 263-292.

*Kahneman, Daniel/Tversky, Amos*, The Psychology of Preferences, Scientific American 246 (1982), 167-173.

*Kahneman, Daniel/Slovic, Paul/Tversky, Amos*, Judgment under Uncertainty: Heuristics and Biases, Cambridge 1982.

*Kahneman Daniel*, Thinking, Slow and Fast, New York 2011.

*Kahneman, Daniel*, Schnelles Denken, langsames Denken, München 2017.

*Kappus, Andreas*, Verbraucherschutz am Nadelöhr?, NJW 1997, 2653-2654.

*Karpen, Ulrich*, Gesetzgebungslehre – neu evaluiert. Legistics – freshly evaluated, Baden-Baden 2008.

*Kilka, Michael*, Internationale Diversifikation von Aktienportfolios: Home Bias in Kurserwartungen und Präferenzen, Frankfurt am Main 1998 (zugl. Diss. Mannheim 1998).

*Kilka, Michael/Weber, Martin*, Home Bias in International Stock Return Expectations, Journal of Psychology and Financial Markets 1 (2000), 176-192.

*Kirchgässner, Gebhard*, Homo Oeconomicus, Das ökonomische Modell individuellen Verhaltens und seine Anwendung in den Wirtschafts- und Sozialwissenschaften, 4. Aufl., Tübingen 2013.

*Klinger, Max*, Die zentrale Strafnorm des Investmentrechts gem. § 339 KAGB, NZWiSt 2014, 370-377.

*Klöhn, Lars*, Kapitalmarkt, Spekulation und Behavioral Finance, Eine interdisziplinäre und vergleichende Analyse zum Fluch und Segen der Spekulation und ihrer Regulierung durch Recht und Markt, Berlin 2006 (zugl. Diss. Göttingen 2005).

*Klöhn, Lars*, Preventing Excessive Retail Investor Trading under MiFID – A Behavioural Law & Economics Perspective, European Business Organization Law Review 10 (2009), 437-457.

*Klöhn, Lars*, Anmerkung zu BGH, Urt. v. 22.3.2011 – XI ZR 33/10 (Ille Papier/Deutsche Bank, Schadensersatz wegen unzureichender Aufklärung über ein Zinsswap-Geschäft), ZIP 2011, 762-764.

*Klöhn, Lars*, Die Ausweitung der bürgerlich-rechtlichen Prospekthaftung durch das „Rupert Scholz"-Urteil des BGH (zugleich Besprechung von BGH, WM 2012, 19), WM 2012, 97-106.

*Klöhn, Lars*, Die Haftung wegen fehlerhafter Ad-hoc-Publizität gem. §§ 37b, 37c WpHG nach dem IKB-Urteil des BGH, AG 2012, 345-358.

*Klöhn, Lars*, Wertpapierhandelsrecht diesseits und jenseits des Informationsparadigmas – Am Beispiel des „verständigen Anlegers" im Sinne des deutschen und europäischen Insiderrechts, ZHR 177 (2013), 349-387.

*Koch, Jens*, Grenzen des informationsbasierten Anlegerschutzes. Die Gratwanderung zwischen angemessener Aufklärung und information overload, BKR 2012, 485-493.

*Koller, Ingo*, Die Abdingbarkeit des Anlegerschutzes durch Information im europäischen Kapitalmarktrecht, in: Festschrift für Ulrich Huber, Tübingen 2006, S. 821-840.

*Koller, Ingo*, Wertpapierberatung und Verkauf im Licht des WpHG, ZBB 2011, 361-373.

*Köndgen, Johannes*, Grenzen des informationsbasierten Anlegerschutzes – zugleich Anmerkung zu BGH, Urt. v. 22.3.2011 – XI ZR 33/10, BKR 2011, 283-286.

*Köndgen, Johannes*, Zur Frage nach den Aufklärungspflichten einer Bank beim Verkauf von Indexzertifikaten – zugleich Anmerkung zu BGH, Urt. v. 27.09.2011 – XI ZR 182/10, JZ 2012, 260-263.

*Kropf, Christian*, Beratung durch Banken bei Abschluss von Swap-Geschäften, ZIP 2013, 401-406.

*Kurz, Antje-Irina*, Vertrieb von Finanzprodukten in Deutschland, DB 2013, 501-507.

*Kumpan, Christoph*, Die Regulierung außerbörslicher Wertpapierhandelssysteme im deutschen, europäischen und US-amerikanischen Recht, Berlin 2006 (zugl. Diss. Hamburg 2005).

*Lang, Volker/Balzer, Peter*, Die Rechtsprechung des XI. Zivilsenats zum Wertpapierhandelsrecht seit der Bond-Entscheidung, Eine Analyse der Folgerechtsprechung zu BGH, Urteil vom 6. Juli 1993 – XI ZR 12/93, in: Entwicklungslinien im Bank- und Kapitalmarktrecht, Festschrift für Gerd Nobbe, Köln 2009, S. 639-680.

*Langenbucher, Katja*, Zur Auflösung von Systemspannungen zwischen Bankaufsichtsrecht und Privatrecht, in: Unternehmen, Markt und Verantwortung, Festschrift für Klaus J. Hopt, Berlin und New York 2010, Bd. II, S. 2175-2188.

*Langenbucher, Katja*, Anlegerschutz – Ein Bericht zu theoretischen Prämissen und legislativen Instrumenten, ZHR 177 (2013), 679-701.

*Langenbucher, Katja/Kaprinis, Kosmas*, Private enforcement of investor protection – Is private law up for the challenge?, in: Fachbereich Rechtswissenschaft der Goethe-Universität Frankfurt am Main (Hrsg.), 100 Jahre Rechtswissenschaft in Frankfurt: Erfahrungen, Herausforderungen, Erwartungen, Frankfurt am Main 2014, S. 483-500.

*Langenbucher, Katja*, Anlegerschutz durch Haftung nach deutschem und europäischen Kapitalmarktrecht, in: Lorenz, Egon (Hrsg.), Karlsruher Forum 2014: Anlegerschutz durch Haftung nach deutschem und europäischem Kapitalmarktrecht, VersR-Schriften 55, Karlsruhe 2015, S. 5-40.

*Langenbucher, Katja/Bliesener, Dirk/Spindler, Gerald*, Bankrechts-Kommentar, 3. Aufl., München 2020.

*Langenbucher, Katja*, In Brüssel nichts Neues? – Der „verständige Anleger" in der Marktmissbrauchsverordnung, AG 2016, 417-422.

*Langenbucher, Katja*, Economic Transplants: On Lawmaking for Corporations and Capital Markets, Cambridge 2017.

*Langenbucher, Katja*, Aktien- und Kapitalmarktrecht, 4. Aufl., München 2018.

*Larenz, Karl/Canaris, Claus-Wilhelm*, Methodenlehre der Rechtswissenschaft, 3. Aufl., München 1995.

*Leuering, Dieter/Zetzsche, Dirk*, Die Reform des Schuldverschreibungs- und Anlageberatungsrechts – (Mehr) Verbraucherschutz im Finanzmarktrecht?, NJW 2009, 2856-2861.

*Lindenberg, Siegwart*, An Assessment of the New Political Economy: Its Potential for the Social Sciences and for Sociology in Particular, Sociological Theory, 3 (1985), 99-114.

*Litten, Rüdiger*, PRIIPs: Anforderungen an Basisinformationsblätter, DB 2016, 1679-1683.

*Loff, Detmar/Klebeck, Ulf*, Fundraising nach der AIFM-Richtlinie und Umsetzung in Deutschland durch das KAGB, BKR 2012, 353-359.

*Loss, Louis*, Der Schutz der Kapitalanleger, ZHR 129 (1967), 197-255.

*Ludewig, Verena*, Leerverkäufe in Deutschland – Verbote, Transparenzpflichten, Verdachtsanzeigen und Überwachung, BaFin Journal Dezember 2010, 4-7.

*Möllers, Thomas M.J.*, Effizienz als Maßstab des Kapitalmarktrechts: Die Verwendung empirischer und ökonomischer Argumente zur Begründung zivil-, straf- und öffentlich-rechtlicher Sanktionen, AcP 208 (2008), 1-36.

*Möllers, Thomas M.J.*, Anlegerschutz im System des Kapitalmarktrechts, Rechtsgrundlagen und Ausblicke, in: Unternehmen, Markt und Verantwortung, Festschrift für Klaus J. Hopt, Berlin und New York 2010, Bd. II, S. 2247-2264.

*Möllers, Thomas M.J./Poppele, Mauritz*, Paradigmenwechsel durch MiFID II: divergierende Anlegerleitbilder und neue Instrumentarien wie Qualitätskontrolle und Verbote, ZGR 2013, 437-481.

*Mülbert, Peter O.*, Anlegerschutz und Finanzmarktregulierung – Grundlagen, ZHR 177 (2013), 160-211.

*Mülbert, Peter O.*, Auswirkungen der MiFID-Rechtsakt für Vertriebsvergütungen im Effektengeschäft der Kreditinstitute, ZHR 172 (2008), 170-209.

*Mülbert, Peter O.*, Anlegerschutz bei Zertifikaten – Beratungspflichten, Offenlegungspflichten bei Interessenkonflikten und die Änderungen durch das Finanzmarkt-Richtlinie-Umsetzungsgesetz (FRUG), WM 2007, 1149-1163.

*Mülbert, Peter O./Kernchen, Eva*, Information Overload am Kapitalmarkt – Plädoyer zur Einführung eines Kurzfinanzberichts auf empirischer, psychologischer und rechtsvergleichender Basis, ZGR 2011, 1-26.

*Münchener Handbuch des Gesellschaftsrechts*, hrsg. v. *Gummert, Hans/Weipert, Lutz*, Bd. II – Kommanditgesellschaft, GmbH & Co. KG, Publikums-KG, Stille Gesellschaft, 5. Aufl., München 2018 (zitiert: *Bearbeiter*, in: Münchener Handbuch d. GesR).

*Münchener Kommentar zum Aktiengesetz*, hrsg. v. *Goette, Wulf/Habersack, Mathias/Karlss, Susanne*, Bd. VI – §§ 329-410, WpÜG, 5. Aufl., München 2021 (zitiert: *Bearbeiter*, in: MüKo AktG).

*Münchener Kommentar zum Bürgerlichen Gesetzbuch*, hrsg. v. *Säcker, Franz Jürgen/Rixecker, Roland/Oetker, Hartmut/Limperg, Bettina*, Bd. VII – §§ 705-853, Partnerschaftsgesellschaftsgesetz, Produkthaftungsgesetz, 8. Aufl., München 2020 (zitiert: *Bearbeiter*, in: MüKo BGB).

*Münchener Kommentar zum Handelsgesetzbuch*, hrsg. v. *Schmidt, Karsten/Ebke, Werner F.*, Bd. III – §§ 161-237 Konzernrecht der Personengesellschaften, 4. Aufl., München 2019 (zitiert: *Bearbeiter*, in: MüKo HGB).

*Nobbe, Gerd*, Prospekthaftung bei geschlossenen Fonds – Ein Überblick über die Rechtsprechung insbesondere des Bundesgerichtshofs, WM 2013, 193-204.

*Ochs, Bernd*, Die einheitliche kapitalmarktrechtliche Prospekthaftungstheorie, Frankfurt am Main 2005 (zugl. Diss. Saarbrücken 2004).

*Odean, Terrance*, Are Investors Reluctant to Realize Their Losses?, The Journal of Finance 53 (1998), 1775-1798.

*Oehler, Andreas/Reisch, Lucia*, Behavioral Economics – eine neue Grundlage für Verbraucherpolitik? Eine Studie im Auftrag des Verbraucherzentrale Bundesverbandes, 2008.

*Poelzig, Dörte*, Normdurchsetzung durch Privatrecht, Tübingen 2012.

*Poelzig, Dörte*, Private enforcement im deutschen und europäischen Kapitalmarktrecht – Eine Untersuchung anhand des Marktmanipulationsverbots unter Berücksichtigung der Entwicklungen im europäischen Kartellrecht, ZGR 2015, 801-848.

*Poelzig, Dörte*, Durchsetzung und Sanktionierung des Marktmissbrauchsrechts, NZG 2016, 492-502.

*Posner, Richard A.*, Rational Choice, Behavioral Economics, and the Law, Stanford Law Review 50 (1998), 1551-1575.

*Rachlinski, Jeffrey J.*, Cognitive Errors, Individual Differences, And Paternalism, The University of Chicago Law Review 73 (2006), 207-229.

*Ranchordás, Sofia*, Constitutional Sunsets and Experimental Legislation: A Comparative Perspective, Cheltenham/Northhampton 2014.

*Redenius-Hövermann, Julia*, Verhalten im Unternehmensrecht, Über die realverhaltensorientierte Fortentwicklung des Unternehmensrechts anhand ausgewählter Anwendungsbeispiele, Tübingen 2019.

*Reinelt, Ekkehard*, Haftung aus Prospekt und Anlageberatung bei Kapitalanlagefonds, NJW 2009, 1-8.

*Reisch, Lucia A./Oehler, Andreas*, Behavioral Economics: Eine neue Grundlage für die Verbraucherpolitik?, Vierteljahrshefte zur Wirtschaftsforschung 78 (2009), Heft 3, S. 30–43.

*Rizzo, Maril J./Whitman, Douglas G.*, The Knowledge Problem of New Paternalism, Brigham Young University Law Review 2009, 905-968.

*Roth, Wulf-Henning*, Die „Lehmann-Zertifikate"-Entscheidungen des BGH im Lichte des Unionsrechts, Anmerkungen zu den Urteilen des BGH vom 27.9.2011 und 26.6.2012, ZBB 2012, 429-439.

*Roth, Barbara/Blessing, Denise*, Die neuen Vorgaben nach MiFID II – Teil 1 – Änderungen im Rahmen der Anlageberatung und Geeignetheitsprüfung, CCZ 2016, 258-266.

*Roth, Barbara/Blessing, Denise*, Die neuen Vorgaben nach MiFID II – Teil 2 – Die Aufzeichnungspflichten betreffend Telefongespräche und elektronische Kommunikation, CCZ 2017, 8-16.

*Roth, Barbara/Blessing, Denise*, Die neuen Vorgaben nach MiFID II – Teil 3 – Die Zulässigkeit und Offenlegung von Zuwendungen, CCZ 2017, 163-171.

*Rößler, Gernot J.*, „Kick back" – quo vadis?, NJW 2008, 554-556.

*Savage, Leonard J.*, The Sure-Thing Principle, in: Savage, Leonard J. (Hrsg.), The Foundations of Statistics, New York 1954, S. 21-26.

*Schäfer, Frank A.*, Stand und Entwicklungstendenzen der spezialgesetzlichen Prospekthaftung, ZGR 2006, 40-78.

*Schäfer, Frank/Schäfer, Ulrike*, Rechtsfolgen der Zahlung von Rückvergütungen durch eine Kapitalanlagegesellschaft an eine anlageberatende Bank, Anmerkung zu BGH, Urt. v. 19.12.2006, Az.: XI ZR 56/05 („Kick back"), BKR 2007, 160-166.

*Schäfer, Frank*, Produktverbote für Finanzinstrumente und ihre zivilrechtlichen Rechtsfolgen, in: Innovatives Denken zwischen Recht und Markt, Festschrift für Hans-Peter Schwintowski, Baden-Baden 2017, S. 345-555.

*Schimansky, Herbert/Bunte, Hermann-Josef/Lwowski, Hans-Jürgen* (Hrsg.), Bankrechts-Handbuch, 5. Aufl., München 2017.

*Schmitt, Stephan*, Prospekthaftung von Abschlussprüfern?, DStR 2013, 1688-1692.

*Schmolke, Klaus Ulrich*, Grenzen der Selbstbindung im Privatrecht, Rechtspaternalismus und Verhaltensökonomik in Familien-, Gesellschafts- und Verbraucherrecht, Tübingen 2014 (zugl. Habil. Hamburg 2012).

*Schnauder, Franz*, Regimewechsel im Prospekthaftungsrecht bei geschlossenen Publikumsfonds, NJW 2013, 3207-3213.

*Schön, Wolfgang*, Zwingendes Recht oder informierte Entscheidung – zu einer (neuen) Grundlage unserer Zivilrechtsordnung, in: Festschrift für Claus-Wilhelm Canaris, München 2007, Bd. I, S. 1191-1211.

*Schoop, Adrian*, Kundensegmentierung am Point of Sale, Zivil- und aufsichtsrechtliche Verhaltensregeln für in der Schweiz und in der EU tätige Finanzdienstleister, St. Gallen 2014 (zugl. Diss. St. Gallen 2014).

*Schubert, Leif/Schuhmann, Alexander*, Die Kategorie des semiprofessionellen Anlegers nach dem Kapitalanlagegesetzbuch, BKR 2015, 45-52.

*Schultheiß, Tilman*, Die Dritthaftung von Wirtschaftsprüfern nach dem KAGB, BKR 2015, 133-140.

*Schwab, Martin*, Provisionen, Rückvergütungen und der legitime Erwartungshorizont des Anlagekunden, BKR 2011, 450-456.

*Schwark, Eberhard*, Anlegerschutz durch Wirtschaftsrecht: Entwicklungslinien, Prinzipien und Fortbildung des Anlegerschutzes, zugleich ein Beitrag zur Überlagerung bürgerlich-rechtlicher Regelung und gewerbepolizeilicher Überwachung durch Wirtschaftsrecht, München 1979 (zugl. Habil. Bonn 1977).

*Schwark, Eberhard/Zimmer, Daniel* (Hrsg.), Kapitalmarktrechts-Kommentar, 5. Aufl., München 2020.

*Seibert, Holger*, Das Recht der Kapitalanlageberatung und -vermittlung, München 2014.

*Sethe, Rolf*, Treuepflichten der Banken bei der Vermögensanlage, AcP 212 (2012), 80-156.

*Shefrin, Hersh/Statman, Meir*, The Disposition to Sell Winners Too Early and Ride Losers Too Long: Theory and Evidence, The Journal of Finance 40 (1984), 777-790.

*Shefrin, Hersh*, Beyond Greed and Fear: Understanding Behavioral Finance and the Psychology of Investing, Oxford 2002.

*Shiller, Robert J.*, Market Volatility, Cambridge (MA, USA) 1989.

*Shiller, Robert J.*, Human Behavior and the Efficiency of the Financial System, in: Taylor, J.B. und Woodford, M. (Hrsg.), Handbook of Macroeconomics, Bd. I, 1. Aufl., Amsterdam 1999, S. 1305-1340.

*Shleifer, Andrei*, Inefficient Markets: An Introduction to Behavioral Finance, Oxford 2000.

*Shleifer, Andrei/Vishny, Robert W.*, The Limits of Arbitrage, Journal of Finance 52 (1997), 35-55.

*Shleifer, Andrei/Summers, Lawrence H.*, The Noise Trader Approach to Finance, Journal of Economic Perspectives 4 (1990), 19-33.

*Simon, Herbert,* A Behavioral Model of Rational Choice, The Quarterly Journal of Economics 69 (1955), 99-118.

*Söhner, Matthias,* Neuer Rechtsrahmen für Private Equity – AIFM-Umsetzungsgesetz, Aktienrechtsnovelle 2014 und weitere Vorschriften, WM 2014, 2110-2119.

*Spindler, Gerald,* Aufklärungspflichten im Bankrecht nach dem „Zins-Swap-Urteil" des BGH, NJW 2011, 1920-1924.

*Spindler, Gerald,* Persönliche Haftung der Organmitglieder für Falschinformationen des Kapitalmarktes de lege lata und de lege ferenda, WM 2004, 2089-2098.

*Springer Gabler Verlag* (Hrsg.), Gabler Wirtschaftslexikon, abrufbar im Internet: http://wirtschaftslexikon.gabler.de/.

*Steinbeck, Anja/Lachenmaier, Andreas,* Verhaltensökonomik im Gerichtssaal, NJW 2014, 2086-2091.

*Stürner, Rolf,* Risikoauslagerung und Informationen in der kompetitiven Marktgesellschaft – Einige Bemerkungen zu systemimmanenten Schwächen des Informationsmodells, in: Festschrift für Claus-Wilhelm Canaris, München 2007, Bd. I, S. 1489-1501.

*Taffler, Richard/Tuckett, David,* Emotional Finance: The Role of the Unconscious in Financial Decisions, in: Baker, H. Kent/Nofsinger, John R. (Hrsg.), Behavioral Finance: Investors, Corporations, and Markets, Hoboken 2011.

*Thaler, Richard H.,* Toward a Positive Theory of Consumer Choice, Journal of Economic Behavior and Organization 1 (1980), 39-60.

*Thaler, Richard H./Sunstein, Cass R.,* Libertarian Paternalism, The American Economic Review 93 (2003), 175-179.

*Thaler, Richard H./Sunstein, Cass R.,* Libertarian Paternalism Is Not an Oxymoron, The University of Chicago Law Review 70 (2003), 1159-1202.

*Thaler, Richard H./Sunstein, Cass R.,* Nudge: Improving Decisions About Health, Wealth and Happiness, New Haven und London 2008.

*Thaler, Richard H.,* Misbehaving: The Making of Behavioral Economics, New York 2015.

*Thaler, Richard H./Sunstein, Cass R.,* Nudge: Wie man kluge Entscheidungen anstößt, 16. Aufl., Berlin 2020.

*Tversky, Amos/Kahneman, Daniel,* Judgment under Uncertainty: Heuristics and Biases, Science 185 (1974), Nr. 4157, S. 1124-1131.

*Tversky, Amos/Kahneman, Daniel,* The Framing of Decisions and the Psychology of Choice, Science New Series 211 (1981), S. 453-458.

*Ulmer, Peter*, Anlegerschutz und Gesellschaftsrecht, Zur Problematik der Prospekthaftung von Publikumskommanditgesellschaften und dem Regierungsentwurf eines Vermögensanlagegesetzes, BB 178, 461-466.

*van Kann, Jürgen/Redeker, Rouven/Keiluweit, Anjela*, Überblick über das Kapitalanlagengesetzbuch (KAGB), DStR 2013, 1483-1489.

*Veil, Rüdiger*, Vermögensverwaltung und Anlageberatung im neuen Wertpapierhandelsrecht – eine behutsame Reform der Wohlverhaltensregeln?, ZBB 2008, 34-42.

*Volhard, Patricia/Jang, Kin-Hyuk*, Der Vertrieb alternativer Investmentfonds, DB 2013, 273-283.

*Wagner, Jens*, Zur Rechtsstellung Dritter nach dem WpÜG, zugl. Besprechung von OLG Frankfurt a.M., Beschluss vom 27.05.2003, Az.: WpÜG 1/03, NZG 2003, 718-719.

*Wagner, Klaus-R.*, Ausstieg aus fremdfinanzierten geschlossenen Immobilienfonds per HWiG, VerbrKrG, Anlageberatungshaftung und Prospekthaftung, NZG 2000, 169-182.

*Wagner, Klaus-R.*, Sind Kapitalanleger Verbraucher? Zum Verhältnis von Kapitalanlagerecht zum Verbraucherschutzrecht, BKR 2003, 649-656.

*Wagner, Klaus-R.*, Anlegerschutzverbesserung und „Grauer Kapitalmarkt", NZG 2011, 609-613.

*Wallach, Edgar*, Umsetzung der AIFM-Richtlinie in deutsches Recht – erste umfassende Regulierung des deutschen Investmentrechts, Recht der Finanzinstrumente (RdF) 2013, 92-103.

*Weber, Martin*, Genial einfach investieren, Frankfurt/M. 2007.

*Weichert, Tilman/Wenninger, Thomas*, Die Neuregelung der Erkundigungs- und Aufklärungspflichten von Wertpapierdienstleistungsunternehmen gem. Art. 19 RiL 2004/39/EG (MiFID) und Finanzmarkt-Richtlinie-Umsetzungsgesetz, WM 2007, 627-636.

*Weitnauer, Wolfgang/Boxberger, Lutz/Anders, Dietmar* (Hrsg.), Beck'sche Kurz-Kommentare Kapitalanlagegesetzbuch, 3. Aufl., München 2021.

*Wiechers, Ulrich*, Aktuelle Rechtsprechung des XI. Zivilsenats des Bundesgerichtshofs, WM 2012, 477-486.

*Wiedemann, Herbert*, Richterliche Rechtsfortbildung, NJW 2014, 2407-2413.

*Zech, Alexandra/Hanowski, Bernd*, Haftung für fehlerhaften Prospekt aus § 13 VerkProspG a.F. – Maßgeblicher Empfängerhorizont bei der Beurteilung der Unrichtigkeit eines Prospekts, NJW 2013, 510-513.

*Zetzsche, Dirk*, Anteils- und Kontrollerwerb an Zielgesellschaften durch Verwalter alternativer Investmentfonds, NZG 2012, 1164-1170.

*Zetzsche, Dirk*, Das Gesellschaftsrecht des Kapitalanlagengesetzbuches, AG 2013, 613-630.

*Ziegler, Ole*, Die Prospekthaftung am nicht-organisierten Kapitalmarkt im Spannungsverhältnis zu personengesellschaftsrechtlichen Grundsätzen, DStR 2005, 30-34.

*Zoller, Michael*, Die Haftung bei Kapitalanlagen – Die wichtigsten Entscheidungen zu Anlageberatung, Vermögensverwaltung und Prospekthaftung, 4. Aufl., München 2019.

www.ingramcontent.com/pod-product-compliance
Ingram Content Group UK Ltd.
Pitfield, Milton Keynes, MK11 3LW, UK
UKHW022104051026
15623UKWH00003B/670

9 783631 894675